韓國史研究叢書 31

韓民族의
만주독립운동과 正義府

蔡 永 國

國學資料院

양기탁
남만주를 무대로 국외자립 사회 건설을 위해 노력했다.

이상룡
1910, 20년대 남만주 민족운동계의 지도자로 활동했다.

김동삼
서로군정서 참모장, 통의부 총장에 이어 정의부 중앙집행위원으로 활동했다.

손정도
남만주 이주한인의 경제 부흥을 위해 활동했다.

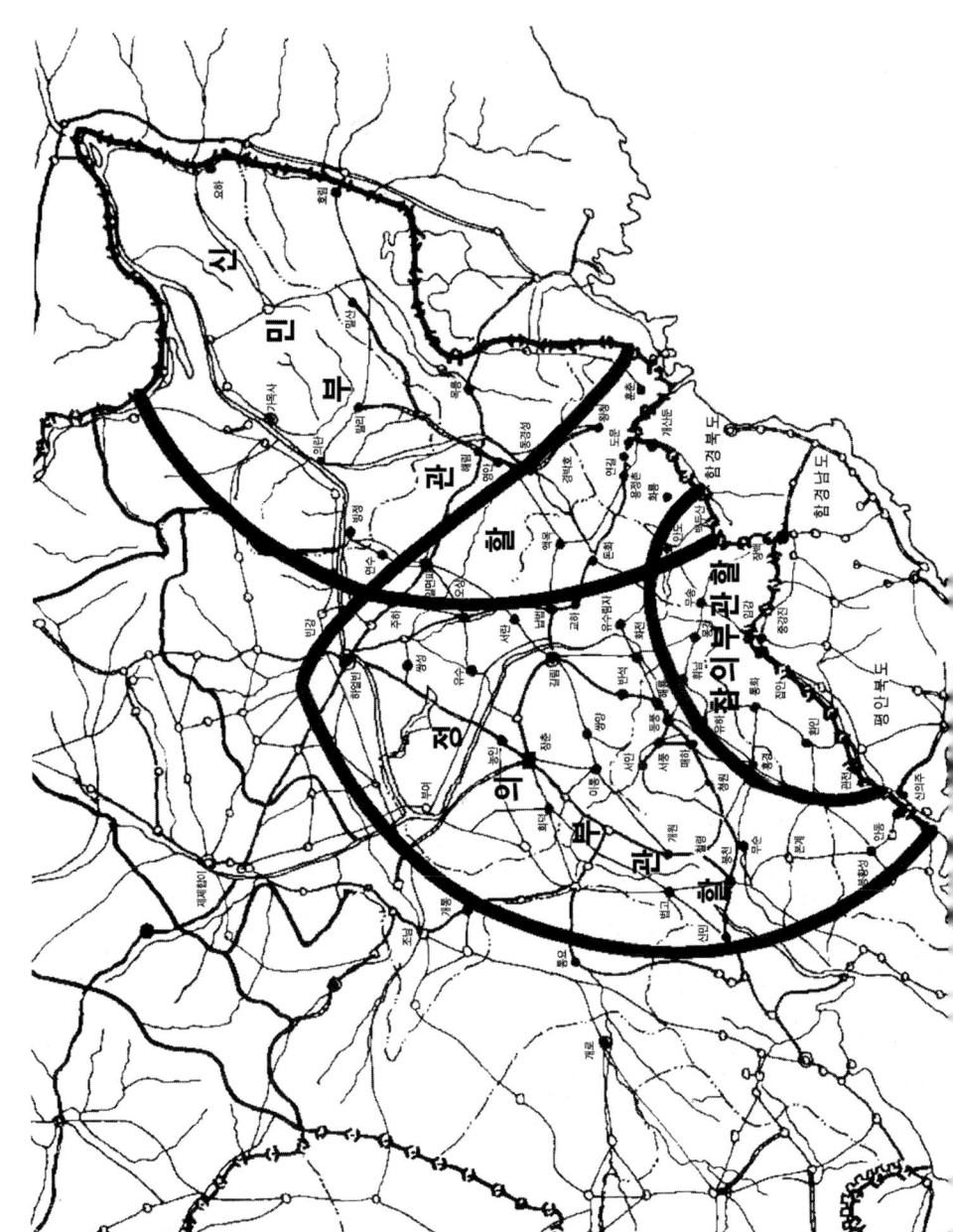

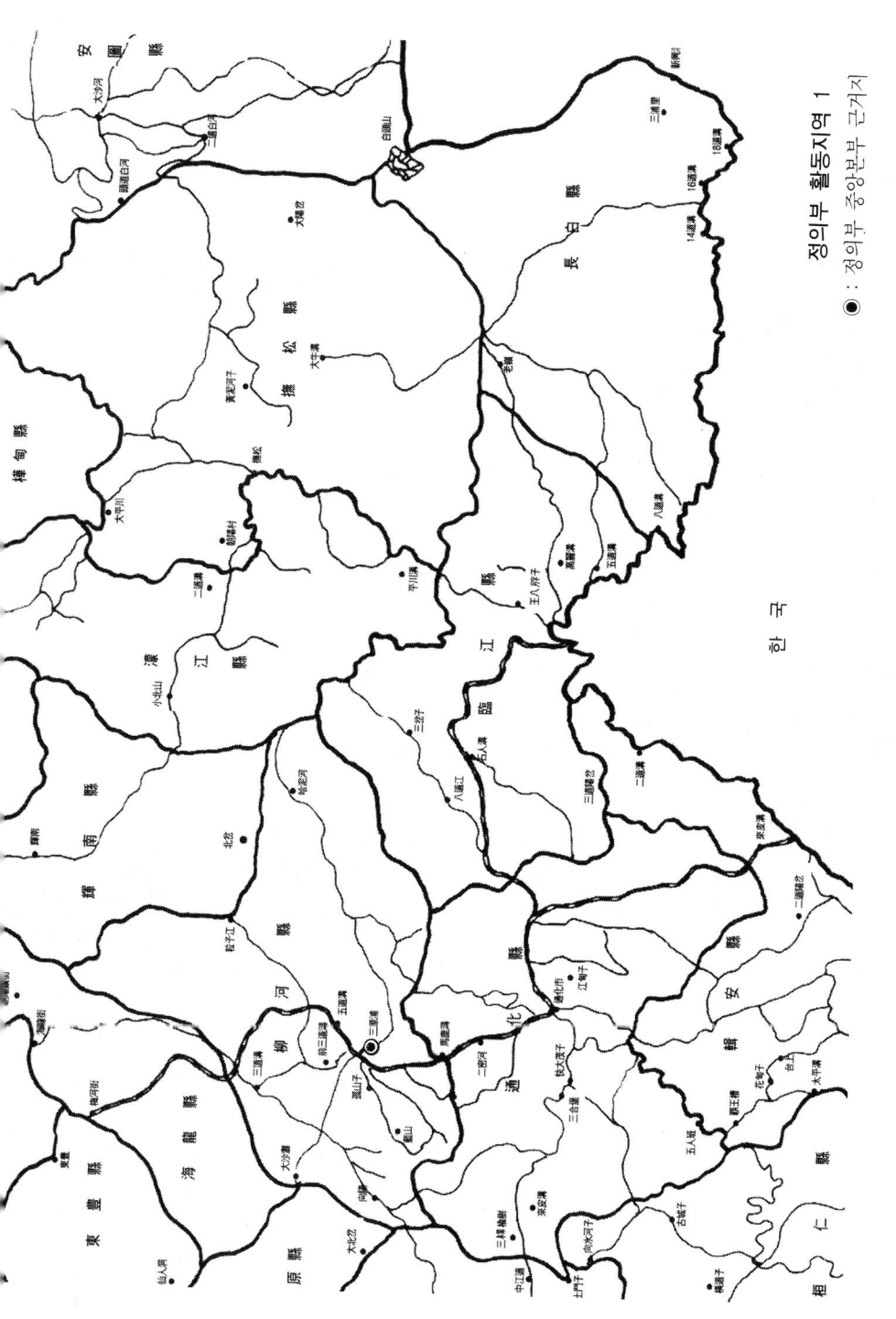

머리말

　일제 강점기하 한민족은 국내는 물론 세계 여러 지역에서 갖은 풍상을 겪으며 처절한 독립운동을 펼쳤다. 그 가운데서도 한국의 북부지역과 접해있는 만주지역을 무대로 펼쳐진 한국 독립운동은 극심한 고통과 수난 속에서 행해진 것이었다. 만주지역의 독립운동은 독립운동의 方略論 중 가장 뚜렷한 성과를 나타낼 수 있는 무장투쟁론이 실천되었다. 나라 잃은 백성으로 열악한 환경 속에서 열등한 장비로 침략자들과 무력 대결을 벌인다는 것은, 생명 그 자체를 담보로 할 수밖에 없었다.

　그러나 독립군들은 자신들의 몸과 마음을 돌보지 않고, 심지어는 가족의 생명까지 위협을 받으며 일제의 軍警과 싸웠다. 그것도 어느 한때 일시적으로 행한 것이 아니라 1910년 '경술국치' 이전에 이미 망국을 예견하고 渡滿하기 시작해 독립군기지를 개척하고 무장력을 키워 그 힘으로 조국이 광복되던 그날까지 줄기차게 투쟁하였던 것이다.

　본서에서 논하고자하는 正義府도 이 같은 만주 독립군의 성립과 그 활동 과정에서 일부분을 담당한 獨立軍團이자 軍政府였다. 특히 1920년대 중후반 4년여 간을 하얼빈 이남 남만주의 광활한 지역을 무대로 조국 광복을 위한 독립운동을 활발히 전개하였다. 그와 함께 나라 잃은 백성으로 남의 나라에서 온갖 핍박을 받으며 어렵게 살아가는 이주 한인을 위한 자치활동까지 펼쳤던 것이다. 정의부의 이러한 활동은 한민족의 민족사를 줄기차게 이어지도록 하는 원동력이 되었다. 정의부가 성립되던 1924년 말은 일제 침략군에 의해 1920년 10월부터 6개월 여 동안 서북간도지역에서 자행된 '庚申慘變'으로 이주한인의 생활은 큰 도탄에 빠져 있던 시기였다.

분열되고 망가진 한인사회를 재건하기 위해 1922년 統義府가 성립되어 일시 주도적인 역할을 하기도 하였다. 하지만 통의부는 지도층간에 이념과 노선이 맞지 않아 분열됨으로 인해 한인사회에 큰 실망을 안겨주고 말았다. 일제 침략군에게 갖은 수난을 당한데 이어, 그들을 이끌어 줄 민족지도자들조차 분열되어 서로 다투자 이주한인들은 실망과 허탈감에 빠질 수밖에 없었다. 바로 이러한 시기에 정의부는 한인들을 어루만져주고 그들의 마음을 한 곳에 모아 조국광복을 위해 매진하였던 것이다. 물론 정의부를 성립시킨 주역은 통의부의 인사들이었다. 따라서 그들은 통의부의 실패를 거울삼아 남만의 여러 민족운동 단체를 통합해 정의부를 만들고 이를 20년대 후반 민족유일당운동이 일어나 남북만에서 조선혁명군과 한국독립군이 성립될 때까지 이끌었던 것이다.

본서는 필자의 박사학위 논문을 약간의 첨삭을 가해 펴낸 것이다. 하지만 더한 것은 그다지 많지 않고, 오히려 뺀 부분이 많다. 삭제된 부분은 정의부의 실체를 보여주는데 군더더기가 된다고 생각되는 부분들이다. 필자는 정의부 연구를 시작할 때, 정의부 뿐만 아니라 만주 한인사회 전체를 총괄하고 그 가운데서 정의부의 위치와 역할을 살펴볼 생각이었다. 하지만 필자의 역량 부족과 자료상 한계에 부딪쳐 애초의 목표를 이루지 못하고 말았다. 그나마 처음 목표를 위해 서술한 부분이 어설퍼 정의부의 실체를 파악하는 것을 오히려 혼란스럽게 만들었던 것이다. 이번에 이루지 못한 점은 필자의 연구과제로 삼아 꾸준히 시도하고자 한다. 아울러 본서에서도 잘못된 점이 있다면 여러 연구자들의 질정을 기꺼이 받아 들여 수정할 것임을 약속드린다.

이 책을 발간하면서 미진한 필자를 음양으로 도와주신 여러분에게 감사의 마음을 전하지 않을 수 없다. 먼저 20년을 한결같은 마음으로 인간적 도리를 깨우쳐 주시고 학문적 길을 제시해 주신 나의 스승 尹炳奭 선생님께 깊은 감사를 드린다. 선생님은 평소에도 제자들의 행동과 마음가짐을 하나하나 신경 써 주시는 분이다. 특히 학문의 길에서는 몸소 실천을 보이신 후 그를 따르도록 하는 엄격함을 지니셨다. 연구 과제부터 이 책의 글 한자 한자가 선생님의 가르침으로 이루어졌음을 밝힌다. 韓榮國 선생님께도 감사드린다. 선생님께서는 인간적으로나 학문적으로나 미숙하기 그지없는 필자를 대학 초년생 때부터 이끌어 주신 분이다. 직장 생활을 하며 박사과정을 다녀 항시 시간에 쪼들린 필자를 깊은 학문적 열정으로 하나 하나 지도해 주신 모교의 鄭珖鎬·李忠熹·徐永大·李榮昊·尹承駿 선생님께도 감사를 드린다. 학교라는 테두리 안에서는 한번도 사제관계를 맺은 적이 없지만 기회가 될 때마다 필자에게 가르침을 베풀어 주신 분이 趙東杰 선생님이시다. 趙東杰 선생님께 학문적 은혜를 입은 기간이 무려 15년간이다. 깊은 감사를 드린다. 이 글을 쓰는 동안 많은 도움을 준 吳榮根兄께도 감사드린다. 마지막으로 필자의 글을 읽고 이모저모 생각치 못했던 여러 가지를 지적해 주시고 바르게 고쳐주신 韓詩俊·金祥起·張錫興 교수님들께도 감사드린다.

이 글을 쓰는 동안 필자만큼이나 힘들어 한 사람들이 나의 가족들이다. 나의 짐을 함께 져준 사랑하는 어머니와 아내 朱貞玉, 그리고 汝旼과 宗沇 두 자식에게 고마움을 보낸다.

끝으로 이 책의 출판을 맡아주신 국학자료원의 정찬용 사장님과 편집을 위해 애써주신 한봉숙 실장님 및 편집부의 여러분들게 감사드린다.

2000년 8월,
蔡 永 國

目 次

머리말

I. 序 論 ·· 17

II. 정의부의 성립 배경 ·· 31
  1. 南滿 韓人社會의 형성 ····································· 31
    1) 韓人의 南滿이주 ··· 31
    2) 韓人社會의 생활상 ····································· 35
  2. 1920년대 전반 南滿地域 獨立軍團의 형세 ········ 40
  3. 정의부 참여단체의 상황 ································· 50
    1) 西路軍政署 ·· 50
    2) 統義府 ·· 55
    3) 光正團 ·· 66
    4) 義成團 ·· 70

III. 正義府의 성립 ·· 75
  1. 全滿統一會 개최 이전 독립군단 통합노력 ········ 75
  2. 전만통일회와 정의부 성립 ······························ 77
  3. 통합실무작업과 각 단체의 統合 宣言 ·············· 87
  4. 正義府 성립의 意義 ······································· 91

IV. 正義府의 조직 ·· 95
  1. 중앙조직 ·· 95
    1) 중앙조직의 기구 ·· 95
    2) 中央組織 각 기구의 기능 ·························· 107

2. 管轄地域과 地方組織 ················· 120
　　　1) 管轄地域 ························· 120
　　　2) 지방조직 ························· 125
　　3. 軍事組織 ··························· 133
　　　1) 초기조직 ························· 133
　　　2) 군민대표회 이후 후기조직 ··········· 138
　　4. 정의부 구성원의 성격 ················ 146

Ⅴ. 正義府의 理念과 活動 ··················· 155
　　1. 正義府의 民政과 軍政 ················ 155
　　　1) 관할민의 생활상 ··················· 155
　　　2) 국외 자립사회 건설을 위한 실력양성 ·· 162
　　　3) 공화주의 ························· 167
　　　4) 독립군 기지화와 무장투쟁 ··········· 171
　　2. 정의부의 활동 ······················ 176
　　　1) 산업 부흥활동 ···················· 176
　　　2) 교육활동 ························· 191
　　　3) 언론 활동 ························ 199
　　　4) 무장활동 ························· 206

Ⅵ. 正義府의 대외관계 ······················ 225
　　1. 대한민국임시정부와의 관계 ············ 225
　　2. 參議·新民府와의 관계 ················ 231
　　　1) 參議部와의 관계 ··················· 231
　　　2) 新民府와의 관계 ··················· 238

3. 남만 주변단체와의 관계 ··· 242
      1) 同友會 ·· 242
      2) 다물靑年黨 ·· 254
      3) 高麗革命黨 ·· 264
      4) 南滿靑年聯盟 ·· 276
      5) 韓族勞動黨 ·· 282
      6) 南滿靑年總同盟 ·· 293
      7) 정의부와 관련한 주변단체의 성격 ····························· 303

Ⅶ. 中·日의 在滿韓人 탄압과 正義府의 대응 ····················· 309
   1. 재만한인에 대한 탄압 ··· 309
      1) 일제의 재만 한인 탄압 방침 ····································· 309
      2) '三矢協定'과 중국측의 탄압 ······································ 312
   2. 일제의 중국내 침략기관 확대 ······································· 322
   3. 正義府의 대응과 國內外의 후원 ··································· 328

Ⅷ. 民族唯一黨運動과 正義府의 해체 ································· 341
   1. 民族唯一黨運動 ··· 341
      1) 民族統一戰線運動의 擡頭 ·· 341
      2) 만주지역의 민족유일당운동 전개 ····························· 346
   2. 3府 統合運動과 正義府 해체 ······································· 352
      1) 3府 統合運動 ·· 352
      2) 革新議會 및 國民府의 성립과 正義府의 해체 ··········· 355

Ⅸ. 結 論 ··· 367

附錄 1 : 각종 선언문·선서문 및 정의부헌장

全滿統一會 發起文 ··· 381
統一會 宣言書 ··· 383
全滿統一會 決議文 ··· 384
滿洲農業社 趣旨書 ··· 387
滿洲農業社 規則 ·· 389
正義府憲章 ·· 394

附錄 2 : 正義府 소속원 名單 및 이력

1. 정의부 중앙 조직원 ··· 408
2. 정의부 지방 조직원 ··· 420
3. 정의부 의용군 소속원 ·· 423

□ 참 고 문 헌 ··· 429
□ ABSTRACT ··· 441
□ 索   引 ·· 449

ions
I. 序 論

 1910년 전후 망명 민족운동가들에 의해 시작된 在滿 獨立軍基地 건설은 수많은 어려움 속에서도 줄기차게 진행되었다. 그 결과 한국과 압록·두만강을 경계로 한 滿洲地域에는 1919년 3·1운동 전후까지 日帝와 독립전쟁을 전개할 수 있는 무장력을 갖춘 수십 개의 韓國 獨立軍團이 조직되었다. 이들 독립군단들의 독립군들은 갖은 어려움 속에서도 身命을 바친 항일전을 전개하여 침략자 일제를 물리치기 위해 노력하였다. 독립군들은 鳳梧洞(1920년 6월)·靑山里大捷(1920. 10)과 같은 항일전을 승리로 이끌었으며, 국내진입전을 전개하여 일제의 침략기관을 파괴하고 그들의 수괴들을 처단하였다.

 그러나 독립군의 항일전은 '庚申慘變'(1920년 10월-1921년 초)이나 '自由市慘變'(1921년 6월)과 같은 수난을 겪으면서 일시 시련을 맞있다. 이들 두 참변으로 10여 년간 구축해온 독립군기지가 파괴되었으며 수많은 독립군 요원이 희생당하였다. 따라서 1920년대 초 독립군들은 이같은 손실을 감내하고 抗日戰力을 회복하기 위해서는 새로운 조직을 갖추어야만 하였다.

 이러한 필요에 의해 압록강변의 중국지역인 南滿地域에서는 1922년 8

월 諸獨立軍團을 통합한 軍團인 大韓統義府가 성립하였다. 統義府 이전에도 남만지역에는 光復軍總營이나 大韓國民團과 같은 統合軍團이 있기는 하였다.1) 그러나 이들은 그 규모면에서 통의부에 미치지 못하였다. 통의부는 성립후 항일 무장투쟁을 전개하면서 南滿의 移住韓人을 대상으로 자치활동을 펼쳐 통합군단의 면모를 보였다. 하지만 이 단체는 성립 후 얼마되지 않아 幹部간에 이념상의 갈등과 내부적 분란이 생겨 또 다시 분열되고 말았다.

본 논문에서는 이같은 상황 속에서 南滿地域의 한국 독립군들이 統義府에 이은 또 다른 통합 세력으로 성립시킨 正義府에 대해 考察하고자 한다. 正義府는 통의부를 비롯한 光正團·西路軍政署·義成團 등 남만에 근거를 둔 8개 독립운동단체가 통합하여 성립시킨 在滿 獨立運動 통합체였지만 그 시발점은 國內外 전독립운동 세력의 발의에서부터 시작되었다. 미주에서 활동하던 朴容萬이 北京으로 건너와 1921년 4월 17일부터 주도하여 개최한 軍事統一會議는 독립운동계에 큰 파장을 일으켰다. 서북간도와 노령·하와이·국내의 10개 독립운동단체 대표 17명이 참가하여 구성한 군사통일회의는 조국의 독립을 위해서는 軍事統一이 선결되어야 한다는 '宣言書'를 채택하고 그를 선도할 大朝鮮共和國의 건설을 추진하였다. 하지만 군사통일계획은 기존의 대한민국임시정부를 부정한데다 주도세력들이 너무 급진적으로 일을 추진했기 때문에 많은 반대파가 생겨 실패하고 말았다.2)

北京에서부터 발의된 군사통일계획은 이 같이 결실을 얻지 못하고 끝났다. 그러나 이를 시발점으로 이후 한국독립운동계는 통일전선 구축에 심혈을 기울이게 되었다. 특히 무장투쟁으로 가장 큰 항일의 성과를 올리

---

1) 光復軍總營은 1920년 중반에 平安北道督辦府·西路軍政署·靑年團聯合會·大韓獨立團 등의 소속원 일부가 통합하여 성립시킨 軍團이고, 大韓國民團은 1922년 2월 興業團과 大韓獨立軍備團 일부가 통합한 軍團이다.
2) 尹炳奭, 『獨立軍史』, 지식산업사, 1990. 10. pp.227-230.

고 있는 在滿 獨立運動系는 더욱 통일세력의 구축을 위해 노력하게 되었다. 따라서 1923년초에는 上海에서 國民代表會議가 개최되어 韓民族 전독립운동 세력의 통일을 촉구하게 되었고, 이 회의가 비록 결렬되어 실패로 끝났지만 남만지역의 독립군 대표들은 1923년 9월부터 小綏芬軍事聯合會議・樺甸縣會議・額穆縣黑石屯會議 등을 개최하여 통일의 기운을 고조시켰다.3) 그리고 1924년 3월부터 全滿統一會議籌備會를 조직하여 노력을 기울인 결과 같은 해 11월 24일 正義府를 성립시킬 수 있었던 것이다.

이 같이 성립한 정의부는 남만지역을 관할해 이주한인을 대상으로 民政활동을 펼치는 한편 항일 독립운동을 전개하였다. 때문에 정의부는 성립 이후 항일만을 위한 통합 獨立軍團이 아닌 獨立軍政府로서 활동하였다. 정의부는 民政과 軍政을 실천하기 위해 입법・사법・행정업무가 구분된 憲章과 제반 규정을 제정하였다. 그리고 각 업무에 적임자를 임명해 中央과 地方組織을 구성하였다. 그런가하면 항일 무장활동을 위해서는 군사조직인 義勇隊를 조직하였다. 물론 이전의 재만 독립운동단체에서도 이같은 면이 행해지지 않은 것은 아니다. 하지만 정의부 시기에 있어 이들은 보다 체계적이었고 안정감이 있었으며, 실천면에서도 큰 성과가 있었다.

관할지역인 하얼빈 이남 南滿의 이주한인을 대상으로 교육과 산업부흥을 위한 자치활동을 펼치고, 中・日의 탄압으로 고통받는 한인을 구제하기 위해 중국측과 외교적 협상을 벌였다. 즉 정의부는 滿洲農業社나 有限農業公司・農民互助社 등을 설치해 관할 府民이 공동으로 농업을 실시해 경제적 富를 획득할 수 있는 정책을 실시하였고, 한인 자제를 대상으로 普通・職業・師範 등 단계별・직능별 학교를 설치하여 교육을 실시하였다. 또 중앙조직인 재무부에서는 兌換貨幣를 발행하여 관할지역에 유통시

---

3) 「大正13年 5月 在外不逞鮮人ノ槪況」, 고려대학교 아세아문제연구소 소장 일본군 및 경찰 보고문서 마이크로필름(이후부터 '아연필'로 표기함) 문서번호 200-3-049, pp.33-35.

킴으로서 정의부 당국과 府民간의 신용사회를 구축하기도 하였다. 정의부가 실시한 이 같은 자치활동은 일제하 한인들이 일정한 안정감을 갖고 生을 영위할 수 있는 國外 自立社會를 건설하려는 의지에서 나온 것들이었다.

그런가 하면 정의부는 관할 府民으로부터 일정의 의무금을 징수하여 이를 抗日基地 건설을 위해 투자하였다. 독립군기지 개척 초기 한국 민족운동가들에게 호의적이었던 중국측은 庚申慘變後 독립군 및 이주한인들을 점차적으로 배척하더니 1925년 6월 '三矢協定' 체결 이후부터는 日帝와 함께 더욱 극심히 감시하고 탄압하였다. 따라서 정의부를 비롯한 독립군들은 근거지 자체에서부터 中·日의 탄압과 감시를 경계하며 抗日鬪爭을 해야하는 입장이 되었다. 정의부는 이같은 환경을 극복하고 무장투쟁을 전개하기 위해 굳건한 독립군기지를 구축할 계획이었다. 때문에 관할 府民으로부터 의무금을 징수하여 그 자금으로 南滿 여러 지역에 독립군을 분산배치해 陣營을 구축하고 국내진입전을 전개하거나 만주내 日帝의 기관을 습격하는 등의 항일 무장활동을 전개하였다.

이와 같은 정의부에 대한 학술적 연구는 1969년에 尹炳奭敎授가 내놓은 「參議·正義·新民府의 成立過程」4)과 「1928,9년에 正義·新民·參議府의 統合運動」5) 등 두 편의 논문에서 시작되었다. 前者의 논문은 정의부의 성립과 民政과 軍政活動을 규명하였다. 아울러 정의부와 같은 시기에 존재한 參議部와 新民府의 성립 및 활동에 대해서도 함께 고찰하였다. 後者의 연구에서는 民族唯一黨운동을 통한 정의부를 비롯한 참의·신민부의 통합 움직임과 그 결과로 나타난 革新議會와 國民府의 성립, 그리고 이들 두 단체를 계승한 朝鮮革命黨·軍과 韓國獨立黨·軍의 편성을 체계적으로 살폈다.

---

4) 尹炳奭, 「參議·正義·新民府의 成立過程」, 白山學報 第7號, 1969. 12.
5) 尹炳奭, 「1928,9年에 正義·新民·參議府의 統合運動」, 『史學硏究』 제21호, 韓國史學會, 1969. 9

이후 정의부에 대한 연구는 1980년대에 들어와 丁原鈺·朴永錫·변승웅 등에 의해 이루어졌다.6) 이들 세 연구자의 연구는 모두 정의부의 성립과 조직 및 활동 등 단체의 전반적인 문제를 고찰한 것이다. 하지만 세 연구자 모두 같은 관점으로 정의부를 고찰한 것은 아니다. 즉 丁原鈺의 경우는 정의부 성립부터 해체까지 총체적인 문제를 다루면서 중앙조직 구성원들의 내분이 원인이 되어 성립된 軍民代表會와 산업·문화활동 규명에 주력하였다. 朴永錫은 성립의 배경과 중앙조직 구성원의 움직임을 살피고 정의부헌장을 분석해 정의부가 管轄府民을 대상으로 실시한 민주공화정체의 실체를 규명하였다. 또 변승웅은 정의부가 활동하던 시기 남만지역 한인의 수난사를 살폈다. 그리고 그 같은 배경에서 준국가적 자치연합정부로 자치와 항일을 실천한 정의부의 활동사항과 그 역사적 의의를 고찰하였다.

이어 1990년대에 들어와서는 중국에 있는 조선족 학자인 黃有福과 유병호 두 연구자의 논문이 국내에 발표되어 정의부 연구를 심화시켰다.7) 黃有福의 연구는 원래 두 편으로 구성하려던 논문의 앞부분으로 정의부 성립시기 남만지역 이주한인사회의 생활상을 집중적으로 조명하였다. 그리고 유병호는 南滿을 근거로 활동한 정의부와 참의부가 자치와 공화정치를 실시하였다고 하나 國家를 잃은 망명 민족으로서 중국의 국토인 滿洲에서 진정한 자치와 공화정치는 실현할 수 없었을 것이란 논리를 펼쳤다. 이들 연구에 이어 최근에는 일본에서도 十河俊輔가 정의부를 주제로

---

6) 丁原鈺,「在滿 正義府의 抗日獨立運動」,『한국사연구』34호, 한국사연구회, 1981. 9.
朴永錫,「正義府硏究 —民主共和正體를 중심으로—」,『日帝下獨立運動史硏究 — 滿洲露領地域을 中心으로—』, 一潮閣, 1984. 9.
변승웅,「정의부」,『한민족독립운동사』4, 국사편찬위원회, 1988. 12.
7) 黃有福,「正義府硏究(上) — 社會的背景을 중심으로 —」,『국사관논총』제5집, 국사편찬위원회, 1990. 9.
유병호,「1920년 중기 남만주에서의 '自治'와 '共和制' — 정의부와 참의부의 항일 근거지를 중심으로」,『역사비평』여름호, 역사비평사, 1992. 5.

한 논문을 발표하였다.8) 十河俊輔의 논문은 정의부가 결성되기까지 經緯와 정의부의 조직구성과 활동, 幹部와 移住韓人과의 관계 등 전반적인 문제를 다룬 연구였다.

이와 같은 연구들 외에 정의부는 在滿 獨立軍 全史를 기술한 저술에서 과정상의 단체로 고찰되거나9) 1927년경부터 있게된 만주지역의 民族唯一黨運動을 규명한 논문에서 정의부 후기 활동 사항이 단편적으로 고찰되기도 하였다.10) 그리고 만주지역의 민족운동을 주제로 한 최근의 학위 논문 또는 논저들에서 正義府에 대한 고찰이 한 두 목차에서 이루어져 정의부에 대한 연구를 심화시켰다.11)

1920년대 中後期 在滿 獨立軍政府로 활동한 正義府의 실체와 역사적

---

8) 十河俊輔,「1920年代滿洲における獨立運動團體と朝鮮人社會 - 正義府を事例として -」,『朝鮮學報』, 第165輯, 朝鮮學會, 1997. 10.
9) 『독립운동사』제5권, 독립운동사편찬위원회, 1973.
金昌順·金俊燁,『한국공산주의운동사』4, 청계연구소, 1986. 7.
尹炳奭,『獨立軍史』, 지식산업사, 1990. 10.
10) 丁原鈺,「在滿 抗日獨立運動團體의 全民族唯一黨運動」,『白山學報』제19호, 1975. 12.
黃敏湖,「滿洲地域 民族唯一黨運動에 관한 硏究」,『崇實史學』제5집, 1988. 3.
──── ,「만주지역 民族唯一黨運動과 三府統合運動」,『爭點 한국근현대사』제4호, 한국 근대사연구소, 1994. 3.
辛珠柏,「1927,28년 시기 재만한인 민족운동의 동향 - 民族唯一黨 및 '自治'問題를 中心으로 -」,『史學論叢』, 阜村 申延澈敎授 停年退任紀念, 일월서각, 1995. 8.
──── ,「1929-31년 時期 在滿韓人 民族運動의 動向 - 民族唯一黨 및 '自治' 問題를 中心으로 -」,『歷史學報』제151집, 1996.
11) 辛珠柏,『滿洲地域 韓人의 民族運動 硏究(1925-40) - 民族主義 및 社會主義 系列의 動向과 統一過程을 中心으로 -』, 成均館大學校 大學院 博士學位請求論文, 1995.
張世胤,『在滿 朝鮮革命黨의 民族解放運動 硏究』, 成均館大學校 大學院 博士學位請求論文, 1997.
黃敏湖,『1920年代 在滿 韓人社會 民族運動 硏究』, 崇實大學校 大學院 博士學位請求論文, 1997.
黃敏湖,『在滿韓人社會와 民族運動』, 國學資料院, 1998.11.

가치를 규명하려는 연구는 이 같이 진행되어 왔다. 그러나 이전의 在滿 獨立運動 團體들과는 달리 理念이나 路線, 그리고 活動 面에서 차이를 보였던 정의부에 대해 역사적 의의를 부여하기 위한 고찰은 한계가 있었다고 판단된다. 정의부에 대한 연구는 1910년 전후 독립군기지 개척 초기 활동했던 한인 자치단체나 1910년대 말과 20년대 초 항일 무장투쟁만을 지상 목표로 하여 활동했던 獨立軍團들과 같은 면에서 고찰되고 평가되어서는 안될 것이다. 일제하 南滿地域에서 韓民族의 軍政府로 활동한 정의부를 올바로 평가하기 위해서는, 정의부 성립전후와 활동 시기 한국 민족운동계의 동향, 성립과정, 民政과 軍政을 실천한 정의부의 중앙과 지방조직·의용군의 구조 및 활동, 정의부의 이념, 그리고 활동시기 中·日과 관련된 만주지역의 정세가 세밀히 분석되고 고찰되어야 할 것이다.

그러나 기존 연구들에서는 정의부의 성립과 중앙조직의 움직임이 중점적으로 강조되었다. 그리고 정의부가 해체되는 과정인 민족유일당운동과 혁신의회 및 국민부의 성립을 중점적으로 고찰하여 정의부의 존재와 활동을 재만독립군사의 한 과정 정도로 평가받도록 하였다. 기존 연구들이 이와 같이 된데는 다음과 같은 이유 때문으로 판단된다.

첫째, 在滿 獨立運動은 곧 무장투쟁이라는 지나친 偏見에 집착했기 때문이다. 渡滿한 민족운동가들이 가졌던 최초의 목적은 물론 항일 獨立戰爭이었다. 그러나 이들 민족운동가들은 아무 바탕도 없는 만주에서 무조건 武力을 길러 독립전쟁을 치루겠다는 것은 아니었다. 이들은 만주에 한인사회를 건설해 산업을 일으키고 그 바탕 위에 민족교육을 위한 학교와 독립군 양성을 위한 무관학교를 세워 훌륭한 인재를 배출해내면서 독립전쟁을 치루겠다는 것이었다. 그러나 在滿 獨立軍에 대한 학계의 시각은 결과론에 치우쳐 鳳梧洞·靑山里大捷이나 그에 가담한 獨立軍團 또는 인물들에 초점이 맞추어져 연구되어 온 경향이 있었다.

둘째, 1990년대로 오면서 在滿 獨立軍史에 대한 학계의 동향은 이념적인 문제에 천착하여 社會主義系列의 抗日運動에 보다 비중을 두어온 경향이 있었다. 사회주의계열의 항일운동 역시 항일 독립운동사에서 무시되거나 과소 평가되어서는 안될 것이다. 이 부문도 철저한 연구가 이루어져 한민족 역사의 일부분으로 구성되어야 한다. 하지만 韓民族의 在滿 獨立運動史에 있어 사회주의계열의 독립운동은 1920년대 중반 이후에 가서야 본격적인 활동이 이루어지게 된다. 따라서 사회주의 계열 독립운동자들은 民族主義系列에서 이루어 논 한인사회를 바탕으로 항일운동을 펼쳤다. 물론 그 같은 면에 대해 연구자들이 간과하지는 않았지만 상대적인 면에서 그 배경이 축소된 까닭에 정의부를 비롯한 민족주의계열이 노력한 자치활동이나 이념이 부각되지 못하였다.

셋째, 가장 중요한 要因인 자료 이용이 쉽지 않다는 것이다. 정의부가 성립되고 얼마되지 않은 1925년 6월 日帝는 中國側을 강압하여 양국간에 '三矢協定'을 맺었다. 한국 독립군 및 배일한인을 단속하기 위해 맺어진 이 협정을 지키기 위해 중국측은 그들의 무력대를 한인 촌락 곳곳에 파견하여 극심한 탄압을 가하였다. 또한 독립군의 동향을 세심히 파악하여 수시로 日帝의 軍이나 領事館에 보고하였다. 日帝도 많은 첩보원을 파견하여 독립군의 동향을 수시로 파악하였다. 때문에 정의부의 동향도 이들 中·日의 감시자들에게 수없이 발각되어 문서로 보고되었다. 하지만 이들 문서들은 중국측의 것은 아직까지도 한국 연구자들에게는 그 열람이 쉽지 않아 이용이 어렵고, 日帝의 문서는 여러 곳에 산재해 있어 그 또한 활용이 용이치 않다.

이러한 이유들로 정의부에 대한 연구는 깊이 있게 다루어지지 않았다. 본 연구자는 이 같은 면에 주목하여 정의부 중앙과 지방의 기본조직과 이념, 中·日과 관련된 滿洲地域의 정세를 고찰한 바 있다.12) 이들 연구

---

12) 蔡永國,「正義府의 지방조직과 對民정책」,『한국독립운동연구』 제9집, 독립기념관 한국독립운동사연구소, 1995. 12.
────,「正義府의 成立과 中央組織」, 같은 논문집 제10집, 1996. 12.
────,「正義府의 이념」,『韓國民族運動史硏究』, 于松 趙東杰先生 停年紀念 論叢叢 2, 나남출판, 1997. 8.

들은 정의부의 성립경위와 중앙조직의 구조 및 기능, 지방조직의 구조와 관할 한인에 대한 정의부의 民政활동을 살핀 것이었다. 그리고 정의부를 이끌어간 기본이념을 고찰하고, 정의부 활동시기 만주지역의 정세와 중·일이 합동으로 재만한인을 탄압하게된 경위 및 그에 대응한 정의부의 활동을 규명하였다. 따라서 본 논저에서는 이들 연구들을 심화시켜 정의부 성립 전후 남만지역 한국 독립군의 동향과 성립에서 해체되기까지의 과정을 살펴 한국 근대사에 있어 정의부의 위상과 성격을 규명해 보고자한다.

본서는 서론에서 결론까지 총 8章으로 구성하였다. 제2장은 정의부가 성립하게 된 배경을 살핀 것으로 관할지역인 南滿 한인사회의 형성과 생활상을 살폈다. 아울러 1920년대 전반 庚申慘變으로 흩어진 진영을 정비하고 재기를 다지는 남만지역 獨立軍團의 형세와 정의부에 가담하게 된 주요 獨立軍團들의 조직과 활동상황을 고찰하였다.

제3장에서는 정의부의 성립에 대해 살폈다. 정의부 성립을 위한 會議體였던 全滿統一會 개최 이전 獨立軍團 대표들의 통합을 위한 노력과 전만통일회의 개최와 그에 따른 정의부의 성립을 고찰하였다. 그리고 정의부를 성립시키고 난 후 임시행정집행위원회를 설립하여 기존 단체들의 업무를 인수 인계한 사항과 각 단체들의 해체 및 통합선언 과정을 살폈다.

제4장에서는 성립되고 난 뒤 입법·사법·행정 등 3권 분립에 따른 정의부 중앙과 지방 및 군사조직의 기구와 그 기능을 밝혔다. 특히 중앙조직의 행정 기능을 수행한 民事·軍事·法務·學務·財務·交通·生計·外務部 등 8개 부서의 기능을 분석 검토하여 정의부 民政활동의 방향을 밝히고자 하였다. 그리고 정의부 조직의 근본 바탕이 되는 관할지역의 범위와 관할지역내 한인의 구성을 살피고 抗日 軍事活動을 목적으로 한 조

―――― , 「1920년대 중후기 中日合同의 在滿韓人 탄압과 대응」, 독립기념관 한국독립운동사연구소, 앞의 논문집 제11집, 1997. 12.

직인 정의부 의용대의 조직도 함께 살폈다.

제5장은 4년여 존속기간 동안 정의부가 펼친 民政과 軍政에 대한 이념과 활동을 살폈다. 극도의 궁핍한 생활을 영위하는 관할 府民을 대상으로 이를 극복하고자 실시한 산업부흥과 교육을 통한 자치활동, 자체 무력의 힘을 길러 펼친 무장투쟁 등 항일활동을 고찰하였다. 그리고 이같은 활동에 의해 정의부가 근본적으로 추구하고자 한 목표는 무엇이었는가를 밝히고자 하였다.

제6장은 정의부의 대외관계를 살폈다. 망국한 한민족 최고기관인 대한민국임시정부 관계, 정의부와 함께 재만군정부로 활동한 참의·신민부와의 관계를 규명하였다. 그리고 주변단체로서 정의부 주도인물들이 직접 참여한 同友會·다물靑年黨·高麗革命黨 등과 사회주의 계열 단체인 韓族勞動黨 및 南滿靑年總同盟 등의 조직과 활동을 분석하여 이 시기 남만지역 韓人의 총체적인 항일활동을 고찰하고자 하였다.

제7장은 정의부 활동시 日帝와 中國側이 합동으로 在滿韓人을 탄압한 사항과 이에 고통받는 남만지역 한인의 핍박한 생활상을 살펴보았다. 그리고 이같은 난국을 管轄府民과 함께 헤쳐나가는 정의부 지도층의 지도력과 외교적 능력을 살폈다.

제8장에서는 1926년 北京에서부터 시작된 民族唯一黨運動의 영향을 받아 1927년 초부터 전개된 재만 독립운동계의 유일당운동과 이로 인해 정의부가 해체되기까지의 과정을 규명하였다. 민족주의 및 사회주의계 독립운동자들이 함께 시도한 민족유일당운동에서 정의부의 역할과 그 추진과정을 살폈다. 그리고 민족유일당운동이 여의치 않자 3府만의 통합운동으로 축소되어 추진되다가 결국엔 참의·정의·신민부 세 단체가 해체되어 革新議會 및 國民府 등 두 개 단체가 성립되는 과정까지를 고찰하였다.

마지막으로 본 논문에 이용된 주요 자료를 소개하면 다음과 같다. 본 연구에는 기존에 공개된 자료는 물론이고 새로운 자료를 다수 발굴하여 이용하였다. 특히 고려대학교 아세아문제연구소에서 마이크로필름으로 소장하고 있는 일제의 정보문서가 가장 많이 인용되었다. 동 자료는 南北滿洲 및 中國 關內지역에 파견된 일제 첩보원들의 보고문서와 독립운동자들이 피체되어 審問받은 調書 등의 문서로 총 130,000쪽의 분량이다. 그 중에는 정의부 및 참의·신민부 등 3府 관련자료 및 他 獨立軍團의 자료와 在滿韓人의 생활상을 고찰할 수 있는 자료가 다수 있다. 정의부에 관련된 대표적인 자료로는 정의부 중앙 및 지방조직의 직제에 관한 것,13) 중앙조직 부서에서 반포한 部署令,14) 중앙행정위원회의 규칙, 정의부 民政活動 관련의 것,15) 언론활동 관련 자료들16)과 정의부 주변단체를 고찰할 수 있는 자료들17)이었다. 이들 자료는 일제의 보고문서지만 다수가 정의부나 그 주변단체들의 문건을 원본 그대로 日譯한 것들이다. 따라서 재만 독립운동자들과 한인의 실상을 여과없이 고찰할 수 있었다.18)

다음으로 본 논문을 구성하는데 이용된 것은 國家報勳處에서 오래 동

---

13) 「高警 第2648號 大正14年 8月 5日, 正義府ノ職制ニ關スル件」; 「高警 第4278號 大正14年 12月 10日, 鮮匪團正義府行政委員會規則ニ關スル件」.
14) 「高警 第3303號 大正14年 9月 18日, 鮮匪團正義府ノ敎育令發表ニ關スル件」.
15) 「高警 第3828號 大正14年 10月 29日, 鮮匪團正義府農村公會通則其ノ他發表ニ關スル件」; 「高警 第958號 大正15年 3月 23日, 不逞鮮人安昌浩及李鐸ノ土地經營計劃ニ關スル」.
16) 「高警第1404號 大正14年 4月 27日, 正義府ノ公報發行ニ關スル件」; 「朝保秘第1016號 昭和2年 5月 13日, 不穩雜誌≪戰友≫ノ記事ニ關スル件」; 「朝保秘第1444號 大正15年 11月 10日, 大東民報ノ發刊ニ關スル件」; 「朝保秘第1515號 大正15年 12月 1日, 不穩新聞≪新華民報≫ノ發刊ニ關スル件」; 「朝保秘第374號 昭和2年 3月 18日, 不穩雜誌≪戰友≫發刊ニ關スル件」; 「朝保秘第417號 大正15年 6月 17日, 鮮匪團正義府ノ移轉ト中央通信發行ニ關スル件」。
17) 「高警 第1153號 大正15年 4月 8日, 韓族勞動黨ノ狀況ニ關スル件」; 「高警 第280號 大正15年 1月 28日, 南滿靑年總同盟組織ニ關スル件」; 「高警 第2394號 大正14年 8月 6日, 다물靑年黨憲入手ニ關スル件」; 「朝保秘 第23號 昭和2年 1月 14日, 南滿靑年聯盟組織ニ關スル件」; 「朝保秘 第300號 昭和2年 2月 16日, 不穩雜誌 ≪同友≫ノ記事ニ關スル件」.
18) 정의부 職制 규정에는 中央行政委員會를 비롯한 8개 部署의 기능과 地方 및 區 조직의 기능에 대한 것이 명시되어 있다. 그리고 각 部의 布告令과 府令은 ≪正義府 公報≫에 의해 발표되었다.

안 수집한 日本 外務省 外交史料館 所藏 자료이다. 國家報勳處 자료 중에서는 全滿統一會에서 제정한 최초의 正義府憲章이 발굴되었다.[19] 동 자료는 제정되었다는 것만 알고 있었지 아직까지 국내에 소개되지 않아 연구자들은 1926년 1월 26일부로 개정 공포된 헌장과[20] 1926년 10월 24일부터 11월 19일까지 개최된 제 3회 中央議會에서 재개정 하여 공포한 헌장만을 이용하였다.[21] 이 최초의 헌장 발굴로 정의부 성립시 이념과 활동방향을 파악할 수 있었고, 이후 이같은 점이 어떻게 변화되어갔는가도 고찰할 수 있었다. 國家報勳處 수집자료 중 또 다른 중요자료는 양기탁이 추진한 '理想的 農村建設計劃' 수립서와 滿洲農業社 趣旨書·規則·事業豫算書 등이다.[22] 동 자료들은 정의부의 民政活動과 理念을 살필 수 있는 단서가 되는 것이다. 1924년 12월에 발표된 이 자료들을 통해 國外 自立社會를 건설하려했던 정의부의 路線이 창립과 동시에 결정되었음을 파악할 수 있었다.

이어 본 논문에는 필자의 근무처인 獨立紀念館에서 10여년간 수집된 자료가 이용되었다. 즉 정의부 성립을 결정하고 선포한 全滿統一會의 發起文·宣言書·宣布文·決議文 등이다.[23] 이들 자료에서는 정의부 성립에 대한 과정과 목적·명칭·성립일 등에 대한 확실한 근거를 가질 수 있었다. 또한 1990년대 초부터 同館에서 수년간 수집한 중국 각 縣 및 省의 檔案館 자료도 본 연구에 중요한 자료로 활용되었다. 중국측의 자료는

---

19) 「機密公 第369號 大正13年 12月 9日, 正義府憲章送付ノ件」
20) 「대정15년 2월 23일, 정의부의 내분에 관한 건」, 『독립운동사자료집』 10, 독립운동사편찬위원회, 1973. 12. pp.381-386.
21) 「대정15년 11월 29일, 정의부 중앙의회 개최의 건」, 위의 자료집 10, pp.393-398.
22) 「機密公 第62號 大正13年 12月 5日, 不逞鮮人首領梁起鐸竝其ノ水田經營設計ニ關スル件」;「滿洲農業社趣旨書」,「滿洲農業社規則」,「滿洲農業社事業豫算書」,「不逞團關係雜件朝鮮人ノ部」.
23) 「大正13年 8月 13日, 全滿統一發起文入手ニ關スル件」;「大正13年 12月 30日, 不逞鮮人等ノ開催 全滿統一會宣言書其ノ他ニ關スル件」

日帝 첩보원이 미처 파악치 못해 피상적으로 보고한 民政과 軍政활동에 대한 내용의 실체를 밝혀주는 자료이다.24) 정의부 활동지역에 밀착 접근한 중국의 최일선 보고자들은 정의부 의용군의 움직임과 민정기관의 활동상을 세밀히 파악하여 그들 상부에 보고하였던 것이다.

이밖에도 본 논문에는 정의부 성립 이전과 활동시기에 관한 수기인 『獨立軍의 수기』,25) 『雙公 鄭伊衡 回顧錄』,26) 『아직도 내귀엔 서간도 바람소리가』27) 등과 유고집인 『石洲遺稿』 後集28)이 한국측 자료로 이용되었다.

---

24) 중국측의 자료는 정의부의 民政 및 武裝活動의 세부적인 사항을 규명하는데 주로 이용되었다.
25) 『獨立軍의 手記』, 國家報勳處, 1995. 3.
26) 『雙公 鄭伊衡 回顧錄』, 國家報勳處, 1996. 11.
27) 구술 許銀(기록 변창애), 『아직도 내 귀엔 서간도 바람소리가』, 正宇社, 1995. 7.
28) 『石洲遺稿』 後集, 石洲先生紀念事業會, 1996. 4.

Ⅱ. 정의부의 성립 배경

1. 南滿 韓人社會의 형성

1) 韓人의 南滿이주

 정의부의 근거지가 구축되고 주 활동무대였던 남만주 지역의 지역적 범위는 북으로는 하얼빈에서 남의 압록강변까지, 동으로는 백두산 서남지역에 위치한 長白縣에서부터 서쪽의 寬甸·安東(현 丹東市)에 이르기까지 그 내부의 지역을 일컫는다. 원래 이 지역은 1920년 전후까지 두만강 대안의 중국지역인 북간도에 대칭되는 서간도지역으로 불리어 왔다.[1] 그러던 것이 1920년대 초반에 남만지역으로 불리기 시작하다가 그 지역적 범위를 확대해가며 일반화 된 명칭이 되었다.

---

1) 「大正9年 10月 26日 高警第4124號, 西間島에 있어서의 不逞鮮人團의 狀況」, 『韓國獨立運動史』 3, 國史編纂委員會, 1968. 12, p.645. ; 高承濟, 「間島移民史의 社會經濟的分析」, 『白山學報』 第5號, 1968. 12, p.216. ; 尹炳奭, 『獨立軍史』, 지식산업사, 1990. 10, p.73. 北間島 지역도 명확한 범위가 있는 것은 아니었고, 두만강 너머의 延吉·和龍·汪淸의 3개 縣을 중심으로 하고 그 주위 琿春·額穆·敦化·東寧·寧安의 5개 縣을 아울러 지칭하는 경우가 많았다.(尹炳奭, 같은 책, p.64. 참조)

이와 같은 범위를 갖는 남만지역 중 일제하 한국 독립운동과 큰 연관이 있는 지역으로는 長白・臨江・安圖・撫松・柳河・通化・磐石・樺甸・海龍・輯安・桓仁・興京(현 新賓縣)・寬甸・安東縣 등이다. 물론 이들 지역 뿐만 아니라 全滿洲가 조국의 독립을 위해 투쟁한 한국 민족운동가들의 활동지역이었다. 하지만 특히 이들 지역에는 다수의 독립군단들이 근거지를 구축하고 수많은 독립군을 양성하여 항일전을 전개한 지역으로 유명하다. 압록강을 경계로 한국과 마주한 이들 여러 縣들은 독립군들이 武力만 갖추면 언제든지 국내로 진입하여 일제의 침략기관이나 수괴들을 공격할 수 있는 장점을 가진 지역이었던 것이다.

그런가하면 이들 지역에는 조국이 망하기 이전부터 한인들이 이주를 시작하여 일찍부터 한인사회가 형성되었던 곳이기도 하다. 남만지역에 한인이 이주하기 시작한 연원은 멀리 1600년대까지 올라가지만, 일제하 한국의 독립운동과 관련이 있는 시기부터 그 이주상황을 개략하여 살펴보면 다음과 같다.

다수의 한인이 남만지역으로 이주하기 시작한 것은 19세기 중엽부터이다. 淸朝의 발상지라 하여 封禁令이 내려진 1628년 이후 이 지역은 한인 뿐만 아니라 중국인들도 이주가 불가능하였다.[2] 그러나 이 봉금령은 1800년대로 오면서 점차 완화되었고, 그와 함께 한반도 북부지역에 水災・旱災 등이 지속되자 생활의 궁핍을 견디기 힘든 한인들이 이주를 시작하였다. 봉금령이 완화되었다고는 하나 이 시기까지는 월경하다 발각될 경우 목숨을 부지하기가 힘들었다.

하지만 1831년경 두 가구의 한인이 월경하여 臨江縣 帽兒山에 이주를 시작하였고, 이후 1845년경에는 수십명의 한인이 같은 임강현으로 이주하였다.[3] 이 같이 시작된 한인의 이주는 이후 해가 갈수록 증가하여 한・중 양국 어느쪽 정부든 한인의 월경을 물리적으로 제지하기가 힘들게 되

---

[2] 玄圭煥,『韓國流移民史』上卷, 1967, p.135.
[3] 위의 책.

었다. 게다가 중국(淸)의 경우 러시아와 분쟁을 일으킨 끝에 1858년 愛琿條約을 맺어 아무르지방을 러시아령으로 승인하고, 1860년에는 北京條約을 맺어 우수리州도 러시아에 넘겨주었다.4) 우수리강 동쪽을 빼앗기게 된 중국은 연해주를 발판으로 남하정책을 시도하는 러시아의 세력을 방어해야 할 입장에 서게 되었다. 따라서 중국측은 1875년 일단 奉天省에 대한 봉금령을 폐지하고 중국인들의 이주를 허락하였다.5)

남만주 지역의 상황이 이같이 변하자 중국인들 뿐 아니라 한인들도 중국의 정책에 편승하여 더욱 많은 이주를 하게 되었다. 그 결과 한국정부에서는 1897년 江北일대에 面制를 시행하고 輯安의 對岸인 高山鎭에 西邊界管理司를 임명하고 남만지역으로 이주한 한인을 보호하게까지 되었다. 이와 같이하여 1904년경 압록강 변의 6개 縣에 이주한 한인의 수는 다음과 같다.6)

<표 1> 압록강변 6개 縣 이주한인 수(1904년 현재)

縣 別	戶 數	人 員	縣 別	戶 數	人 員
長白縣	1,350戶	5,630名	安東縣 및 鳳城縣	420戶	1,420名
臨江縣	2,200戶	8,420名	寬甸縣	770戶	3,720名
輯安縣	5,200戶	25,390名			
			총 계	9,940戶	44,480名

남만지역으로의 한인이주는 日帝에 의한 강압으로 한국내의 정치적 상황이 급격히 악화된 1905년 이후 더욱 격증하게 되었다. '乙巳條約'의 체결로 국가에 대한 모든 권리를 異民族인 日帝에게 빼앗긴 한국인들에게

---

4) 下中彌三郞, 『極東國際政治史』 上, 平凡社, 1957. 7, p.40.
5) 尹炳奭 외, 『中國東北지역 韓國獨立運動史』, 집문당, 1997. 11, p.185.
6) 玄圭煥, 앞의 책 上卷, pp.181-182. 이 시기까지 이주 한인의 수는 여러 가지 통계가 있는데 다른 연구(牛丸潤亮·村田懋麿, 『最近間島事情』, 朝鮮及朝鮮人社, 1927, pp. 80-82.)에 의하면 1903년 경까지 장백·임강·집안 등 여러 縣내의 32개 지역에 총9,754호 45,593명에 달하였다고 하고 있다.

돌아온 것은 정치적 탄압과 생명을 위협하는 경제적 궁핍뿐이었다. 따라서 이를 이기지 못한 수많은 한인들이 조국을 등지고 滿洲로의 망명을 시도하였던 것이다. 게다가 국내에서 국권수호운동을 전개하던 항일 의병 세력들이 해가 갈수록 한국 내에서 일제의 무력이 강성해져 무장활동이 어렵게 되자 이들 또한 남만지역으로 이동하여 再起의 의지를 다졌다. 그와 함께 新民會 계열의 민족운동가들 또한 국외에 독립운동기지를 건설하겠다는 목적을 가지고 남만지역으로 망명하였다. 이 시기 이들 한인들의 이주 경로는 신의주 너머 安東縣까지 갔다가 여기에서 다시 寬甸・桓仁・通化・柳河縣을 거쳐 계속하여 吉林 또는 長春까지 점차 내륙으로 들어간 것으로 보인다.7)

한인들의 월경은 점차 증가되다가 1910년 8월 경술국치를 전후한 시기에는 한・중 국경이 무시된 채 이루어졌다. 1910년과 1911년 두 해 동안 19,000여 명에 달하는 한인들이 南滿으로 이주하였다.8) 이후 한인의 이주 수치는 해마다 증가하였고, 3・1 운동이 전개된 1919년에는 이전 어느 때보다 많은 한인이 이주하였다.9) 그 이유는 전민족적 운동인 3・1 운동에 고무된 한인들 중 가장 능동적 항일활동인 무장투쟁에 직접 참여키 위해 渡滿한 인물들이 많았기 때문인 것으로 판단된다.

---

7) 尹炳奭 외, 위의 책, p.188.
8) 牛丸潤亮・村田懋麿, 앞의 책, p.157. 같은 시기 北間島로의 한인 이주자는 약 24,000명에 달했다.
9) 吳世昌,「在滿韓人의 社會的 實態(1919-1930) - 中國의 對韓人 政策을 中心으로-」,『白山學報』제9호, 白山學會, 1970. 12, p.116. 1919년 한해 동안 滿洲로 이주한 한인의 수는 44,344명이었고, 남만주로 이주한 한인의 수만 따로 정확히 밝혀내기는 어렵다. 하지만 만주 전체로 이주한 수치도 자료마다 틀려 정확한 숫자로 보기는 어렵다. 이 시기 이주한인 또는 재만한인과 관계되는 통계자료가 정확하지 못한 것은 다음과 같은 점에서도 알 수 있다. 즉 1921년에 간행된 한 책자(細井 肇,『鮮滿の經營』, 自由討究社, 東京, 1921. 12, pp.372-373.)에는 1919년과 1920년 두 해 동안 각 지역별로 조사하여 關東州를 포함한 만주지역의 한인 수를 302,065명으로 기록해 놓고 이 표에 계산되지 않은 한인이 있음을 밝히며, 실제는 70만 명을 밑돌 것으로 표기하고 있다.

그 결과 재만 한인의 수는 1920년에는 대략 약 50만 명에 달했으며, 정의부 성립 당시인 1924,5년경에는 52만에서 54만 명에 달하는 한인이 거주했을 것으로 추정된다.10) 그리고 이들 중 약 15,6만 명 정도의 한인이 1920년대 전반기 남만지역에서 한인사회를 형성한 것으로 보인다.11)

2) 韓人社會의 생활상

일제의 한국 침략을 전후해 渡滿한 한인들의 이주 동기는 금전·생활·의식 등의 곤란과 정치적 이유·만주농업의 有利性·친척의 권유 등 여러 가지가 있었다. 이들 동기를 크게 나누면 항일운동을 위한 政治的인 이유와 經濟的인 이유 두 가지로 볼 수 있다.12) 우선 경제적인 이유로 이주한 한인들의 생활을 살펴보면 다음과 같다.

경제적인 이유 때문에 이주한 한인들의 경우는 이들 중 극히 일부가 商業이나 工業 부문에 종사하여 생활을 영위하기도 하였지만 대개가 중국인의 소작농이 되었다. 국내에서의 궁핍한 생활을 견디기 어려워 이국 땅으로 이주하였지만 그 생활의 방편은 역시 마찬가지였던 것이다. 더구나 중국측은 여러 가지 이유를 내세워 한인들에게 토지 및 가옥의 소유권을 주지 않았다.13)

---

10) 洪鍾佖,「滿洲事變以前 在滿朝鮮人의 敎育에 對하여」,『明知史論』제6호, 명지대학교 사학회, 1994. 12, p.53. 일제가 그들의 영사관에 의하여 조사한 재만한인의 수는 1920년에 459,427명, 1924년에 538,857명, 1925년에는 513,973명이었다.
11) 太田庄之助,「滿洲に於ける鮮人」,『大正14 海外旅行調査報告』, 神戶高等商業學校, pp. 188-189.(高承濟,「滿洲農業移民의 社會史的 分析」,『白山學報』제10호, 1971. 6, p.178.에서 재인용) 다른 자료와 틀린 이 보고서에 의하면, 1922년 3월말 현재 재만한인의 총계는 103,568戶에 651,096名이었고, 이중 남만지역에 포함되는 奉天省의 인구는 30,266戶에 159,907名이었다.
12) 高承濟,「間島移民史의 社會經濟的 分析」,『白山學報』제5號, 1968. 12, pp.226-228.
13) 朝鮮總督府,「國境地方視察復命書」(其二, 1915. 3),『白山學報』第10號, 1971.

이와 같은 환경에서 이주한인들의 남만지역 생활상을 살펴보면 다음과 같다. 남만지역은 한인들 뿐 아니라 중국측의 적극적 정책에 의해 山東地方이나 北部 中國의 중국인들도 많이 이주해 살고 있었다.14) 따라서 한인들은 자연 이들 중국인들의 눈치를 봐야 했고, 심하게는 중국의 官보다

---

6. p.194 ; 權立,「中國居住 韓民族역사의 특점에 대하여 - 二重的 성격과 二重的 사명을 중심으로 -」,『吳世昌敎授華甲紀念 韓國近現代史論叢』, 吳世昌敎授華甲紀念論叢刊行委員會, 1995. 12, p.387. 한인의 토지소유권 및 거주권은 북간도(延吉·汪淸·和龍 등 3縣)의 경우는 1909년 9월 '間島協約' 체결 이후 소수의 한인들이 극히 제한된 상태에서 권리를 인정 받고 있었지만, 南滿의 경우는 달랐다. 조선총독부는 1914년 8월 중순부터 3개 班을 편성하여 2개월여 만주지역을 조사케 하여 복명서를 발간하였다. 그에 따르면 이 시기 남만주지역의 토지소유권과 관계되는 사항을 보면 다음과 같다. 남만지역에서 토지소유권을 인정받으려면, 황무지를 開墾하려는 者가 일단 아주 작은 수수료를 官에 납부하고 불하를 신청하면 官에서는 이를 일정 기한내에 개간하라는 조건을 주고 허가하게 된다. 개간자는 그 기간 내에 개간을 끝마치면 소유권을 취득하게되고, 끝마치지 못할 경우에는 허가된 사실 자체가 효력을 상실하게 되었다. 그러나 이같은 소유권을 취득하게 되는 과정은 中國人에게만 해당되는 사항이고, 韓人의 경우는 조선총독부의 조사반이 조사할 당시까지 토지소유권을 취득할 방도가 없었다. 長白縣 같은 경우는 封禁令 해제 이후에도 한동안 중국인은 거의 없었을 뿐 아니라 縣廳 조차도 설치되지 않았다. 때문에 1800년대 말부터 移住한 韓人들은 이 지역의 많은 땅을 개간하여 경작지로 만들었다. 그러나 縣廳이 설치되고 난 후 이같이 한인들이 개간한 경작지는 '古田'이라는 이름을 붙여(縣廳 설치 후 개간한 토지는 '新田'이라는 이름을 붙여 구분하였다.) 일정 기간만 경작하도록 권한을 주고 그 기간이 끝나면 경작권을 빼앗아 그 토지에 대해 최초로 地券 교부 신청서를 낸 중국인에게 토지소유권을 주었다. 개간한 땅에 대한 소유권을 인정받지 못한 한인들은 새로운 소유자인 중국인의 소작농이 될 수밖에 없었다. 그런데 이 조사가 있고 난 뒤 일제와 중국간에는 1915년 5월 25일 '南滿洲及東部內蒙古에 關한 條約'이 맺어졌는데, 이로 말미암아 일본인은 남만주에서 여행과 거주의 자유·각종 영업종사권 및 商·農을 위한 土地商租權을 얻었다. 이 조약의 결과로 일본의 식민지국 백성인 移住韓人들에게도 동일한 토지소유권이 주어졌다. 하지만 이같이 주어진 한인의 토지소유권은 중국측이 이후로도 歸化勸誘 및 그에 따른 여러 부수적인 규정을 만들어 규제함으로 별 효력을 발생하지 못했다. 오히려 이 조약의 발표 이후 중국측은 未歸化者로 남는 한인들에게는 소작권조차도 제한을 가하여 더욱 핍박하였다. (吳世昌, 앞의 논문, pp.122-129. 참조.)

14) 고승제,「滿洲農業移民의 社會史的 分析」, pp.178-179.

우선 일반 중국인들의 탄압을 받아야 했다.

그러한 상황에서 한인들은 이주 초기 그들이 비교적 쉽게 생계수단과 접할 수 있는 小作農이 되었다. 하지만 이주한인들은 소작농이 되는 것도 중국인 지주들의 횡포 때문에 쉽지 않았다. 따라서 한인들은 소작지를 얻기 위해 중국인 地主의 갖은 비위를 맞추어 주어야 했고, 그렇게 해서 얻은 소작지란 것은 간혹 개간지가 있을 수도 있었으나 대부분 미개간지로 山間溪谷이나 땅이 낮고 습기가 많은 卑濕地들이었다. 때문에 한인들은 이같은 척박한 땅을 소작지로 얻어 開墾한 후에야 耕作이 가능하였다. 소작지에 대한 중국인 지주와 소작농인 한인사이에는 다음과 같은 방식으로 소작관계가 맺어졌다.15)

첫째, 한국에서와 같은 통상적인 소작 방식으로 경작지를 임대하여 농사를 짓고 수확기에 임대료를 내는 소작관계였다. 1910년대 초까지 소작료는 한국보다 오히려 저렴한 경우도 있었는데, 山間은 수확의 2할 또는 3할이었고, 平地는 2분의 1정도였다. 미개간지를 임대한 한인은 개간 후 3년 또는 5년간은 소작료를 지불하지 않다가 그 기간이 끝나면 지불하였다.16)

둘째, 소작자가 자신의 몸 이외에 아무 것도 가지지 않은 경우에 성립되는 소작관계이다. 이 경우 소작인이 되고자 하는 者는 中國人 또는 韓人중에서 地主가 신용하는 보증인을 2명 또는 3명을 세워 그들이 連書한 小作契約書를 지주에게 주었다. 계약서를 받은 지주는 소작인이 다음 수확기까지 사용할 衣食住 및 種子와 農具 등을 대여하였는데, 그 조건은 대여물에 대해 년 2할 또는 4할의 利子를 지불해야만 되었다. 한 해에 갚지 못한 이자는 나음해까지 걸쳐 갚아야 했다.17)

---

15) 朝鮮總督府, 앞의 자료.
16) 위의 자료.
17) 위의 자료. 이 같은 소작관계에 대해 黃有福은 그의 논문(黃有福,「正義府硏究(上) －社會的 背景을 中心으로 －」,『국사관논총』제15집, 國史編纂委員會, 1990, pp.225－226.)에서 '榜靑'이라고 규명하였는데, 이 경우 소작인은 수확물

셋째, 토지를 상당한 기간 임대하여 소작하는 소작관계이다. 이 경우는 '典當소작관계'라 부르는데, 지주와 소작인은 일정한 면적의 토지를 1년이 아닌 대개 10년 이하의 장기간 임차계약을 맺는다. 소작인은 경작하기 전 먼저 임대금을 지주에게 지불하면 임대기간 동안 얻게된 수익금은 그 자신의 것이 되는 것이다. 지주에게 지불된 이 돈은 일종의 供託金으로 기간이 끝나면 소작인은 토지를 돌려주고 지주는 계약 당시 받았던 이 供託金을 소작인에게 돌려 주었다. 지주는 계약 당시 받았던 돈에 대한 이자를 소작료로 생각하는 것이다. 이 같은 방식은 韓人 中 영구 이주자가 많은 通化縣 哈泥河와 渾江 유역에서 많이 시행되었다.[18]

이 같은 소작관계는 비교적 초창기에 행해졌던 그런대로 慣行을 가진 형태였다. 그러나 1910년대 말과 1920년대 초 다수의 이주한인이 渡滿하여 살길을 찾으면서부터는 한인과 중국인 지주간의 소작관계는 말뿐이지 노동력 착취나 다름없었다. 중국인 지주들은 한국내에서 이주해 오는 한인이 늘어나면 날수록 그들의 경제적 이권을 채우기에 급급하여 계약 이외의 소작료를 청구하는 사례까지 생겨나게 되었다. 그 결과 1920년대 이후부터 한인 소작농들은 보통 수확량의 3분의 2를 소작료로 지불하는 것이 일반화 될 정도까지 되었다.[19] 게다가 이같은 중국인 지주들의 횡포를 더욱 부채질한 것은 중국 官의 태도였다. 비록 일제의 강압에 의한 것이긴 하였지만 중국의 官은 1920년대 전반기부터 排日韓人을 색출한다는 구실 하에 이주한인을 심하게 탄압하였다. 중국의 官은 일시적으로 물리적인 탄압을 가하는 것만이 아니었다. 봉천성의 경우는 일반 중국인 地主들에게 이주한인을 보증할 수 있는 권한을 주어 그들이 보증해주는 한인만이 일정지역에 거주할 수 있다는 단속법까지 제정하여 구속하였다.[20]

의 70%까지를 중국인 지주에게 납부해야 하는 가혹한 것이라고 하였다.
18) 朝鮮總督府, 위의 자료, p.200.
19) 黃有福, 위의 논문, p.226.
20) 「대정12년 5월 25일, 한교 난당 취체(단속) 변법 제정」, 『獨立運動史資料集』 10, 독립운동사편찬위원회, 1973. 12, pp.502-504.

때문에 한인이 생명을 보전하기 위해서는 중국인 지주의 환심을 사지 않으면 안될 정도였다.

중국측의 이주한인에 대한 핍박은 여기에서 그치지 않았다. 중국의 官은 한인들을 탄압하면서도 수십가지의 세금을 거두어 들였다. 가축세·도살세·부동산세·연통세·문턱세·관아출입세·비적토벌세·보안대세·문패세·차량세·순경비·자위단비·옥졸비·향갑비·식염세·곡물매매세·말세·토산물세·피고용세·이주세·결혼세·입학졸업세·수리세·입적비 등이 한인들이 중국의 官에 내야할 세금들이었다.21) 아무리 생활력이 강한 한인이라 할지라도 이 모든 착취를 개별적 힘으로 이겨내기란 너무나 벅차고 힘든 일이었다.

따라서 한인들은 이 가혹한 착취를 공동으로 대처하기 위해 自治團體를 결성하기에 이르렀다. 그 대표적인 것이 1911년 柳河縣 三源浦에 결성된 耕學社였다. 물론 경학사는 新民會 계통의 민족운동가들이 독립운동기지 건설을 목표로 渡滿하여 조직한 단체였지만 초창기에는 이주한인의 자치를 위한 사업에 중점을 두었다. 李相龍이 사장이었던 경학사는 1919년 3·1 운동이 일어나기까지 扶民團·韓族會 등으로 발전하면서 한인의 이주와 정착·한인의 경제향상·청소년을 위한 文武雙全의 민족교육실시 등 자치활동과 이주한인에 대한 항일민족의식 고취 및 청·장년의 군사훈련 실시 등 항일활동을 펼쳐나갔다.22) 이 외에도 自新契와 敎育會, 그리고 保約社·鄕約契·農務契·砲手團 등 단체들이 이주한인사회 각지에 조직되어 활동을 펼쳤다.23)

---

21) 현천추, 「봉건군벌통치하의 과중한 부담과 로략에 모대긴조선족인민들」, 『불씨』(중국조선민족발자취총서 2), 民族出版社, 北京, 1995. 12, p.134.
22) 尹炳奭, 「1910年代 獨立軍의 基地設定」, 『軍史』 第6號, 國防部戰史編纂委員會, 1983. 8, p.241.
23) 尹炳奭, 『獨立軍史』, 지식산업사, 1990. 10, pp.113-116.

2. 1920년대 전반 南滿地域 獨立軍團의 형세

19세기 후반부터 남만지역으로 이주를 시작한 한인들은 대단위 한인사회를 형성하고, 그를 바탕으로 독립운동 단체를 구축해 놓았으나 1920년 庚申慘變으로 재만한인사회와 독립군의 근거지는 심각한 타격을 받았다. 따라서 이들 지역의 한인 및 독립군들은 庚申慘變이 자행되는 동안 일시 山間奧地로 피신하거나 아니면 그들이 10여년 넘게 가꾸어 온 생활 및 독립군의 기반을 포기한 채 남북만주의 여러 지역으로 분산하여 옮겨갔다.

즉 청산리대첩 후 독립군의 한 주류는 1910년 전후부터 李東輝·李承熙 등이 국외 독립운동기지의 하나로 운영해 왔던 北滿의 密山으로 이동하였다. 밀산에 집결한 독립군들은 金佐鎭이 이끄는 北路軍政署, 洪範圖가 이끄는 大韓獨立軍, 池靑天이 이끄는 西路軍政署의 일부 병력 등 3,000여 명이 넘는 규모였다.24) 이들 독립군들은 밀산에 집결하여 대병력의 체계적인 통솔을 위하여 '大韓獨立軍團'이라는 독립군 통합 군단을 결성하였다.25) 그리고 간부를 선임하여 이 대부대를 露領의 沿海州로 이동시키기로 결정하였다. 그 이유는 밀산이 일찍부터 독립군기지로 개발된 곳이기는 하나 막상 독립군 대병력이 이동하고 보니 이들 전원이 숙식을 해결하면서 독립전쟁을 수행할 만한 곳이 되지 못했기 때문이다. 게다가 노령에서는 당시 볼셰비키 혁명이 일고 있어 볼셰비키들이 피압박 약소민족의 해방을 지원하겠다고 선전하고 있는 중이었다.26) 따라서 독립군

---

24)「大韓軍政署報告」, ≪獨立新聞≫, 1921. 2. 5.
25) 愛國同志援護會, 『韓國獨立運動史』, 1956. 2. pp.320-321. '大韓獨立軍'의 간부진은 총재에 徐一, 부총재에 金佐鎭·洪範圖·曹成煥이었고, 총사령에 金奎植, 참모총장에 李章寧, 여단장에 池靑天 등이었다.
26) 尹炳奭, 『獨立軍史』, 지식산업사, 1990. 10, pp.209-210.

지휘관들은 장기 항일전을 다짐하고 이를 준비하기 위해 독립군 대병력을 이끌고 노령의 연해주로 향하였다.

이들 독립군 병력과는 달리 압록강변의 남만지역에는 본래의 근거지를 계속지키며 他軍團과의 연합체를 구성해 항전태세를 재정비하는 독립군단들이 있었는가 하면, 경신참변 중 진영이 노출된 군단들은 더욱 산간지역으로 옮겨 새로운 陣營을 구축하기도 하였다. 거기에 북간도 지역에서 활동하던 독립군 병사들 중에는 북만으로 移陣한 本營을 따르지 않고 남만으로 몰려와 새로운 항전 기지를 찾기도 하였다. 이 같은 상황으로 남만지역의 독립군진영도 일시 크게 혼란해졌다. 그러나 북만지역으로 이동한 독립군들 보다 남만지역에서는 훨씬 빠른 시일 안에 대오를 정비하고 항일 무장투쟁을 전개하였다.

일제 침략군들이 排日韓人 및 한국 독립군을 향해 온갖 만행을 자행하고 있던 1920년 11월 安圖縣 興道子에는 이동 중 분산된 독립군 병사와 그 지역 청장년을 중심으로 大震團이 조직되었다.27) 단장은 元宗의 창시자로 종교를 통한 민족운동을 전개해 이전부터 재만 동포사회에서 명망이 높던 笑來 金中建이었다. 大震團은 본부가 있는 興道子에 러시아식 보병총으로 무장한 약 200명의 단원을 두었으며, 長白縣 16道溝 大德水西谷에는 200여명으로 구성된 支團을 설치하였다.

한편 본래부터 撫松縣에 근거지를 구축하고 있던 興業團에서는 경신참변으로 약화된 소속 독립군들의 정신자세를 북돋고 새로운 항전태세를 다지기 위해 다음과 같은 公示文을 頒布하였다.28)

　　本 團은 사업의 성취와 사회의 보전을 위해 다음의 규칙을 특별히 정함.

---

27) 「大正10年 1月 17日 高警第38801號, 安圖縣內に於ける不逞鮮人團體に關する件」, 金正明, 『朝鮮獨立運動』 2, 原書房, 1967. 3, pp.965-966.
28) 「大正10年 3月 30日 高警第8587號, 興業團の公示文に關する件」, 위의 자료집 2, p.994.

① 社會에 獻身하기로 한 이상 嗜酒貪色雜技와 같은 악질적인 관습을 절대 금할 것.
② 新政府(일본 - 필자주)에서 우리 동포의 自治制를 명령받고 團員이 된 者는 罪過에 따라 刑 또는 死刑에 處함.
③ 外國人과 비밀히 私通한 者는 死刑에 處함.
④ 本 團 명령에 복종하지 않는 者는 刑罰에 處함.

이어 興業團은 효과적인 항일전을 위해 장백현에 설치된 支團을 그 지역의 諸軍團들과 협의하여 군사작전상의 결속기구인 獨立軍聯合會를 결성하도록 하였다. 즉 長白縣에 근거지를 둔 大震團 支團・軍備總團(大韓獨立軍備團 - 필자주)・太極團・興業團 支團・光復團 第1決死隊・光復團 第2決死隊 등의 독립군단 대표들은 1921년 1월 15일 장백현 16도구에 있는 대진단 지단 사무실에 모여 다음과 같은 10개조에 달하는 聯合規約을 협의 제정하여 앞으로의 무장투쟁 방략을 논의하였다.29)

제1조 鴨綠江岸 各 道溝에 있는 各 團體는 연락의 통일을 도모할 것.
제2조 各 團에서는 제1조의 규약에 대해 방해가 되는 것을 피할 것.
제3조 各 團에서는 매월 15일 通相會를 개최하여 연락을 도모할 것.
제4조 各 道溝 마다에 1명의 法團을 설치하되 法團은 각 단원으로서 品行이 不正한 者를 처벌할 權能을 가짐.
제5조 各 團員으로서 여행의 행선지가 불명하거나 또는 여금이 부족하여 고통을 받는 者를 발견할 때는 法團에 인도할 것.
제6조 各 團員 중 신체가 아주 강건한 者들로 암살대를 편성하여 실력의 양성에 노력할 것.
제7조 各 團 공히 鮮內地에서 군자금 모집을 장려할 것.
제8조 모집한 군자금은 그를 軍資部長에 송부하고 이를 다시 壯路司令部軍政署에 납부하여 武器를 구입할 것.

---

29) 「大正10年 2月 5日 高警第3450號, 支那長白縣內不逞鮮人集會の件」, 위의 자료집 2, pp. 978-979.

제9조 各 團 공히 30세 이하의 者를 壯路司令部에 보내 軍政署에서 1
개월간 교련을 받은 후 司令部의 명령을 받아 鴨綠江岸으로
출동시킬 것.
제10조 各 團員으로 광복사업에 관한 비밀을 누설한 者는 死刑에 처할
것.

이들 규약의 내용을 보면 독립군연합회는 기존 각 軍團의 체제는 그대로 유지하되 항일투쟁의 효과를 증진시킬 목적으로 상위의 새로운 연합체 구조를 만든 것이라 할 수 있다. 이 같은 목적 하에 독립군연합회는 각 군단에서 다음과 같은 대표를 선출하여 간부로 임명하였다.30)

-임시회장 : 軍備總團長 李熙三, -法團 : 光復團 제1결사대장 白南虎
-書記 : 興業團 통신국장 趙晉玉, -總辦 : 大震團 총무 趙來元
-事察 : 太極團總團 총무 李昌云

독립군연합회는 이 체제 아래 항일 투쟁을 펼쳐나갔다. 하지만 독립군연합회는 그 구속력이 약해 큰 효과를 얻지 못하였다. 따라서 이들 군단들은 이같은 약점을 보완키 위해 같은 해 5,6월경 각 團의 倂合운동을 펼쳤다. 즉 태극단은 광복단에 병합되고, 대진단 지단은 흥업단에 병합되어 이들 4개의 군단은 이후 광복단과 흥업단 명의로 활동할 것을 약속하였다. 그리하여 1921년 6월 이후 일정기간 장백현내에는 광복단과 흥업단 등 2개의 군단과 대한독립군비단이 존립하게 되어 3개의 軍團으로 정비가 되었다.31) 하지만 이 시기에 병합된 이들 군단들의 결속력은 기존의 명의를 버리고 완전한 통합의 단계까지 이른 것은 아닌 것으로 생각된다. 그 이유는 다음 해 초 전개된 통합운동시 대진단과 태극단의 명의가 그

---

30) 위의 자료, p.979.
31) 「大正10年 6月 10日 高警第17077號, 支那長白縣內に於ける不逞鮮人團」, 金正明, 앞의 자료집 2, p.1004.

를 이끌었던 대표들에 의해 다시 사용되고 있기 때문이다. 단지 이 시기에는 군단간의 결속력을 강화하기 위하여 대진단과 태극단이 자신들의 명의를 일시 사용치 않고 흥업단과 광복단 명의하의 分團 또는 支部가 되어 활동한 것으로 판단된다.

이 같이 정비된 3개의 독립군단들은 다음과 같이 포진하였다. 光復團은 8道溝 佳財水里에 제1區 分團을, 17道溝 達鷄德里에 제2區 分團을, 20道溝 振陽關合水里 西陽洞에 제3區 分團을 설치하였다.[32] 그리고 12道溝에는 敎育靑年團(단장 : 禹在文)을 설치하여 20세 이상 35세까지의 청장년들을 모집 훈련시켜 독립군을 양성하였다.[33] 大震團을 병합한 興業團의 경우는 16道溝 西谷里에 支團 본부를 두고 18道溝 明川德里에는 제1支部를, 정확한 지명은 알 수 없지만 16,18道溝의 주변일 것으로 추정되는 지역에 제2支部를 설치하여 진영을 갖추었다.[34] 또 성립 당시부터 장

---

32) 위의 자료, p.1005. 병합된 광복단의 각 분단의 위치와 무기보유량 및 단원수 · 간부의 명단을 보면 다음과 같다.
 - 제1區 分團(8道溝 佳財水里) : 통신원 25명, 모험대 35명. 소총 32정(탄약 2,500), 권총 25정(탄약 2,000), 軍刀 4.
  分團長 朴錫祐(원 太極團長), 총무 朴大成(원 태극단 서기), 재무 趙洛範(원 태극단 참모), 서기 李秉浩(원 태극단 참모), 비서부장 朴寅根(원 태극단 총무)
 - 제2區 分團(17道溝 達鷄德里) : 통신원 19명, 모험대 24명. 소총 5정(탄약 1,000), 권총 20정(탄약 1,500), 軍刀 1.
  分團長 金錫泰(원 光復團 支團長), 총무 金東俊(원 광복단 지부장), 재무 李鍾屹(원 광복단 총무), 서기 趙成極(원 광복단 伍長), 비서부장 李泰杰(원 光復團 支團長)
 - 제3區 分團(20道溝 振陽關 合水里 西陽洞) : 통신원 15명, 모험대 36명. 소총 20정 (탄약 2,000), 권총 25정(탄약 3,000), 軍刀 3.
  分團長 韓鐵奎(원 光復團 總務), 총무 金正芳, 서기 李成鳳, 비서부장 張元(원 광복단 視察部長)
33) 「大正10年 7月 4日 高警第21038號, 支那長白縣に於ける不逞鮮人團の統一」, 金正明, 위의 자료집 2, p.1011.
34) 「大正10年 6月 10日 高警 第17077號, 支那長白縣內不逞鮮人團調査表」, 金正明, 위의 자료집 2, pp.1005-1006. 흥업단은 대진단을 흡수한 후에도 그 본부는 撫松縣에 두었으며 장백현의 병력은 支團과 支部가 되었다. 흥업단의

백현을 근거지로 하였던 大韓獨立軍備團은 8道溝 獨岩里에 本部 總團을 두고, 16道溝 新昌洞에는 通信事務局을, 8道溝 南江城里에는 제1區 支團, 13道溝 東興里에는 제1區 支團 支部, 17道溝 大利峙에는 제2區 支團을, 15道溝 如雲作里에는 제2區 支團 支部, 18道溝 大町亭洞 上里에는 제3區 支團을, 18道溝 小寺洞 中莊幕里에는 제3區 支團 支部를 설치하였다.35)

위치 · 병력수 · 무기 · 간부 명단은 다음과 같다.
- 支團(16道溝 西谷里) : 통신원 20명, 경호원 20명. 소총 30정, 권총 20정.
  支團長 金昌一, 고문 徐寬一, 총무 姜啓東(元 大震團 支團長), 文書·檢查 金俟(원大震團 書記), 재무 趙晉玉(원 대진단 서기), 서기 趙來七, 경호부장 姜錫周, 통신 · 검사 黃南七
- 제1支部(18道溝 明川德里) : 통신원 25명, 경호원 30명. 소총 20정(탄약 2,500), 권총 15정(탄약 1,000).
  支部長 金明胄, 고문 張日脇, 총무 李禹植, 재무 楊秉郁, 文書·檢查 黃允鈂, 경호부장 薛寬俊, 통신부장 張信宇
- 제2支部(소재지 불명) : 통신원 29명, 경호원 20명. 권총 8정(탄약 300).
  支部長 高在乙(원 興業團 支區長), 고문 金曲, 총무 沈寬用, 재무 鄭道日, 서기 高張龍, 文書·檢查 韓錫道, 경호부장 趙完述, 통신부장 韓正植, 서기 卓文換.

35) 「大正10年 6月 10日 高警 第17077號, 支那長白縣內不逞鮮人團調查表」, 金正明, 위의 자료집 2, pp.1007-1010. 대한독립군비단의 본부 및 각 지단의 위치 · 무기 보유량 · 간부 명단은 다음과 같다.
- 總團 본부(8道溝 獨岩里) : 소총 9정(탄약 290), 권총 9정(탄약 495).
  총단장 李熙三, 총무대리 朴東奎, 군사부장 趙爾昌, 재무부장 金長煥, 참모부장 姜興, 법무부장 朴敬信, 통신부장 李晋, 훈련부교장 李漢虎, 武器監守首領 金鐸, 週察部長 李承泰, 경호부 檢查 尹東鮮, 경호부 伍長 金鼎盎 · 朴春根.
- 通信事務局(16道溝 新昌洞) : 통신사무원 25명. 소총 2정(탄약 65), 권총 5정(탄약 135).
  局長 李東白(본명 ; 李敦植, 1921년 5,6일경 尹秉庸이 내리함), 비서부장 姜隱虎, 재무 朴萬赫, 검사부장 朴萬熙, 서기 李龍門 · 洪範作
- 제1區 支團(8道溝 南江城里) : 週察員 5명, 통신원 5명. 권총 5정(탄약 130).
  支團長 李元, 총무 朴道允, 재무 金德鍾, 서기 朱用成.
- 제1區 支團 支部(13道溝 東興里) : 단원 약 180명. 권총 3정(탄약 100).
  支部長 朴基淑, 총무 韓通(道)衡, 재무 朴海寬, 서기 劉德鐘, 통신사무원 金泰應 · 廉錫燁 · 趙景南, 통신원 金錫殷 · 朴昌浩.

이와 같이 장백현의 여러 지역을 요새화 하여 한국 독립군의 근거지로 구축한 세 군단은 그 대표들 20여명이 1921년 6월 1일 16道溝 新昌洞 군비단 통신사무국에 모여 독립군연합회의 활동과 관련한 다음과 같은 결의사항을 채택하여 연합을 더욱 확고히 하였다.36)

결의 사항

제1조 長白縣內 旣成의 團體를 통일하는 것을 목적으로 함.
제2조 各 團은 前條의 목적을 달성하기 위해 어떠한 사항이라도 상호 협조할 것.
제3조 長白縣內에 있는 3개 團은 독립운동에 대한 사항을 每月 5回 通交하기 위해 상호 통보 연락할 것.
제4조 어떤 團員이라도 品行이 不正할 때는 當局(연합회 - 필자주)의 司法部에서 처분할 것.
제5조 어느 團의 團員이라도 交通 기타 여행의 때에 行路를 잃고 식량이 떨어졌을 때는 各 道溝의 수비에 임하고 있는 者가 그를 인도하여 접대할 것.
제6조 3개 團중 어떤 團이 冒險隊를 편성하여 鮮內에 파견할 때는 먼

- 제2區 支團(17道溝 大利峙) : 주찰원 18명, 통신원 15명. 소총 11(탄약 65), 권총 5(탄약 150).
  支團長 朴聖一, 총무 金達元, 재무 楊秉旭, 서기 張時學
- 제2區 支團 支部(15道溝 如雲作里) : 단원 약 30명, 권총 4정(탄약 40)
  支部長 朴弘元, 총무 尹東鮮, 통신장 趙桂淳, 재무장 趙應柵, 서기 高在鳳・金尙洙, 통신원 崔平俊・朴仁斗・朴成萬, 감독 韓龍淳.
- 제3區 支團(18道溝 大町亭洞 上里) : 週察員 18명, 통신원 15명. 권총 4정 (탄약 150).
  지단장 廉學模, 총무 姜鳳吉, 재무 李昌達, 서기 李英實
- 제3區 支團 支部(18道溝 小寺洞 中莊幕里) : 주찰원 5명, 통신원 5명. 권총 4정(탄약 100).
  지부장 崔明信, 재무 鄭道憲, 서기 黃德永

36) 「大正10年 7月 4日 高警 第21038號, 支那長白縣に於ける不逞鮮人團の統一」, 金正明, 위의 자료집 2, pp.1011-1012. 6월 1일 개최된 연합회의 회의는 興業團의 支團長인 金昌一이 임시회장이었으며, 그 밖에 각 단의 대표중에서 臨時總辦・書記・週察・司法・檢査 등이 선출되었다.

저 협의하여 지식을 충분히 갖게 하고 신체 강건하고 확실한
者를 선택하여 파견하도록 노력할 것.
제7조 어떤 단체의 여하한 團員이라도 광복사업에 대해 비밀을 누설한
者를 발견할 때는 死刑에 처할 것.

이 결의사항에 의하면 6월 1일 개최된 연합회의 회의는 궁극적으로 세 군단의 통합을 목적으로 한 회의였다. 따라서 이후 장백현에서는 이들 세 군단이 중심이 되어 독립군단 통합운동이 일어나게 되었다. 그러나 그 결과는 이들 군단이 원했던대로 장백현내 전 군단의 완전한 통합이 아니라 각기 이해를 같이 한 군단들간의 통합에 그쳤다. 즉 1922년 2월 興業團은 大韓獨立軍備團의 일부와 통합하여 大韓國民團을 편성하였다.[37] 그리고 1922년 3, 4월중 大韓國民團은 다시 大震團·太極團과 통합하여 光正團을 성립하였다.[38]

그런데 앞에서도 언급한 바 있지만 이같은 통합이 있기 전 대진단의 지단은 흥업단에 흡수 통합된 상태였고, 태극단 또한 광복단에 흡수 통합된 상태였다. 그럼에도 불구하고 대진단과 태극단의 명칭이 계속 사용되며 또 다른 통합이 이루어졌던 것은 첫 번째 병합의 경우는 기존의 軍團을 완전히 해체한 것이 아니라 세력의 이동없이 명칭만 통일시킨 상태였기 때문에 이같은 결과가 나온 것으로 판단된다. 즉 태극단은 광복단 제1구 분단이 되고, 대진단 지단은 흥업단 지단이 되었지만 그들 세력이 완전히 광복단과 흥업단에 흡수되어 각 단원이 여기저기 흩어져 활동한 것이 아니라 기존 상태 그대로 한 集團이 되어 원위치에서 활동하였기 때문에 대한국민단과 광정단 성립시 원래의 군단 명칭을 내세우며 통합에

---

37) 「대정12년 형공제515호, 姜鎭乾 판결문」, 『독립운동사자료집』 10, 독립운동사편찬위원회, pp.704-707. ; 「姜宇鍵 遺稿」, 『獨立軍의 手記』, 국가보훈처, 1995. 3, pp.88-89. 대한국민단 성립일에 대해서는 다음 제2절 '光正團'에서 설명할 것임.
38) 위의 자료, pp.704-707. ; 「姜宇鍵 遺稿」, 위의 책, pp.91-92. 광정단의 성립일에 대해서는 제2장 '光正團'에서 설명할 것임.

참여한 것으로 판단된다.

한편 장백현내 독립군단들이 이같은 움직임을 보이고 있을 때 남만지역 다른 독립군단들의 상황은 다음과 같았다.

臨江縣 帽兒山에는 白山武士團(단장 : 李斗星)이,[39] 寬甸縣 火流頭에는 光韓團(단장 : 李時說)이[40] 조직되어 주변의 애국청년들을 수시로 모집해 무장력을 갖춘 독립군단을 유지하면서 일제와의 항일전을 전개하였다. 또 寬甸縣 香爐溝와 毛甸子 등에 근거지를 구축하고 활동했던 光復軍總營도 桓仁縣과 관전현 東部의 太平哨·石柱子·大白菜 등으로 병력을 옮기고 陣營을 정비하였다. 아울러 의병계통의 인사들을 중심으로 1919년 4월 柳河縣에서 조직되었던 大韓獨立團의 경우는 桓仁·輯安 總支團長인 孟喆鎬가 輯安縣 覇王槽에 독립군 약 200명 이상을 포진시켜 활발한 활동을 전개하고 있었다.[41] 그런가하면 북간도에 근거지를 구축하고 활동했던 박철수가 이끈 의용단은 長白縣의 西北지역인 二道房子로 옮겨와 진영을 구축하고 항전의 태세를 갖추었다.[42]

경신참변 후 이와 같은 남만지역의 독립군 진영 구축사항에 대해 일제의 최일선 보고자는 "當方面의 不逞鮮人 주력은 長白·臨江·輯安의 3縣 內에 있고, 일부는 寬甸·桓仁縣 內에서 발호하고 있는데 이들은 점차 무장을 구비하여 우리 경비력이 박약한 지점에서 때때로 鮮內로 침입하여 국경을 소란시키면서 太平洋會議 시기를 이용하여 鮮內外를 서로 호응하여 소요를 야기시키고자 한다는 정보가 빈번하여 이들 不逞團들의 행동에 주의를 요한다."[43]라고 보고하고 있다. 그리고 일제의 또 다른 보

---

39) 「大正10年 5月 12日 高警第14520號, 白山武士團員逮捕の件」, 金正明, 위의 자료집 2, pp.995-998.
40) 「大正10年 2月 23日 高警第4465號, 光韓團員檢擧の件」, 金正明, 위의 자료집 2, pp. 986-989.
41) 「大正10年 8月 28日 朝特報第17號, 鴨綠江對岸地方不逞鮮人情況」, 金正明, 위의 자료집 2, pp.1014-1015.
42) 위의 자료, p.1015.
43) 「大正10年 8月 28日 朝特報 第17號, 鴨綠江對岸地方不逞鮮人情況」, 金正明,

고자는 이들 지역에는 밀정을 침입시키기도 곤란하다고 보고하고 있어44) 경신참변 후 남만지역 독립군들의 軍力과 투쟁의지를 짐작할만 하다. 일제가 이와 같이 주시하고 경계했던 경신참변 이후 남만지역 독립군들의 총계를 정확히 산출해 낼 수는 없다. 하지만 일제가 첩보원에 의해 밝혀 내고, 이들 남만지역 독립군들이 전개한 무장투쟁시의 참가 병력을 추정해 보면 北滿으로 이동한 병력 못지 않은 2-3천의 병력이 되기에 충분하였다.

위의 자료집 2, p.1015. '太平洋會議'는 1921년 11월 11일 세계 평화를 위한 군비축소 문제와 太平洋 및 遠東政策을 논의하기 위하여 미국 워싱턴에서 개최되었다. 이 회의는 1921년 7월 미국 대통령 하딩(Harding, W. G.)의 발의로 미국·영국·프랑스·이탈리아·일본 등 9개국이 참가하여 개최되었는데, 이 발의가 있자 대한민국임시정부에서는 이를 기회로 한국의 독립을 外交的 차원에서 해결하고자 太平洋會議 韓國外交後援會를 결성하여 회의 안건에 한국문제가 상정되도록 노력을 기울였다. 그리고 미국에서는 李承晚·徐載弼·鄭漢景 등이 군비축소회의 한국특파단을 조직하여 미국대표단에게 일제의 한국 병합 부당성과 한국민에 대한 착취 및 강압행동을 설명하고, 한국대표단이 이 회의에 참가하여 발언할 수 있도록 요구히는 書面을 발송하였다. 따라서 태평양회의에 대한 독립운동 지도자들의 이같은 노력을 지켜본 滿洲·露領 지역의 독립군들은 이를 기회로 경신참변 이후 일시 소강된 무장투쟁력을 활성화 하고자 同會議를 적극 선전하는 한편, 항일투쟁 의지를 견고히 하였다. 그러나 태평양회의는 1922년 2월 6일까지 87일간이라는 긴기간에 걸쳐 개최되었으나 한국문제는 상정되지 않았다.(『한국독립운동사』 3, 국사편찬위원회, 1968. 12, pp.253-255. 참조)

44) 「大正10年間 鮮內外一般ノ情況及將來ニ對スル觀察」, 『日本의 韓國侵略史料叢書』 26, 韓國出版文化院, 1990. 3, pp.588-599.

3. 정의부 참여단체의 상황

1) 西路軍政署

 西路軍政署는 正義府로 통합된 獨立軍團 중 가장 긴 沿革을 가지고 있다. 이 독립군단이 西路軍政署라는 이름을 쓰기 시작한 시기는 1919년 초부터인 것으로 보인다. 하지만 그 명칭이 대한민국임시정부에서 인정을 받기는 1919년 11월 17일 국무회의의 의결이 있고난 이후의 일이다.[45] 이 軍團의 내력은 1910년 경술국치를 전후해 국경을 넘은 민족운동가들이 柳河縣 三源浦를 무대로 독립군기지를 개척하던 시기로 거슬러 올라간다. 즉 이들 민족운동가들은 1911년 한인의 자치를 목적으로 耕學社를 창립하였다. 경학사는 1912년 扶民團으로 개편되었으며, 부민단은 다시 1919년 1월(음력)에 南滿의 柳河·海龍·通化·興京·臨江·輯安·桓仁縣 등 각 지역에 산재한 自新契·敎育會 등과 통합하여 韓族會를 성립시켰다.[46]

 이와 같이 성립된 韓族會는 아직까지는 무장항일에 목적을 둔 단체라기 보다는 移住韓人의 산업부흥을 위한 자치와 교육에 치중한 단체였다. 그러나 한족회는 각 민족학교 및 신흥무관학교와 같은 교육기관을 통해 독립군을 양성하고 군자금을 모금해 무기를 구입하는 등 일제와의 무장항쟁을 준비하기도 하였다. 한족회가 이같은 활동을 펼칠 무렵 국내에서는 일제에 대한 전민족적 항쟁인 3·1운동이 일어났다. 그리고 이 운동은 급속히 국내외로 전파되었다. 한족회도 1919년 3월 13일 독립만세를

---

45) 蔡根植, 『武裝獨立運動秘史』, 大韓民國公報處(民族文化社 頒布), 1985, p.51.
46) 「西間島의 韓人」, ≪獨立新聞≫, 1919. 11. 1. 西路軍政署와 韓族會는 거의 동시에 사용된 명칭으로 판단된다. 그 이유는 西路軍政署 義勇隊 財務部 발행의 1919년 1월 28일자 군자금 영수증이 발견되고 있기 때문이다.(동영수증은 독립기념관 소장)

위한 발회식을 개최하고 남만의 이주한인을 일대 집결시켜 만세 시위를 전개하였다.47) 그와 함께 지금까지 준비된 모든 무장력을 빠른 시일 내에 한 곳에 집중시켜 본격적인 독립전쟁을 수행키 위해 노력하였다.

이 같은 과정을 거친 한족회는 충실하면서도 전민족이 인정하는 무장독립군단을 성립시키기 위해 상해의 대한민국임시정부에 대표를 파견하였다. 대표들의 의견을 청취한 임정에서는 남만의 항일무장투쟁을 책임질 독립군단의 성립 문제를 국무회의에 상정하여 심도 있게 논의하였다. 그 결과 한족회의 군사적 사업을 수행할 서로군정서를 탄생시키도록 하였다.

서로군정서는 督辦 李相龍, 副督辦 呂準, 政務廳長 李沰, 軍政廳長 梁圭烈, 參謀長 金東三 등 간부진을 선출하고, 독립군 병사들을 훈련시킬 교관으로 池靑天·申八均·金擎天 등을 선임하였다.48) 그리하여 남만 한인들의 적극적 후원에 힘입어 많은 청장년을 독립군병사로 양성하고 무기를 구입하여 일제를 상대로 본격적인 무장투쟁을 전개하였다. 특히 서로군정서는 1920년 10월에 전개된 청산리대첩에 참전하여 독립군 연합부대로서 일본군 대부대와 접전을 벌여 승리를 거두는데 큰 역할을 하였다.

청산리대첩이 끝난 후 서로군정서는 일본군 대부대의 간도침입으로 발생한 庚申慘變에 적절히 대처하기 위해 軍團을 여러 부대로 나누어 활동을 전개하였다. 즉 지청천이 이끄는 1부대는 北路軍政署·大韓獨立軍·軍務都督府 등과 함께 北滿의 密山으로 이동하였다. 그리고 이 곳에서 장기항전의 준비를 위해 다른 軍團들과 통합하여 '大韓獨立軍團'을 결성하고 노령의 이만을 거쳐 自由市까지 이동하였다. 또 남만에 남아있던 다른 단원들은 辛光在·李炳哲·張昌憲·白雪岑·蔡燦 등의 지휘하에 寬甸·輯安·通化·臨江縣 등에 분산하여 근거지를 구축하기 위해 노력하였다.49)

---

47) 「自大正8年3月 至大正9年3月, 鴨綠江對岸方面에 있어서의 獨立運動의 槪要」, 『韓國獨立運動史』 3, 1968. 12, 국사편찬위원회, pp.653-655.
48) 愛國同志援護會編, 앞의 책, p.255.

노령까지 이동한 부대는 1921년 6월 그 곳에서 '自由市慘變'이라는 큰 시련을 맞고 일시 전열이 흩어지기도 하였다. 하지만 남만지역에 계속 근거지를 구축한 辛光在 등이 이끈 부대들은 경신참변으로 산만해진 독립군 진영을 빠른 시일 내에 정비하는데 주력하였다. 즉 이들 남만지역에 분산된 西路軍政署軍의 총지휘자인 辛光在는 노령으로 진출한 洪範圖부대와 연결하여 1921년 5월 중순까지 장총・단총・탄약 등 무기를 반입해 들였다. 그리고 주변 여러 지역에 흩어진 독립군 병사 및 한인 청장년을 소집해 구입한 무기를 지급하고 실전을 방불케 하는 훈련을 실시하였다. 훈련된 병사들은 유격대를 조직하여 압록강변 일제 국경수비대의 감시를 뚫고 국내진입전을 감행하였다.50)

이 같은 활동을 벌이던 남만지역의 서로군정서군은 1921년말 총지휘관인 신광재가 사망하자 활동이 일시 약화되기도 하였다.51) 하지만 독립군 기지 개척시기 초반부터 남만지역을 무대로 수많은 독립군지휘관을 양성해 왔던 서로군정서군은 신광재 死後 車千里・蔡燦・金昌煥 등을 그 후임으로 임명하여 항일무장투쟁이 끊임없이 이어지도록 하였다.52)

서로군정서는 남만지역을 무대로 이같은 활동을 펼치는 한편 1921년 4, 5월 북경에서 軍事統一會議가 개최되자 李震山・成駿用・宋虎 등을 대표로 선출하여 파견하였다.53) 군사통일회의는 미주에서 활동하던 朴容萬

---

49) 「大正10年 7月 6日 高警第21167號, 對岸不逞鮮人の動靜」, 金正明, 앞의 자료집 2, pp. 1012-1013.
50) 「大正10年 7月 6日 高警第21167號, 對岸不逞鮮人の動靜」, 金正明, 위의 자료집 2, pp. 1012-1013.
51) 「朝憲情第117號 大正11年 1月 24日, 大正10年 12月中 朝鮮外情況月報」, 『韓國獨立運動史』 4, 國史編纂委員會, 1968. 12, p.917. 다른 기록(李濬衡, 「遺事」, 『石洲遺稿』後集, 石洲先生紀念事業會, 1996. 4, p.396.)에는 辛光在의 사망 시기를 1920년 봄에 부음이 들렸다하여 1920년 봄 이전으로 하고 있다. 하지만 이 기록의 바로 다음 서술에는 이 때를 '경신참변' 이후라 표기하고 있어, 신광재의 사망 시기는 1921년 후반이 맞는 것으로 보인다.
52) 「朝憲情第117號 大正11年 1月 24日, 大正10年 12月中 朝鮮外情況月報」, 위의 책 4. ; 李濬衡, 위의 글, p.396.

이 적극 주선한 것으로 전민족 항일 무장세력의 통일을 위한 회의였다. 국내외 민족운동가들 사이에는 효과적인 항일전을 전개하기 위해 통일된 군사조직이 구축되어야 한다는 생각이 공통적으로 일고 있었던 것이다. 그러나 국내외 10개 단체 대표 17명이 회합하여 4월 17일부터 개최된 이 회의는 5월까지 이어졌지만 결실을 보지 못하고 유회되고 말았다.54)

하지만 군사통일회의 정신은 만주로 이어져 1922년초 남만지역의 諸軍團간에는 독립군단 통합과 관련한 협의가 구체적으로 추진되기 시작하였다. 각 군단의 대표자들은 1922년 봄 桓仁縣에 모여 南滿統一會를 결성하고 회의를 거듭한 결과 통합군단인 大韓統軍府를 성립시키기에 이르렀다.55) 이어 대한통군부는 같은 해 8월에 또 다시 南滿韓族統一會議를 개최하여 더욱 확대된 통합군단인 統義府를 성립시켰다.56)

서로군정서는 이 통합군단의 성립을 위해 처음부터 적극적으로 가담하였으며, 통의부의 성립을 위해서는 채찬・金旋風・金篠夏・朴泰浩・李範天・成午觀・金海雲・韓應烈・劉尙燁 등을 대표로 파견하여 남만지역 독립군단의 대통합이 결실을 맺도록 하였다.57) 그러나 통의부의 성립 이후에도 서로군정서의 잔존 세력은 남만의 여러 지역에 아직 남아 있었다. 그 이유는 서로군정서는 1911년에 성립된 자치기관인 경학사에서부터 발전해 온 독립군단이었기 때문이다. 경학사 이후 부민단, 한족회 등으로 발전해 오던 이 기관은 남만의 한인들을 효과적으로 관리하기 위해 각 지역에 지방조직을 두었고, 이 지방조직들 중에는 독립군단인 서로군정서로 발전하면서 支團조직이 되기도 하였다. 또한 경신참변 후에는 서로군정

---

53) 李濬衡, 위의 글, p 395.
54) 尹炳奭, 앞의 책, pp.227-230.
55) 「南滿統一會와 및 그 後援隊에 대하여」, ≪獨立新聞≫, 1922. 6. 24.
56) 「大正11年 9月 22日附, 南滿韓族統一會決議事項並職員名 布告文 入手에 關한 件」, 국사편찬위원회, 앞의 책 4, pp.761-763. 통군부 및 통의부에 대해서는 다음의 '統義府' 항목에서 설명함.
57) 「大正11年 9月 22日附, 南滿韓族統一會決議事項並職員名 布告文 入手에 關한 件」, 위의 책 4, p.761.

서 본단 세력들이 여러 지역으로 흩어지게 되면서 이들 지방조직들을 바탕으로 독립군 근거지를 구축하고 활동하였다. 따라서 서로군정서의 주도 세력은 통합군단인 대한통의부로 합병되었지만, 그 이후에도 남만의 여러 지역에는 계속 서로군정서 대원으로 활동하는 세력이 있었다.58)

그런가하면 본부의 지휘관 중에서도 일부 세력은 통의부에 가담하지 않고 여전히 서로군정서의 명목을 지켰다. 이들은 독립군기지 개척시기 이후 남만지역 韓人의 지도자로 활동해 온 李相龍의 지휘아래 서로군정서의 본부를 柳河縣에서 조금 떨어진 樺甸縣의 官街로 옮겼다. 이어 1924년경에는 서로군정서의 명칭을 大韓獨立軍政府로 고쳤다. 하지만 변경된 대한독립군정부보다는 한인들에게는 여전히 舊名稱인 한족회나 서로군정서로 불렸다.59) 樺甸縣 官街에 정비된 서로군정서의 1924년초 진용을 보면 다음과 같다.60)

<표 2> 西路軍政署 간부 명단(1924년 초)

직 책	성 명	직 책	성 명	직 책	성 명
督辦	李相龍	副督辦	姜南五	軍事顧問	池靑天
軍事局長兼軍醫長	朴根植	軍司令官	崔中山	大隊長	南尙福
中隊長	李澤 李東凞	小隊長	李春化 金贊保 崔昊	外交委員長	朴勝浩
軍事偵察部長 外交委員	李光敏	外交委員	金仁贊 吳義範	秘書	崔光鎬
通信部長	金鎭立	經理局長	金仁淳	募捐局長	許權
偵察長	大光日	憲兵隊長	崔鵬南	警備隊長	蔡信一
徵募局長	金日星	庶務部長	任亨伍	器機局修理武器運搬局長	南祥世

---

58) 「大正12年 2月 7日附, 在住鮮人 43名 避難轉住의 件」, 국사편찬위원회, 앞의 책 4, pp. 766-767. 예컨대 통의부가 성립되고 난 후인 1922년 11월 玄武海는 임강현에 근거지를 구축하고 계속해 西路軍政署 명칭을 사용하며 부하 대원들을 이끌고 독립 의연금을 징수하기 위해 활동하였다.
59) 「大正13年 5月, 在外不逞鮮人ノ槪況」, 아연필 200-3-049, pp.32-33.
60) 「關機高秘收第1508號 大正13年 1月 30日, 臨時報第38號 吉林附近ノ鮮人情報」. 명단 중 李澤은 李沰, 李光敏은 李光民의 오기로 판단됨.

이와 같은 서로군정서는 화전현 주변의 약 1,800호에 해당하는 한인들을 관할하며 여러 개의 農場을 개발해 자치활동에 힘썼다.61) 그와 함께 통의부로 합병되고 남은 독립군들로 지속적인 무장세력을 유지하며 항일활동을 펼쳤다.62) 이들 세력이 1924년 초부터 일기 시작한 全滿統一會議에 적극 가담하여 정의부 통합세력의 일부분이 되었던 것이다.

2) 統義府

정의부에 가담한 세력 중 가장 주축이 되는 세력인 통의부는 그 자체가 통합된 독립군단이었다. 그 성립 경위는 앞의 '서로군정서'에서 짧게 언급한 바 있지만 구체적으로 살펴보면 다음과 같다.

1920년 10월 이후 庚申慘變을 당한 서북간도지역 한인 및 한국 독립군들은 일시 그들의 생활터전이나 근거지를 잃고 큰 혼란에 빠졌다. 하지만 남만지역의 독립군단들은 본래의 근거지보다 더욱 산간오지로 옮겨 새로운 독립군진영을 구축하였다. 그리고 북간도 및 타 지역에서 일제의 탄압을 피해 이주하거나 이동해 오는 한인 및 독립군들을 맞아 생활 기반을 조성하는 한편 항일전을 위한 戰列을 정비하였다. 남만지역의 독립군들이 경신참변이라는 큰 탄압을 받고도 새로운 근거지를 빠른 시일 내에 구축할 수 있었던 것은 그들은 이미 10여 년 전부터 이 지역을 바탕으로 기지를 구축하며 노력한 결과 그 지리적 상황을 잘 파악하고 있었기 때문이다.

독립군들은 새로운 근거지를 바탕으로 더욱 활기찬 항일전을 펼치기

---

61) 「高警 第915號 大正14年 3月 16日, 全滿不逞鮮人統一團體正義府ニ關スル件」, 아연필 100-001-230, pp.229-231. ; 「高警 第1404號 大正14年 4月 27日, 正義府ノ公報發行ニ關スル件」, 아연필 100-001-030, pp.439-442.
62) 「高警 第915號 大正14年 3月 16日, 全滿不逞鮮人統一團體正義府ニ關スル件」, 위의 자료, pp.229-231.

위해 노력을 경주하였다. 그러나 일제에 의한 경신참변으로 항전을 위한 기본 토대가 파괴되었기 때문에 독립군의 노력만큼 그 효과는 크지 않았다. 따라서 독립군들은 이같은 점을 보완하고 보다 적은 희생으로 효율적인 항전의 결실을 얻을 수 있는 구조를 구축할 필요성을 느끼게 되었다.

남만의 독립군들이 이같은 필요성을 절감하고 있을 때, 1921년 4월 북경에서는 朴容萬·申肅 등의 주재로 軍事統一會議가 개최되었다. 이 점에 대해서는 앞의 '서로군정서'에서 언급한 바 있지만 그 취지를 군사통일회의가 공포한 '宣言書'를 통해 살펴보면 다음과 같다.

> 我獨立問題는 軍事가 아니면 解決이 불능이요, 軍事運動은 統一이 아니면 성공은 난망일세. 於是乎 軍事統一의 절대 필요에 鑑하여 內外地 각 단체의 연합으로 성립된 本會議는 其 목적이 실로 此에 不外하며 其 精神이 또한 此에 在할 뿐이로다.63)

즉 조국의 독립은 통일된 무력을 통한 항전에 의해서만이 성공할 수 있다는 것이다. 이 같은 목적을 달성하기 위하여 미주·서북간도·노령 및 국내에서 참가한 10개 단체의 대표 17명은 열띤 토론을 펼쳤다. 그러나 이 회의는 결국 대표들이 바라는 소기의 목적을 달성하지 못하고 유회되었고, 군사통일의 성공을 간절히 바랐던 서북간도 지역에서 파견된 독립군 대표들은 큰 실망을 안고 돌아왔다.64)

군사통일회의를 통해서 만주라는 지역적 한계를 넘어 전민족적으로 통일된 무장세력을 구축하여 보다 충실한 항전을 펼치려 했던 재만 독립군의 바램은 이 같이 무산되었다. 따라서 독립군들은 그들만이라도 각 지역에서 통일된 항일전선을 구축하여 그 효과를 증진시키고자 하였다. 남만의 각 독립군단 대표들은 상호 연락하여 통합에 대한 의사를 합일시킨

---

63) '軍事統一會議' 명의로 1921년 5월에 공포된 '宣言書'.(尹炳奭, 『獨立軍史』, 지식산업사, p.228.에서 재인용)
64) 尹炳奭, 위의 책, pp.227-230.

결과 1922년 1월 南滿統一會를 결성하고, 이주한인들은 그를 지원하기 위한 後援隊까지 조직하기에 이르렀다.65) 이어 서로군정서를 비롯한 대한독립단·광한단 등의 대표들은 남만통일회를 통해 1922년초 통합군단인 大韓統軍府를 결성하기에 이르렀다.66) 그리고 다음과 같은 대한통군부의 부서를 정하고 간부를 임명하기에 이르렀다.67)

총장 : 蔡相悳, 비서장 : 高豁信, 민사부장 : 李雄海, 군사부장 : 李

---

65) 남만지역 獨立軍團 통합운동을 지원하기 위해 조직된 南滿統一後援隊가 1922년 1월 20일 발표한 선포문을 보면 다음과 같다.

宣 布 文

아아 義血이 끓는 靑年武夫야 異域寒天에 風膳露宿의 逆境을 얼마나 지냈으며 劒林彈雨에 十生九死의 難關을 얼마나 지냈는가. 그러나 蠻敵橫暴은 愈往愈酷하고 生榮毁損은 日復日甚하여 山河鼎沸에 人不賴生하니 슬프다. 到此地頭에 生死를 顧忌하여 趑趄할바 아니며 利害를 較計하여 躊躇할 바 아니어늘 社會情勢는 實不如此하여 某團某會의 日是日非로 內外同胞의 信賴心만 自墜케 하고 挾意偏見의 相執不下로 敵의 宣傳資料만 供給하여 義旗는 東向할 時日이 杳遠하고 霜力은 一試할 機會가 差遲하도다. 비록 當局諸氏가 懇篤한 誠意로 統一을 力圖하나 響應心이 薄弱하고 凝集力이 稀微하여 經營數月에 尙今 그 全功을 告達치 못하였으니 이 어찌 有血男兒의 默過할 바며 傍觀할 바리오. 이에 隊를 組成하고 員을 派遣하노니 凡我靑年武夫야 赤衷을 헤치고 鍼腕을 뽑내라. 去國離鄕의 當年壯志를 伸張하려거든 死不瞑目할 庚戌의 恥辱을 快雪하려거든 齷齪한 상태를 脫하고 活潑한 步調로 起하라. 祖國光復은 大同統合으로 基礎하고 民族復活은 一致團結로 開端하노니 靑年아 武夫야 同心協力하고 幷駕齊進하여 統一的 大運動에 絶對後援하기를 茲에 宣布하노라.

紀元 4255年 1月 20日

南滿統一後援隊長 徐範善 副官 金觀聲·李萬馨

隊員 : 郭尙夏·金元常·全德明·許旭·朴泳燦·鮮于滿·韓鳳朝·李圻洙·朱尙玉·桂枝花·金利健·趙仁華·尹昌哲·金德河·金永洙·張啓厚·金泰浩·李亨奎·金斗明·金泰河

(「大正11年 2月 16日, 不逞鮮人南滿統一後援隊組織ノ件」)

66) 「南滿統一會와 및 그 後援隊에 대하여」, ≪獨立新聞≫, 1922. 6. 24.
67) 蔡根植, 『武裝獨立運動秘史』, p.126. ; 崔衡宇, 『海外朝鮮革命運動小史』 제1집, 東方文化社, 1945, p.7.

天民, 교육부장 : 金東三, 실업부장 : 邊昌根, 사령관 : 金昌
煥, 경무감 : 全德元

이 같이 성립한 대한통군부는 1922년 6월 3일 중앙위원회를 개최하여 통합에 가담하지 않은 다른 독립군단과도 접촉을 가져 더욱 확대된 통합 군단을 이룩하자는 결의를 하게 되었다. 그 결의를 실천에 옮겨 같은 해 8월 23일에는 桓仁縣 馬圈子에서 남만한족통일회의를 개최하고 통군부 설립때 불참하였던 항일단체와 軍團을 더 가입시키는 포괄적인 통일운동을 일으켰다. 이 회의에는 西路軍政署와 大韓獨立團을 비롯하여 寬甸東路 韓僑民團・大韓光復軍營・大韓正義軍營・大韓光復軍總營・平安北道督辦府 등의 대표 71명이 집합하였다.68) 이들 대표들은 김승만을 회장으로 선출하여 약 7일간에 걸친 회의를 한 결과 6개항의 결의사항을 결정하고 8월 30일 이를 발표하였다. 6개항의 결의사항을 보면 다음과 같다.69)

첫째, 각 단체 각 기관의 명의(평북연통제는 제외)를 취소하고 구역 인물 및 제반 처리사항을 무조건으로 공결 복종할 것을 서명 날인하고 서약한다.
둘째, 남만한족통일기관명을 統義府로 결정한다.
셋째, 통의부 군대 명칭은 義勇軍으로 한다.
넷째, 제도는 총장제로 결정한다.
다섯째, 헌장은 9장 63조를 통과한다.
여섯째, 각 부서의 직원을 선거한다.

남만한족통일회에 참가한 대표들의 이 결의에 따라 통합 군단인 통의부는 성립하였다. 그리고 제6항의 결의에 따라 다음과 같은 통의부의 부

---

68) 「大正11年 9月 22日附, 南滿韓族統一會決議事項並職員名 布告文 入手에 關한 件」,『韓國獨立運動史』4, 국사편찬위원회, pp.761-763.
69) 「남만한족통일회 결의사항 및 직원 각 포고문 입수에 대한 건」, 독립운동사 편찬위원회, 앞의 자료집 10, pp.493-494.

서와 간부가 임명되었다.[70]

총　　장 : 金東三,　부총장 : 蔡相悳,　비서과장 : 高豁信,
민사부장 : 李雄海,　검무국장 : 崔明洙,　교섭부장 : 金永萬,
선전국장 : 金昌義,　군사부장 : 梁圭烈,　사령장 : 金昌煥,
법무부장 : 玄正卿,　사관소장 : 李永植,　재무부장 : 李炳其,
학무부장 : 申彦甲,　권업부장 : 崔濟潤,　교통부장 : 吳東振,
참모부장 : 이천민

성립과 동시에 조직체계를 갖춘 통의부의 활동 방향은 이주한인을 대상으로 한 자치활동과 항일을 위한 무장활동이었다. 통의부는 우선 자치활동을 위해 남만 여러 지역에 분산되어 거주하고 있는 이주한인들을 바탕으로 지방조직을 설치하였다. 한인이 많이 살고 있는 縣 중에서 한인 1천 호를 기준으로 總管事務所를 설치하고 그 책임자를 總管에 임명하였다. 그리고 총관 밑에는 지방의 실정에 따라 100호 또는 200호로 1區를 조직하여 책임자인 區長을 임명하였다.[71] 이 같은 방식에 의해 1923년 겨울까지 총관사무소는 通化縣의 通化・通南, 桓仁縣의 桓西・桓南・桓東, 輯安縣의 輯安・輯西・輯南, 寬甸縣의 寬東・寬南・寬北을 비롯하여 興京・柳河・臨江・長白縣 등의 縣에 26개소가 설치되었다.[72] 이 통의부 지방조직의 長으로 임명된 總管과 區長은 관할지역내 한인을 대상으로 행정업무를 처리하는 한편 한인들을 보호해주는 임무를 수행하였다. 그와 함께 통의부가 수행해야 할 자치 및 항일의 업무에 필요한 경비를 충당하기 위해 관할 한인들로부터 ① 義務金 3圓 ② 餉米錢 2圓 5角 ③ 교육비 3角 ④ 警鐘報代 1角 ⑤ 독립신문 유지비 5角 ⑥ 軍費 7角 ⑦ 軍用革

---

70) 위의 자료, pp.494-496.
71) 「大正12年 12月 24日附, 不逞鮮人團大韓統義府에 關한 件」, 國史編纂委員會, 앞의 책 4, p.778.
72) 위의 자료, pp.777-778.

靴 2足 등 년간 매호 평균 7원 내외의 부과금을 징수하였다.[73]

이어 통의부는 다음과 같은 統義府 義勇軍을 조직하여 항일 무장투쟁을 전개하였다.[74]

<표 3> 統義府 義勇軍 간부 명단

사령관			金昌煥
부 관			金昌勳
제1대대			대대장 姜南道
제1중대 중대장 白狂雲	제1소대	소대장 金保國	병력 100여명, 무기 100여정, 전성기 인원 8-900명
	제2소대	소대장 田奉道	
	제3소대	소대장 金基準	
제2중대 중대장 崔碩淳	제1소대	소대장 金田	병력 130여명, 무기 136정, 전성기 인원 6-700명
	제2소대	소대장 李奎成	
	제3소대	소대장 申泰鳳	
제3중대 중대장 崔時興			병력·무기 미상, 국내진공전을 주임무로 하였음. 전성기 인원 500명
제4중대 중대장 洪基柱	제1소대	소대장 張世龍	병력 50명, 무기 37정, 전성기 인원 500명
	제2소대	소대장 金國輔	
	제3소대	소대장 申洪永	
제5중대 중대장 金明鳳	제1소대	소대장 金昌天	병력 120명, 무기 123정, 전성기 인원 500명
	제2소대	소대장 金光秋	
	제3소대	소대장 金一	
유격중대 중대장 金昌龍·金河錫·文學彬			병력 150명
헌병대 헌병분대장 宋憲			

이 같이 편제를 갖춘 통의부 의용군은 임무수행을 위하여 중대별로 각각의 관할구역과 특수임무를 담당하고 있었다. 즉 이들 5개 중대와 예하

---

73) 위의 자료, p.778.
74) 위의 자료. p.777. ;「大正13年 3月 20日附, 興京縣下에 있는 不逞鮮人의 情況에 關한 件」, 같은 책, pp.779-780. ; 같은 책, pp.99-100. 이들 부대중 제5중대와 유격대 및 헌병대는 처음부터 조직된 부대가 아닌 것으로 보인다. 즉 통의부 성립 이후 길림에서 별동대를 조직하여 활동하던 金明鳳이 그 세력이 커지자 이를 통의부의용군 본부에 편입시켜 제5중대를 만든 것이다.

의 각 소대 그리고 유격대 및 헌병대는 통의부 중앙본부가 있는 寬甸縣 下漏河를 비롯하여 通化·寬甸·臨江·輯安·桓仁·海龍·興京縣 등 여러 지역에 배치되었다. 의용군 대원의 계급은 將士·正士·副士·參士의 등급이 있었고, 소대장과 중대장은 중국군 소위·중위·대위의 복제와 비슷한 다갈색 군복을 착용하였으며 군모와 휘장은 대한제국의 태극기 모양으로 가운데 부분은 금과 은을 섞어 만든 것이었다. 간부가 아닌 병사의 경우는 정식의 服制는 없었으나 한인 부녀자들이 제조한 중국 민병복과 비슷한 누르스름한 복장에 모자를 착용하고 있었다. 또한 국내 진입을 대비하여 변장하기 위한 日警의 복장도 다수 준비하였다.75)

이러한 체제를 갖춘 통의부 의용군은 국내와 만주를 무대로 일제를 상대로한 항일전을 펼치는 한편, 일제의 주구인 친일의 무리들까지 척결해 나갔다. 예컨대 1922년 12월, 의용군은 북쪽의 長春에서 남쪽의 大連에 이르기까지 이 지역내의 친일파들을 완전히 소탕하기 위해 3개의 隊를 편성하여 각지에 파견하였다. 임무를 완수치 못할 경우에는 죽음에 임하겠다는 서명까지 하고 출발한 파견대는 목숨을 건 전투를 벌여 수많은 친일파들을 척결하였다. 그리고 1924년 6월에는 친일기구인 奉天 保民會 長을 역임하고 일본 외무성 촉탁이 되었던 만주지역의 대표적인 친일파 崔晶圭를 처단하는 전과까지 올렸다.76)

통의부 의용군은 국내진입전을 통해 수많은 일제의 기관을 습격하여 큰 전과를 올리기도 하였다. 그 대표적인 것을 보면, 1923년 6월 20일 의용군 1대가 신의주 고녕삭면의 영산주재소를 습격하였고, 또 다른 유격대는 동년 8월에 청성진주재소 및 세관출장소·우편국 등을 습격하여 큰 전과를 올렸다.77) 이 같은 통의부의용군의 전투사례는 성확한 통계는 어

---

75) 朴杰淳,「大韓統義府 硏究」,『한국독립운동사연구』 4, 독립기념관 한국독립운동사연구소, 1990. 12, p.243.
76) 朴杰淳, 위의 논문, p.244.
77) ≪동아일보≫, 1923. 6. 23 ; 10. 2.

려우나 한 자료에 의하면, 1924년 4월 24일부터 6월 29일까지 약 2개월간 國內進入戰만 29회가 전개되었음을 기록하고 있다.78) 또 일제측의 한 자료에 의하면 "현재(1924년 6월 이전-필자주) 평안북도 방면에서 시국에 관한 사고가 빈발하는 것은 본 단체(統義府- 필자주)와 직접 간접으로 관계있는 불령자의 침입에 의한 것이다."라고 하고 있어 의용군의 국내진입전이 빈번히 전개되었음을 말해주고 있다.79)

통의부 의용군이 이같이 활발한 무장투쟁을 전개할 수 있었던 원인은 여러 독립군단이 통합되었기 때문에 대병력을 보유한 까닭도 있었지만, 통합 이전에는 여러 지역에서 활동하던 독립군단 병사들이었기에 때문에 지리에 밝아 만주는 물론이고 국내진입도 효과적으로 수행할 수 있었던 것이다. 또한 통의부가 이주한인을 대상으로 자치활동을 펼침으로써 한인들이 통의부를 지원하여 무력투쟁의 기반을 마련할 수 있었기 때문이기도 하다.

그러나 이같은 활동을 펼친 통의부는 성립된지 얼마되지 않아 구성원들간에 갈등이 노출되어 분열 위기에 직면하였다. 통의부 구성원들은 성립 당시 통합만을 적극적으로 주장한 나머지 理念과 路線에는 소홀한 면이 있었다. 그 결과 통의부는 성립 초기부터 간부들간에 共和와 復辟 등 이념적인 문제와 軍權을 둘러싼 인선 및 조직상의 이견 등이 생겨났다.

이 대립적인 문제는 통의부 성립에 큰 역할을 하였던 全德元과 梁起鐸의 불화로 표면화되기에 이르렀다. 전덕원은 1906년 金斗燮과 평북 용천에서 의병을 일으켰으며,80) 국권피탈 이후에는 渡滿한 뒤 大韓獨立團의 간부로 활약한 인물이었다. 반면 양기탁은 국권피탈 이전 국내에서 애국계몽운동을 주도하였고, 1920년 말 만주로 망명한 이후에는 통의부 결성

---

78) 「我獨立軍의 活動」, ≪獨立新聞≫, 1924. 7. 26.
79) 「不逞鮮人ニ關スル基礎의研究」, 朝鮮軍司令部編, 1924, p.31.
80) 朴敏泳, 『舊韓末 西北邊境地域의 義兵研究』, 韓國精神文化研究院 韓國學大學院 博士學位論文, 1996, p.5.

을 위해 남만지역 독립군단의 통일운동을 전개하는 한편 精神品行講演團을 조직하여 통의부 관할하의 한인사회를 대상으로 계몽활동을 전개한 인물이었다.81) 이 같이 두 사람 사이에는 독립운동의 방략이나 이념상에 분명한 차이가 있었다. 전덕원은 그의 前歷에서도 알 수 있듯이 절대 복벽주의자였으며 양기탁은 공화주의자였던 것이다. 따라서 이들 두 지도자 간에는 통의부 성립 이전부터 반목의 요소가 잠재되어 있었던 것이다. 여기에 全德元이 통의부로의 통합을 후회하며 공화계 지도자 모두를 거부하게 된 불만의 요인이 있었다. 그것은 통의부 성립 초기 全德元이 맡은 직책이 문제였다. 전덕원은 그 자신이 재만 독립군의 지도급 인사로 자처하고 대한독립단의 많은 병사들이 그를 따라 통합에 가담한 것으로 자부하고 있었다. 그런데 통의부의 많은 요직은 공화계 인사들이 담당하고 그에게는 큰 세력을 가지지 못하는 檢務局長이라는 직책이 주어졌다.82)

이러한 갈등과 불만의 요인들은 급기야 무력적 충돌을 불러오게 하였다. 1922년 10월 14일 관전현에 있던 양기탁 일행을 전덕원계의 독립군 병사들이 습격하여 선전국장인 金昌義를 사살하고 梁起鐸·玄正卿·高豁信 등 주요 간부를 포박하고 구타하는 사건이 일어났다.83) 이 사건 이후 통의부 내 복벽주의계열과 공화주의계열 사이는 완전히 적대관계가 되었다. 그리하여 1923년 1월에는 紅廟子 방면에서 양측간에 대규모 유혈사태가 벌어졌다. 이 일련의 동족상잔을 겪고 나자 양측은 더 이상 한 조직 내에서 활동하는 것이 불가능하게 되었다. 따라서 전덕원을 비롯한 복벽주의계 인사들은 1923년 2월 통의부에서 분립하여 새로이 大韓義軍府를 설립하였다. 義軍府는 柳麟錫의 忠義 계승을 천명하고 隆熙年號를 사용하는 등 義兵의 복벽적인 의식이 확고하였다.84)

---

81) 한상도, 「통의부」, 『한민족독립운동사』 4, 국사편찬위원회, 1988, p.175.
82) 『雙公 鄭伊衡 回顧錄』, 國家報勳處, 1996, pp.70-71.
83) 「慘憺한 西間島事變」, 《獨立新聞》, 1922. 11. 8. ; 국가보훈처, 위의 책, 1996, pp.70-75.
84) 朴杰淳, 앞의 논문, p.231. 의군부의 조직은 다음과 같다.

의군부는 이후 통의부와 잦은 마찰과 대립을 보이게 되었다. 이에 대립의 상황을 타개해 보고자 백방으로 노력하는 통의부측의 인사들이 나타나기 시작하였다. 그러나 이미 분열된 양 軍團간에는 더욱 심한 대립과 투쟁이 발생하여 양측만의 노력으로 다시 통합한다는 것은 상당히 어렵게 되었다. 따라서 통의부의용군 제1중대장 蔡燦(일명 : 白狂雲)을 비롯한 金元常·朴應伯 등은 이같은 양대 세력을 하나로 다시 통합시키기 위해서는 일정한 구심점이 있어야 함을 깨닫고 1923년 말 상해의 大韓民國臨時政府를 찾아갔다. 이들은 臨政의 관계자들에게 그간의 전말을 설명하고 임정이 그 구심점이 되어줄 것을 요청하였다.85) 그리하여 임정의 인사들과 협의한 끝에 1924년 4월 南滿軍人代表 78명이 서명하여 '宣言書'를 발표하기에 이르렀다.86)

그러나 이 선언서의 내용은 독립군단들이 통의부로 통일해야한다는 것이 아니라 임정의 밑으로 통일해야 한다고 주장하고 있다. 이들이 이러한 내용의 선언서를 발표하게된 경위는 다음과 같이 판단된다. 상해에 간 채찬 일행은 적극적인 무장투쟁을 지지하는 측들이었다. 하지만 남만의 통합군단인 통의부는 이전의 군단들보다 규모는 방대했지만 자치와 무장투쟁이라는 두 가지 사업을 실행하면서 오히려 자치활동에 더 치중하는 면

총재 : 朴長浩, 부총재 : 蔡相悳, 사한장 : 朴弘濟, 정무부장 : 金有聲, 군무부장 : 全德元, 교통국장 : 韓鼎潤, 재무부장 : 李炳奎, 경무국장 : 桂聘, 종교부장 : 成賓運, 경리부장 : 趙大能, 참모부장 : 朴日楚.
85) 「蔡·金 兩氏의 談」, ≪獨立新聞≫, 1923, 12. 26. ; 金承學, 『韓國獨立史』, 獨立同志會, 1956, pp.398-399. ; 愛國同志援護會, 『韓國獨立運動史』, p.265.
86) 「大正13年 5月 21日, 通譯官木藤克己 警務局長丸山鶴吉殿, 南滿統義府軍隊ノ上海假政府管下ニ歸スル宣言文及警告文送付ノ件」. 蔡燦·崔碩順(崔錫淳의 오기)·崔志豊·金旋風·金篠廈·張昌憲·洪碩浩 등 78명이 在南滿軍人代表로 서명하여 발표한 이 선언서의 盟約 3章은 다음과 같다.
一. 우리는 대한민국임시정부의 直轄임을 적극적으로 인정한다.
一. 우리는 大同 統一의 선봉이 된 것을 內外에 알리고 대한민국임시정부의 旗幟下에 통일이 되도록 적극적으로 힘쓴다.
一. 우리는 대한민국 陸軍으로 內外 武裝 各團의 加入을 권유하여 가입시킨다.

을 보였다. 때문에 이들은 그 같은 통의부의 路線에 얼마간 불만을 가지고 있었고, 임정과 협의하는 과정에서 이 기회에 무장투쟁을 적극적으로 지지하는 자들을 통의부에서 분리하여 그들만으로 臨政직속의 軍隊를 만들 것을 결정한 것으로 판단된다.[87]

선언서에 서명한 78인은 통의부 의용군 제1·2·3중대와 유격대 및 獨立小隊의 대표들이었다. 이들은 한 달 후인 5월에 또 다시 임정의 기치 하에 통일되어야 할 당위성을 밝힌 '宣言書'를 발표하고 통의부에서 분리하여 大韓民國臨時政府 陸軍駐滿參議部를 성립시켰다.[88] 이어 6월에는 통의부 의용군 제5중대도 '宣言書'를 발표하고 통의부를 이탈하여 參議部에 가입하였다.[89]

의군부에 이어 무장투쟁을 지지하는 대부분의 세력이 또 다시 參議部를 조직하여 이탈하자 통의부의 세력은 현격히 약화될 수밖에 없었다. 그

---

87) 蔡燦 일행은 상해에 도착하기 전부터 통의부에서 이탈할 의도를 가졌던 것은 아닌 것으로 판단된다. 그 이유는 1923년 12월 2일 상해에 도착한 채찬이 ≪獨立新聞≫ 기자와의 대담에서 '近間에는 全氏一派도 다시 중앙기관인 統義府에 歸入하였습니다. 이후로는 완전히 합동되야 住民은 安樂의 福을 享하고 통의부의 사업은 蒸蒸然히 進할 것입니다.'(「蔡·金兩 氏의 談」≪獨立新聞≫, 1923. 12. 26.)라고하여 통의부를 부정하지 않고 있다. 그러나 1924년 4월 '宣言書'와 함께 발표한 '警告 南滿軍民'이라는 글에서는 '同族殺戮을 專崇으로 하는 野慾의 巢窟인 統義府에 머리를 숙이고 따를 수 있겠는가'라고 하여 극히 부정하고 있다. 따라서 이들 일행은 상해에 도착하여 임정과 협의를 하는 과정에서 통의부를 이탈하여 무장투쟁 위주의 독립군단을 조직할 것을 결정한 것으로 판단된다.
88) 國會圖書館,『韓國民族運動史料』(中國篇), 1976, pp.323-324. 기존의 연구에서는 참의부 성립일을 1923년 8월로 보는 견해도 있다.(유준기,「참의부」,『한민족독립운동사』4, 국사편찬위원회, 1988. 12, pp.210-212. 참조)
89)「南滿洲義勇軍第5中隊에서 '宣言書'를 발포」,≪獨立新聞≫, 1924. 7. 26. 성립 초기 참의부의 간부 명단은 다음과 같다.
 - 참의장 겸 제1중대장 : 蔡燦, 제2중대장 : 崔碩淳, 제3중대장 : 崔志豊, 제4중대장 : 金昌彬, 제5중대장 : 金蒼天, 독립소대장 : 許雲起, 훈련대장 : 朴應伯, 민사부장 : 金篠廈(일명 : 張基礎), 중앙의회 의장 : 白時觀

러나 통의부는 이들 두 세력의 이탈로 성립 초기보다는 약화되었지만, 여전히 남만지역에서는 가장 큰 세력을 보유한 獨立軍團이었다. 따라서 이후 통의부의 지도부는 이러한 혼란을 빠른 시일 내에 수습하고, 주변의 다른 민족운동 세력들을 다시 규합하여 통일된 세력을 만들기 위해 노력하였다.

3) 光正團

光正團은 大韓國民團·大震團·太極團과 光復團의 일부가 통합하여 1922년 4월 長白縣에서 성립된 통합군단이다.90) 광정단에 통합한 독립군단 중 가장 주류를 이룬 군단은 大韓國民團이다. 대한국민단은 광정단으로 통합되기 바로 직전 군비단 및 홍업단이 통합되어 성립된 군단이다.91) 따라서 더 상세히 언급하자면, 광정단은 군비단·홍업단·대진단·태극

---

90) 蔡永國,「3·1운동 이후 西間島지역 獨立軍團 연구 － 大韓獨立團·大韓獨立軍備團·光復軍總營을 중심으로 －」,『尹炳奭敎授華甲紀念韓國近代史論叢』, 지식산업사, 1990. 12, p.853. 광정단의 성립일을 밝힌 자료는 두 개가 있다. 한 자료(「대정12년 형공 제515호, 姜鎭乾 판결문」,『獨立運動史資料集』10, 독립운동사편찬위원회, pp.704-707.)는 1922년 3월, 또는 윤 5월로 밝히고 있고 <1922년은 윤 5월이 있었다.>, 다른 한 자료(강우건,「해외에서 조선독립운동의 한 방면」,『獨立軍의 手記』, 國家報勳處, 1995. 3, p.92.)에는 1922년 4월 8일로 명기하고 있다. 이 같은 차이는「강진건 판결문」의 경우 음력으로 진술했기 때문으로 음력 3월이면 양력 4월이고, 윤 5월이면 양력 6월 25일부터 7월 23일까지이다. 그런데 광정단이 성립되고난 후 발표한 30조에 달하는 광정단 단칙(「大正12年 1月 22日 高警 第139號, 光正團團則入手ニ關スル件」, 아연필 100-028, pp.57-74.)은 그 시행일을 1922년 4월 15일부터로 하고 있다. 따라서 이들 자료들을 종합해 보면 광정단의 성립일은 양력으로 3,4월 중인 것으로 보인다.
91) 군비단과 홍업단이 통합하여 국민단을 성립시킨 시기도 자료마다 서로 다르다. 즉 한 자료(「대정12년 형공제515호, 姜鎭乾 판결문」, 위의 자료집 10, p.705.)에 의하면 1921년 음력 9월이고, 다른 자료(강우건,「해외에서 조선독립운동의 한 방면」, 위의 수기집, p.89.)에 의하면 1922년 2월 3일로 되어 있다.

단과 광복단의 일부 등 5개 군단이 통합된 군단으로 봐야 할 것이다.
 광정단은 1922년 4월 15일자로 11장 30조에 달하는 단칙을 발표하였다.92) 이에 의해 광정단의 조직체제와 활동 방향을 살펴보면 다음과 같다. 먼저 단칙 제2장에 나와 있는 주의와 목적을 보면 다음과 같다.93)

> 本 團은 正義를 표방하고 인도를 발휘하여 民族性 啓發과 敵愾心을 양성하는 主義이다.
> 本 團은 鐵血精神으로 국가 독립의 완전한 성취를 위해 奮鬪 노력하는 것을 目的으로 한다.

 이 주의와 목적에 의하면 광정단은 민족주의 계통의 항일 무장투쟁 노선을 지향한 단체임을 알 수 있다. 광정단은 이같은 면을 실천하기 위해 다음과 같이 중앙과 지방조직을 설치하였다. 중앙조직인 總部에는 단장과 부단장 각 1인, 비서 1인, 視察 4인, 총무 1인, 회계검사 2인을 두었으며, 그 밑에 議事部·財務部·警護部·軍事部·庶務部·文化部·勸業部 등 7部를 설치하고 이들 부서에는 部長과 次長 각 1인을 임명하였다.94) 또 지방조직의 경우는 그 규모에 따라 部·署·區로 나누고 部에는 部長 및 副部長, 총무, 서기, 財務長 등을 각 1인씩 두고, 警護長 1인과 警視 2인을 더 두도록 하였다. 그리고 署에는 署長 및 總務, 서기, 재무, 警視 각 1인과 文化員과 勸業員을 1인씩 두었으며, 區에도 區長과 警視 1인씩을 임명하고 伍長 및 文化員, 勸業員 약간인을 두도록 하였다.95)
 중앙 및 지방조직의 체계를 세운 광정단은 총부를 長白縣 17道溝 東坪

---

92) 「大正12年 1月 22日 高警第139號, 光正團團則入手ニ關スル件」, 앞의 자료, pp.57-74.
93) 위의 자료, p.57.
94) 위의 자료. pp. 59-62. 이들 중앙의 부서중 議事部는 입법에 해당하는 ① 職員의 彈劾 ② 豫算 및 決算 ③ 法規의 增削 ④ 團務發展에 대한 사항 ⑤ 臨時事項 등의 업무를 수행하였다.
95) 위의 자료, pp.59-62.

德里에 두고, 지방조직중 部에 해당하는 기관은 臨江縣에 西部를, 撫松縣 에는 北部를 설치하였으며 장백현의 총부는 지방조직 南部의 임무를 겸 하도록 하였다.96) 그와 함께 총부 내의 각 부서도 여러 지역에 분산 배치 하여 광정단의 활동범위를 넓히려 노력하였는데, 장백현 내에 분산 설치 된 총부 부서의 위치 및 간부 명단을 살펴보면 다음과 같다.97)

<표 4> 광정단총부의 간부 및 소재지

부 서	간 부	소 재 지
총 부	단장 : 尹德甫(일명 : 朴時彬, 朴時和) 부단장 : 姜健, 총무 : 李泰杰(일명(李漢平), 비서 : 韓雲爕	長白縣 17道溝 東坪德里
재 무 부	재무부장 : 李秉律, 재무원 : 李濟珉 등 4명	長白縣 16道溝 大德水洞
군 사 부	군사부장 : 姜承京, 군사부차장 : 金丙國	長白縣 16道溝 新昌洞
서 무 부	서무부장 : 金九釗, 서무부원 : 姜在九 등 4명	長白縣 18道溝 戶崗
경 호 부	경호부장 : 崔鎭鏞, 경호차장 : 朴斗元	16道溝 小德水
의 사 부	의사부장 : 金文甫, 의사부차장 : 韓雲一	17道溝 東坪德里
권 업 부	권업부장 : 姜明河, 권업부원 : 姜永國 등 3명	18道溝 門岩里
문 화 부	문화부장 : 韓東超, 문화부차장 : 韓秉河	17道溝 三浦里
통 신 부	통신부장 : 林泰仙, 통신부원 : 李基烈 등 8명	17道溝 東坪德里
회 계 부	회계부장 : 林泰仙	17道溝 東坪德里
위 생 부	위생부장 : 金振烈	17道溝 東坪德里

---

96) 「大正13年 2月 15日 臨時報第71號, 大韓獨立光正團及長白縣光復支團組織表」; 「大正13年 5月, 在外不逞鮮人ノ槪況」, 아연필 200-3-049, pp.27-28.
97) 「大正13年 2月 15日 臨時報第71號, 大韓獨立光正團及長白縣光復支團組織表」 체계적인 조직이 성립되기전 광정단 성립과 동시에 선임된 간부 명단은 다음과 같다.
총무부 : 김호 · 윤덕보 · 한운섭, 이사부 : 김용대 · 윤세복 · 석기만, 재무부 : 강건 · 김국태 · 김여진, 군사부 : 강진건 · 정철호 · 최진용 · 김재풍, 경호부 : 이한평 · 신덕선 · 최진용, 문화부 : 김연생 · 이재연 · 강명화, 서무부 : 이병율 · 김화성 · 김병국, 통신부 : 최진용 · 이종규 · 최광수, 위생부 : 김진열 · 김경무, 외교부 : 서경태 · 김정부 · 최순소 · 조덕목(강우건, 「해외에서 조선독립운동의 한 방면」, 國家報勳處, 앞의 수기집, pp.91-92.)

그리고 장백현내에는 部 다음의 지방조직인 署가 4곳에 설치되었는데 그 위치 및 조직은 다음과 같다.98)

- 제1署(소재지 : 18道溝 明化洞)
서장 : 姜哲會, 署僚警視 : 白雲鶴, 總務 : 朴東元, 재무 : 安東八
- 제2署(소재지 : 16道溝 ○岩里)
서장 : 金炳河, 총무 : 孫晉赫, 재무 : 崔昌律
- 제3署(소재지 : 14道溝 高致洞)
서장 : 李鎰, 총무 : 崔德俊
- 제4署(소재지 : 8道溝 佳財水里)
서장 : 朴萬碩, 총무 : 金亨植, 재무 : 金德萬

광정단은 이와 같이 압록강 접경 및 주변지역인 장백・무송・임강현을 기반으로 체계적인 중앙 및 지방조직을 설치하였다. 그리하여 대한독립군비단 이래 축적되어 온 무장력을 바탕으로 항일무장 투쟁을 펼쳤다. 광정단 부단장을 역임한 바 있는 강우건의 수기에 의하면 이 군단은 만주 내에서 근거지가 구축된 장백현 및 임강・무송현을 중심 활동지역으로 하여 日帝의 軍警이나 독립군을 탄압하고자 한 중국 군경대를 상대로 항일 투쟁을 전개하였다. 또 국내에서는 적게는 3-4명에서 1개 소대까지의 병력이 募捐隊 또는 遊擊隊를 조직하여 초산・갑산・혜산진・삼수 등으로 진입하여 활동을 전개하였다.99)

그러나 이 무렵 만주 사정은 일제의 강압에 의해 만주군벌의 한국 독립군 및 배일한인에 대한 탄압이 구체적으로 일기 시작한 시기였다. 특히 중국과 일제측의 탄압은 광정단의 활동지역인 남만지역에서 더욱 심했다. 따라서 광정단 또한 많은 피해를 입었다. 군사부원 정철호는 지방조직을 순회하던 중 중국 순경대와 접전을 벌인 끝에 피체되어 일제에 인계되었

---

98) 위의 자료.
99) 國家報勳處, 앞의 수기집, pp.93-96.

으며, 군사부장 姜鎭乾 또한 같은 형식으로 중국 군경대에 피체되어 일제의 손에 넘어가 무기징역을 선고받고 갖은 악형을 당해야 했다.100) 단장인 尹德甫와 대원 석기만은 군영에서 한밤중 취침하고 있다가 중국 순경대의 습격을 받고 석기만은 殉死하고 윤덕보만이 간신히 탈출하기도 하였다.101)

광정단에 대한 적극적 탄압상은 일본군의 보고서에도 수차 보이고 있다.102) 일제측의 자료에 의하면 장백현을 주 활동 근거지로 한 광정단이 압록강을 넘어 활발한 국내진입전을 전개하므로 이를 중국측에 적극 탄압하도록 지시하여 1923년 이후 광정단 대원들의 무장 활동이 점차 약화되었다는 내용이다. 이와 같은 원인으로 광정단은 1924년 초부터 조직의 체제를 위원제로 바꾸고 주변의 한인을 대상으로 자치 활동에 치중하다가 통의부 등 다른 독립운동 단체들과 새로운 활로를 모색한다는 방침하에 正義府로의 통합운동에 가담한 것으로 보인다.103)

4) 義成團

義成團은 1923년 11월 吉長線 변의 卡倫에 근거지를 구축하고 조직된 군단이다.104) 단장은 황해도 출신의 片康烈이었으며, 고문은 梁起鐸이었

---

100) 위의 수기집, p.95. ; 「대정12년 형공제515호, 姜鎭乾 판결문」, 독립운동사편찬위원회 앞의 자료집 10, pp.704-707.
101) 위의 수기집, p.96.
102) 「大正14年 5月, 在外不逞鮮人ノ槪況」, 아연필 200-3-049, pp.81-84. 및 p.88. ; 「昭和 3年 3月, 在滿不逞團並社會主義團體ノ狀況」, 아연필 200-3-049, pp.163-169.
103) 「大正13年 5月, 在外不逞鮮人ノ 槪況」, 아연필 200-3-049, pp.27-28.
104) 위의 자료, p.31. ; 「昭和3年 3月 在滿不逞團並社會主義團體ノ狀況」, 아연필 200-3-049, pp.178-179. 한국측의 기록들(蔡根植, 앞의 책, p.118. ; 「韓國獨立史」, 獨立同志會, 1965. 9, p.390. ; 愛國同志援護會, 『韓國獨立運動史』, p.260.)에는 의성단의 성립일이 1920년으로 되어 있다. 하지만 의성단의 활동 연대와 단장인 片康烈이 피체되어 진술한 내용(『독립운동사』 5, 독립운

다. 앞에서 살폈듯이 양기탁은 통합군단인 통의부의 성립에 큰 역할을 한 인물이었다. 그러나 그는 1922년 후반부터 있게된 통의부의 내분으로 전덕원계의 독립군 병사들에게 구타를 당하는 등 심한 모욕을 입은 뒤 통의부의 근거지를 떠나 길림으로 와서 활동하였다.105) 그러던 중 卡倫에서 편강열이 의성단을 조직하자 그를 도와 고문을 맡은 것으로 보인다.

의성단 단장인 편강열과 양기탁은 渡滿하기 훨씬 이전부터 친밀한 관계를 가졌던 인물들이다. 이들 두 사람은 이미 1911년에 일제의 음모에 의해 조작된 寺內正毅 조선총독 암살사건에 연루되어 옥고를 치른 바 있었다.106) 20대 청년이었던 편강열은 그 뒤에도 민족운동계의 원로인 양기탁의 지도를 받아가며 국내에서 계속 활동하였다.107) 이어 1922년 중 두 사람은 모두 渡滿하여 梁起鐸은 압록강변의 남만에서 활동하였고, 片康烈은 장춘과 봉천 등지에서 한인 청년들을 규합해 활동하다가 義成團을 조직한 것이었다.108)

의성단은 '目的', '誓文', '誠命', '綱領' 등을 통해 구체적 투쟁방침을 제시하고 단원들의 정신력을 무장함으로써 항일 무장노선을 천명하였다.109)

동사편찬위원회, 1973, pp.307-308. ; 「의성단장 공소 공판」, 『독립운동사자료집』 11, p.381. 등 참조) 등을 참조해 보면 의성단의 성립일은 1923년이 맞는 것으로 판단된다.
105) 鄭伊衡, 『雙公 鄭伊衡 回顧錄』, 國家報勳處, 1996. 11, pp.62-63.
106) 「寺內總督암살사건 판결」, 『獨立運動史資料集』 14, 獨立運動史編纂委員會, 1973. 12, pp.757-776.
107) 片康烈은 寺內總督 암살사건에 연루된 이후에도 계속해서 국내에서 1919년 3·1 운동 당시 황해도 연백군의 만세시위를 주도하였고, 3·1 운동 후에는 軍事籌備團의 안악군 대표로 참여하여 활동한 인물이었다. (『독립운동사』 2, 독립운동사편찬위원회, 1973, p.237. 및 pp.337-341. 참조.)
108) 「機密第102號 大正13年 11月 29日, 義成團長片康烈逮捕ニ關スル報告ノ件」. 片康烈은 만주에서 활동하던 중 1923년에는 상해의 국민대표회의에 참여하기도 하였다.
109) 「關機高發第6649號 大正13年 4月 9日, 臨時報第181號 義成團ノ情況ニ關スル件」.

ㅇ 목적
- 南滿鐵道의 파괴
- 朝鮮總督 및 關東長官의 암살
- 韓國內 官公署의 파괴
- 韓國 全道에 걸친 軍資金의 모집

ㅇ 誓文
무릇 우리 黨員은 正義를 確守하고 一身同體가 되어 自身을 돌보지 말고 가족을 생각치 말고 私黨을 만들거나 範規를 위반하지 말 것. 國家를 위해서는 희생적 정신을 가지고 險難을 당해서는 몸은 鴻毛와 같이 가볍게 하고 개인의 名譽・地位・權利를 고려하지 말 것. 民族을 위해서는 血統觀念을 떠나고 憂患을 만나서는 일개인의 殺傷을 생각치 말고 공동의 생명・재산・자유・평등의 보호에 힘을 기울이고, 자기를 위해서는 溫順・恭險할 것이며 사업을 위해서는 자기적 심리를 버리고 위험을 만나서는 奮戰的 志氣를 고무하자. 熱血의 同志를 이끌고 神聖 堅固한 단체를 만듦으로써 將來 國家 大計의 기초에 공헌하자.

ㅇ 誡命
公明正大 磊落活潑로서 寸陰을 煖惜하여 勤儉力行하고 사람을 사랑할 것이며, 죽음을 기할 일에 臨해서는 두려워 말고, 險難한 일에 臨해서는 물러서지 말고 모험심을 함양하자.

ㅇ 綱領
단지 黨員同志는 生死艱苦 전체가 長老高德되는 것에 대해서는 그 敎導에 尊守해 民族을 위해 獻身的이고 國家를 위해서 蓄財하자.

'目的'에서 보이듯 의성단은 '파괴'와 '암살'을 주요 투쟁방침으로 삼은 무장투쟁 단체였다. 의성단은 그를 위해 본부가 있는 卡倫을 근거로 하고 伊通縣 孤楡樹(책임자 : 朴成章), 懷德縣 五家子(책임자 : 韓鐘烈), 磐石縣 (책임자 : 李芝榮), 九江泡 등에 연락기관을 설치하였다.110) 그리고 단원

II. 정의부의 성립 배경 73

모집과 훈련에 힘써 약 50명의 정예대원을 양성하고 대원 전체가 소지할 수 있는 무기를 구입하여 무장력을 갖추었다.111)

의성단은 만주의 대도시인 하얼빈・길림・장춘을 무대로 활동을 전개하였다. 의성단 활동 시기 만주 내에는 중국까지 침략을 꾀하는 日帝에 의해 수많은 침략기관이 건립되어 있었다. 이들 일제 침략기관들의 목적은 중국의 경제・문화・사회・군사 등 모든 면을 잠식한 후 단시간에 중국을 식민지화하는 것이었다. 그리고 한국 독립군들을 탄압하는 것도 그들 목적중의 하나였다. 이 같은 일제 침략기관 주위에는 이들 기관에 협조하며 생명을 부지하는 친일 한인들이 있었다. 이들 친일 한인들이 한국 독립운동기관에서 정보를 입수하여 일제의 기관에 전달함으로 인해 수많은 독립군들이 피해를 입어야 했다. 어떤 면에서 이들 친일 한인들이 독립군들에게 입힌 피해는 일제의 직접적인 탄압보다도 더 큰 경우도 있었다.

義成團의 활동 목표 중 또 하나는 악독한 중국인 지주들에게 착취당하는 이주 한인을 지원하는 일이었다. 만주를 비롯한 중국에 이주한 한인들은 아무리 일을 열심히 해도 생계를 꾸리기가 어려운 참담한 현실 앞에 놓여 있었다. 따라서 의성단의 단원들은 그들의 노력으로 이주한인들이 산업을 일으켜 경제적인 안정을 갖출 수 있도록 해주는 것을 목표로 삼았던 것이다.112)

의성단은 단장 片康烈의 지휘아래 長春에 있는 일본 영사관을 습격하여 장시간의 교전 끝에 대대적인 전과를 올렸으며, 대낮에 奉天시내 滿鐵

---

110) 「機密第102號 大正13年 11月 29日, 義成團長片康烈逮捕ニ關スル報告ノ件」.
111) 「大正13年 5月, 在外不逞鮮人ノ槪況」, 아연필 200-3-049, p.31. ; 「昭和3年 3月 在滿不逞團並社會主義團體ノ狀況」, 아연필 200-3-049, pp.178-179. ; 「高警第915號 大正14年 3月 16日, 在滿不逞鮮人統一團體正義府ニ關スル件」, 아연필 100-001-230, p.229.
112) 「의성단장 공소 공판」, 『독립운동사자료집』 11, p.383. 이는 고문인 양기탁의 독립운동에 대한 이념이 실력양성주의였기 때문에 갖게 된 활동 목표로 판단된다.

病院을 습격하기도 하였다.113) 그런가하면 이주한인들의 실력 양성을 위한 산업을 일으키기 위해 한인 부호들을 방문하여 자금을 지원하도록 유도하기도 하였다.114) 또한 비록 현실적으로는 척박한 생활을 하고 있을지라도 장래를 위해 義成團 본부 주변 지역인 長春·吉林·하얼빈·公主嶺 등에 거주하는 한인들에게 의무금을 내도록 하여 실력양성자금을 마련하기도 하였다.115)

그러나 이같은 활동을 전개하던 의성단은 단장 편강열이 1924년 7월 하얼빈에서 활동 중 일제의 영사관 경찰대에 피체됨으로 그 활동이 약화되었다.116) 편강열이 피체된 후 의성단은 承震이 단장에 선임되어 이끌어 오다가 正義府 성립을 위한 全滿統一會의 일원으로 통합운동에 가담하였다.

---

113) 『독립운동사』 5, 독립운동사편찬위원회, p.308.
114) 「의성단장 공소 공판」, 『독립운동사자료집』 11, pp.381-382.
115) 위의 자료, p.381. 의성단이 규정한 한인들의 의무금은 매호 1등 1원, 2등 50전이었다.
116) 「昭和3年 3月, 在滿不逞團並社會主義團體ノ狀況」, 앞의 자료, pp.178-179.

Ⅲ. 正義府의 성립

1. 全滿統一會 개최 이전 독립군단 통합노력

　남만의 통합 독립군단인 統義府가 분열하고 있을 때 대한민국임시정부가 있는 上海에서는 1923년 1월부터 全獨立運動세력을 일대 결집시키기 위한 국민대표회의가 개최되었다. 통의부의 총장인 金東三을 의장으로 하고 安昌浩와 尹海를 부의장으로 하여 개최된 국민대표회의는 독립운동사상 가장 큰 규모의 회의였다. 따라서 국내를 비롯 미주·상해·만주·노령 등 각 지역에서 120여명 이상의 대표자가 참석하였고, 그들 대표자들 뿐만 아니라 각지에서 활약하고 있는 독립운동자들도 이 회의에 대한 기대는 자못 대단하였다. 그러나 회의 결과는 지금 존재하고 있는 상해의 임시정무를 개조하여 계속 존속시키느냐, 아니면 상해의 정부를 폐하고 새로운 정부를 창조하느냐 하는 문제로 대표자들이 서로 대립되어 결렬되고 말았다.

　국민대표회의가 양파로 나뉘어 심하게 대립하자 의장인 金東三을 비롯 金衡植·李震山 등 재만 독립군단 대표들은 1923년 5월 15일 대표 사면

청원서를 제출하고 만주로 돌아가고 말았다. 이들의 사퇴로 국민대표회의는 더 이상 진행할 의미를 상실하고 말았다. 국민대표회의가 전독립운동 세력의 결집을 목표로 한 것이긴 하였지만 실제로는 만주의 무장투쟁 세력 통합에 큰 비중을 두었기 때문이다.[1] 국민대표회의의 결렬은 상해의 대한민국임시정부를 실질적인 독립운동 중추기관으로 만든 후 만주의 독립군단들을 통합해 그 산하에 두어 일관적이고 총체적인 무장투쟁을 전개하려 했던 在滿 獨立軍團 지도자들의 理想도 무산된 것을 의미하였다.

국민대표회의가 개최되고 있을 시기 통의부의 경우는 全德元 계통이 의군부를 조직하여 이탈하고, 또 다른 세력이 통의부의 지도이념에 불만을 가지고 이탈하려는 움직임을 보이고 있던 때였다. 따라서 통의부의 지도층은 국민대표회의 합의에 의해 府內의 결속력을 더욱 확고히 하고, 이탈한 의군부를 비롯한 다른 독립군단들도 다시 포용하여 결속시키려 하였었다. 그러나 대표회의가 무산됨으로써 그들의 계획도 실패로 돌아간 것이었다.

국민대표회의가 성과 없이 끝나고, 통의부가 분열에 직면하면서 남만의 독립군지도자들은 그들 스스로 독립군단들을 결집시키고자 1923년 9월부터 小綏芬軍事聯合會議・樺甸縣會議・額穆縣黑石屯會議 등을 개최하여 통일문제를 논의하였다.[2] 독립군단 통일을 위한 이같은 회의는 남만 무장투쟁세력의 실질적인 지도자로 추앙받던 李相龍의 주도하에 이루어진 것이었다.[3] 그러나 이 일련의 회의는 별다른 성과를 거두지 못한 채 무산되고 말았다.

한편 이와는 별도로 의성단의 고문 梁起鐸은 創造派에 속했던 申肅・尹海 등과 접촉을 갖고 통합 방안을 논의하였다. 이들은 일단 만주의 독립군단들을 통합한 후 대규모 토지를 매입하여 屯田兵制를 실시하고 산

---

1) 『독립운동사』 4, 독립운동사편찬위원회, 1972. 11, pp.527-528.
2) 「大正13年 5月 在外不逞鮮人ノ槪況」, 아연필 200-3-049, pp.33-35.
3) 위의 자료, pp.32-33.

업을 일으키면서 군사를 양성한다는데 뜻을 모았다. 그리고 통합 후 또 다른 분열의 소지를 지닌 공산주의자들은 배제하기로 합의하였다.4) 이들은 남만지역 독립군 지도자들인 李章寧・池靑天・朴觀海・孫一民 등을 설득하여 1924년 3월 하순 全滿統一會議籌備會를 조직하였다.5)

남북만 전체 한인 무장세력의 통일을 지향한 전만통일회의주비회의 구도는 원래 국민대표회에 미주지역의 대표로 참가했던 박용만의 구상과 일치하는 것이었다. 그는 미주에 있으면서도 네브라스카 한인소년병학교를 설립하여 독립군 요원을 양성하였는가 하면, 國民軍團이라는 미주지역의 독립군단을 조직한 무장투쟁론자였다. 그는 조국해방을 위해서는 전한 민족의 모든 무력을 한 곳으로 집중할 軍事統一會가 조직되어야 한다고 주장하였다.6) 따라서 독립운동의 중추기관으로서 새로운 임시정부를 설립해야 된다는 창조론의 입장에서 뜻을 같이했던 申肅과 尹海 등이 그 계획을 실천코자 양기탁과 접촉을 벌여 籌備會를 탄생시켰던 것이다.

2. 전만통일회와 정의부 성립

全滿統一會議籌備會는 李章寧을 회장으로 선출하고 회원들은 성립 이후 약 4개월간 각 단의 통합을 위해 노력하였다. 그 결과 1924년 7월 10일 이들 회원들의 의견에 찬동한 각 단의 대표들에 의해 길림에서 주비

---

4) 위의 자료, pp.33-35. 초기 사회주의를 배제하였던 정의부는 민족유일당운동이 추진되는 후기에는 사회주의자들도 중앙조직에 가담시켰다. 그런 예는 1928년 9월 조선공산당 만주총국 책임비서인 金燦이 중앙집행위원에 임명된 것으로 알 수 있다. 이는 정의부활동 후기 민족유일당운동 추진과정에서 그들의 지지기반을 넓히기 위해 사회주의자들도 영입했기 때문인 것으로 보인다.(金昌順・金俊燁, 『韓國共産主義運動史』4, 청계연구소, 1986, p.347.)
5) 위와 같음.
6) 위의 자료, pp.33-35.

발기회가 개최되었다. 이 발기회에 참가한 각 단체 및 그 대표는 다음과 같다.7)

軍政署 代表 李震山・李光民, 吉林住民會 代表 李旭(이명 : 李奎東)
大韓光正團 대표 金虎・尹德甫(일명 : 尹秉庸), 大韓獨立軍 대표 李章寧
大韓獨立軍團 대표 : 尹覺・朴性儁, 大韓統義府 대표 金基甸・李鍾乾
勞動親睦會 대표 崔明洙・張相友, 義成團 대표 承震

이들 대표들은 발기회에서 다음과 같은 전만통일발기문을 채택하였다.8)

근본원인을 講究하면 과거의 사업은 개인적이었지 단체적이지 못하였고, 局部的이었지 大同的이지 못해 그 많은 義節을 떨쳐 버리고 全地球를 진동하고 있는 실정이다. 그러나 우리들의 목적을 관철하여 대사업을 완성하기를 관망하려면 次第에 이루려는 統一은 民族自決의 기본으로서 독립전쟁의 요소가 됨은 묻지 않아도 周知하는 바이기 때문에 지금부터 뜻이 있는 여러 인사들은 統一의 斡旋에 노력함과 동시에 지역 및 경계선이 다르더라도 동서남북 각각 작은 부분을 合併함으로서 대단체를 조직하지 않으면 안된다. 먼지가 쌓여서 泰山을 이루고, 작은 물줄기가 합해서 河川을 만들 듯이 통일의 결정을 표명하는 것은 우리가 동일한 사업을 목적으로 한 금일에 있어 내외 각지에서 전민족의 대동단결은 차라리 불가능할지라도 대국을 향해 全滿統一을 실현하는 것은 어찌 어려운 일이겠는가.
본 대표자들은 籌備會의 결성 및 全滿軍民의 響應心으로서 각 自團의 委任을 받아 지금 全滿統一發起會를 성립시켜 큰소리로 일반 동포에게 알린다.

---

7) 「在外不逞鮮人의 狀況」, 『韓國獨立運動史』 4, 國史編纂委員會, 1968. 12, pp.737-738.
8) 「大正13年 8月 13日, 全滿統一發起文入手ニ關スル件」

이상의 발기문에서 대표들은 과거의 독립운동은 局部的이었기에 義로움은 보였으나 큰 성공을 거두지 못하였다고 반성했다. 따라서 차제에는 民族自決의 근본 원칙에서 만주만이라도 세력을 통일해 효율적인 운동을 펼치자고 주장하였다.

이들 8개 단체의 대표들은 협의하여 두 달 보름후인 9월 25일 吉林에서 본회의를 개최할 것과 본회의 개최 이전 기간에는 발기회에 참가한 각 단의 대표자들은 참가하지 않은 南北滿 각 단체 대표자들에게 본회의에 필히 참가하도록 권유할 것 등을 결의하였다.

그러나 9월 25일 개최키로 하였던 본회의는 10월 18일에 가서야 위의 8개 단체 외에 卞倫自治會(대표 尹河振)·固本契(대표 辛亨奎)·學友會(대표 金鐵) 등 3개 단체가 더 참가하여 개최하게 되었다.9) 이들 11개 단체 대표들은 회의 의장으로 통의부 대표인 김동삼을 선출하고 새로운 독립군단의 명칭과 이후 결성될 군단의 운영방식 등에 대해 논의하였다. 대표들은 우선 ① 지방자치를 위해 무장대를 둔다 ② 관할구역은 당분간 하얼빈·額穆·北間島의 線을 劃하고 그 이남의 만주전부를 抱擁한다

---

9) 위의 자료, p.738. 원래 통의부 검무국장이었던 崔明洙는 발기회 당시 勞動親睦會 대표로 참가하였고 본회의에서는 吉林住民會 대표로 참가하게 되는데, 그 이유는 다음과 같기 때문인 것으로 생각된다. 즉 勞動親睦會나 吉林住民會는 똑같이 吉林縣內에 있던 韓人 단체로 獨立軍團적인 성격의 단체라기 보다는 경제촉진 또는 상호 부조를 위해서 만들어진 단체로 생각된다. 따라서 이 두 단체에는 간부는 물론이고 일반회원도 중복 가입한 사람들이 많았다. 이같은 이유로 崔明洙도 노동친목회와 길림주민회 두 단체에서 동시에 주도인물로 활동하였기 때문에 발기회 당시에는 노동친목회의 대표로 그리고 본회의 당시에는 길림주민회의 대표로 참가한 것으로 생각된다. 그리고 李相龍의 『石洲遺稿』 後集(石洲李相龍紀念事業會, 뿌리출판사, 1996. 4.)중 이상룡의 아들 李濬衡(1875-1942)이 쓴 「遺事」(pp.380-407)를 보면 崔明洙는 이상룡을 따라 다니던 인물이었다. 이상룡은 南滿 독립운동계의 실질적인 지도자로 남만지역의 모든 단체들이 이상룡의 의사를 적극 반영하는 형편이었다. 따라서 최명수는 이상룡이 남만지역에 벌인 각종 독립사업에서 그의 참모 역할을 한 사람으로 길림주민회와 노동친목회에서 최명수의 역할도 그런 측면에서 이해하면 될 것이다.

③ 유지비로 매호 년액 6원과 별도로 소득세를 부과한다 등을 결정하였다. 그리고 다음과 같은 분과위원을 선임하여 논의를 계속하였다.

   自治 李震山·孟喆鎬·崔明洙 軍事 李章寧·曺煜·金鐵
   敎育 李昌範·高豁信·金東三 財政 金虎·尹德甫·承震
   生計 朴正祚·金定濟·白南俊
   중앙행정위원 李沰·吳東振·玄正卿·金履大·尹德甫·金容大·李震山·金衡植·池靑天[10]

그러나 회의 도중 대한독립단과 학우회는 중도에서 탈퇴하게 되었다. 그 이유는 대한독립단의 경우 대한민국임시정부 옹호문제에 있어 다른 단체와는 달리 새로운 통합군단은 임시정부를 옹호해야 된다는 입장을 취했기 때문이며, 학우회는 기존 단체의 명칭을 계속 사용하며 연합하는 형식의 통일을 이루어야 한다고 주장함으로써 타단체와 의견일치를 보지 못했기 때문이었다.[11] 따라서 이 조직표 이후에 나온 정의부 초기 중앙조직에는 학우회 대표였던 金鐵과 대한독립단 대표였던 李章寧의 이름이 보이지 않고 있다.

이 두가지 문제는 다른 독립군단에도 서로 주장하는 입장은 차이가 있

---

10) 「在外不逞鮮人의 狀況」, 國史編纂委員會, 앞의 자료집 4, p.738. ; 「大正13年 12月 30日, 不逞鮮人等ノ開催ノ全滿統一會宣言書其ノ他ニ關スル件」. 최초의 중앙행정 위원에는 金虎도 함께 선임되었으나, 金虎가 중도에 사임함으로 金衡植이 임명되었다.
11) 위와 같음. 지금까지 정의부 성립을 위한 10월 18일 성립 발기회 본회의에 대한독립단이 참가했다가 이후 임시정부의 옹호문제로 통합에서 탈퇴한 것에 대해서는 대개 다른 9개 단체는 임시정부의 옹호에 찬성하고, 大韓獨立團만이 임시정부를 옹호하지 않겠다 하여 탈퇴한 것으로 생각한 경우가 많았다. 하지만 이는 정반대이다. 왜냐하면 全滿統一會議籌備會를 처음부터 계획하고 추진한 인물들이 國民代表會 당시 새로운 임시정부를 창립하자는 申肅·尹海 등 創造派의 인물들이었고, 이들의 계획은 上海에 있는 임시정부의 존재를 묵살할 수 있는 在滿 獨立軍團의 거대한 통합을 이루고자 했기 때문이다.

었지만 문제가 되었는데 특히 통의부의 경우가 이들 문제에 상당히 민감한 반응을 보였다. 통의부는 임시정부를 절대 거부하는 입장에 서 있었다. 그 이유는 國民代表會에서 통의부 및 西路軍政署 등 남만 독립군의 대표로 김동삼·배천택·이진산 등이 참가하여 김동삼이 동회의 의장을 맡아 改造派의 입장을 취하기는 하였으나, 이들은 1923년 5월 각 대표들 간에 싸움을 보고 남만으로 돌아오면서 임시정부에 대해 회의를 느끼기 시작하였다. 게다가 1923년 말 통의부 의용군의 제1중대장이었던 채찬과 朴應伯·金元常 등이 임시정부로 찾아가 임정의 인사들과 협의한 후 부하 대원들을 이끌고 임시정부 산하의 군사기관으로 자임하는 駐滿陸軍參議部를 결성하여12) 통의부를 이탈하였다. 통의부의 인사들은 임시정부가 채찬 등을 부추겨 그같은 상황이 일어났다 하여 임정을 부정하는 입장을 취하게 되었다.13)

이 같은 상황에서 통의부를 비롯하여 통합에 참가했던 단체들이 임시정부를 적대시하게한 결정적인 사건이 일어났다. 그것은 통의부를 이탈하여 참의부를 조직하는데 주동적인 역할을 하였던 蔡燦이 1924년 9월 13일 통의부 제6중대장인 文學彬에게 살해되었고, 그에 앞서 7월 2일에는

---

12) 蔡永國, 「1920年代 중반 南滿地域 獨立軍團의 整備와 活動」, 『한국독립운동사연구』 제8집, 독립기념관 한국독립운동사연구소, 1994. 12, pp.256-257.
13) 「大正14年 5月 在外不逞鮮人ノ槪況」, 아연필 200-3-049, pp.86-88.
통의부가 임시정부를 부정했기 때문에 正義府 성립후인 3월 하순에 參議部를 정의부에 가입시키려는 문제가 제기 되었을 때 바로 임시정부의 옹호문제 때문에 참의부가 가입하지 못한 실례가 일제측의 위 보고자료에 보이고 있다. 즉 參議部는 1925년 1월 軍團의 명칭을 鎭東都督府라 고치고 계속해서 무장투쟁 제일주의로 항일투쟁을 펼쳐나갔다. 그런데 1925년 2월 27일 輯安縣 古馬嶺에서 제2중대장인 崔錫淳을 비롯 幹部와 隊員들이 회의를 하고 있던 도중 일제의 초산경찰서 경찰대에 의해 기습을 당하여 최석순 이하 42명의 간부와 대원들이 피살되고 3명이 체포되고 말았다. 이 같은 상황에서 급격히 세력이 떨어진 진동도독부는 통의부의 뒤를 이은 정의부와 화해를 하고 통합하려는 의향을 가지고 있었으나 정의부측에서 임시정부의 옹호문제를 들고나오자 통합이 이루어지지 않았다.

역시 통의부의 제5중대장 출신으로 참의부에 참가한 金鳴鳳 부대를 統義府 대원들이 습격하여 김명봉 이하 2명의 대원을 살해하는 등의 참변을 일으켰다.14) 이에 대해 참의부에서 먼저 통의부를 공박하는 聲明書를 발표하고 임시정부 또한 ≪獨立新聞≫을 통해 통의부를 공격하는 기사를 게재하였다. 즉 蔡燦의 피살이 있고 난 후 ≪獨立新聞≫(1924년 10월 4일)은 '所謂 南滿統義府는 年來 同族戰爭을 專業으로 하는가', '所謂 統義府 諸君이여 君들이 만약 倭腸으로 변했다면' 등의 기사를 써서 통의부를 공격하였다.15)

그렇지 않아도 참의부 세력의 이탈로 임정에 대해 거부감을 가지고 있던 통의부측의 인사들은 이같은 ≪독립신문≫의 기사로 더욱 심한 반감을 가지게 되었다. ≪독립신문≫의 기사가 게재된 1924년 10월 초는 정의부 성립을 위한 전만통일회의주비회 발기회를 끝내고 본 회의를 앞두고 있는 시점이었다.16) 따라서 이같은 ≪독립신문≫ 기사를 접한 통의부 외 통합에 가담할 7개 단체는 통의부를 옹호하는 입장에서 1924년 11월 임정과 독립신문사측에 비난적인 글을 게재하게된 경위를 해명할 것과 반성을 촉구하는 다음과 같은 성명서를 발표하며 반임정 태도를 천명하였다.

聲明書

본년 10월 4일 上海 獨立新聞 제177호의 對統義府에 대한 기사는 일반 독자의 公證을 통해서 새삼스레 왈가왈부할 필요가 없지만 그

---

14) 『朝鮮民族運動年鑑』, 在上海日本總領事館 警察部 第2課, 1946. 4, p.201. 朴杰淳, 「大韓統義府 硏究」, 『한국독립운동사연구』 제4집, 독립기념관 한국독립운동사연구소, 1990. 11, p.247. 재인용.
15) 「高警第255號 大正14年 2月 16日, 全滿統一不逞鮮人團體 統一會議後ノ狀況ニ關スル件」, 아연필 100-001-030, pp.93-97.
16) 全滿統一會議籌備會議 본회의는 1924년 10월 18일 개최되었다.

편파적인 행위와 離間的인 言辭는 人心을 부추켜 유혹하고 社是를 沒却한데 대해 公憤激切한 우리들은 한마디 성명을 발표한다.

噫라 ! 蔡燦君의 暗裡의 피해는 우리 黨의 불행으로 모두가 다 애석해 한다. 그럼에도 그 由來하는 이면은 曖昧錯雜하여 진상을 披露하기 전에 논단해야 됨에도, 獨立新聞社는 이를 망각하고 감정에 치우쳐 좋은 기회라 하여 張皇顚倒의 붓끝으로 曰「所謂 南滿統義府는 年來 同族戰爭으로 專業」,「所謂 統義府 諸君이여 君들이 만약 倭腸으로 변했다면」,「臨時政府가 독립운동의 敵對機關이라고 諸君이 생각한다면 倭賊이 臨時政府를 敵對視하는 것같이 統義府 역시 임시정부를 적대시한다면 수치다 ! 諸君이여 독립운동의 최고기관을 敵對視하고도 獨立黨이 될 수 있다고 看做하는가」등의 語句는 과연 통의부에 대한 正當한 評價라고 할 수 있는가. 기타 여러 가지의 文句와 離間中傷이 적에 대해 쓸 수 있는 수단과 다를 바 없다. 또 뜻 중에는 統義府 府內에 필히 倭犬이 있다고 확신하듯 공공연이 기재한 독립신문사의 심사는 어디에 있는 것인가 ? 이를 보고 당일 경계하는 마음이 있는 者로서 독립신문사는 우리 運動의 정신을 고취하는 유일한 기관으로 統義府는 년래 우리 운동의 실적이 顯著한 屈指의 巨星이 되어 우리들의 동정이 얼마나 두텁고, 얼마나 박약한지를 살펴야 한다. 독립신문사는 다시 그 조직의 내용을 누누히 변동하여 지면에 종종 기사가 공정을 결하고 혹은 機關傀儡에 지나는 무비평의 글만 있는 바, 지금 상기 소론의 내용을 해부하면 이는 蔡君의 조난을 애도하기 보다는 실로 통의부의 존재를 詛呪하는 것이며 統義府의 존재를 詛呪하는 것은 단지 臨時政府를 찬조하는 神秘에 지나지 않는 것이다. 再言하면 통의부를 저주하는 죄를 亂記하여 범하게 되면 우리 운동계의 죄로 이러한 것은 우리 운동계의 근본정신을 동요시킬 것이며, 해외의 우리민족이 同族相爭의 비통한 경우를 당할 수밖에 없도록 하는 악영향을 미칠 것이다. 본 대표들은 언론의 진체를 護衛하고 사회의 체면을 保持하고, 인심을 유혹하는 것을 방지하고, 讐敵의 충돌을 면하기 위해 정당한 행위상 부득이한 처치로서 독립신문사를 향해 반성하도록 警告하고, 반성의 실적이 완전히 公證될 때까지 本 代表들의 관계 명단 및 각 세력이 미치는 지방에까지 독립신문의 구독을 금지시킬 것이다.

기원 4257년 11월, 固本契 代表 : 辛亨奎, 軍政署 代表 : 李震山· 李光民· 朴正祚· 金景達· 洪起龍, 吉林住民會 代表 : 李昌範, 大韓光正團 代表 : 尹秉庸· 金虎· 金冠戎· 鄭欽· 方允豊, 勞動親睦會 代表 : 李明春· 崔明洙, 義成團 代表 : 承震, 卜倫自治區 代表 : 尹河振 17)

결국 통의부와 임시정부와의 관계가 점점 악화됨에 따라 합병에 가담한 다른 7개 단체도 임시정부를 부정하게 되었던 것이다.

다음 또 한가지 문제가 되었던, 기존의 단체 명칭을 계속 사용하려 한 입장 또한 통합 8개 단체 중 무장력이나 행정조직 그리고 관할민의 자치구조에서 월등한 세력을 가지고 있었던 통의부가 가장 강력하였다. 통의부는 새로운 독립군단을 조직하기보다는 의군부나 참의부 세력의 이탈 이후 조직과 전력이 결손되었기 때문에 다른 단체를 가입시켜 그들 자신의 세력을 보강코자 하였던 것이다. 따라서 통의부는 전만통일회의주비회 발기회나 본회의에 참가하여 회의를 주도하면서도 다른 단체들과 1대1로 통합해 새로운 독립군단을 설립한다는 것에 대해서는 회의적이었다. 이 같은 이유로 통의부는 통합이 추진되어 가는 과정에서도 이 문제 때문에 계속 불투명한 반응을 보였다. 그런가 하면 통의부 다음으로 규모가 컸던 光正團 또한 自團의 명칭 사용문제에 대해서는 통의부와 같은 입장을 보였다.18)

그러나 이러한 입장 차이는 대표들간의 수차에 걸친 회의결과 곧 합치되어 1924년 11월 24일 다음과 같은 통합에 대한 '宣言書' 및 '宣誓文' 등이 발표되었다. 선언서 일부와 선서문은 다음과 같다.

금일 우리는 時局에 着眼하고 實生活에 立脚하야 인류평등의 正

---

17) 「高警第255號 大正14年 2月 16日, 全滿統一不逞鮮人團體統一會議後ノ狀況ニ關スル件」, 앞의 자료, pp.93-97.
18) 「大正13年 5月, 在外不逞鮮人ノ槪況」, 아연필 200-3-049, pp.33-35. 및 pp.84-86, p.89. 이런 점으로 보아 통합을 논의하던 초기 통의부와 광정단은 서로 통합의 주도권을 잡기 위해 갈등을 보인 것 같다.

義를 闡明하며 民族生榮의 정신을 主唱하고 광복사업의 근본문제인 經濟基礎를 鞏固키 위하야 産業振興을 試圖하며 民族發展의 唯一要素인 지식정도를 향상키 위하야 교육보급을 실시하야 內로 同胞의 要求에 응하고 外로 時代의 思潮에 順하야 合一의 精神과 일치의 步調로 大同統一을 期圖함과 同時에 吾人의 최대 목적인 光復事業을 克成하기로 誓約하고 並히 此旨를 一般 兄弟姊妹에게 告하노라.19)

宣誓文

吾等은 民族의 使命을 受하고 시대의 要求에 應하야 統一的 精神 下에서 正義府를 조직하고 左記 公約에 따라 光復大業을 완성하기 까지 노력하기로 玆에 宣誓함.

公約
一. 澈底한 獨立精神下에서 運動의 正軌를 완전히 定하기로 함.
一. 住滿 全體 吾人의 意思를 基本으로 한 組織體의 그 行爲는 오직 住滿 全體 吾人의 福利를 爲하야 實地運動에 適合하도록 할 뿐이오 기타 虛僞的 神聖을 許치 않기로 함.
一. 운동의 前衛 인물은 現時環境을 超脫하야 犧牲的 義務로 時局 整頓의 策을 짓기로 함.
一. 운동의 방침은 消極·積極으로 竝進하되 적극적인 면에 힘써 充分한 實力을 養成하기로 함.
　　紀元 4257年 11月 24日

　　固本稧 代表 辛亨奎
　　軍政署 代表 李震山,　民選代表 朴正祚·金景達·洪起龍
　　吉林住民會 代表 李昌範
　　大韓統義府 代表 金東三·高豁信,　民選代表 金定濟·孟喆鎬·白南俊·朴錫龜

---

19) 「大正13年 12月 30日, 不逞鮮人等ノ開催ノ全滿統一宣言書 其ノ他ニ關スル件」.

大韓光正團 代表 尹德甫·金虎, 民選代表 金冠戎·鄭欽·方允豊
勞動親睦會 代表 李春和·崔明洙
義成團 代表 承震
卡倫自治會 代表 尹河振

이상에서 보듯이 이들은 즉각 무장투쟁의 수행보다는 현실적 처지를 중시하여 삶의 근본이 되는 경제향상과 교육의 실시를 강조하였다. 또한 독립전쟁에 필요한 실력을 양성하여 전열을 정비하고자 하였다.

이어 전만통일회에서는 決議文을 통해 다음과 같은 사항들을 발표하였다.[20] ① 機關名稱은 正義府라 함 ② 年號는 開國紀元을 쓰기로 함 ③ 제도는 議會機關으로 區議會·地方議會·中央議會를 둠 ④ 헌장은 6章 88條로 通過함 ⑤ 각 團 名義 취소 성명서를 작성하여 각 단 대표가 연서하여 공포함 ⑥ 각 단의 사무는 본회 폐회일로부터 만 2개월 이내에 정의부로 인계함 ⑦ 정식 중앙행정위원회가 성립되기 전 임시로 政務를 집행할 臨時行政執行委員會를 설치함 ⑧ 정의부 창립기념일은 本會 宣誓日 즉 11월 24일로 정함 등이었다.

한편 전만통일회에서는 단체의 명칭을 정의부로 확정하기전 '正義府'와 '正義團' 등 두 개를 상정하여 협의하였다. 정확히 밝힐 수 없지만 정의부로 명칭을 최종 결정하게된 배경은 군사조직의 성격이 짙은 軍團보다는 자치와 항일을 겸한 軍政府를 지향한 때문인 것으로 판단된다.[21]

---

20) 위의 자료. ;「高警第1404號 大正14年 4月 27日, 正義府ノ公報發行ニ關スル件」, 아연필 100-001-030, pp.435-438. 全滿統一會에서 의결된 사항은 1925년 3월 9일 正義府 中央行政委員會에서 正義府 公報1호를 발행하여 府令으로 공포하였다. 이 밖에 전만통일회 결정사항은 뒤의 부록 '全滿統一會決議文' 참조
21)「大正13年 12月 30日, 全滿統一會議ノ狀況」, pp.226-227.

3. 통합실무작업과 각 단체의 統合 宣言

전만통일회의 결의에 따른 임시행정집행위원회는 화전현에 설치되었다.22) 집행위원으로는 尹秉庸・李震山・金冠戎 등 3인이 임명되었으며,23) 그들의 임무는 각 단이 통합을 위한 준비를 하는 동안 연락사항과 중앙행정위원회가 성립되기 이전까지의 제반업무를 처리하는 것이었다. 임시행정집행위원회의 사무장정에 나타난 임무는 다음과 같다.24)

제1조 : 正式行政委員會의 성립 前에 있어서 行政事務를 처리하기 위해 臨時行政執行委員會를 두고, 다음의 권리를 위임함.
 -. 義務金 賦課徵收에 관한 사항.
 -. 全滿統一會 議決의 公布에 관한 사항.
   단 憲章 公布는 正式行政委員會에서 이를 행함.
 -. 임시로 발생한 行政사항.
 -. 임시로 발생한 司法사항.
 -. 地方整理 및 組織에 관한 사항.
 -. 각 단체의 事務引繼에 관한 사항.
제2조 : 임시행정집행위원회는 法規 및 其他 공포사항이 있을 때는 총체적으로 連署로서 함.
제3조 : 본 章程은 공포의 날로부터 시행하고, 正式行政委員會 성립과 동시에 당연히 그 효력을 잃음.

임시행정집행위원회의 권한은 정식행정위원회가 발족하기 전까지 행정・사법을 비롯해 지방조직에 이르기까지 모든 업무를 정비하는 일이었다.

---

22) 「高警第255號 大正14年 2月 16日, 全滿統一不逞鮮人團體統一會議後ノ狀況ニ關スル件」, 앞의 자료, pp.83-84.
23) 「大正13年 12月 30日, 不逞鮮人等ノ開催ノ全滿統一會宣言書其ノ他ニ關スル件」.
24) 「高警 第255號 大正14年 2月 16日, 全滿統一不逞鮮人團體統一會議後ノ狀況ニ關スル件」, 위의 자료, pp.91-92.

임시행정집행위원회에서는 활동경비를 위해, 각 團은 관할지역의 한인들에게 每戶 3錢씩 징수하여 납부토록 하였다.25) 그리고 다음과 같은 사항들을 정의부로 인계하도록 통고하였다.26)

① 印章(印章은 印鑑證으로 提供하고 同物件은 취소함) ② 民籍 ③ 公有財産簿, 會計文簿 ④ 軍籍 ⑤ 武器(臺帳과 함께) ⑥ 備品(臺帳과 함께) ⑦ 日誌 ⑧ 歷史 ⑨ 職員錄 ⑩ 未決事項

이러한 지원 하에 임시행정집행위원들은 여러 지역에 산재해 있는 각 단체들이 통합을 위한 기존업무를 정리하는데 중국측의 방해가 없도록 중국의 관리들을 만나 협조를 요청하였다. 그런가하면 정의부에서 사용할 등사기나 복장·모포 및 비품들을 구입하여 사무행정을 위한 준비를 하였다.27) 임시행정위원회의 통고에 따라 각 단체에서 보고한 관할지역 한인의 호수와 무력은 다음과 같았다.28)

<표 5> 正義府로 통합한 단체의 戶數와 武力

團體名	戶數	武器數
大韓統義府	30,000	1,115
軍政署	1,800	32
光正團	3,000	36
義成團	80	30
計	34,880	1,213

---

25) 「大正13年 12月 30日, 不逞鮮人等ノ開催ノ全滿統一會宣言書其ノ他ニ關スル件」.
26) 「高警第255號 大正14年 2月 16日, 全滿統一不逞鮮人團體統一會議後ノ狀況ニ關スル件」, 앞의 자료, pp.83-85
27) 위의 자료, pp.87-89.
28) 「高警第915號 大正14年 3月 16日, 全滿不逞鮮人統一團體正義府ニ關スル件」, 아연필 100-001-230, p.231.

이들 외에 勞動親睦會・固本契・吉林住民會・卞倫自治會와 같은 단체들은 조직이나 단체 구성원은 가졌지만 관할 호수나 武力은 가지지 못했다.

8개 단체의 통합을 위한 구체적인 작업이 임시행정집행위원회의 주도로 이루어지고 있는 동안 각 단체는 그 업무를 집행하는 한편, 기존단체를 폐지하고 통합에 가담한다는 선포문을 발표하였다. 서로군정서가 제일 먼저 1924년 12월 31일 통합선포문을 발표하였고, 이어 1925년 1월 15일 의성단도 같은 취지의 선포문을 발표하였다.29) 두 군단의 선포문을 보면 다음과 같다.

宣布文
　本 軍政署는 祖國光復을 위하고 민족자유를 위해 煥然으로 조직된 이래 玆에 6년이 되었는데 무한한 곤경을 계속 당했지만 在職 在野의 同志들이 誠衷으로 신뢰하여 위대한 다스림은 계속되었다. 시세의 추이에 따라 本署의 범위는 일개 局部에 미칠 뿐이라는 것을 자각하고 대단결하여 통일이 이루어지기를 기약한다.
　全滿統一會를 개최하여 本署 이외 7개 단체의 기관과 民選 兩方의 대표가 한자리에 모여 會合을 가지고 連署로서 各團의 명의를 버린다. 오직 우리 독립운동의 유일무이한 正義府라는 기관을 조직한 후 憲法 전문을 새로이 준비하고 人材를 集中시킨다. 이에 本 署는 名義의 폐지에 따라 中央議會常任委員會의 결의를 거쳐 중앙의 회를 해산하고 機關의 설치를 인계하니 무릇 우리 일반 人士는 前日 軍政署에 공헌한 성충을 금일 正義府에 貢獻하고, 금일의 정의부는 전일의 군정서를 계속하여 국토 광복과 민족의 자유를 도모한다.
　紀元 4257年 12月 31日　軍政署 政務員 李沰・金元植・梁圭烈・李震山

---

29) 위의 자료, pp.87-89.

宣布文

　이번 全滿統一會에서 8개 단체의 기관 및 民選代表가 회합하여 正義府를 조직하고 이에 참가한 각 단체의 從來 名義는 취소하게 됨으로써 이 뜻을 일반에게 宣布함.

　　　紀元 4258年 1月 15日　義成團長 承震, 總務 張翼.

　서로군정서는 자신들의 관할범위가 국부적이었으므로 대통일을 이루기 위해 '명의'를 버리고, 정의부에 가입한다고 선포하였다. 따라서 지금까지 군정서에 충성했던 일반 한인들에게 이후부터는 정의부에 협력해 줄 것을 당부하였다. 의성단은 8개 단체와 함께 자신의 '명의'를 폐지한다고 선포하였다.

　이들 단체에 이어 固本契·吉林住民會 등 다른 단체들도 계속하여 통합에 대한 선포문을 발표하고 의결한 사무를 정의부로 인계하며 통합하였다.30) 단지 통합에 가담한 단체 중 가장 큰 세력인 통의부와 그 다음 세력인 광정단만이 이들 단체들보다 늦었는데 워낙 기존의 체제가 방대하다 보니 실무적인 작업이 많았기 때문이었던 것으로 판단된다. 통의부는 임시행정집행위원회가 폐지되고 정식으로 정의부 중앙행정위원회를 설립하여 각부의 조직을 완료한 후 중앙행정위원회 포고 제1호가 공포되는 1925년 3월 7일까지도 명의취소 및 사무인계를 하지 않았다. 이에 정의부 중앙행정위원회는 통의부측에 이를 빨리 시행하도록 독촉하였다.31) 그러나 통의부나 광정단도 1925년 3월 중순까지는 기존의 업무를 모두 마무리 하고 정의부에 가담한 것으로 생각된다.32)

　이와 같이하여 1925년 3월초가 되자 새로운 통합체인 정의부는 업무를

---

30) 「高警 第1404號 大正14年 4月 27日, 正義府ノ公報發行ニ關スル件」, 앞의 자료, p.429.
31) 위의 자료, pp.439-442.
32) 위의 자료, p.429. ; 「高警 第915號 大正14年 3月 16日, 全滿不逞鮮人統一團體 正義府ニ關スル件」, 아연필 100-001-230, p.229.

추진할 수 있는 기본준비가 갖추어졌다. 따라서 화전현의 임시행정집행위원회는 폐지되고 중앙행정위원회를 비롯한 중앙조직이 새롭게 구성되었다. 그리고 중앙조직이 위치할 근거지도 柳河縣 三源浦로 정해져 정의부는 軍政府로서의 업무를 시작하였다.33)

한편 성립 초기 유하현 삼원포에 구축되었던 정의부 본부의 근거지는 존립기간 동안 일제 또는 중국측의 탄압과 내부 문제 등으로 1925년 중반에는 樺甸縣의 公郞頭로 옮겼다가 1926년 4월에는 중국측의 탄압을 받아 또 다시 樺甸縣의 密什哈으로 이전하였다. 그러나 이 근거지 또한 중국측의 탄압을 받자 다시 동년 5월 5일 吉林縣 大岔로 이동하였고 이어 동년 7월에는 吉林縣 新安屯으로 이동하였다. 그리고 1927년 3월에는 반석현으로 근거지가 이동되었다. 또 같은 해 12월경에는 정확한 이동시기는 알 수 없지만 樺甸縣 官街가 근거지였으며, 이곳은 1928년 4월까지도 계속되었다.34)

4. 正義府 성립의 意義

正義府는 1924년 11월 24일 南滿의 8개 독립운동단체가 통합하여 성립되었다. 정의부에 가담한 西路軍政署・統義府・光正團 등은 1910년 전후부터 渡滿하여 독립운동기지를 개척한 민족운동가들에 의해 이끌어져 온 獨立軍團들이었다. 또 義成團이나 勞動親睦會・卡倫自治會・吉林住民會

---

33) 「朝保秘 第417號 大正15年 6月 17日, 鮮匪團正義府ノ移轉ト中央通信發行ニ關スル件」, 아연필 100-4-034, pp.369-370. 같은 자료, pp.575-576. ; 「朝保秘 第374號 昭和2年 3月 18日, 不穩雜誌 『戰友』發刊ニ關スル件」 ; 「昭和3年 3月 在滿不逞團並社會主義團體ノ狀況」, 아연필 200-3-049, pp.174-175. ; 「昭和 4年 9月, 在滿不逞鮮人ノ槪況」, 아연필 200-3-049, p.226.
34) 「朝保秘第417號 大正15年 6月 17日, 鮮匪團正義府ノ移轉ト中央通信發行ニ關スル件」, 위의 자료, pp.369-370. 같은 자료, pp.575-576.

・固本契 등을 이끌은 지도층들도 일찍부터 항일의 기치를 높여 민족운동계에서 활동해온 인물들이었다. 구성체들의 이같은 면만으로도 정의부는 통합 독립운동단체로 그 기반이 확고했다는 특징을 갖는다.

그러나 정의부 성립의 더 큰 특징은 1920년대 초중반 국내외에서 활동한 민족운동자들의 총의가 合一되어 성립된 軍政府라는 것이다. 정의부는 주권을 주장할 수 있는 영토는 확보하지 못했지만, 일정한 관할 지역을 획정하고 그 지역내 이주한인을 위해 입법・사법・행정기관을 갖춘 民政과 조국독립을 위한 軍政활동을 동시에 하였기에 군정부라 할 수 있다.

정의부를 성립시키려는 움직임은 그 성립일로부터 이미 3년여 전부터 있어왔다. 1921년 4,5월경 朴容萬・申肅 등에 의해 주도된 北京의 軍事統一會議는 국내외 민족운동자들이 회합하여 전민족 항일 무장세력의 총결집을 논의한 회의였다.35) 이 회의는 비록 큰 성과를 거두지는 못하였지만 정의부 이전 南滿의 통합 軍團인 統義府를 성립시키는 동기를 주었고, 1923년 상해에서 國民代表會議를 개최토록 하는 단초가 되었다. 그러나 통의부는 성립후 내부의 일부 세력이 義軍府・參議部 등을 성립시켜 이탈하므로 統合 軍團의 면모를 잃었다. 또 국민대표회의도 각 대표자들간에 의견의 일치를 보지 못해 통일의 성과를 얻지 못하였다. 따라서 軍事統一會議시기부터 목적한 무장활동 및 민족운동세력의 일대 결집은 통의부나 국민대표회의에서는 바라는 결과를 얻지 못하였다고 할 수 있다. 이같은 동기와 과정이 원인이되어 재만 독립운동계의 대표들은 1923년 9월부터 小綏分軍事聯合會・樺甸縣會議・額穆縣黑石屯會議 등을 개최하여 더욱 굳건한 통합체를 성립시킬 준비를 하였고, 그 결실이 正義府였던 것이다.36) 따라서 정의부 성립의 연원은 1921년 국내외 民族運動系 대표들이 개최한 군사통일회의에서부터 찾을 수 있고, 그 총의가 합일된 단체라 할 수 있을 것이다.

---

35) 尹炳奭, 앞의 책, pp.227-230.
36) 「大正13年 5月 在外不逞鮮人ノ槪況」, 앞의 자료, pp.33-35.

이와 같은 정의부의 성립은 한국 民族運動史에 있어 다음과 같은 의의를 갖는다. 첫째, 1911년 남만지역의 自治와 抗日을 목적으로 조직된 耕學社 이후 계속된 對日 抗戰基地와 移住韓人社會를 이끌어갈 지휘 단체의 명맥을 이어 받았다는 것이다. 남만지역에는 경학사 이래, 1912년 부민단 그리고 新興武官學校나 白西農庄과 같은 기관이 설립되어 독립군을 양성하고 군자금을 모집하여 무기를 구입 抗日 軍力을 다졌던 것이다. 1919년에는 韓族會와 西路軍政署가 활동을 이어받아 靑山里大捷을 이루어냈고, 그 전통은 통의부로 이어지면서 재만 군정부인 정의부의 일부분이 되었던 것이다. 耕學社 이후 南滿 항일 단체의 명맥을 이어 온 서로군정서의 참여는 정의부가 남만 抗日투쟁 세력의 큰 줄기가 되었다는 것을 의미하는 것이다.

그런가하면 統義府나 光正團의 가담 또한 南滿 여러 곳에 산재하여 성립되었던 초기 獨立軍團들의 합일된 전통이 正義府로 이어지게 하였다. 1922년 8월 大韓獨立團・大韓光復軍營・大韓光復軍總營・平安北道督辦府 등 여러 獨立軍團들이 통합해 성립된 통의부는[37] 주로 柳河縣・寬甸縣・安東縣 등 남만의 서쪽 지역에 근거지를 구축하고 있었다. 또 光正團은 1922년 4월 大韓獨立軍備團・興業團・大震團・太極團・光復團 등이 통합된 軍團으로 이들은 남만의 동쪽 지역인 長白縣을 근거지로 하여 활동한 것들이었다. 따라서 광정단과 통의부의 참여 또한 서로군정서의 경우와 마찬가지로 남만의 東西에 근거지를 가진 초기 독립군 세력이 총체적으로 정의부에 가담하여 큰 명맥을 잇게 했음을 의미하는 것이다.[38]

둘째, 정의부 성립은 庚申慘變후 흩어진 남만지역 독립군의 전열을 재

---

37) 「大正11年 9月 22日附, 南滿韓族統一會決議事項並職員名 布告文 入手에 關한 件」, 국사편찬위원회, 앞의 책 4, pp.761-763.
38) 「朝保秘第44號 大正15年 5月 11日, 鮮匪團正義府ニ對スル反感ニ關スル件」, 아연필 100-4-034, pp.159-161. 정의부가 독립군기지 개척시기부터 항일전통을 이어 온 단체의 통합체라는 사실은 이 시기 일반 이주한인들도 그를 인정하고 있다.

정비하였다는 의미를 지니는 것이었다. 물론 정의부 이전 통의부나 광정단과 같은 통합군단이 성립되었지만 내부적 지도능력의 부재로 이념과 노선상의 갈등을 빚으며 분열의 조짐을 드러내고 있었다. 따라서 정의부의 성립은 이같은 남만지역 독립군단의 전열을 재정비한 것이었다.

　正義府는 성립을 위한 준비기간이 길었고 또 관심을 둔 민족운동계 인사들이 많았다. 따라서 그 같은 노력의 효과를 극대화시키기 위해서는 全滿洲 독립운동세력을 하나로 통합시켰어야 했다. 그러나 통합을 주도한 인물들은 성립후 분란을 우려한 나머지 이념과 노선을 세밀하게 규정하여 그에 만족하는 단체만을 가입시킨 관계로 전만주를 모두 통합시키지는 못하였다. 그럼에도 불구하고 정의부에는 표면적으로 나타난 8개 단체 외에 이미 통합군단인 통의부나 광정단에 통합돼 있던 초기 독립군단들의 前歷을 검토해 보면 20개 정도의 독립운동단체가 가담한 것으로 볼 수 있다. 재만 獨立軍史에 있어 이와 같은 규모의 통합은 정의부 이전에도 또 이후에도 이루어지지 않았다. 이러한 점에서 정의부의 성립은 한국독립운동사의 새로운 장을 여는 것이었다.

Ⅳ. 正義府의 조직

1. 중앙조직

1) 중앙조직의 기구

(1) 초기조직

　정의부는 성립 후 입법·사법·행정기능을 균형적으로 갖는 조직을 구성하기 위해 노력하였다. 먼저 중앙조직 중 행정부에 해당하는 중앙행정위원회는 1925년 3월 초 각 團의 사무를 인계 받아 정식의 업무를 시작함과 동시에 구성되었다. 이 조직은 1924년 10월 18일 11개 단체의 대표들이 全滿統一會籌備會 본회의에서 선임한 분과위원을 확대 발전시킨 조직으로 부서 및 간부의 명단은 3월 7일 확정되어 3월 9일자로 正義府 公報 제1호에 발표되었다. 조직의 부서와 간부 명단을 보면 다음과 같다.
1)

---

1) 「高警第1404號 大正14年 4月 27日, 正義府ノ公報發行ニ關スル件」, 아연필 100 －001－ 030, pp.429－435.

<표 6> 정의부 초기 중앙조직 명단

中央行政委員會	中央行政委員長	李 沰
	中央行政委員	玄正卿・池龍起・李震山・金容大・金履大・尹秉庸・吳東振・金東三
幹 政 院	幹政院 秘書長	金元植
	幹政院 秘書	李仁根・姜英伯
中央審判院	中央審判院長	金應燮
	中央審判員	姜福元・康濟河
	中央審判書記	李正一
	檢理長	崔明洙
司 令 部	司令部副官	金昌鉉
	司令部經理	權德根
民事委員會	民事委員長	玄正卿
	民事部庶務課主任委員	李光民
	民事部庶務課委員	孫輔赫
	民事部警務課主任委員	李泰傑
軍事委員會	軍事委員長	池龍基(본명 池大淳, 별명 李靑天)
	軍事部軍事課主任委員	金世俊
	軍事部軍事課委員	金萬東
	軍事部軍需課主任委員	金慶達
	軍事部軍需課委員	洪益善
法務委員會	法務委員長	李震山
	法務部法務課主任委員	黃學秀
	法務部法務課委員	李碩鎬
學務委員會	學務委員長	金容大
	學務部教育課主任委員	高濶(豁?)信
	學務部教育課委員	金弘稷
	學務部編輯課主任委員	金官雄
	學務部編輯課委員	李丙吉

Ⅳ. 正義府의 조직 97

財務委員會	財務委員長	金履大
	財務部理財課主任委員	安奎元
	財務部理財課委員	崔秉模
	財務部會計課主任委員	宋秉浩
	財務部會計課委員	朴錫九
交通委員會	交通委員長	尹秉庸
	交通部交通課主任委員	李官實
	交通部交通課委員	金光國
生計委員會	生計委員長	吳東振
	生計部産業課主任委員	承震
	生計部産業課委員	金基全
外務委員會	外務委員長	金東三
	外務部交涉課主任委員	張天澤
	外務部宣講課主任委員	玄益喆
	外務部宣講課委員	權英夏

* 겸섭과 대리
  군사위원장 : 池龍基 義勇軍司令長 兼攝
  중앙행정위원장 : 李沰 민사위원장 代理
  재무위원장 : 金履大 생계위원장 대리
  법무위원장 : 李震山 외무위원장 대리

이 초기 중앙행정조직은 통의부 중앙행정조직의 직제(1924년 4월 현재)와 크게 다를 바 없는 것이었다.[2] 단지 統義府의 宣傳部가 正義府에서는 外務部로 이름이 바뀌었으며, 통의부의 秘書部가 정의부에서는 幹政院

---
[2] 統義府 중앙조직의 직제는, 朴杰淳,「大韓統義府 硏究」,『한국독립운동사연구』제4집, 독립기념관 한국독립운동사연구소, pp.228-229. 참조.

으로 바뀌었다. 간정원은 중앙행정위원장·비서장 및 약간의 비서로 구성되었다.3) 인적 구성으로 본다면 간정원은 통의부의 비서부가 확대된 總裁部의 성격을 가지고 있었음을 알 수 있다. 그리고 위의 중앙행정위원장 李沰을 비롯한 各 部 위원장들인 玄正卿·池靑天·李震山·金容大·金履大·尹秉庸·吳東振·金東三 등이 중앙행정위원들로 정의부의 모든 중요사항을 결정하는 임무를 하였다.4)

중앙행정위원들은 전만통일회에서 제정된 최초의 헌장이나 1926년 11월 20일 개정되어 발표된 헌장에 의하면 中央議會 議員들의 선거에 의해 선출되었다.5) 초기 9명으로 구성되었던 중앙행정위원회는 1926년 1월 24일 軍民代表會에서 개정된 헌장에서는 5명으로 감소되었다.6) 그리고 1926년 11월 20일 중앙의회에 의해 공포된 개정헌장에서는 다시 11명으로 증원되었다.7) 하지만 중앙행정위원회의 정원은 헌장에 규정된 대로 정수를 채운 경우도 있지만 여러 가지 사정에 의해 정수가 아닌 경우도 많았다.

한편 위의 조직에서 중앙행정위원장과 재무위원장·법무위원장이 각기 민사위원장·생계위원장·외무위원장 대리를 겸임하고 있는데 이는 현정경·오동진·김동삼 등이 통의부 임무를 정리하지 못한 상태에서

---

3) 「高警第2648號 大正14年 8月 5日, 正義府ノ職制ニ關スル件」, 아연필 100-4-031, p.669.
4) 「高警第3083號 大正14年 9月 4日, 在滿鮮匪團正義府ノ動靜ニ關スル件」, 아연필 100-4- 031, pp.996-997. 이들 중앙집행위원들은 全滿統一會시 선임된 인물들이고, 金衡植만 金東三으로 교체되었다.
5) 「機密公第369號, 大正13年 12月 9日 正義府憲章送付ノ件」;「대정15년 11월 29일, 정의부 중앙의회 개최의 건」,『독립운동사자료집』제10집, 독립운동사편찬위원회, 1973. 12, p.395.
6) 「대정15년 2월 23일, 正義府의 내분에 관한 건」, 독립운동사편찬위원회, 위의 자료집 10, p.385.
7) 「대정15년 11월 29일, 정의부 중앙의회 개최의 건」, 독립운동사편찬위원회, 위의 자료집 10, p.393. 중앙행정위원회의 명칭은 이 2차 개정헌장에서 부터는 중앙집행위원회로 개칭되면서 위원의 정원도 늘고 군대를 통솔하게 되는 등 권한이 다소 증가된다.

정의부에 부임이 늦어지고 있었기 때문인 것으로 판단된다. 김동삼은 통의부 행정위원장겸 군사부위원장, 오동진은 재무부위원장, 현정경은 생계부위원장 등을 맡고 있었으므로 통의부의 모든 사항을 총괄 정리하기 위해 새로운 조직으로의 부임이 늦었던 것이다.

위의 조직표에 의하면 정의부 성립 초기 중앙행정조직의 구성은 ① 중앙행정위원회 ② 간정원 ③ 중앙심판원 ④ 군사령부 ⑤ 민사·군사·법무·학무·재무·교통·생계·외무 등 8개의 행정부서로 조직되었다. 그리고 행정부서에는 각기 민사부에는 庶務·警務 등 2개 과, 군사부에는 軍事·軍需課 등 2개 과, 법무부에는 法務課, 학무부에는 敎育·編輯課, 재무부에는 理財·會計課, 교통부에는 交通課, 생계부에는 産業課, 외무부에는 交涉·宜講課 등 2개 과가 있었다. 이 같은 행정체계의 구조는 1925년 말까지 큰 줄기에서 그다지 바뀌지 않은 것으로 보인다. 최초의 중앙행정조직 구성과 인물 선임이 끝나고 한달 후인 4월 9일 중앙행정위원회에서는 중앙행정조직에 대한 직제 구조와 기능을 협의 결정한 후 5월 15일 반포하였는데, 8개 행정부서 내의 각 과가 약간 변동 증가되고 중앙행정위원회 내에 인쇄국과 법제위원회를 신설하는 정도였다. 즉 8개 부 중 그 소속 과가 증가되거나 변동된 部는 군사부에 軍事·軍需課 외에 參謀·訓育·軍法課가 신설 증가되었으며, 조국독립을 위한 실질적 사업인 무장투쟁을 전개할 義勇軍 지휘기관인 司令部가 설치되었다. 또한 교통부의 교통과가 없어지고 遞信과 運輸課 등 2개 과가 기능이 분화되어 신설되었으며, 생계부에는 産業課가 없어지고 實業과 殖産·勞動등 3개 課가 신설되었다.[8]

이와 같은 성립 초기 정의부 중앙조직은 얼마 후 약간의 변동이 있는 것으로 보인다. 즉 선전위원장(위원장 : 李鍾乾)이란 직책이 새로 추가되고, 梁起鐸·金昌煥·梁圭烈(일명 : 梁在薰)·高日新·文炳武 등 5인이

---

8) 「高警第2648號 大正14年 8月 5日, 正義府ノ職制ニ關スル件」, 앞의 자료, pp. 666-690.

재무위원에 선임되었다.9) 이는 성립 초기 정의부내 역량있는 모든 인사들을 총동원하고자 한 것이다. 특히 양기탁·김창환·양규열 등 독립운동계 중진들을 재무위원에 선임하여 이들의 힘으로 재정기반을 확고히 하고자했던 것으로 판단된다.

이어 司法機關인 중앙심판원의 경우는 1925년 5월 중순까지 그 명칭이 유지되다가 5월 15일 법무부 산하에 사판소를 설치한다는 직제 규정을 반포하면서부터 명칭이 사판소로 바뀌었다.10) 중앙행정위원회는 같은 해 6월 8일 府令 제19호로 査判所 構成法을 公布하고 7월 15일 제1회 중앙의회 개회시 이를 추인받아 8월 1일 府令 제261호로 시행령을 공포하였다.11) 따라서 정의부는 이같은 과정을 거쳐 중앙 사법기관의 명칭을 사판소로 확정하여 사법기관의 역할을 하도록 하였다.

입법기관에 해당하는 중앙의회의 조직은 의원의 명단과 함께 조직체계를 따로 밝혀줄 자료가 없어 전만통일회에서 제정된 최초의 헌장에 의거 조직을 설명하면 다음과 같다.12) 중앙의회는 정의부 관할지역내의 지방조직 단위인 '地方' 및 '獨立區'에서 선거하는 의원 및 중앙의회에서 선거하는 의원으로 조직하였다.13) 중앙의회의 의원 선출 방식은 관할지역 800

---

9) 「朝鮮匪賊團體調査表」;「대정14년 7월 7일, 불령 선인단 정의부의 現世에 관한 건」, 독립운동사편찬위원회, 앞의 자료집 10, pp.542-546.
10) 위의 자료, p.680. 全滿統一會에서 제정된 정의부헌장에 의하면 정의부는 초기 사법기관을 지방사판소·고등사판소·중앙심판원 등으로 구성하였다. 이들 중 중앙의 사법기관으로는 행정과 군사재판을 겸하는 고등사판소와 헌법·군사·행정재판을 시행한 중앙심판원 등 2개였다. 그러나 고등사판소의 경우는 1925년 7월 15일 제1회 중앙의회의 사무를 당분간 정지한다는 결정에 의해 그 기능이 소멸되었다가 이후로도 다시 부활되지 않은 것으로 보인다. (「機密公 第369號 大正13年 12月 9日, 正義府憲章送付ノ件」;「高警 第3083號 大正14年 9月 4日, 在滿鮮匪團正義府ノ動靜ニ關スル件」, 앞의 자료, p.999.)
11) 「高警 第3083號 大正14年 9月 4日, 在滿鮮匪團正義府ノ動靜ニ關スル件」, 위의 자료, p.997.
12) 「機密公 第369號, 大正13年 12月 9日, 正義府憲章送付ノ件」.
13) 「대정15년 2월 23일, 正義府의 내분에 관한 건」, 독립운동사편찬위원회, 앞의 자료집 10, p.382.

호에 1명씩을 선출하였으나, 800호가 못되더라도 과반수인 400호가 넘는 지역에서는 1명을 선출하도록 하였다. 또한 獨立區에서는 1개 독립구 내에서 1명의 중앙의원을 선출되었다.14) 정의부 布告 제277호에 의하면 이같은 선출 방식에 의해 1925년 8월 1일 현재 '지방' 및 '독립구'에서 선출된 중앙의회의 의원은 23명이었다. 거기에 중앙에서 선거에 의해 선출한 중앙의원의 수는 지방 및 독립구에서 선거한 총의원수의 1/5이었으므로 대개 5명에서 7,8명 정도였으니 초기 중앙의원의 총수는 약 30명 정도가 된 것으로 판단된다.15) 이 같이 선출될 수 있는 중앙의회 의원의 자격은 정의부 관할 지역에서 1년 이상 거주하고 연령은 만 25세 이상인 者면 가능하였다. 의원의 임기는 2년이었다.

(2) 軍民代表會와 후기조직

정의부 중앙조직은 1925년 후반 행정기구인 中央行政委員會와 입법기구인 中央議會간에 갈등이 생겨 일시적 큰 분란을 맞게 되었다. 이 분란은 임시정부와의 관계 때문에 야기된 것이었다. 그에 대해서는 뒤의 '大韓民國臨時政府와의 관계'에서 서술할 것이므로 여기에서 생략하기로 하되 양측이 대립하게된 원인만을 대략 보면 다음과 같다.

國民代表會議 이후 실추된 위상을 회복하고 정의부의 기능을 일층 강

정의부의 지방조직은 처음에는 區·地方·獨立區 등이 있었다. 區는 100戶 이상으로 조직하였으며, 地方은 1,000戶 이상으로 조직하였다. 그러나 이같은 지방조직은 후에 다시 고쳐져 區는 50戶 地方은 500戶 정도로 그 폭이 좁아졌으며, 이 區와 地方의 상급조직으로 1000호 이상을 관할하는 總管區가 설치되었다. 또한 區와 地方 사이에는 100호 정도의 호수를 관할하는 百家長이 있었으며, 區 밑에는 10戶를 관할하는 十家長이 있었다. ('정의부의 지방조직' 참조)

14) 위의 자료, pp.382-383.
15) 「高警 第3083號 大正14年 9月 4日, 在滿鮮匪團正義府ノ動靜ニ關スル件」, 앞의 자료, p.1004.

화시키기 위해 臨政에서는 1925년 5월 李裕弼과 吳永善 두 사람을 滿洲에 파견하였다. 이 두 사람은 다른 재만 독립운동세력에게도 임정의 지지를 호소하였지만 특히 정의부측에게는 여러 案을 제시하며 참여를 부탁하였다. 성립 초부터 임정을 거부하였던 정의부 인사들은 이들 파견원의 제시를 내부적으로 일시에 합의하여 받아들일 수가 없었다. 그 결과 중앙조직의 양대 기구인 행정위원회와 의회간에 의견이 불일치 되어 두 기구의 불화를 자초하게 되었다. 즉 중앙행정위원회측의 인사들은 이들 파견원들과 접촉한 후 지난날의 갈등을 해소해 버리고 현재의 임정에 참여하여 점진적으로 그 세력을 만주로 옮겨올 생각을 가졌다. 그러나 중앙의회 의원들은 상해 임정을 완전히 변화시켜 전혀 새로운 정부로 만든 후 무장투쟁의 실질지대라 할 수 있는 만주로 옮겨오고자 했던 것이다.16) 양측의 이같은 의견 차이는 결국 중앙의회측은 중앙행정위원회에 대해 불신임을 결의하게 되었고, 중앙행정위원회측은 중앙의회를 해산하는 사태에까지 이르렀다.17)

이로써 정의부 중앙조직은 일시에 행정 및 입법기구가 와해되었다. 이러한 상태에서 軍民代表會는 중앙조직의 분란을 타개하고자 1926년 1월 24일 성립된 것이었다. 정의부 의용군과 관할 각 지방의 대표들로 구성된 同會 대표들의 명단을 보면 다음과 같다.18)

─ 의용군대표 : 제1중대 대표 鄭伊衡, 제2중대 대표 梁世鳳, 제3중대 대표 文學彬, 제4중대 대표 李奎星, 제5중대 대표 金錫夏, 헌병대 대표 安鴻,

---

16) 위의 자료, pp.998–999.
17) 「高警第455號 大正15年 2月, 鮮匪團正義府ノ內訌ニ關スル件」, 아연필100-4-033, pp. 431–433.
18) 「대정15년 2월 23일, 正義府의 내분에 관한 건」, 독립운동사편찬위원회, 앞의 자료집 10, pp.379–381. 이틀 후인 1월 26일 개정된 '정의부헌장'과 중앙행정위원회에 대한 반박 성명서에는 이들 외에 金國煥 · 金溢德 · 宋學天 등 3명의 대표가 추가되어 있다.

- 지방대표 : 관동지방 대표 李海龍, 환인지방 대표 孫基正, 홍서지방 대표 李京濟, 환흥지방 대표 朴春根・池龍珠, 경원지방 대표 崔德斌, 吉磐지방 대표 安昌河, 扶楡獨立區 대표 全光澤(金光澤의 오기), 舒常독립구 대표 田永恒, 安松지방 대표 金一俊, 中央民議 대표 金益浩・朴永浩・金鐸・玄益哲

이들 대표들은 이틀 후인 1월 26일 난국을 수습하기 위한 '聲明書'와 88條에 달하는 '正義府憲章'을 58條로 개정하여 발표하였다. 성명서의 내용은 中央議會의 의결사항에 반하여 이상룡을 임정의 국무령에 취임시키고 중앙행정위원 일부를 임정에 입각시킬 것을 臨政의 파견원들과 密約한 中央行政委員會를 비난하는 것이었다.[19] 군민대표회 대표들은 정의부의 전권을 잡고 기존의 중앙조직을 약간 변동하여 헌장에 명시한 후 각 위원들을 임명하였다. 즉 기존에 9명이었던 중앙행정위원회의 위원을 5명으로 축소하고 이들 위원들의 지휘를 받아 일체의 사무를 처리할 政務員을 10명 이상 두도록 하였다.[20]

군민대표회에 의해 새로 선출된 중앙행정위원은 高豁信・金學善・金鐸・金定濟・吳大泳 등이었고, 政務員은 宋學天・金成鎭・李正一・崔炳模・李寅根・宋德仁・金時雨・李采江・李寬實・金光澤・金文七・元有逸・金濟雨・白寬 등 14명이었다.[21]

행정기구의 변동과 함께 사법기관도 약간의 변동이 있어 기존에는 없었던 특별사판소가 설치될 수 있도록 하였다.[22] 이 특별사판소는 정의부 존립을 위태롭게 한다거나 조국 광복사업에 큰 지장을 줄 수 있는 특별한 사건이 있을 때 역할을 하도록 한 것이었다. 중앙의회의 경우는 다른

---

19) 「高警第455號 大正15年 2月, 鮮匪團正義府ノ內訌ニ關スル件」, 앞의 자료, pp.441-444.
20) 「정의부의 내분에 관한 건」, 독립운동사편찬위원회, 앞의 자료집 10, p.385.
21) 위의 자료, p.379.
22) 위의 자료, p.386.

변동 사항은 없으나 종래 지방 및 독립구에서 선거한 총 의원 수의 5분의 1이었던 중앙의회 의원 수를 4분의 1로 확대하였다.23)

한편 군민대표회는 종래 정의부의 노선은 조국광복을 목적으로 한 단체치고는 그 활동이 극히 완만하고 미온적이었다고 비판하였다. 따라서 이후부터는 민정활동에 치중하던 정의부의 路線을 무장투쟁위주로 바꾼다고 천명하였다.24) 이를 위해 군민대표회 지도자들은 1차 적으로 지방조직의 임무였던 의무금 징수 를 중앙조직에서 직접 관여하기로 하고, 각 지방에 武裝 募捐隊를 파견하여 적극적으로 거두어 들였다. 또한 만주 각지에서 일제에게 협조하는 친일 밀정배를 색출하여 처단하는 활동도 강화해 나갔다.25)

노선의 변경은 일시 그 성과가 뚜렷히 보이는 듯 하였다. 하지만 관할지역 내에서의 그에 대한 반발도 적지 않았다. 정의부 관할지역내의 일부 府民들은 1926년 4월 1일 '하루살이단'이라는 자조적인 단체를 조직하여 '소위 정의부 당국자에게 반성을 촉구한다.'라는 제목으로 성명서를 작성하여 軍民代表會측에 보냈다. 헐벗고 굶주린 재만 동포를 위해 정의부가 솔선하여 그를 구제키 위해 노력해야 하거늘 도리어 민중에게 약탈을 행하듯이 하고 있으니 이는 비판받아야 마땅한 일이라는 내용이었다.26) 하루살이단에 이어 같은 4월에는 阿城縣에 거주하는 한인들이 주민대회를 개최하여 성명서를 발표하였다. 그 내용은 정의부가 생존을 위해 수많은

---

23) 위의 자료, p.383.
24) 「대정15년 5월 3일, 선비 정의단 내분후의 상황」, 독립운동사편찬위원회, 위의 자료집 10, pp.387-389. 日帝는 軍民代表會後 정의부의 인적 구성의 변경을 다음과 같이 3가지로 분석하였다. ① 청년조로써 노년조와 대체한 것. ② 西鮮派로써 嶺南派와 대체한 것. ③ 소위 군인파(무장단)의 세력이 증대된 것.
25) 위의 자료, pp.387-389. 강력한 무장활동을 선도한 인물은 제1중대장인 鄭伊衡이었다.
26) 「朝保秘第44號 大正15年 5月 3日, 鮮匪團正義府內訌後ノ狀況ニ關スル件」, 아연필 100- 4-034, pp.969-978.

난관에 봉착해 있는 이주한인을 돌볼 생각은 않고 내부적 분란을 일으키고 있으니 참담함을 느낀다고 하였다. 따라서 정의부는 민중운동을 위한 적합한 단체로 판단되지 않기 때문에 아성현 주민들은 정의부에서 탈퇴한다고 선언하였다.27)

관할 각 지역 내에서 반발이 일어나자 軍民代表會는 1926년 중반경 해체되고, 정의부 중앙조직은 약간의 변형은 있지만 그 골격은 원상태대로 회복된 것으로 보인다. 따라서 이후 정의부 중앙조직과 인물들을 살펴보면 다음과 같다.

다음의 중앙조직은 정확한 月日은 미상이나 1926년 중반경으로 판단된다.28)

> 중앙위원장 金履大
> 상임위원 金逸浩 · 金正範
> 행정위원장 金學善,   민사위원장 高豁信,   군사위원장 吳東振
> 법무위원장 金元錫,   재무위원장 李光敏(民의 오기로 보임),
> 학무위원장 金東三,   생계위원장 金喆
> 巡廻行政委員 朴東初 · 玄益哲 · 李沰 · 李旭(이명 : 李奎東)
> 査判長 金元錫,   사판 高豁信

위의 조직표는 초기 조직에 있었던 교통부나 외무부가 보이지 않는 축소된 집행조직이다. 하지만 순회행정위원이라는 새로운 직책이 보이고 있다. 순회행정위원은 중앙조직이 분란된 모습을 보이고 난후 관할지역내의 한인들이 동요를 보이자 이들 수습키 위해 설치된 조직으로 보인다. 또한 위 조직중 상임위원은 축소된 중앙조직의 허술함을 보완하기 위해 중앙행정위원중 2명을 임명하여 이들이 책임지고 중앙조직의 여러 행정사항

---

27) 「朝保秘第44號 大正15年 5月 11日, 鮮匪團正義府ニ對スル反感ニ關スル件」, 아연필 100 -4-034, pp. 159-161.
28) 「抄件 (不逞團正義府幹部員)」, 通化縣 檔案館 資料.

에 관여하여 빈틈없는 업무를 처리하도록 한 것으로 판단된다.

이 조직에 이어 1927년 12월 군사위원장 겸 의용군 사령장이었던 吳東振이 長春에서 일경들에 피체되고 난 후 새로 선임된 중앙조직의 간부 명단을 보면 다음과 같다.29)

중앙행정위원장 : 玄正卿
중앙행정위원 : 金元植(內務)· 池靑天(軍事)· 李奎東(産業)· 金東三(敎育)· 金鐸(外務, 외무에는 이외에 李鍾乾· 文學彬· 崔明洙가 더 있음)· 玄益哲(財務)
常任代議員 : 金履大· 金球(본명은 金在德)· 金時雨
중앙사판소장 : 池靑天, 사판위원 : 玄益哲· 金元植
內務部소속 警務課長 : 李泰馨

이 조직의 틀은 1928년에도 계속 이어진 것으로 자료상에는 나타나는데, 민사와 행정의 업무가 합병되어 내무를 이룬 것으로 보이고, 인력면에서 보면 외무기능이 강화되었다. 이 시기 외무의 기능이 강화된 것은 참의·신민부나 기타의 단체들과 민족유일당 운동을 추진하는 과정에서 효과적인 활동을 추진하기 위한 것으로 보인다.

이상에서 볼 때 시기별로 나타난 정의부 중앙조직의 형태를 보면, 1920년대 후반부로 갈수록 그 조직이 간소화되는 것을 볼 수 있다. 그런가하면 명칭이나 인원의 구성에 있어서도 일정한 규정이 있는 것이 아니라 필요한 부분은 신설하고, 강화시켜야 될 부분에는 더 많은 인력을 배치하였다. 이는 정의부 뿐만 아니라 만주의 독립운동 단체가 창립 초기 아무리 효율적인 기구로 생각해 설치했더라도 시기별 외부의 영향이 있을 경우에는 그에 맞는 조직으로 변형해야 했음을 말해주는 것이다.

---

29) 「昭和3年 3月 在滿不逞團並社會主義團體ノ狀況」, 아연필 200-3-049, pp.174-175. ; 「昭和4年 9月, 在滿不逞鮮人ノ槪況」, 아연필 200-3-049, pp.226-229.

2) 中央組織 각 기구의 기능

(1) 행정 및 사법기구

정의부 중앙조직의 기능에 대해서는 1925년 3월 9일 정의부의 성립과 자신들이 중앙행정위원에 임명되었음을 알린 포고 제2호의 내용을 봄으로서 노선과 산하 각 기구의 총체적인 역할을 요약해서 알 수 있다.

> 우리들은(중앙행정위원 李沰·玄正卿·池龍起·李震山·金容大·金履大·尹秉庸·吳東振·金東三 — 필자주) 전만통일회의 위임을 받아 정의부를 성립하고 행정의 임무를 맡은 것을 포고한다. 本府는 民族 復興의 弘運에 除하여 世界改造의 變潮를 타고(중 략) 不屈不撓의 정력과 益旺烈한 기세로 민족의 前驅를 자임한 8개 단체를 통합하여 1개의 단체를 조직해 인류 평등의 정의와 민족생영의 정신으로 生靈敎訓에 진력하여 적극 또는 소극운동을 진전하여 광복대업을 극성한다.(중략 요약 : 우리 민족이 만주에 정착하여 수많은 세월 동안 많은 희생을 치루며 조국광복을 위해 활동하였지만 큰 성과를 거두지 못하였다) 本府는 인습·전통·숙명 …… 그 재래사회의 병적 현상을 초탈하고 엄연한 민중의 의사를 표현하는 신기관으로 우리민족의 활로를 전개할 것이다.
> 금일 우리민족의 현실은 끼니를 걱정할 정도로 참으로 암담하다. 지금 本府의 出現은 일반민중의 理性的發動에 基因하므로 그 主義政綱을 矢張하고 生榮發展의 諸要件을 포함시킨다. 본부의 정신이 이와 같으므로 그 진행방침에 따라 절박한 悲痛을 解除하여 생활안정을 保持하고 屈縮한 意志를 신상하여 民族尊榮을 享有하도록 한다.
> 무릇 사회의 질서는 모든 시설의 기본이 되므로 절대적인 독립주의하에서 풍기를 쇄신하여 먼저 陣容을 정돈하고 자발적인 태도로 生産·敎育을 동시에 병행하며 自我의 內實을 충만히 하여 우리 民族 復活의 근본정책으로 한다.

대중은 흩어져 외톨이가 되지 말 것이며, 우리 모든 형제 자매여 오직 정성을 다해 하나의 軌를 만들어 共進하자.[30]

위의 포고 제2호의 내용은 우리 민족은 국권을 뺏긴후 그를 회복하기 위해 만주로 이주하여 오랫 동안 조국 광복을 위해 투쟁하였지만 원하는 만큼 큰 성과를 올리지 못하였다는 것이다. 따라서 정의부는 민중의 기관으로서 새롭게 활로를 개척한다는 것을 표방하였다. 또한 참담한 지경에 이른 재만한인들의 생활이 안정될 수 있도록 산업의 발전에 힘씀과 동시에 한민족의 근본 목적인 조국 광복사업에 매진할 것을 포고하였다.

중앙행정위원회는 全滿統一會에서 구성한 중앙 및 지방의 행정직제를 재조정하고 담당업무를 정한 뒤 5월 15일부로 그 직제를 頒布하였다.[31] 이에 따른 직제 구성은 앞의 '중앙조직기구'에서 살펴보았으므로 이제 그 임무와 역할을 보면 다음과 같다.

중앙행정위원회의 구성 및 기능에 관한 것은 위의 행정 직제 외에 1925년 12월 초순경에 발표된 행정위원회규칙과 정의부헌장에도 자세히 나와 있다.[32] 이에 의하면 정의부 초기 중앙행정위원회는 9명으로 이들은 민사부를 비롯한 8개 부서의 부장을 맡았으며, 이중 한 명은 위원장이 되었다.[33] 중앙행정위원회는 모름지기 정의부의 최고행정기관으로 府內의 일체 행정사무를 의결하는 것이 임무였다. 의결된 사항은 중앙의회에 제출되어 입법화된 후 정의부 관할지역 전체에 법률로서 공포되고 집행되

---

30) 「高警第1404號 大正14年 4月 27日, 正義府ノ公報發行ニ關スル件」, 앞의 자료, pp.442-445.
31) 「高警第2648號 大正14年 8月 5日, 正義府ノ職制ニ關スル件」, 앞의 자료, pp.666-694.
32) 「高警第4278號 大正14年 12月 10日, 鮮匪團正義府行政委員會規則ニ關スル件」, 아연필 100-4-032, pp.909-921.
33) 「高警第1404號 大正14年 4月 27日, 正義府ノ公報發行ニ關スル件」, 앞의 자료, pp.429-435. ;「高警第4278號 大正14年 12月 10日, 鮮匪團正義府行政委員會規則ニ關スル件」, 위의 자료, p.909.

었다. 그러나 중앙행정위원회에서는 기존의 헌장 및 기타 법규 명령에 위배되거나 월권된 사항은 의결할 수가 없었고 법률로서 공포하고 집행해야 될 사항이 있을 때는 반드시 중앙의회에 법률안으로 제출하여 통과가 된 이후에야 가능하였다.34) 그 이유는 헌장이나 법규는 입법기관인 中央議會를 통과하여 성문화된 법률이기 때문에 행정기관인 중앙행정위원회에서 초법적인 것을 의결할 수 없다는 것이다. 이는 軍政府로서 투철한 준법정신을 지키려는 정의부의 의지를 볼 수 있는 일면이다.

또한 중앙행정위원들의 사무분장도 합리적이고 민주적으로 행해졌음을 볼 수 있다. 즉 중앙행정위원으로 선출된 사람은 각기 민사·군사·법무 등 8개 부서중 1개 부서의 책임자가 될 때 자신이 원한다고 해서 무조건 되는 것도 아니고, 누가 임명하는 것도 아니었다. 이 또한 투표에 의해서 이루어졌는데 위원장을 포함한 각 부서의 장은 총위원 3분의 2이상의 찬성표를 얻어야 職을 맡을 수 있었다.35) 투표에 의해 8개 부서의 장과 위원장이 결정되고 나면 각 부서장은 그 직에 충실해야 됨은 물론이고, 위원장 또한 최고의 권위만 가지는 것이 아니라 각 부의 소관 업무가 아닌 사항은 모두 취합해 자신이 직접 집행하였다.36) 이러한 방법은 위원 개개인의 능력을 모두가 측정하여 가장 합당한 職을 맡기려는 민주적이고 합리적인 방법이었다. 또한 정의부가 軍政府적 기능을 유지하며 독립운동을 실천하는 단체라하여도 권력이 중앙행정위원장 한사람에게 집중해 있지 않고 집단지도 체제에 의해 운영되었다는 사실을 알려주고 있는 것이다.37)

---

34)「高警第4278號 大正14年 12月 10日, 鮮匪團正義府行政委員會規則ニ關スル件」, 위의 사료, p.910.
35) 위의 자료, pp.910-911. 1차 투표에서 3분의 2를 못얻은 자는 2차 투표에서는 과반수 이상을, 3차 투표까지 갈 경우는 다수의 표를 얻은 자가 원하는 職을 맡을 수가 있었다.
36)「高警第2648號 大正14年 8月 5日 正義府ノ職制ニ關スル件」, 앞의 자료, p.669.
37) 처음 집단지도체제로 시작한 정의부는 상해의 대한민국임시정부와의 관계개선 문제를 둘러싸고 중앙행정위원회와 중앙의회가 대립되어 부내에 혼란의

이들 중앙행정위원들은 정기적으로 매월 5일과 25일 2回씩 通常會議를 개최하였으며, 비상사건이 있을 때는 위원장이 각 위원들로부터 臨時會議 소집 신청을 받아 다른 위원들에게 소집통고를 하였다.38) 이 통상회의나 임시회의는 둘다 과반수 이상의 출석이 있어야 개회가 가능하였다. 통상회의의 경우 일단 개회가 되면 ① 請願 및 報告 ② 法規 ③ 人事 ④ 財政 ⑤ 軍事 ⑥ 敎育 ⑦ 生計 ⑧ 民政 및 交通 ⑨ 交涉 및 宣傳 ⑩ 其他의 순으로39) 다음 사항을 의결하였다.

① 법규·명령·직제에 관한 사항
② 예산·결산 또는 예산 외의 지출에 관한 사항
③ 군인 徵募·교육 및 동원·선전·계엄에 관한 사항
④ 중앙 및 지방 직원의 임면·승전에 관한 사항
⑤ 중앙의회로부터 송치한 인민의 청원에 관한 사항
⑥ 賞恤·特赦·減刑·復權에 관한 사항
⑦ 임시 중앙의회 소집 요구에 관한 사항
⑧ 기타 행정 및 군무에 관한 중요 사항40)

기미가 보이자 1926년 1월 결성된 軍民代表會가 동년 1월 26일 개정발표 한 헌장에서는 중앙행정위원장의 위치가 한층 격상되었다. 즉 개정헌장 제39조에 '중앙행정위원회는 長 1명을 호선하여 본부를 대표하고 軍隊를 통솔한다.' 라고 하였다. 이는 군민대표회가 정의부를 군사 우위의 정책으로 운영하기 위해 중앙행정위원장의 위치를 격상하는 한편 위원장이 군대를 통솔토록 하여 군대의 위치도 함께 격상시킨 것이다.(「대정15년 2월 23일, 정의부의 내분에 관한 건」, 독립운동사편찬위원회, 앞의 자료집 10, p.385.) 그러나 1926년 11월 20일 중앙의회에 의해 또 다시 개정 공포된 헌장에서는 위원장의 권한을 위원회의 대표로만 규정하고 있다.(「대정15년 11월 29일, 정의부 중앙의회 개최의 건」, 독립운동사편찬위원회, 위의 자료집 10, p.396.)
38)「高警第4278號 大正14年 12月 10日, 鮮匪團正義府行政委員會規則ニ關スル件」, 앞의 자료, p.918.
39) 위의 자료, pp.913-914.
40)「대정15년 2월 23일, 正義府의 내분에 관한 사항」, 독립운동사편찬위원회, 앞의 자료집 10, pp.385-386.

그리고 이들 의결사항에 대한 의결규칙은 다음과 같았다.

- 행정위원회의 의사 방식은 제의·토론·품결의 세 단계로 한다.
- 提議는 찬성자를 동반하여 書面 혹은 口頭로 하고, 數個 提議가 있을 때는 順次로 처리한다.
- 한 사람의 찬성자도 없는 제의는 상정할 수 없고, 각 위원의 專任에 속하는 案은 그 범위에 限해서 한다.
- 討論은 提議者의 提議·理由說明을 거친 후에 개시한다.
- 하나의 議案에 대한 토론은 1인 3회 이상의 발언을 허락치 않으나, 질문과 답변은 限定을 두지 않는다.
- 의사토론 중에 討論終結의 提議가 있을 때는 곧 그 可否를 票決에 부친다.
- 토론 종결 전에도 긴급제의가 있을 때는 이를 먼저 처리하고, 긴급한지 아닌지는 委員長이 이를 판정한다.
- 법규제정 기타 중요사건에 대한 議案은 三讀會를 거쳐 票決에 부치고, 2인 이상의 請求가 있을 때는 會議 결의로서 三讀會를 省略할 수 있다.
- 표결은 無記名 투표 혹은 擧手式으로 해 多數표결로 한다.
- 표결이 可否同數일 때는 위원장이 이를 결정한다.
- 위원은 자기신분 또는 책임에 관계하는 의안의 표결에 참여할 수 없다.
- 票決棄權者가 과반수일 때는 그 의안은 통과된 것으로 하지 않는다.
- 결석한 위원은 그 결석한 기간에 성립한 議案에 대해 반대할 수 없다.
- 否決된 의안은 同會期內에 다시 의결할 수 없다.
- 행정위원회의 議決案은 일반 在席委員이 連署 調印하여 그를 編存한다.
- 행정위원회의 결의안은 개회후 2일 이내에 공포하고 단 비밀에 관한 것은 회의 결의로서 발표한다.
- 행정위원회의 결의안은 再議決 혹은 飜案결정없이는 어떤 경우라

도 效力을 잃지 않는다.
- 중앙행정위원회는 幹政院 秘書長 및 秘書의 발언을 허락한다. 非常인 사항이 있을때는 일반 직원을 소집하여 의견을 청취한다.
- 행정위원회는 위의 적격자를 제외하고는 일체의 방청을 허락하지 않는다.[41]

이같이 정의부 중앙행정위원회는 철저한 규칙 하에 선정된 위원들에 의해 부내의 가장 중요한 결정사항을 의결하고 그 의결 사항을 공포하여 시행토록 하는 중추적 역할을 하였다.

다음 중앙행정위원장이 그 소속장으로 있으면서 중앙행정위원회의 업무를 보충해주는 기관인 幹政院의 기능을 보면 다음과 같다. 인적구성에서 總裁部 성격을 가진 간정원은 비서장과 약간의 비서들이 정의부 최고 위치에 있는 중앙행정위원장을 보필하여 각종 機密과 人事에 관한 총체적인 업무를 관장하였다.[42] 따라서 이같은 기능을 수행하기 위해 간정원이 맡은 업무는 다음과 같다.

① 중앙행정위원회 庶務에 관한 사항
② 중앙행정위원회 會計에 관한 사항
③ 중앙행정위원회의 記錄編存에 관한 사항
④ 行政統計調査에 관한 사항
⑤ 法令發布 및 그 原本存案에 관한 사항
⑥ 文書電報・受發・登錄編存에 관한 사항
⑦ 公印管手에 관한 사항
⑧ 人物銓考에 관한 사항
⑨ 稽勳銓敍에 관한 사항

---

41) 「高警第4278號 大正14年 12月 10日, 鮮匪團正義府行政委員會規則ニ關スル件」, 앞의 자료, pp.914-917.
42) 「高警第2648號 大正14年 8月 5日, 正義府ノ職制ニ關スル件」, 앞의 자료, p.670.

⑩ 公報編存에 관한 사항
⑪ 기타 機密에 관한 사항43)

위의 간정원 업무중 ③·⑤·⑩항의 기록편존·법령발포·공보편존 등 기능은 같은 중앙행정위원회 산하인 인쇄국에서 실지업무를 수행하였다.44) 따라서 인쇄국은 ≪正義府公報≫를 발행하여 중앙행정위원회 명의의 布告令 및 宣布文과 府令을 공포하였고,45) 1926년 초부터는 ≪中央通信≫을 발행하여 정의부내의 각종 사업 및 중요사항을 관할민에게 알렸다.46)

이어 중앙행정위원회의 위원들이 책임자가 되어 이끌어간 중앙 8개 부서의 기능과 임무를 살펴보면 다음과 같다.

民事部는 庶務·警務 등 2課를 두고 憲政籌備議員選擧·地方自治·警察·衛生·宗敎·結社·慈善에 관한 사무를 관장하였다.47) 이들 업무중 庶務課는 憲政籌備中央議員選擧 및 地方自治, 戶籍 및 戶口調査, 徵兵 및 徵發, 地方 및 區의 관할구역 명칭과 위치 확정, 행정구역 변경 및 설치·폐지·확장, 賑災恤難·慈善, 宗敎典禮 儀式, 殉國義烈 및 그 유족 조사, 賞給 및 撫恤, 관할민移轉, 土木·營繕에 관한 사항 등을 관장하였다. 그리고 치안에 관한 업무를 수행한 警務課는 行政·司法·保安警察에 관한 것과 衛生, 도서 출판 및 著作, 集會·結社·연설, 敵情警察 및 調査, 認許 및 免許, 自衛團 등과 관련된 사항 등을 주관하였다.48)

---

43) 위의 자료, p.670.
44) 위의 자료, p.668.
45) 「高警第1404號 大正14年 4月 27日, 正義府ノ公報發行ニ關スル件」, 앞의 자료, pp.429-430.
46) 「朝保秘第417號 大正15年 6月 17日, 鮮匪團正義府ノ移轉ト中央通信發行ニ關スル件」, 아연필 100-4-034, p.374.
47) 「高警第2648號 大正14年 8月 5日, 正義府ノ職制ニ關スル件」, 앞의 자료, pp.673-674.
48) 위의 자료, pp.674-675.

軍事部의 경우는 軍事・參謀・訓育・軍法・軍需의 5개 課와 군사부 특설기관으로 의용군을 통솔 지휘할 사령부가 있어 일제와의 무장투쟁에 관한 모든 업무를 주관하였는데, 세분화된 임무는 다음과 같다.[49] 군사과는 의용군 建制 및 平時・戰時 編制와 계엄 연습 검열에 관한 사항, 군대 배치와 각 兵科에 관한 사항, 軍籍과 軍隊巡閱・의용군 징병에 관한 사항, 의용군 文武職員 進退 및 賞功・褒奬・休暇・結婚에 관한 사항 등을 관장하였다.[50] 참모과는 작전계획 및 적정 정탐 및 測圖에 관한 사항, 戰時法規 및 軍規와 儀式 服制에 관한 사항, 간부 교육에 관한 사항, 각 兵科・圖書・編譯 및 출판에 관한 사항, 他國에 대한 軍政의 조사 등을 주관 시행하였다.[51] 훈육과는 隊伍訓練・군사연습・학도모집・예비대 교육에 관한 사항 등을 주관하였다.[52] 군법과는 군사법규・군인심판・군인 감금소에 관한 사항과 特宥(특별 사면-필자주) 및 범인인도와 군법회의에 관한 사항을 주관하였다.[53] 군수과는 군대위생・醫院에 관한 사항, 兵器와 器械臺帳에 관한 사항, 被服・糧飼・馬匹 등 군수품에 관한 것과 軍營 건축 수선에 관한 사항 등을 주관하였다.[54] 그리고 군사부의 특설 기관인 사령부는 일제와의 무장투쟁을 전적으로 실행 주관하는 부서로 특히 다음과 같은 업무를 추진하였다. 團隊・衛戍・要塞司令, 계엄발포, 단체 연락과 군인 기율, 병기 및 군영 배치와 대오연습, 신호통신과 용병계획에 관한 사항 등을 주관하였다.[55]

다음 査判所와 監禁所를 관할하며 민사・형사에 관한 사법사무를 관장한 법무부는 산하에 법무과를 두고, 사판소 설치・폐지 및 관할구역 획

---

49) 위의 자료, pp.676-679.
50) 위의 자료, pp.676-677.
51) 위의 자료, p.677.
52) 위의 자료, pp.677-678.
53) 위의 자료, p.678.
54) 위의 자료, pp.678-679.
55) 위의 자료, pp.679-680.

정 또는 변경에 관한 사항, 민사 및 비송사건과 형사·검찰에 관한사항, 特有·감형·복권·緩刑(형을 깎아주는 것-필자주) 감금인 검사, 감금소 및 그 인사에 관한 사항, 형사집행과 犯人異同識別에 관한 사항 등의 사무를 처리하였다.56) 특히 법무부 산하의 이 사판소는 지방조직인 區에서부터 중앙에 이르기까지 區査判所·地方査判所·中央査判所를 설치하여 民·刑事事件을 재판하는 3審制의 기능을 갖춘 사법기관 역할을 하였다.57)

교육·편집 등 2개 課를 설치한 학무부는 다음과 같은 업무를 관장하였다. 교육과는 일반 학교·교육회 및 교직원 임면·상벌에 관한 사항, 외국유학생에 관한 사항, 학교 설치인가, 교육비 조달·징수·배당, 學制 및 學齡에 관한 사항, 학예전람회 및 학생위생, 노동강습과 通俗講演에 관한 사항 등을 주관하였다. 그리고 편집과는 敎科用 圖書의 編纂 發行 調査 檢定 認可, 敎科 參考用 圖書의 蒐集 編纂 飜譯, 國語 調査 및 圖書 管理에 관한 사항 등을 주관하였다.58)

이 같은 학무부는 1925년 3월 30일 學務部長 金容大의 명의로 학무부 포고 제1호를 공포하면서 관내 관할민에 대한 적극적 교육실시 의지를 표명하였다.59) 이어 5월 22일에는 學務部令 제1호 및 敎育令 공포에 의해 철저한 의무교육제와 국민교육 일치보급이라는 교육방침을 시달하였다.60)

---

56) 위의 자료, pp.680-681.
57) 朴永錫,「正義府硏究 - 民主共和政體를 중심으로 -」,『日帝下獨立運動史 硏究 - 滿洲露領地域을 中心으로 -』, 一朝閣, 1984. 9, p.83.
58)「高警第2648號 大正14年 8月 5日, 正義府ノ職制ニ關スル件」, 앞의 자료, pp.681-683.
59)「高警第3303號 大正14年 9月, 鮮匪團正義府ノ敎育發令發表ニ關スル件」, 아연필 100-4-031, pp.1141-1146.
60) 위의 자료, pp.1141-1155. 학무부령 제1호에서 '국민교육'이라는 용어를 사용하였는데 이는 정의부가 국가적 기관임을 자인하고 그 임무를 수행해 나갈 것을 천명한 것이다.

다음 理財·會計 등 2개 과를 두고 일체의 재정사무를 관장한 재무부의 각 과별 업무는 다음과 같았다. 理財課는 公費賦課徵收·제수입·자금운용·증권발행·재산감독에 관한 사항, 公用債務·公費金 保管·예산초과 산외 지출·내외 경제조사·特別義捐·財源調査에 관한 사항 등을 맡았다. 회계과는 금전출납·특별회계·예산결산에 관한 사항, 지불예산·財政簿記·세입 세출 계산서, 예산비지출·회계서 검사정리에 관한 사항, 출납직원의 감독·금전물품 회계·지방세출·영수증 통계에 관한 사항 등을 맡았다.61)

이러한 업무기능을 가진 재무부는 어떤면에서는 정의부가 추구하는 군정부적인 기능을 가장 원활히 할 수 있도록 뒷받침하는 기구였다. 만주라는 척박한 이국땅에서 독립운동을 수행하자면 우선 해결되어야 할 문제는 자금의 확보였다. 더구나 거대한 관할지역을 통솔하며 군정부적 역할을 수행하기 위해 많은 기구를 운영해야 하는 정의부는 자금 확보내지는 효율적인 지출이 보다 절실하였다. 따라서 정의부는 재무업무의 효과적인 운영을 위해 통의부 당시에는 民事部를 맡아 행정력을 인정받은 바 있는 김이대를 정의부 설립 초기 재무부장에 선출하여 부서를 이끌도록 하였다.62) 그리고 김이대가 임시정부와 관계 모색을 위해 상해에 파견되어 공석이 되자 통의부 재무부장을 역임한 바있는 吳東振을 재무부장에 선출하고63) 梁起鐸·金昌煥·梁圭烈·高日信·文炳武 등을 재무위원에 선

---

61) 「高警第2648號 大正14年 8月 5日, 正義府ノ職制ニ關スル件」, 앞의 자료, pp.683-685.
62) 「대정14년 5월 2일, 불령선인 단체 조사의 건」, 독립운동사편찬위원회, 앞의 자료집 10, p.534. 통의부 민사부장이었다가 전만통일회에서 정의부의 재무부장에 선출된 김이대는 초기 업무로 정의부 행정과 본부의 살림을 위해 등사판 2개, 中國靴 40개, 중국옷 40벌, 모포 40매, 기타 비품 등을 합해 700원에 상당하는 물품을 1925년 2월 吉林에서 구입하여 본부로 이송하였다. (「高警第255號 大正14年 2月 16日, 全滿統一不逞鮮人團體統一 會議後ノ狀況ニ關スル件」, 아연필 100-001-030, pp.83-84.)
63) 「高警第3828號 大正14年 10月 29日 鮮匪團正義府農村公會通則其ノ他發表ニ關スル件」, 아연필 100-4-032, pp.207-209.

IV. 正義府의 조직 117

임하여 부장을 지원토록 하였다.64) 재무부장을 비롯한 이들 재무위원들은 정의부가 성립되기 이전부터 일찍이 독립운동계에서 활동하던 인사들이었다. 양기탁은 1907년 신민회의 주도인물로 독립군기지 개척운동을 펼치며 줄기찬 활동을 해왔고, 김창환 또한 신민회 회원으로 서간도 독립군기지 개척에 가담하였고, 이후 통의부의 사령장에 이르기까지 15,6년 동안 재만 독립군의 지도자로 활동한 인물이다. 그리고 양규열도 서로군정서 군정청장·통의부 군사부장 등을 거친 독립군지도자 였다. 따라서 정의부는 이같이 경험많은 유능한 독립운동 지도자들을 재무부에 포진시켜 재정의 출납을 관리토록해 효과적인 군정부를 운영코자 했던 것이다.

정의부의 모든 정보·통신을 관장토록 한 교통부의 업무를 보면 다음과 같다. 遞信課는 서신 우편물 배달·전보 전화 受發에 관한 사항, 交通線路 區劃 調製·교통기관 배치 및 연락에 관한 사항 등을 주관하였다. 그리고 운수과는 기구·기계 및 물품운반에 관한 사항 등을 주관하였다.65)

노동·농업·공업·상업 및 관할민의 생계에 관한 일체의 업무를 주관한 생계부의 기능은 다음과 같다. 생계부에는 實業·殖産·勞動 등 3개 課가 있었다. 실업과는 상업과 관련하여서는 合名·合資 및 조합의 장려 인가에 관한 사항, 부업장려·영업장려에 관한 사항, 전매·意匠·新案 特許에 관한 사항을 주관하였고, 농업과 관련하여서는 공동농장·모범농장·목축장려 및 戶鷄飼養(양계사업-필자주)에 관한 사항을, 공업과 관련하여서는 공장설치에 관한사항을 주관하여 관리하였다. 또 식산과는 주로 농업과 관련한 업무를 취급하였는데 토지경영·수리관개 및 황무지 개간에 관한 사항, 농기 수입 및 제조·개간지 교섭·농산물 수출·

---

64) 「대정14년 7월 7일, 불령선인단정의부의 現勢에 관한 건」, 독립운동사편찬위원회, 앞의 자료집 10, p.543.
65) 「高警第2648號 大正14年 8月 5日, 正義府ノ職制ニ關スル件」, 앞의 자료, pp.685-686.

농업개량에 관한 사항을 주관하였다. 그리고 勞動課는 課名 그대로 관할 민들의 노동과 관련된 제반업무를 취급하는 부서였다. 노동개선·노동조사에 관한 사항, 노동년령 및 시간·노동단체 인가에 관한 사항, 실업자 조사 및 구제·직업소개·노동강습·노동운동·노동쟁의 중재에 관한 사항과 소작료에 관한 사항 등이 노동과의 업무였다.66) 이들 업무중 노동단체 인가나 노동쟁의 중재 등은 정의부의 관할민들 뿐만 아니라 재만한인 대개가 종사한 노동품목이 농업과 관련된 것이었다고 생각할때 실행가능성이 희박한 업무였다고 볼 수 있다. 그럼에도 불구하고 이를 중앙조직의 부서 업무로 한 이유는 정의부의 지도층이 기필코 군정부적인 기능을 수행하여 관할민이 종사할 생업을 확대시켜 산업을 부흥시키겠다는 의지에서였다.

행정부서의 마지막으로 交涉·宜講 등 2개 課를 두고 외국과의 섭외 및 정의부를 대외에 선전하는 업무를 맡은 외무부의 기능은, 교섭과는 대외기밀·번역 및 통역·원조, 외국인 교섭과 賞恤·세계대세 동향조사에 관한 사항을 주관하였다. 그리고 선전과는 순회강연·선전물 발간 및 배포·선전기관 배치·人情視察 및 조사에 관한 사항을 주관하였다.67)

(2) 입법기구

정의부 입법기관인 중앙의회의 기능을 보면 다음과 같다. 중앙의회는 헌장 개정과 일체의 법규 및 사업 방침·예산·결산·중앙행정위원선거·중앙행정위원회의 요구안·주민의 청원 및 건의안·전권위원 위임의 동의와 행정감독에 관한 사항 등을 의결하였다. 중앙의회는 이같은 사항을 의결하기 위해 정기 및 임시회의를 열었다. 정기회의는 매년 11월 제4 수요일에 중앙행정위원회 소재지에서 개회되었으며, 임시회의는 의원 1/3

---

66) 위의 자료, pp.686-689.
67) 위의 자료, pp.689-690.

이상이나 행정위원회의 요구가 있을 때 개회하였다.68) 중앙의회에서 의결된 사항은 중앙행정위원회에 교달되어 공포 시행되었다.

의원은 의회내의 언론 및 직무 집행 상 발언에 대해서 의회 밖에서 책임을 지지 않았다. 그러나 의원이 의회나 상임위원회에 공개한 사항에 대해서는 그 진위에 대한 책임을 져야했다. 의결사항은 모두 무기명 투표로 결정하였고 헌장에 특별한 규정을 명시하지 않은 案에 대해서는 출석인원 과반수 이상의 찬성을 얻어야 통과될 수 있었다. 단 중앙행정위원을 선거할 경우에는 총원 2/3이상의 출석에 출석원 2/3이상의 표를 얻어야만 선출될 수 있도록 하였다.69)

한편 중앙의회 의원들이 각종 의안을 결정하는 과정에서 중앙행정위원의 해명 또는 답변을 들어야 할 사항이 있을 때는 그들의 출석을 요구할 수 있었다. 그리고 중앙의회의 각 상임위원회는 해당 행정기관 일체의 회계 검사를 행하였다. 이는 중앙행정위원들의 전횡을 금지하고자 취해진 것이었다. 또한 의회 자체도 각종 법규를 입안하는데 있어 야합하는 면을 보이지 않도록 議事진행과정을 일반에게 공개하도록 하였다. 그러나 공개하면 안될 긴급한 사항으로 의원이나 상임위원 2/3이상의 찬성이 있거나 행정 당국의 요구가 있을 경우에는 회의를 비밀히 진행할 수 있었다.70)

회의기간 중 의원은 反動外患의 죄 또는 현행, 현행에 준하는 범죄인이 아니면 의회의 허가없이 체포할 수 없었다. 이는 중앙의회 의원의 신분을 충분히 보장하여 상정된 안건이 법률화하는데 중지를 모을 수 있도록 한

---

68) 「機密公第369號, 大正13年 12月 9日 正義府憲章送付ノ件」. 군민대표회 후부디는 정기회 개회일이 매년 11월 세3수요일로 바뀌었다. '대정15년 2월 23일, 정의부의내분에 관한 건」, 독립운동사편찬위원회, 앞의 자료집 10, p.383. ; 「대정15년 11월 29일, 정의부 중앙의회 개최의건」, 같은 자료집, p.395. 군민대표회가 개정한 헌장 이후부터 중앙의회 의결사항에는 '군대총동원에 관한 사항'과 '특별사판소 설치 관련사항'이 추가되었다.

69) 「機密公第369號 大正13年 12月 9日, 正義府憲章送付ノ件」. 5차례 이상 투표하여도 결정이 나지 않을 때는 최다수의 표를 얻은 자가 선출되었다.

70) 위의 자료.

것이다. 한편 중앙의회는 중앙행정위원회를 불신임 또는 기소할 수 있었다.71) 이는 의회가 중앙행정위원회의 전횡을 막기 위한 것으로 전만통일회에서 제정된 최초의 헌장에서는 15인 이상의 연서가 있어야 제출할 수 있었고 총의원 2/3이상의 출석에 출석의원 2/3이상의 찬성이 있어야 불신임 또는 기소안이 통과되었다. 그러나 군민대표회에서 개정한 제1차 개정헌장부터는 출석의원 1/3이상의 연서와 출석의원 3/4의 가결이 있으면 불신임 또는 기소할 수 있도록 하였다.72) 그런가 하면 중앙의회도 자체내의 의결에 의해서나 또는 중앙행정위원회의 의결이 있을 때는 해산될 수 있었다. 이 규정에 의해 1925년 후반 중앙행정위원회가 중앙의회의 의결을 거치지 않고 정의부와 임시정부의 관계개선을 추진하게 되자 중앙의회는 중앙행정위원회를 불신임하는 안을 내놓았고, 중앙행정위원회는 중앙의회를 해산하여 일시적인 조직의 분란을 초래하였던 것이다.

이상과 같은 정의부 중앙의회의 기능은 오늘날 의회의 기능과 거의 차이가 없는 것이다. 정의부가 독립운동기관으로서 획일적인 지휘체제만 갖지 않고 입법기관을 설치하여 지휘체제의 균형을 유지한 것은 이전 보다는 진일보한 것이고, 보다 민주적인 조직의 짜임새를 갖춘 것이라 하겠다.

2. 管轄地域과 地方組織

1) 管轄地域

正義府의 지방조직을 알아보기 위해서는 먼저 그 관할지역에 대해 고

---

71) 위의 자료.
72) 「대정15년 2월 23일, 정의부의 내분에 관한 건」, 독립운동사편찬위원회, 앞의 자료집 10, pp.383-384. 「대정15년 11월 29일, 정의부 중앙의회 개최의 건」, 같은 자료집, pp. 395-396.

찰해 볼 필요가 있다. 정의부를 성립시키기 위해 1924년 10월 18일부터 개최된 전만통일회에서 대표자들은 "새로운 통합 독립군단의 통치구역을 당분간 하얼빈·額穆·북간도의 선을 劃하여 그 이남의 만주 전부로 한다."라는 조항을 의결하였다.73) 이는 문구에도 나와 있듯이 임시로 정한 관할구역으로 南滿洲를 그들의 관할구역으로 규정하고 있다. 이어 최초의 헌장에서는 '本府는 만주에 僑居하는 일반 韓族으로 조직함, 단 만주 외에 거주하는 사람이라도 本府에 納籍할 때는 本府의 인민으로 함.'이라 하였고,74) 1926년 1월 24일에 개최된 정의부의 軍民代表會에서 결의하여 채택된 改正憲章에는 總綱 제2조에서 '本府는 中領에 僑居하는 일반 韓族으로 조직함. 단 中領 이외에 거주하는 人이라도 本府에 納籍할 때는 본부 人民으로 함.'75) 으로 규정하였다. 이 조항에 나타난 정의부의 관할구역은 남북만주 및 중국 전체는 물론이고, 국내외 한인 중 정의부에 가입하기를 원하는 사람이면 어느 누구나 가입할 수 있다는 것이었다. 그러나 1926년 10월 24일부터 11월 19일 까지 개최된 정의부 중앙의회에서 채택된 정의부 헌장에서는 "본부는 中國領에 僑居하는 조선민족으로 조직한다."76)라고 규정하여 현실적인 면을 감안해 그 범위를 좁혔다.

이와 같이 정의부는 헌장에 관할지역 및 조직구성의 기반을 규정하여 망명지 중국에서 한국민을 대상으로한 民政活動을 담당코자 하였다. 그러나 정의부헌장에 나타난 사실대로 정의부가 그렇게 포괄적으로 勢를 확장할 수 있었던 것은 아니었다. 실질적으로 정의부가 관할한 지역을 살펴보면 다음과 같다.

정의부 최초의 관할지역은 23개 지역의 지방조직을 포괄한 南滿의 한인사회였다.77) 이는 통의부가 관할하고 있던 지방조직내의 한인사회를

---

73) 「參議府·正義府·新民府의 成立과 活動」, 국사편찬위원회, 앞의 책 4, p.130.
74) 「機密公第369號, 大正13年 12月 9日 正義府憲章送付ノ件」.
75) 「正義府의 軍民代表會와 憲章」, 국사편찬위원회, 앞의 책 4, 1968. 12, p.843.
76) 「鮮匪正義府 中央議會 開催의 件」, 위의 책 4, p.856.
77) 「高警第915號 大正14年 3月 16日, 全滿不逞鮮人統一團體正義府ニ關スル件」,

그대로 이어 받은 것으로 23개의 지방조직은 柳河・海龍・興京・臨江・通化・輯安・桓仁・寬甸縣 등 8개 縣에 설치되었다.78) 이 같이 출발한 정의부의 지방조직은 1925년 7월경에는 다음과 같이 변경되고 그 간부가 임명되었다.79)

<표 7> 초기 정의부 지방조직 및 간부

地方總管	幹部名		소재지	지방총관	幹部名		소재지
海原地方 總管	總管	金束憲	不詳	通化地方總管	총관	金鎭浩	通化縣 三稞楡樹
	檢務監	鄭泰和			검무감	金成大	
	書記	宋一訓			검무원	白雲珏	
					서기	韓鎭燮	
華仁西區 총관	총관	宋益	桓仁縣 四道河子	寬東地方총관	총관	李法主	寬甸縣 下漏河
					검무감	李海用	
					서기	崔永泰	
桓仁南區 총관	총관	李禎憲	桓仁縣 馬圈子	撫本地方총관	총관	金城武	本京縣 花皮久
	검무감	元應章			검무감	金仲燁	
					서기	金敬根	
京原地方 총관	총관	鄭太成	不詳	白山地方총관	총관	柳應河	不詳
	검무감	金基浩			검무감	金永植	
	서기	安範用			서기	陳權	
柳河地方 총관	총관	韓奎錫	柳河縣 三源浦	臨長地方총관	총관	白溫	不詳
	검무감	申允潭			검무감	崔進用	
	서기	車載治(일명:用陸, 千里)			서기	張之燻	

정의부 지방조직인 총관의 소재지를 통해 1925년 7월까지 정의부의 확실한 관할구역은 환인현, 유하현, 통화현, 관전현, 홍경현 이었음을 알 수 있다. 그리고 소재지 不詳으로 되어 있는 海原・京原・白山・臨長 등은

아연필100-001-030, pp.231-135. 正義府 1925년도 예산안 중 각 지방조직의 예산은 23개 지방을 기준으로 편성되었다.
78) 朴杰淳, 앞의 논문, pp.228-229.
79) 「불령선인단 정의부의 現世에 관한 건」, 독립운동사편찬위원회, 앞의 자료집 10, pp.542-546.

그 명칭으로 보아 해원은 海龍縣, 경원은 興京縣, 백산은 長白縣, 임장은 臨江縣 또는 장백현 지방으로 추정되므로, 당시 정의부는 남만지방의 8개 縣을 관할하고 있었음을 살필 수 있다. 그런데 위의 지방총관 설치 지역은 통의부 시기의 설치지역인 輯安縣이 빠지고 長白縣에 새로운 지방총관이 설치되었다.80) 이는 통의부에서 이탈한 參議部 세력이 집안현을 주 근거지로 하였기 때문에 그들과의 마찰을 피해 그 지역의 지방총관을 폐지한 것으로 판단된다. 그리고 장백현은 정의부로 통합한 軍團 중 光正團의 주 근거지였기 때문에 자연적으로 관할지역으로 편입되었던 것이다. 이같은 정의부의 관할구역은 1926년 말경이 되면 지방조직인 총관의 수가 17개로 늘어나 관할지역이 한층 넓어졌다.81) 그 확대된 관할지역의 조직을 <표>로 나타내 보면 다음과 같다.

<표 8> 정의부 지방조직 및 관할구역

지방조직	관 할 구 역	지방조직	관 할 구 역
寬東총관	鳳凰城, 寬甸縣의 半	桓仁총관	桓仁縣
撫本총관	本溪湖, 撫順縣 및 鐵嶺의 半	華興총관	興京縣, 通化縣의 半, 桓仁縣의 일부
京原총관	通化縣, 興京縣의 일부 및 淸原縣 半	海原총관	東豊, 西豊, 西安, 海龍, 鐵領, 挑原의 일부, 開原전부
柳河총관	海龍, 柳河, 輝南縣	吉盤총관	盤石, 樺甸縣
吉哈총관	哈爾濱, 吉林省, 長春, 伊通의 일부	五常총관	五常, 柳水縣
通東총관	臨江, 長白縣	額穆총관	額穆縣

---
80) 「불령선인단 정의부의 現世에 관한 건」, 독립운동사편찬위원회, 앞의 자료집 10, pp.542-546.
81) 「不逞團 正義府의 幹部員改選에 關한 件」, 국사편찬위원회, 앞의 책 4, pp.833-835. ; 「抄件(不逞團正義府幹部員)」, 通化縣檔案館資料.

敦化총관	敦化縣	秋燕廠총관	濱江, 依蘭縣
牙城총관	牙城, 一面坡	八字총관	懷德縣
康坪총관	法庫縣	寬西총관	安東, 寬甸縣 半

이 <표8>에서 보듯이 정의부는 1926년 말이 되면서 초기의 관할지역인 8개 현 이외에 봉황성・본계호・무순현・철령현・청원현・동풍현・서풍현・서안현・도원현・개원현・휘남현・반석현・화전현・하얼빈・길림성・장춘・이통현・오상현・유수현・액목현・돈화현・빈강현・의란현・아성현・일면파・회덕현・법고현・안동현 등 28개 縣에 추가 지방조직을 설치하였다.

따라서 1926년 말까지 정의부는 총 36개 縣 또는 市를 대상으로 總管을 설치했음을 알 수 있다. 한편 정의부는 총관설치 지역 이외에도 중요지역으로 인식되는 지방에는 군사조직을 설치하여 관할지역에 포함시켰다. 1926년 말경 6개중대로 구성된 정의부의 군사조직 중 총관이 설치되지 않은 지역에 소속부대의 일부 근거지를 구축한 중대는 제2중대, 3중대 및 6중대였다. 2중대는 金川지방, 3중대는 간도의 和龍・汪淸・延吉・琿春縣, 6중대는 혜란지방 등 총 6개 지역에 근거지가 구축되었다.[82] 따라서 1926년 말까지 정의부는 하얼빈 이남 42개의 縣 또는 市 등에 지방조직 및 군사조직을 설치하여 관할지역으로 했음을 알 수 있다. 이 같은 정의부의 관할지역은 하얼빈을 중심으로 동쪽의 훈춘과 서쪽의 안동현까지

---

[82] 위와 같음, 정의부의 제1중대 부터 6중대까지의 각 근거지를 살펴보면 다음과 같다.
 - 제1중대 : 吉林城 內外, 柳水, 五常縣, 哈爾濱, 長春
 - 제2중대 : 撫松, 長白, 臨江, 金川
 - 제3중대 : 樺甸, 伊通, 盤石, 額穆, 和龍, 汪淸, 延吉, 琿春
 - 제4중대 : 撫順, 興京, 淸原, 開原, 鐵嶺
 - 제5중대 : 寬甸, 桓仁, 鳳凰, 安東
 - 제6중대 : 柳河, 海龍, 惠蘭

선을 그은 이남지방부터 한국과 국경이 되는 압록·두만강 변의 諸縣까지로 남만주 지방 전체에 해당하는 광대한 지역이었다.

2) 지방조직

일제 식민지하에서 해외로 이주한 한인의 이주배경이나 성격이 대부분 같은 경향이었지만, 1920년대 중후반 광대한 남만지역에 소수민족으로 정착한 정의부 관할지역 한인들의 이주특색을 살펴보면 다음과 같다.[83]

첫째, 이주한인의 구성원이 빼앗긴 조국의 국권회복을 실천하기 위한 세력이거나, 침략자 일제의 각종 정책에 의해 토지를 수탈 당하고 생존의 수단을 찾아 이주한 빈농 출신의 무리라는 것이다.[84]

둘째, 남만지역에 이주한 한인들은 중국·일본·한국 등 국가별 거주인구비에서 절대다수를 차지했던 북간도 지역의 한인들이 그들만의 대규모 촌락을 형성하여 거주한 것과는 달리 대다수의 중국인 무리속에 소수의 韓人집단으로 살아가야 했다는 것이다.[85] 따라서 남만지역의 한인들은 산과 작은 평야가 어우러진 지역에서 그들만이 고립되어 작은 마을을 이루어 살아가거나, 그렇지 않으면 기존의 중국인 마을에 섞여 주거하였다. 만주에 이주한 한인들의 이러한 거주형태는 북간도지역은 밀집형정

---

83) 黃有福,「正義府硏究(上) - 社會的 背景을 중심으로 -」,『국사관논총』제15집, 국사편찬위원회, 1990, p.222.
84) 吳世昌,「在滿韓人의 社會的 實態(1910-1930) - 中國의 對韓人 政策을 中心으로-」,『白山學報』제9호, 1970. 12, p.117에서는 남만주 뿐만 아니라 일제하 만주로 이주한 한인의 이주원인을 다음과 같이 분석하였다. 즉 狩獵 採藥을 위한 초기의 渡江者, 재해 흉작의 연속으로 생계가 막연하자 未墾地에 着目한 자, 義兵殘留者와 그 가족 및 韓日合倂에 불만을 가진 자, 排日思想을 가진 독립운동자와 일제의 간섭을 피하기 위해 越境한 자, 토지·산림 조사로 토지를 탈취 당한 자, 물가등귀가 큰 타격을 주어 생활이 곤란하게된 자, 천도교·예수교인 등 종교인이 자유스러운 종교활동을 위해 이주한 자 등이었다.
85) 1929년 말 현재 北間島지방 4개 縣에 거주하는 총인구 504,033명을 나라 별로 보면 다음과 같다.

착, 남만지역은 혼합형정착 또는 고립형정착으로 분류되기도 한다.86)

이와 같이 일제 식민지하에서 이주해 정착한 한인의 총인원은 정의부 관할지역인 남만주지역 거주인구 뿐만 아니라, 만주 전체의 한인인구에 대해서도 자료마다 서로 일치하지 않아 정확한 숫자를 산출해 내기 어렵다. 하지만 시기별로 발표된 통계를 모두 모아 놓은 한 자료에서 정의부 활동시기인 1925년을 기점으로 만주 전체 이주한인의 인구를 살펴보면 다음과 같다.87)

<표 9> 年度別 在滿韓人의 인구

발 표 처	년 도	인 구
조선일보	1925	1,200,000
일본영사보고	1926	542,869
	1927	538,717
	1928	580,285
	1929	589,990
남만주철도주식회사	1926	783,187

	한 국	중 국	일 본	기 타
延 吉	194,035	50,963	1,549	72
和 龍	100,344	5,660	61	2
汪 淸	38,074	24,783	130	1
琿 春	49,952	38,051	343	13
합 계	382,405	119,457	2,083	88

(李勳求,『滿洲와 朝鮮人』, 平壤崇實專門學校 經濟學硏究室, 1932. 9, p.96.)

위 표에 의하면 간도의 총인구 504,033명 중 한국인이 382,405명으로 75.87%의 비율을 차지하고 있다.

86) 黃有福, 앞의 논문, p.224.
87) 李勳求, 앞의 책, pp.88-89.

동양협회	1926	736,266
재만조선인단체	1926	739,892
만선일보	1927	811,629
중국측발표	1928	540,500
만몽연감	1929	566,193

 이 같은 기록을 참고로 할 경우, 같은 연도의 한인 인구는 발표처 별로 심하면 20만명이 넘게 오차가 나는 경우가 있다. 그러나 이러한 오차를 인정하면서 1926년부터 1929년까지 재만한인의 인구는 대략이나마 어림한다면, 약 50만 이상 70만 내외로 추정할 수 있다.[88] 이 자료를 토대로 재만 한인의 인구 중 남만주지역내 정의부 관할지역 인구만을 시기별로 구분해 내는 것 또한 어려움이 있다. 그런데 1926년 10월 24일부터 11월 19일까지 27일간 개최된 제3회 중앙의회 당시 정의부가 파악한 관할지역 내 한인 호수는 15,362호였다.[89] 그리고 이들 관할민들의 1호당 평균 호수를 산정해 보기 위해 년대는 약간 차이가 있지만, 또 다른 한자료를 살펴보면, 1924년 현재 남북 만주에 거주하는 한인의 총수는 봉천성이 34,634호에 169,514명, 길림성이 69,126호에 379,876명으로 총계 103,760호에 549,390명이었다.[90] 이 통계의 계산에 의하면, 1호당 가족 수는 5인이

---

88) 李勳求, 위의 책, p.89. 이 책에서 저자는 在滿韓人의 인구 통계가 불일치한 이유를 다음과 같이 말하고 있다.
  ① 滿洲內의 조선인 다수는 일본의 조선내 施政에 대한 불평으로 가정을 떠나 망명한 까닭에 만주에 있는 일본 당국에 그들의 존재를 보고키를 원치 않은 것.
  ② 조선인 다수가 중국국민으로 入籍하였기 때문에 법률상 중국인인 것.
  ③ 조선인은 광대한 만주에 산재하고 遠隔한 僻地까지 들어 갔으므로 그 정확한 수를 계산하기 不能한 것.
  ④ 진정한 만주 국세 조사가 없는 것(중국 정부도 정확한 인구 조사가 없다).
89) 「1926년 11월 29일, 정의부 중앙의회 개최의 건」, 독립운동사편찬위원회, 앞의 책 10, p.393.
90) 「1926年 3月調, 朝鮮人ノ間島,琿春,同接壤地方移住ニ關スル調査」, (尹炳奭, 『獨立軍史』, 지식산업사, 1990. 10, pp.221-222.에서 재인용) 1925년 8월 1일

된다. 이와 같은 점을 감안한다면 정의부 관할 15,362호의 인구는 약 76,810명 정도로 생각할 수 있다.

정의부 지방조직은 이러한 관할 호수와 한인의 기반 위에 조직되었다. 성립 초기 정의부 지방조직은 앞에서 언급한 바와 같이 각 지방에 총관이 설치되었다. 그리고 그 밑에 검무감, 검무원, 서기가 임명되어, 이들이 중앙의 행정명령을 관할민들에게 전달 또는 지시하였다.91) 그런가하면 관할민들에게 일정하게 책정된 의무금 등을 징수하여 중앙에 전달하는 업무도 시행하였다. 정의부 성립 초기 이같은 지방조직은 통의부에서 이미 시행하고 있었던 제도를 그대로 답습하여 실시한 것이었다. 즉 통의부에서는 교통부가 지방조직을 전담하여 각 지방에 총관소를 설치하고 총관 밑에 검무감 1명, 검무원 2명, 서계 1명 및 서기 1명을 두어 운영하였었다.92)

이후 정의부 지방조직의 체계는 기본상 크게 바뀌지는 않는다. 하지만 總管 밑에 다양한 조직체계가 구성되어 정의부가 지향하는 관할민을 위한 民政活動의 하부업무를 수행하게 되었다.

전만통일회에서 제정된 최초의 헌장에 의하면, 제6조 '구의 경역은 백호이상, 지방경역은 천호이상으로 정하지만, 지리관계와 住戶(거주하고 있는 戶-필자주)의 세밀하고 희박함에 따라 신축할 수 있음.' 제7조 '본부는 행정상 편의를 위해 지리관계상 지방경역에 획입하기 어려울 때는 독립구를 설치하여 중앙기관의 직할로 함.'93) 이라고 하여 지방조직의 체

발행된 ≪正義府公報≫(임시호)에서는 8월 현재 실지 조사한 관할지역 한인의 총 戶數를 14,644戶라 하였다.(「高警第3083號 大正14年 9月 4日, 在滿鮮匪團正義府ノ動靜ニ關スル件」, p. 1004.
91) 「1925년 7월 7일, 불령선인단 정의부의 現勢에 관한 건」, 독립운동사편찬위원회, 앞의 자료집 10, pp.542-545.
92) 「1925년 5월 2일, 불령선인 단체 조사의 건」, 독립운동사편찬위원회, 위의 자료집 10, pp.533-542.
93) 「機密公第369號 大正13年 12月 9日, 正義府憲章送付ノ件」. 獨立區로 설치된 지역은 扶楡獨立區,舒常獨立區가 있었다.

계와 규모를 밝혔다. 이 같은 조항은 1926년 1월 24일 개최된 군민대표회에서 개정된 헌장94)과 제3회 중앙의회에서 개정된 헌장에서도 바뀌지 않고 그대로 존속되고 있다.95) 이를 보면 區는 지방에 속하는 행정 단위로 10개의 區가 1 地方을 구성하게 되어있다. 따라서 관할 호수가 15,362戶인 정의부는 15개의 地方과 153개의 區를 가지는 지방조직을 형성하였음을 알 수 있다. 그러나 이 체계는 얼마 후 區와 地方이 관할할 수 있는 戶가 반으로 줄어 1區는 50戶를 1地方은 500戶를 담당하도록 하였다.96) 따라서 30개의 地方과 307개의 區로 세분화되었다. 그리고 千戶 이상으로 總管區를 조직하여 總管이 地方과 區를 관할토록 하였다. 또한 區를 총괄하는 사람을 區長, 지방을 총괄하는 사람을 地方長으로 불렀는데 區長 밑에는 十家長이 있었으며, 地方長 밑에는 區長을 포함 百家長이 있어 아주 세밀화된 지방조직망을 갖추도록 하였다.97)

區와 地方이 담당할 수 있는 관할민의 호수가 이같이 줄어들고 십가장 또는 백가장이 생겨 지방조직망이 세분화된 까닭은 당시 만주의 지리·경제적 조건상 한인이 형성할 수 있는 1개 촌락이 100戶를 넘거나 심지어 50戶가 되기도 힘들었기 때문이며, 중·일의 감시망을 피하며 독립운동을 수행하는 기관으로서 신속한 업무를 수행하기 위한 것으로 생각된다. 중앙의 업무를 받들고 지방조직 자체 내에서 원활한 자치업무를 수행하기 위해서는 될 수 있는 한 조직을 작은 단위로 분리하여 지역적인 폭을 좁히는 것이 능률적이었을 것이다. 이와 같은 정의부 지방 조직을 도표화해 보면 다음과 같다.

---

94) 「1926年 2月 23日, 鮮匪團 正義府의 內容에 關한 件」, 국사편찬위원회, 앞의 책 4, pp.843-847.
95) 「1926年 11月 29日, 鮮匪正義府中央議會 開催의 件」, 국사편찬위원회, 위의 책 4, pp.856-860.
96) 「1928年 7月調, 在滿鮮人思想團體의 槪要 第 2」, 국사편찬위원회, 위의 책 4, p.757.
97) 「抄件」, 輯安縣 檔案館 資料.

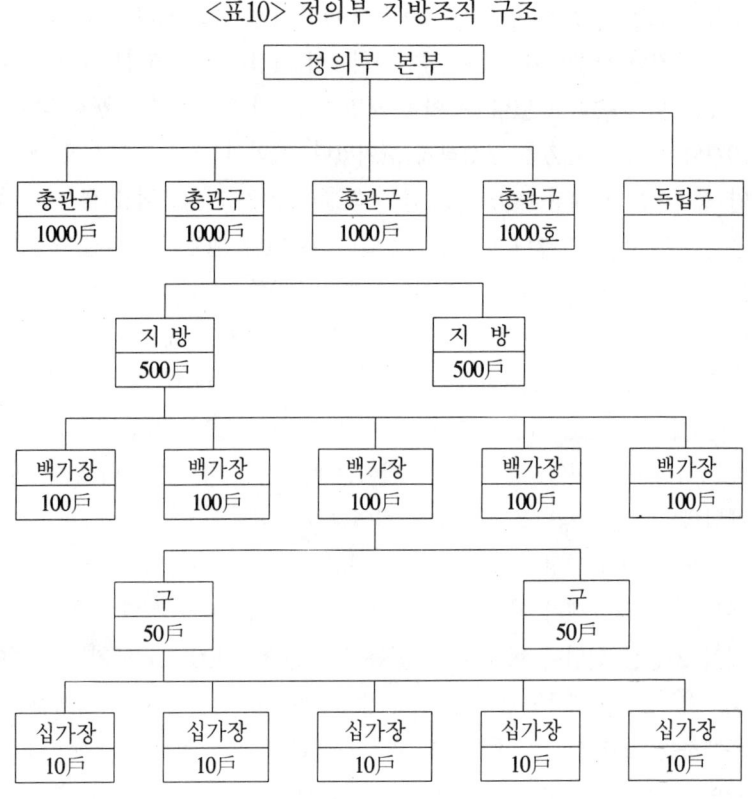

<표10> 정의부 지방조직 구조

정의부는 방대한 관할지역과 수만의 관할한인을 이같은 지방조직에 의해 관리하고 자치활동을 펼쳤다. 그런가하면 지방조직 밑에 다음과 같은 하부 통신처를 정하여 그를 체계적으로 운용해 원활한 통신연락망을 구축하였다.[98]

      통신일   통신장소
제1區 매월 1일, 6일 寬甸縣 三岔子 李昌河의 집

---

98) 「韓匪變更通信日期」, 輯安縣 檔案館 資料.

제2區   매월 2일, 7일   寬甸縣 長○子 李永河의 집

  이는 寬甸縣 毛甸子에 구축된 寬西總管의 통신연락망이다. 중국측의 자료에 나타난 이 통신망은 설립된 정확한 일자는 알 수 없다.99) 단지 원래의 통신일을 위의 일자로 변경하였다는 사실을 기록하고 있어 이 통신체제가 급조되거나 단기간의 것이 아님을 말해주고 있다. 위의 자료에 의하면 관할 府民의 집이 통신장소로 활용되었고, 한 장소의 통신일은 5日 간격으로 되어 있다. 그리고 제1區와 제2區의 통신일은 1日의 차이가 있다. 이로 보아 추정할 수 있는 것은 제1區 내의 여러 통신원들은 5일만에 한 번씩 지정된 통신장소에 모였으며, 취합된 통신 사항은 하루만에 2區까지 전달되도록 하였다는 것이다. 제2區에서는 제1區의 통신원이 오는 시간에 맞추어 2區내의 통신원들을 소집하여 새로운 연락 사항을 듣고, 여기서 다시 취합된 사항들은 다시 제3區에 전달되도록 하는 방식을 취한 것으로 판단된다.

  이러한 통신체제하에서 통신원들은 정의부 중앙조직의 각종 규정 사항이나 포고문, 《中央通信》 또는 《大東民報》와 같은 각종 언론 매체를 전달하는 업무를 수행하기도 하였겠지만, 무장대의 출동이나 지방 군사조직의 이동 또는 출동한 무장대를 인솔하는 업무도 함께 수행하였던 것이다.

  한편 체계화된 정의부 지방조직은 각 단위별로 입법·사법·행정을 실시할 수 있는 인원을 구성하여 그 기능에 맞는 업무를 처리토록 하였는데, 그 내용을 살펴보면 다음과 같다.

  먼저 입법기관에 대해서는, 정의부헌장 제10조에 '區議會는 해당 區에 거주하는 전체 人民으로 조직한다. 단 인구가 과다하여 집회에 불편이 있

---

99) 필자가 복사본으로 입수한 중국측 자료 대부분은 생산년도를 알 수 없는 불완전한 자료이다. 때문에 역사적 사실은 알 수 있으나 그 시기를 밝히는데는 다소 어려움이 있다.

을 때는 호구비례로 의원을 선거한다.'라는 것과 제11조에 '지방의회는 구의회에서 선거한 의원으로 조직함, 선거비례는 50호에 1인으로 함, 단 과반수의 0일때는 50호 미만의 구에서도 1인을 선출함.'이라 하여 구와 지방의회 구성을 규정하였다.100) 이 헌장에 의하면 구의회의 경우는 구내의 관할 한인 전체가 의원이 되었으며, 지방의회의 의원은 50호에 1인이 선출되도록 하였다. 그러나 군민대표회 1차 개정 헌장에서는 구의회의 의원은 10호에 1인, 독립구의회에서는 20호에 1인, 지방의회에서는 50호에 1인을 선출하도록 하였다.101) 그리고 1926년말 제2차 개정 헌장에서는 구의회의 의원은 10호에 1인 지방의회 의원은 50호에 1인을 선출하여 구성하도록 하였다.102) 따라서 1구에서는 5명의 의원이, 1지방에서는 10명의 의원이 선출되도록 하였다. 의원에 선출될 수 있는 자격은 구의원의 경우 해당구에 3개월 이상 거주한 20세 이상의 자였고, 지방의원은 해당구에 6개월 이상 거주한 23세 이상의 한인이어야만 하였다.103) 이들의 임기는 만 2년이었으며, 수행해야할 의결사항은 구·지방의회 공히 각 관할지역의 법규·예산·결산행정·자치 및 행정위원 선거에 관한 것이었다.104)

지방조직의 행정기관에 관한 사항을 살펴보면 다음과 같다. 중앙본부에 중앙행정위원회가 있듯이 지방조직인 區와 地方에도 구행정위원회와 지방행정위원회가 있었다. 구행정위원회와 지방행정위원회의 행정위원은 각기 3명이었으며, 이들 중 1명을 호선하여 長으로 임명하였다.105) 지방

---

100) 「機密公 第369號, 大正13年 12月 9日, 正義府憲章送付ノ件」.
101) 「大正15年 2月 23日, 正義府의 내분에 관한 건」, 독립운동사편찬위원회, 앞의 자료집 10, pp.382-383.
102) 「大正15年 11月 29日, 정의부 중앙의회 개최의 건」, 독립운동사편찬위원회, 위의 자료집 10, pp.394-395.
103) 「機密公 第369號, 大正13年 12月 9日, 正義府憲章送付ノ件」.
104) 위의 자료.
105) 위의 자료. 하지만 이같은 지방조직의 행정위원의 수는 1925년 5월 5일 발표된 '정의부 직제'에 의하면 6명(總管<후에는 地方長>·財務·檢務監·書記·檢務員·交通員)으로 늘어났다.(「高警第2468號, 大正14年 8月 5日, 正義府職制ニ關スル件」, 앞의 자료, pp.692-693.)

조직의 행정위원들은 지방의회에서 의결된 사항을 집행하는 것이 그들의 업무였다. 하지만 이들 기관들은 區의 경우는 地方에, 地方의 경우는 중앙행정위원회의 승인을 얻어야 만이 행정적인 업무를 집행할 수 있었다.

이와 같이 정의부는 지방조직 내에 입법 및 행정 기구를 설치하여 운영하고, 구와 지방에 구사판소와 地方査判所를 설치하여 사법적 기능이 수행되도록 하였다.106) 이들 사판소는 중앙의 中央査判所와 함께 구, 지방, 중앙으로 이어져 오늘날의 지방법원, 고등법원, 대법원과 같은 3심제의 기능을 하도록 하였다.107)

지금까지 살펴본 바와 같이 정의부의 지방조직은 관할지역인 남만의 42개 縣 또는 市에 분산되어 있는 관할민들을 효율적으로 관리할 수 있도록 세분화되어 조직되었다. 그리고 조직내에는 입법·사법·행정의 업무를 수행할 3권 분립 체제가 갖추어져 정의부가 자치기관으로 운영될 수 있는 하부기능을 하였다.

3. 軍事組織

1) 초기조직

정의부 성립 이후 의용군의 초기 군사조직은 통의부 의용군의 군조직과 병력을 이전하여 조직한 것으로 보인다. 통의부 이외 서로군정서·광정단·이선단 등도 군사력과 무장력을 갖추었지만 자료상에 나타난 정의부 의용군의 최초 조직표는 통의부의 조직 그대로이다. 이는 8개의 독립운동단체가 통합한 후 아직 진영을 제대로 갖추지 못한 상태에서 가장

---

106) 「機密公第369號, 大正13年 12月 9日, 正義府憲章送付 ノ 件」.
107) 朴永錫, 앞의 논문, p.83.

건실한 무장력을 갖춘 통의부의 병력으로 우선 의용군을 편성한 것으로 생각된다. 이 최초의 의용군 조직표를 보면 다음과 같다.108)

    사령장 池靑天(군사부 위원장 겸임, 柳河縣 三源浦 소재)
    참모 玄正卿(三源浦 소재)
    제4중대 중대장 洪箕疇(유하현 馬鹿溝 三源浦 소재)
    제6중대 중대장 文學彬(興京縣 社陵 소재)
    제7중대 중대장 李奎成(通化縣 金斗伏洛 소재)
    제8중대 중대장 金錫河(寬甸縣 大不大遠兒 소재)
    헌병대 대장 金昌憲(興京縣 鳶毛塢 소재)

 자료 자체의 기록 연도가 명기되지 않아 의용군 조직의 정확한 연대는 알 수 없다. 그러나 사령장 池靑天이 군사부 위원장을 겸임하고 있는 것과 위의 군사조직과 함께 발표된 중앙행정조직이 1925년 3월 9일 정의부 공보 제1호 발표와 동일한 것으로 보아 같은 시기로 판단된다.109) 또한 각 중대의 중대장과 헌병대의 대장으로 임명된 인물들은 통의부의 군사조직으로는 마지막 조직일 것으로 판단되는 일제의 보고문서(「대정14년 5월 2일 불령선인단체 조사의 건」)에 나타난 조직표의 인물들과 거의 일치하고 있다.110) 게다가 위의 조직표는 1·2·3 중대는 없이 4중대부터

---

108)「大韓正義府」, 通化縣 檔案館資料. 동자료에는 정의부 의용군이 '大韓統義府 武力隊'의 조직으로 편성되었음을 기록하고 있다.
109)「高警第1404號 大正14年 4月 27日, 正義府ノ公報發行ニ關スル件」, 앞의 자료, pp.429-435. 정의부 공보 제1호에 발표된 중앙조직표에는 군사위원장 池靑天이 의용군사령장을 겸임하게 되있다.
110)「대정14년 5월 2일 불령선인단체 조사의 건」, 독립운동사편찬위원회. 앞의 자료집 10, pp.533-542. 동자료에 의한 통의부 군사조직은 다음과 같다.
 군사부 위원장 吳東振(興京縣 旺淸門 소재)
 사령장 오동진(홍경현 왕청문), 부사령 李鍾乾, 부관 金昌憲·李泰亨
 헌병대 : 홍경현 왕청문, 단원 29명, 소총 7정<탄약 600발>, 권총 38정<탄약 3,800발>)
   대장 車用勳, 중대장 金昌憲, 소대장 張喆鎬

편성된 데다가 제5중대 또한 빠져 있다. 이 같이 짜임새를 갖추지 못한 것은 통의부 의용군의 조직중 일부가 참의부를 조직하여 이탈하고, 남아 있던 병력이 그대로 정의부 소속군이 된 초기의 조직임을 말해주는 것이다. 이 조직이 있고 난 후 약 2,3개월 후 재조정되어 편성된 군사조직은 다음과 같다.[111]

    제4중대 : 柳河縣 三源浦, 단원 74명, 소총 31정<탄약 2,600발>, 권총 38정<탄약 2,600발>, 폭탄 17개
      중대장 洪基柱(疇 ?), 1소대장 金保國(왕청문), 2소대장 金昌愚(왕청문), 3소대장 金國柱(왕청문)
    제5중대 : 홍경현 왕청문, 단원 88명, 소총 28정<탄약 2,600발>, 권총 38정<탄약 900발, 폭탄 10개
      중대장 安鴻, 1소대장 趙雄杰(길림성 화전현), 2소대장 張喆鎬(겸임) (관전현 동방)
    제6중대 : 寬甸縣 동방, 단원 87명, 소총 32정<탄약 2,600발>, 권총 38정<탄약 3,800발>, 폭탄 36개
      중대장 文學彬, 1소대장 李成一(동방), 2소대장 鄭義亨(왕청문), 3소대장 金成國(왕청문)
    제7중대 : 환인현 향수하자, 단원 70명, 소총 26정<탄약 2,600발>, 권총 38정<탄약 3,800발>, 폭탄 6개
      중대장 李奎昌(成 ?), 1소대장 玄口天(길림성 화전현), 2소대장 李元植(화전현), 3소대장 李成根(관전현 서방)
    제8중대 : 홍경현, 단원 70명, 소총 28정<탄약 3,200발>, 권총 38정<탄약 1,900발>, 폭탄 8개
      중대장 金昌龍, 1소대장 金錫河(홍경현), 2소대장 李成(홍경현), 3소대장 金某(홍경현)
    중앙호위대 : 홍경현 왕청문, 단원 200명, 소총 200정<탄약 2,500발>, 권총 25정.
      대장 安相奉(왕청문), 孟賢九(왕청문)
111) 「大正14年 7月 7日, 不逞鮮人團正義府의 現勢에 關한 件」, 국사편찬위원회, 앞의 책 4, pp.814-815.

<표11> 정의부 의용군 조직(1925. 5, 6월경)

부대	직 책	간 부 명	소 재 지	비 고
	군사위원장	池靑天	柳河縣 三源浦	
사령부	사령장	吳東振	〃	
	부관	趙松林·金基海	興京縣 旺淸門	
	경리	李成根	〃	
제5중대	중대장	安鴻	〃	소총 90정(탄약 8,500발) 소유
	1소대장	梁世鳳	〃	
	2소대장	金基冑	〃	
	3소대장	金信澤	〃	
제6중대	중대장	文學彬	寬甸縣 下漏河	소총 60정(탄약 6,000발), 권총 20정(탄약 200발), 폭탄 25개
	1소대장	鄭伊衡	〃	
	2소대장	李成根	〃	
	3소대장	金昌浩	〃	
제7중대	중대장	李奎星	柳河縣 2道溝	소총 10정(탄약 2,000발), 권총 10정(탄약 300발)
	1소대장	玄用煥	〃	
	2소대장	李元植	〃	
	3소대장	李根基	〃	
제8중대	중대장	金昌龍	寬甸縣 毛流向子	소총 60정(탄약 6,000발)
	1소대장	金錫夏	〃	
	2소대장	朱河範	〃	
	3소대장	張喆鎬	〃	
헌병대	대장	金昌憲	유하현 삼원포	소총 10정(탄약 1,000발), 권총 10정(탄약 300발), 폭탄 10개

1925년 7월 일제의 보고에 나타난 이 정의부 의용군 조직 또한 아직까지 정비된 조직이라고 볼 수는 없다. 단지 통의부 의용군 조직을 기반으로 했던 초기조직의 근거지와 인원 구성을 조금 더 정비한 것으로 생각된다. 이 조직은 같은 해 9월이 되면 다음과 같은 조직으로 바뀐다.[112]

---

112) 「在滿不逞鮮人團體 一覽表」(大正14年 9月 末 現在), 平安北道 警察部

Ⅳ. 正義府의 조직 137

<표12> 정의부 의용군 조직(1925년 9월 경)

부 대	직 책	간 부 명	소 재 지	비 고
제1중대	중대장	文學彬	柳河縣 三源浦	무장단원 80명
	제1소대장	車用睦	〃	
	제2소대장	李奎星	〃	
	제3소대장	金昌欽	〃	
제2중대	중대장	安鴻	通化縣 興廟子	무장단원 60명
	제1소대장	○武雄	〃	
	제2소대장	金世俊	〃	
	제3소대장	金保國	〃	
제3중대	중대장	金錫夏(별명 金孝晟)	寬甸縣 下漏河	무장단원 80명
	제1소대장	朱河範	〃	
	제2소대장	鄭伊衡	〃	
	제3소대장	崔觀		
제4중대	중대장	金昌憲	해독 불능	무장단원 80명
	제1소대장	金○錫		
	제2소대장	申浩承		
	제3소대장	田龍烈		
제5중대	중대장	金岡(?)雨		무장단원 80명
	제1소대장	趙雄水	寬甸縣 天雅河	
	제2소대장	○(?)昌俊	〃	
	제3소대장	金德(?)山	〃	
	제4소대장	金○(?)植	〃	
헌병대	대장	金錫夏	寬甸縣 下漏河	무장단원 30명
	제1분대장	金信鐸(?)	〃	
	제2분대장	李觀	〃	
	제3분대장	張天○(?)	〃	
무장단원 총계 410명				

이 조직표를 보면 의용대는 5개 중대와 1개 헌병대로 편성되고 의용대원의 총수는 410명이다. 그리고 종래에는 4중대 또는 5중대부터 편성되어 체계적이지 못했던 조직이 1중대부터 5중대까지 일률적으로 편성되고 있다. 거기에 대원의 배치도 2중대에 60명이 배치된 것을 제외하고는 각 중대마다 80명이 배치되어 있다. 이 같은 면은 정의부 의용군의 체계가 잡혀가고 있음을 보여주는 것이다. 그리고 초기 통의부 의용군만을 근간으로 조직되었던 군사 조직에 西路軍政署・義成團・光正團 등의 武力이 합세되어 체계를 잡아가고 있음을 나타내는 것이다.

또한 초기 조직부터 1925년 9월까지 의용군 조직에 있어 특징적인 것은 헌병대의 편성이다. 의용군 조직에 헌병대가 편성되었다는 것은 정의부의 노선과 관련된 일이다. 이는 이 시기 정의부가 관할민의 자립을 위한 민정활동에 충실하였다는 것을 말해준다. 헌병대도 물론 무력을 보유한 독립군이지만 이 무장대의 목적은 抗日戰 보다는 의용군 내 기강 확립과 관할지역 이주한인의 안녕 및 보호를 주임무로 한 것이었다. 따라서 헌병대는 성립 초기 굳건한 독립군기지 건설과 이주한인의 자립적인 생활기반 구축을 목적으로 한 정의부의 노선을 지키기 위한 무장대로 보아야 할 것이다.

2) 군민대표회 이후 후기조직

앞에서 살폈듯이 1926년 1월 24일 조직된 군민대표회는 지방대의원들과 군인측 대표들이 연합한 모임이었다.113) 군민대표회는 全滿統一會에서 제정했던 정의부 최초의 헌장을 폐지하고 새로운 헌장을 제정함과 함께 정의부 중앙조직의 체제를 일신하였다. 그와 함께 정의부의 이념과 노선도 새롭게 하여 종래 민정활동 위주의 정책을 병행하기는 하였으나 무장

---

113) 「대정15년 2월 23일, 정의부의 내분에 관한 건」, 독립운동사편찬위원회, 앞의 자료집 10, pp.377-381.

Ⅳ. 正義府의 조직 139

투쟁주의를 강화하는 방향으로 나갔다.114)
 그와 관련하여 주목되는 것은 정의부의 무력인 의용군의 진용이 바뀌고 있는 것이다.115)

   제1중대 중대장 鄭伊衡(吉林)
   제2중대 중대장 李泰亨(撫松)
   제3중대 중대장 文學彬(撫本<無順·本溪>)
   제4중대 중대장 李奎星(京原<홍경>)
   제5중대 중대장 金錫夏(寬甸)
   제6중대 중대장 安 鴻(柳河)

 이 조직에 의하면 5개 중대 1헌병대의 체제에서 헌병대가 폐지되고 6개 중대로 편성된 것이 이전의 조직과 차이나는 점이다. 이러한 군제의 변경은 민정 우선에서 무장투쟁을 강화해간 단면을 보여주는 것이라 하겠다. 이 6개 중대의 총병력은 약 300명이었다.116)
 이어 1926년 말경 의용군 조직은 다음과 같이 편성되었다.117)

사령장 吳東振(平北 義洲, 38세)
 제1중대장 李泰亨(평북 泰川, 39세) 吉林省內外 柳水·五常·哈爾濱·
  長春地方 소재
  소대장 梁瑞鳳(평북 의주, 35세)·李東勳(평북 江界, 27세)·金乙龍
   (平南 江東, 38세)
 제2중대장 張喆鎬(평북 昌城, 33세) 撫松·長白·臨江·金川 地方
  소대장 吳尙殷(평북 楚山, 32세)·黃君三(平北 宣川, 27세)

---

114) 「대정15년 5월 3일 선비 정의부 내분후의 상황」, 위의 자료집 10, pp.387-389.
115) 「朝保秘第67號 大正15年 5月 10日, 鮮匪團正義府ノ近狀ニ關スル件」, 아연필 100-4- 034, pp.132-133.
116) 위의 자료, pp.132-133.
117) 「抄件(不逞團正義府幹部員)」, 通化縣 檔案館 자료.

제3중대장 文學彬(평북 義州, 38세) 樺甸·伊通·磐石·額穆·和龍·
汪淸·延吉·琿春地方
  소대장 崔尙燁(평남 安州, 25세)·金亨明(黃海 黃州, 31세)
제4중대장 李奎星(평북 義州, 35세) 撫松·興京·淸源·開原·鐵嶺·
東長·西長·西安·通化 地方
  소대장 李永根(평북 초산, 32세)·白允班(평북 선천, 38세)
제5중대장 金錫夏(平北 江界, 30세) 寬甸·桓仁·鳳凰·安東 地方
  소대장 朱河範(평북 초산, 22세) 寬甸 草荒溝 渾江口로부터 1里中
奧地
제6중대장 安鴻(京城, 38세) 柳河·海龍·輝南 地方
  소대장 趙化善(黃海 谷山, 28세)·崔錫用(평북 楚山, 27세)

 이전의 조직과 비교할 때 간부가 이동된 것을 알 수 있다. 제2중대장이었던 이태형이 제1중대장에 임명되고, 2중대장에는 8중대 3소대 출신의 장철호가 새로 임명되었다. 그리고 1중대장인 정이형은 의용군의 조직에서 빠졌다. 이는 정이형이 1926년 4월 5일 吉林城 영남반점에서 조직된 高麗革命黨의 위원으로 활동하기 위해 의용군 조직에서 이탈하였기 때문이다.118) 군민대표회 이후 의용군의 주요 간부로 활동한 정이형은 항일활동을 극대화하기 위하여 정의부의 주변 단체인 고려혁명당에 참여하여 그 일에 전념하였다.
 이어 1927년 2월 정의부 의용군은 일시 흩어진 군기를 쇄신키 위해 군기가 문란하고 규정을 어긴 일부 간부를 경질한 후 다음과 같이 조직을 정비하였다.119)

---

118) 朴烜,「雙公 鄭伊衡 硏究」,『雙公 鄭伊衡 回顧錄』, 國家報勳處, 1996. 11, pp. 237-239.
119)「朝保秘第560號 昭和2年 3月 15日, 不逞團正義府武裝團ノ內情ニ關スル件」, 아연필100-4-035, pp.313-316. 이 시기 오동진은 1927년 2월 14일 吉林城 東大門 밖 大東公司에서 안창호의 연설회장에 참석하였다가 중국 경찰에 피체된 상태였다. 그러나 오동진은 한인들의 적극적인 요구에 의해 곧 석방되었다.(朝鮮總督府警務局,「在滿不逞團並社會主義ノ狀況」1928. 3, pp.204-205.)

<표13> 정의부 의용군 조직(1927년 2월)

부 대	직 책	인 명	주 둔 지	비 고
사령부	사령장	吳東振		길림경찰청에 留置중
	부관	李泰馨·安鴻		
	경리	金錫夏		
	사무원	崔承一		
제1중대	중대장	李雄	吉林·長春·哈市	吉合지방 주둔
	소대장	孫振國·金亨明·金廣振		
제2중대	중대장	張喆鎬(歸化名 張仁伯)	撫松縣	
	소대장	金敬根·金永泉		
	正士	金基瑞		
	副士	尹應權·林仁昊·金德弼		
	參士	安仁邦·李完福·崔某		
제3중대	중대장	文學彬	磐石縣	원래 興京縣에 駐屯하였으나 최근에 磐石縣으로 이동하였음.
	소대장	安道洽·崔炳規·朱肇興		
	副士	李昌福		
제4중대	중대장	梁瑞鳳(별명 梁碧海)	興京縣	
	소대장	李永根·尹廷龍		
	正士	趙雄健		
제5중대	중대장	李希淵	寬甸縣	
	소대장	李允桓외 2명		
	參士	孫顯陽		
제6중대	중대장	張世湧	柳河縣	
	소대장	李希錫외 2명		
	참사	張世榮		
유격대	대장	崔一甲	臨江縣	현재 臨江縣에 있으나 樺甸縣 방면으로 옮겨 주둔할 예정

위의 조직표 중 새로 편성된 유격대는 원래 참의부 소속의 독립군이었다가 정의부에 가입한 15명으로 구성된 부대였다. 한편 위의 조직표를 보면 사령부가 새로 편성된 것을 알 수 있다. 그것도 모두 중대장 출신의 의용군 간부들을 부관과 경리로 임명하여 사령부 자체를 하나의 강력한 부서로 편성하였다. 이전까지 제1중대장 이었던 李泰亨과 제6중대장 이었던 安鴻을 사령부의 부관에, 제5중대장 이었던 金錫夏를 사령부의 경리 담당에 임명하였다. 이는 이 시기 정의부 의용군이 다음과 같이 두가지 특징을 띠면서 개편 조직되었음을 말해준다. 첫째는 정의부 군사조직을 행정조직과는 별개로 구별되는 자율적인 조직체로 개편하였다는 것이다. 둘째는 사령관의 권한을 대폭 강화하여 일사불란한 무장체로 개편한 점이다.

이 같은 성향을 갖도록 조직을 개편하였다는 것은 의용군 사령장 오동진 명의로 나온 각종 布告文과 의용군 강화를 위해 立案한 軍事案 등에서도 알 수 있다. 먼저 의용군이 民事와 관련된 일에 간섭하지 말 것을 훈계한 사령장 오동진의 포고문 일부를 보면 다음과 같다.120)

> …… 軍人중에 民事 또는 刑事에 속하는 일을 해결해 준다하여 간섭하므로서 신성한 의용군의 가치를 실추시키고 그 위신을 떨어뜨려 실로 우리들 의용군 전체에 큰 羞恥를 안기는 타락한 행동을 하는 者들이 있다. 이들의 행동을 엄정하게 단절시키지 않으면 우리 의용군은 어느 때고 위신을 회복할 수가 없다. 군중과 離反되는 의용군이 되면 안되기 때문이다. 각 군대 장교 및 군인들은 이 점을 확실히 자각하고 지금부터 일체의 民刑事에 간섭치 말 것이며 外患과 內亂에 치중하여 힘 쓸 것을 발표하여 훈계한다.

훈계문과 함께 사령장 오동진은 제4중대장 이었던 李奎星을 軍紀를 肅

---

120) 「朝保秘第560號 昭和2年 3月 15日, 不逞團正義府武裝團ノ內情ニ關スル件」, 위의 자료, pp.308-311.

亂시키고, 職務를 解弛하게 처리한 이유로, 제5중대 소대장이었던 朱河範은 職權을 濫用하였다 하여 면직시켰다. 이들의 자리에는 梁世鳳과 李希淵을 발령하였다.121)

군기 확립을 위한 징계에 이어 의용군은 조직의 실질적인 자질향상을 도모한 일련의 계획안들을 발표하였다. 우선 사령부는 의용군 강화 계획안들을 실천하기 위해서 현재의 상태를 정확히 파악해야 할 것으로 판단하였다. 그를 위해 사령부는 관할 각 지역 내에 분산 배치되어 있는 중대나 소대에 공문을 보내 현재 각 지역의 독립군 數와 그들의 姓名·年齡·身體·學力·家族關係 등을 정확히 조사하여 보내도록 하였다.122) 병사들의 신원을 파악하고 나서 사령부는 각 지역의 독립군을 일단 혼합 편성한 뒤 그들을 다시 개인의 능력과 사정에 따라 現役兵·敎養兵·留學兵 등 3종류로 나누어 개편할 계획을 세웠다.123) 현역병은 350명을 선발하여 50명씩 7대로 나누어 항일전을 치루기에 최적의 지역에 배치할 예정이었다. 이들 현역병의 임무는 본부에 대한 방위책임과 對日 무장투쟁이었으며, 외환이나 내란 등의 비상의 경우를 제외하고는 반드시 사령부에 보고하여 출동 명령이 떨어지고 난 후에야 행동이 가능하도록 하였다. 현역병에게는 行政이나 司法에 간섭하는 것이 일체 허용되지 않았으며, 출동 시에는 부대를 이끌 영솔자 1人과 참모격인 政治主任 1人이 배치되었다.124)

敎養兵 육성을 위해 의용군은 농업과 군사훈련을 겸할 수 있는 지역을 물색하여 그 곳에 軍事學校를 설립한 후 독립군 후보생을 입교시켜 병농일치의 屯田兵制를 실시할 계획을 세웠다. 그 후보지는 額穆縣이 1순위로 선택되었고, 그 외에도 여러 지역이 대상이 되었다. 군사학교의 수학기간

---

121) 위의 자료, pp.308-311.
122) 위의 자료, p.300.
123) 위의 자료, p.301.
124) 위의 자료, p.301.

은 1년으로 계획되었고, 경우에 따라 틀려질 수도 있었지만 한 학교에 100명에서 120명 정도의 학생들을 入校시켜 1개 班 또는 2개 班을 편성할 계획을 세웠다.125)

군사학교의 교관 및 직원의 구성은 軍事에 대해서는 기존의 사관학교를 졸업한 자 중에서 선발해 군사교관에 임명토록 하였고, 정치나 신지식을 겸비한 인사를 초빙해 학생들에게 교양교육도 함께 실시할 것을 입안 하였다. 그리고 체계적인 농사업무를 익힌 1인을 경리로 임명하여 농장운영을 총괄토록 할 계획도 가졌다.126)

이어 사령부는 의용군의 내부체제를 굳건히 하면서 약 20-30명의 우수한 청년들을 선발하여 廣東이나 露領의 수준 높은 무관학교에 유학을 보내 독립군 지도자로 육성할 계획도 함께 계획하였다. 유학생의 선발기준은 半數는 현역 장교중 자격이 있는 者를 선발하고, 나머지 半은 정의부 관할 지역내에서 현역병으로 입대하지 않은 者 중에서 선발토록 하였다.127)

의용군의 체계적인 군사조직 확립 계획은 여기서 그치지 않았다. 현재 의용군에 편성되어 있는 자 중에서 심약한 성격을 가져 진취적이지 못한 자, 또는 신체가 허약하여 활발한 대일 무장투쟁을 전개하기가 힘든 자는 가려내어 제대를 시켰다.128) 결국 정의부는 의용군의 조직을 체계적으로 확대하면서 정예화 하고자 했던 것이다.

의용군을 정예화 하여 막중한 임무를 맡기자면 그렇게 할 수 있도록 대우도 함께 해주어야 했다. 따라서 정의부는 다음과 같이 이들 의용군 각 중대의 사무비와 독립군 병사 인원수에 따른 봉급 등을 감안 1927년도의 년간 예산안을 만들어 시행하였다.129)

---

125) 위의 자료, pp.301-302.
126) 위의 자료, p.302.
127) 위의 자료, p.302.
128) 위의 자료, p.303.
129) 위의 자료, pp.303-305. 參議部軍이었다가 정의부 의용군으로 편입되어 유

<표14> 정의부 의용군 년간 예산(1927년, 표준 奉小洋)

부대별	인원	薪水(봉급)	사무비	계	비 고
사령부	8	3,840원	1,400원	5,240원	매 1인 년 480원
제1중대	17	8,160원	2,000원	10,160원	위와 같음
제2중대	27	8,100원	1,900원	10,000원	매 1인 년 300원
제3중대	17	8,160원	2,000원	10,160원	매 1인 년 480원
제4중대	20	8,000원	1,900원	9,900원	매 1인 년 400원
제5중대	20	8,000원	1,900원	9,900원	위와 같음
제6중대	20	8,000원	1,900원	9,900원	위와 같음
유격대	7	3,360원	500원	3,860원	매 1인 년 480원
敎育院	4	1,920원	960원	2,880원	위와 같음
계	140명	57,540원	14,460원	72,000원	

이와 같이 체계적이고 강화된 의용군 편성계획은 적어도 1927년 말까지는 운영되었던 것으로 판단된다.130) 그리고 정확한 일자는 알 수 없으나 1927년 중 체제가 강화되면서 의용군의 명칭도 '朝鮮革命軍'으로 바뀌었다.131) 하지만 사령장 吳東振이 1927년 12월 19일 長春에서 일제의 경

격대로 편성된 인원은 15명이었으나 예산안에 7명분만 잡혀 있다. 이로 보아 나머지 8명은 다른 中隊로 전출되었거나 정의부에 편입된 후 곧 除隊를 한 것이 아닌가 생각된다.
130) 「昭和3年 3月 在滿不逞團竝社會主義團體ノ狀況」, 앞의 자료, p.173.
131) 위의 자료, p.172. 民族唯一黨運動의 결과 南滿의 통합 軍政府로 창립된 國民府는 1929년 5월 28일 제1회 중앙집행위원회를 개최하여 소속군인 朝鮮革命軍을 조직한다. 군민부 산하의 이 조선혁명군이 1927년 중 정의부 의용군이 개명된 '조선혁명군'이란 명칭의 영향을 받았는지는 확실치 않다. 하지만 1929년에 창군된 조선혁명군은 정의부의 무력을 기반으로 신민부 및 참의부의 일부를 흡수하여 조직된 것이다.(조선혁명군 조직에 대해서는 張世胤, 『在滿 朝鮮革命黨의 民族解放運動 硏究』, 1996, 成均館大學校 박사학위 청구논문, 1996, pp.169-186. 참조)

찰대에 피체되면서 정의부 의용군은 물론이고 정의부 자체도 큰 타격을 받았다.132) 오동진은 정의부 성립 이래 池靑天에 이어 의용군을 총괄하여 이끌어 온 실질적인 군사 책임자였다. 때문에 강력한 지도자를 잃은 정의부는 여러 隊의 特派隊를 구성하여 오동진 탈환 작전을 펼쳤다.133) 그와 함께 군사적 실무경험이 풍부한 지청천을 의용군 사령장에 임명하고 다음과 같이 조직을 개편하였다.134)

    사령장 : 池靑天,　부관 : 安鴻 · 吳世振, 경리 金錫夏,
        제1중대장 李雄(대원 17명),　제2중대장　張喆鎬(대원 27명)
        제3중대장 金文擧(대원 17명), 제4중대장　梁世鳳(대원 20명)
        제5중대장 金輔國(대원 20명), 제6중대장　李允煥(대원 20명)
        유격대장 崔一甲(대원 7명)

이 같은 정의부 의용군의 후기 조직은 3부 통합운동의 결과로 국민부가 성립될 때까지 이어진 것으로 판단된다.

4. 정의부 구성원의 성격

정의부를 이끈 주요 구성원은 크게 두 부류로 나눌 수 있다. 한 부류는 조직의 각 部署에 참여하여 활동한 층이었고, 또 한 부류는 특별한 직책의 임무를 수행하지는 않았지만 정의부를 기반으로 민족운동상의 중요임무를 맡아 활동한 인물들이었다. 前者의 인물들은 온갖 고초를 이겨내며 정의부라는 거대조직을 韓民族 민족운동체의 구심점이 되도록 이끌었다. 그리고 後者의 인물들은 그들의 역량을 최대로 발휘하여 정의부의 사업

---

132) 「昭和3年 豫 第2號, 吳東振 예심종결전문」, 국사편찬위원회, 앞의 책 3, p.818.
133) 「昭和3年 4月, 在滿不逞鮮人ノ槪況」, 아연필 200-3-049, pp.223-226.
134) 「昭和3年 3月, 在滿不逞團竝社會主義團體ノ狀況」, 앞의 자료, pp.174-175. ;
    「昭和4年 9月, 在滿不逞鮮人ノ槪況」, 아연필 200-3-049, pp.226-229.

을 이끌어가며 조국 광복과 민족 자존을 위해 노력하였다.
　전자의 인물들로 추적이 가능한 사람들을 대상으로 정의부 중앙조직에 가담한 인물들의 통합 이전 출신 단체들을 보면 다음과 같다.135)

　　統義府 계통 : 玄正卿 · 吳東振 · 金東三 · 金履大 · 康濟河 · 高豁信 ·
　　　　　　　　　朴錫九 · 金基全 · 李鍾乾 · 文學彬 등
　　西路軍政署 계통 : 李沰 · 池靑天 · 李震山 · 李光民 · 金元植 · 金慶達
　　　　　　　　　등
　　光正團 계통 : 金容大 · 尹秉庸 · 李泰傑 · 金冠戎 등
　　義成團 계통 : 承震
　　勞動親睦會 계통 : 崔明洙
　　吉林住民會 계통 : 李旭

　8개 단체가 통합하여 성립된 정의부이지만 이들 명단에는 6개 단체의 출신자들만 구분되고 있다. 따라서 나머지 인물들은 이들 6개 단체들 뿐만 아니라 구분되어 추적되지 않은 固本契 · 卡倫自治會의 출신자들일 것으로 판단된다.
　위의 인물들 중 李沰은 정의부 초기 중앙행정위원장이고, 玄正卿 · 池靑天 · 李震山 · 金容大 · 金履大 · 尹秉庸 · 吳東振 · 金東三 등 8인은 중앙행정위원들이다. 중앙조직의 책임자들이었던 이들 9인은 통의부 계통이 4명, 서로군정서 계통이 3명, 광정단 계통이 2명이다. 그러나 이들 중 통의부 계통으로 참가한 김동삼은 통의부 성립 이전에는 서로군정서의 참모부장으로 활동했던 인물이다.136) 그런가하면 노동친목회의 대표로 참가한 최명수 또한 서로군정서의 모체인 韓族會에서 檢務司長을 역임한 인물이다.137) 따라서 정의부 초기 중앙조직은 크게 서로군정서와 통의부 두

---

135) 이 명단은 정의부 전기간 중앙조직을 역임한 인물들이다.
136) 尹炳奭, 『獨立軍史』, p.115. ; 李東彦, 「一松 金東三研究」, 『한국독립운동사연구』 7, 독립기념관 한국독립운동사연구소, 1993. 12, p.142.
137) 尹炳奭, 위의 책, p.114.

團體의 인물들이 주류를 이루었음을 알 수 있다.
 그런데 이들 중앙조직원의 출신지역을 보면, 중앙행정위원장 이탁을 비롯해 민사위원장인 현정경, 재무위원장인 김이대, 생계위원장인 오동진이 평안북도 출신이고, 교통위원장인 윤병용, 외무위원장인 김동삼은 경상북도 출신이었으며, 군사위원장인 지청천은 서울, 법무위원장인 이진산은 함경북도, 학무위원장인 김용대는 함경남도 출신이었다. 따라서 중앙행정위원회 위원들의 출신지역에 의한다면 국내 여러 지역에서 渡滿하여 민족운동을 전개한 인사들이 두루 참여했음을 알 수 있다. 중앙행정위원들 외의 중앙조직원 중에는 평안북도 출신들이 많기는 했지만 이들 역시 충청북도, 평안남도, 경상북도 등 여러 지역의 인사들이 고루 참여하고 있다.138) 이는 정의부가 지방색에 의한 파벌에 따라 성립되지 않았음을 말해주는 것이다.
 뿐만 아니라 성립 이후에도 출신 지방이 원인이 되어 조직내 분란을 만들지는 않았다. 1925년 말 중앙행정위원회와 중앙의회간의 불화로 조직내 분란이 야기되었다. 이 불화는 임시정부를 지지하지 않는다는 정의부 초기의 기본 노선을 조정해 가는 과정에서 생겨난 것이었다. 그리고 이 분란은 군민대표회라는 새로운 기구가 조직되면서 일시적 해결을 보았고, 代表會가 개정한 헌장에 따라 중앙행정위원 5명이 새로 임명되었다. 새로 임명된 중앙행정위원들은 高豁信·金學善·金鐸·金定濟·吳大泳 등이었다. 이들의 출신지는 고활신은 평남, 김학선은 평북, 김탁은 황해도, 김정제는 충남이었다.139) 이 같이 여러 지역의 대표들이 새로운 중앙행정위

---

138) 위 인물들의 중앙조직원 중 출신지역이 알려진 인물은 다음과 같다.
 - 평안북도 출신 : 姜英伯·康濟河·金世俊·李碩鎬·崔炳模·朴錫九·
       李官實·承震·金基全·玄益哲·文學彬·李旭 등
 - 경상북도 출신 : 金元植·金應燮·李光民·李鍾乾
 - 충청북도 출신 : 崔明洙·黃學秀
 - 평안남도 출신 : 李泰傑
139) 「抄件(不逞團 正義府 幹部員)」, 通化縣檔案館 資料 ;「在滿不逞鮮人團體一覽表」(大正14年 9月末 現在), 平安北道 警察部 ;「昭和4年 9月, 在滿不逞鮮人

원으로 임명된 것을 보아 이 시기 중앙조직의 분란은 지방색이 원인이 되어 일어나지 않은 것이 분명하다. 하지만 일제는 그들의 보고에서 군민대표회 성립 이후 새로 선출된 중앙행정위원들은 모두 평안도 출신자들로 정의부의 내분은 서북파의 승리로 돌아갔다고 하고 있다.140) 이는 일제가 상습적으로 민족운동자들을 분류하는 방식으로 확실히 파악되지 않은 보고에 불과하였다. 이후로도 정의부 중앙조직의 구성원은 여러번 바뀌지만 지방색에 의해 편파적으로 구성된 경우는 보이지 않는다.

한편 조직의 특별한 직책을 맡지 않고 정의부를 기반으로 활동한 인물들을 살펴보면 다음과 같다. 대표적인 인물로는 李相龍・梁起鐸・孫貞道・崔東旿・吳仁華・崔萬榮・白南俊・金箕豊・郭鍾毓 등이 있다. 이들은 대개가 교육과 산업부흥 활동에 노력한 인물들이었다. 石洲 이상룡의 경우는 1911년 독립군기지 개척 이래 남만주 최초의 한인 자치기관인 경학사의 초대 사장을 지낸 인물이다. 그는 이후 남만지역 독립운동계의 실질적인 지도자로 활동하였다. 따라서 이상룡은 어느 특정 독립운동단체에 가담한다는 것이 큰 의미가 없었고, 민족운동계의 중진들도 그의 의사를 존중하며 활동을 펼쳤다.141) 남만지역 독립운동계에서 이와 같은 존대를 받았기 때문에 이상룡은 1925년 중반 정의부 중앙행정위원들과 임정의 두 파견원들로부터 임시정부의 국무령으로 추대를 받았던 것이다.

정의부 조직의 실무 구성원이 되지 않고 정의부를 기반으로 가장 활발한 활동을 펼친 인물은 梁起鐸이었다. 梁起鐸도 성립 초기에는 일시 財務委員에 임명되어 활동하기는 하였다.142) 하지만 이는 아주 일시적으로 맡

/槪況」, 앞의 자료, pp.226-229. 자료의 한계상 吳大泳의 출신지는 알 수 없다.
140) 「대정15년 2월 23일, 正義府의 내분에 관한 건」, 독립운동사편찬위원회, 앞의 자료집 10, p.377.
141) 이상룡의 滿洲에서의 행적은 그의 아들 李濬衡이 쓴 「遺史」(『石洲遺稿』後集, 石洲李相龍紀念事業會, 뿌리출판사, 1996. 4, pp.380-407.)에 상세히 기록되어 있음.
142) 「朝鮮匪賊團體調査表」; 「대정14년 7월 7일, 불령선인단 정의부의 現勢에

은 직책일 뿐이었고, 이후 정의부 조직의 어느 職에도 임명되지 않고 활동하였다.143) 梁起鐸은 무장투쟁 방략도 중시하였지만 그를 실천하기 위해서는 우선적으로 민족의 실력 양성을 주장한 인물이었다. 특히 1922년 도만한 이후 처참한 생활을 이겨내며 무장활동을 펼치는 재만 독립군과 한인사회를 살펴본 후에는 이를 더욱 절실히 느꼈다. 따라서 양기탁은 국외 자립사회 건설을 계획하게 되었고, 정의부 성립과 더불어 그를 기반으로 '理想的 農村 建設計劃'과 '滿洲農業社' 설립을 추진하였던 것이다. 이 사업들은 정의부 관할지역 내 한인사회의 경제기반이 너무 취약하여 결실을 거두지는 못하였다. 하지만 양기탁이 계획한 이들 사업은 이후 정의부 산업 부흥활동의 기본 틀이 되었다.

양기탁의 이같은 사업은 孫貞道 · 郭鍾毓 · 崔萬榮 · 裵亨湜 · 金箕豊 등에 의해 이어졌다. 만주농업사 설립 운동부터 양기탁과 함께 산업 부흥 활동에 참여한 손정도는 1926년 5월 대단위 농업 발전 기구인 有限農業公司를 창립하여 초대 이사장을 역임하였다.144) 1927년 4월에는 정의부 府民을 위한 산업 부흥은 물론이고 위생 · 보건 · 교육 등 총체적인 생활 안정을 도모키 위한 기구인 農民互助社에도 참여하여 활동하였다.145) 손정도 · 배형식 · 최만영 · 김기풍 등이 함께 참여하여 그를 도왔다.

배형식은 1919년 3월 13일 북간도의 용정에서 3 · 13만세시위가 전개될 때 그를 주도한 인물이었다.146) 그의 직업은 손정도와 같은 기독교 목사로 정확한 추적은 어려우나 1920년대 중반에는 길림에서 민족운동을 전개한 것으로 보인다. 그는 손정도와 함께 만주농업사와 농민호조사 운동

관한 건」, 독립운동사편찬위원회, 앞의 자료집 10, pp.542-546.
143) 梁起鐸은 초기 재무위원 이후 정의부의 직책은 맡지 않았으나 1926년 4월 정의부 주변단체인 高麗革命黨의 초대 위원장으로 선임되어 활동하였다.(蔡根植, 앞의 책, p.139.)
144) 「朝保秘第1182號 大正15年 9月 30日, タムル黨ノ近情ニ關スル件」, 아연필 100-4-034, p.672.
145) 『朝鮮民族運動年鑑』, 在上海日本總領事館 警察部 第2課, 1932. 4, p.215.
146) 四方子, 「北間島(二) 그 過去와 現在」, ≪獨立新聞≫, 1920. 1. 10.

에 참여하여 활동하였다. 최만영의 경우는 1924년 12월 농민호조사의 발기인으로 참여한 이래 흥농실업사의 理事에 임명되었고, 농민호조사에도 발기인이 되어 산업부흥에 앞장섰다. 그리고 김기풍은 유한농업공사의 經理로 활동하였고, 농민호조사의 발기인으로도 참여하였다.

손정도는 산업 부흥활동 뿐만 아니라 최동오와 함께 중국측의 한인 탄압에 대응한 대외적인 활동에도 힘썼다. 손정도·최동오 두 인물은 중국측의 한인 탄압이 극심해지자 1927년 11월 韓僑驅逐問題對策講究會를 조직하여 봉천성 및 중국의 중앙정부와 외교적 협상을 벌여 그 피해를 최소화하는데 노력하였다.147) 이같은 대외 활동에는 金剛乙·吳仁華·崔天澤 등이 함께 참여하여 도왔다.

정의부 조직의 구성원이 되지 않고 同府 사업에 적극 노력을 기울인 인물들은 이밖에도 여러 분야에서 많은 인물이 참여하여 활동하였다. 최동오의 경우 대외 활동에 노력하는 한편 정의부의 교육활동에도 적극 참여하였다. 그는 樺甸縣에 華成義塾이라는 정의부 중앙본부 직계의 교육기관을 설립하여 인재를 배출하는데 앞장섰다.148) 또 吳基星(이명: 田鍾嶽)은 중국인 王立中(이명: 田澤民)의 도움을 받아 중국문 신문인 ≪新華民報≫의 총책임자가 되어 언론활동을 펼쳤다.149)

이 같이 조직의 구성원이 아니면서 정의부의 민족 운동을 수행한 인물들을 도표화해 보면 다음과 같다.

---

147) ≪동아일보≫, 1927. 12. 3.
148) 尹炳奭,「參議·正義·新民府의 成立過程」,『白山學報』7호, 1969. 12, p.132.
149) 「朝保秘第1515號 大正15年 12月 1日, 不穩新聞≪新華民報≫ノ發刊ニ關スル件」, 아연필 100-4-034, pp.779-782.

<표15> 비조직원으로 정의부의 민족운동을 수행한 인물들

성명	출신지	활동사항	정의부 이전 경력
李相龍	경북 안동	정의부의 지도자로 활동하며 臨政의 國務領에 취임	新民會 회원, 渡滿후 耕學社 사장, 西路軍政署督辦
梁起鐸	평양 소천	'이상적 농촌 건설계획' 수립 및 滿洲農業社 설립 추진	新民會 회원, 渡滿후 統義府, 義成團, 同友會 등에서 활동
孫貞道	평남 강서	滿洲農業社 및 農民互助社 발기인, 有限農業公司 초대 이사장, 韓僑驅逐問題對策講究會에 참여하여 활동	대한민국 임시의정원 부의장, 임정국무원 교통총장 등으로 활동
崔東旿	평북 의주	華成義塾 塾長, 韓僑驅逐問題對策講究會에 참여하고 歸化韓族同鄕會 幹事長에 선임되어 활동	임정 내무부 參事와 국내 조사원으로 활동
吳仁華		韓僑驅逐問題對策講究會에 참여 활동	중국 경찰청 통역관으로 근무하며 독립운동 지원
白南俊	평북 운산	臨政 의정원 의원에 정의부측 인물로 선정	光復軍總營 간부, 統義府 裁判長, 전만통일회의시 生計분과위원
金箕豊		有限農業公司 經理, 農民互助社 발기인	
崔萬榮		滿洲農業社·農民互助社 발기인, 興實業社 理事	
郭鍾毓		滿洲農業社·農民互助社 발기인	
裵亨湜	평남 평양	滿洲農業社·農民互助社 발기인	북간도 3·13 시위 주도, 임정 내무부 위원
崔日		滿洲農業社·農民互助社 발기인	
吳德林		滿洲農業社 발기인	
全以德		滿洲農業社 발기인	
安昌浩	평남 강서	농민호조사 발기인	新民會 회원, 임정 내무총장, 興土團 창립,
金剛乙		한교구축문제대책강구회 참여 활동	
吳基星		≪新華民報≫ 발행 책임자	
王立中	중국인	≪新華民報≫ 간행에 참여	
崔天澤		한교구축문제대책강구회 참여 활동	

이처럼 정의부의 특별한 직책을 갖지 않았더라도 정의부를 위해 활동한 인사는 적지 않았다. 안창호와 같은 인물도 정의부의 산업 부흥활동을 적극 지원하며 농민호조사의 발기인이 되었다. 그것은 이 무렵 안창호가 한인의 이상촌 건설을 위해 吉林을 비롯한 남만을 꾸준히 물색하던 결과 그 목표를 농민호조사를 통해 이루려 했던 것으로 보인다. 이들이 이러한 여러사업에서 활동하였던 것은 軍政府인 정의부의 민족사업이 다양하게 펼쳐졌음을 말해주는 것이다. 그리고 그러한 사업에는 정의부 조직의 구성원이 아니더라도 능력이 있는 사람이면 누구나 참여하여 활동하였다. 이들 중 이상룡·양기탁·손정도·최동오·안창호와 같은 인물들은 민족운동선상에서 일찍부터 활약한 인물들이었지만, 나머지 인물들은 민족운동 면에서 그다지 뚜렷한 족적이 보이지 않고 있다. 그러나 전력이 보이지 않는다 하여 이들이 정의부 활동시기에 와서야 민족운동을 펼친 것으로 판단되지는 않는다. 이 인물들은 재만 민족운동계의 독립운동 路線인 무장투쟁 보다는 다른 민족사업에 치중하여 활동했던 것으로 생각된다. 따라서 그같은 경험을 축적한 인사들은 民政과 軍政을 함께 실시한 정의부가 성립되자 여기에 적극 가담하여 民政活動의 일부분을 담당하였던 것이다.

V. 正義府의 理念과 活動

1. 正義府의 民政과 軍政

1) 관할민의 생활상

　남만지역의 이주한인들 뿐만 아니라 일제하 다른 지역의 재만 한인들도 이미 국내에서 생계수단을 거의 착취당한 상태에서 渡滿한 자들이었다. 따라서 이들은 이주 초부터 대부분 중국인 지주의 소작농으로 생계를 시작하였다. 1920년대 남만지역의 소작료는 보통 수확량의 30-50%였다. 그러나 이같은 비율은 중국인 소작인들에게만 해당되었고, 한인소작인들에게는 이보다 훨씬 가중된 소작료를 받았다.1) 그러한 사실은 재만 한인들에게 중국인 지주들이 실시한 '榜靑'이라는 가혹한 소작관계를 통해 살펴볼 수 있다.2) 방청이라는 제도는 지주가 소작인에게 토지 또는 종자·농

---

1) 黃有福, 「正義府硏究(上)-社會的背景을 중심으로-」, 『국사관논총』 제15집, 국사편찬위원회, 1990, p.225.
2) 黃有福, 위의 논문, pp.225-226. '榜靑'이란 중국어 '辨裡청'에서 한글 어휘로 변한 것으로, 이주 한인사회에서는 중국인 지주와의 이같은 소작관계를 '방청살이'한다고 하였다.

구·비료 등 생산필수품을 비롯 식량까지 대여하여 한해의 농사를 짓게 하는 것이다. 그리고 가을철 수확 후에 소작인은 이 대여품에 대한 모든 댓가를 비싸게 지불한 후, 나머지 수확물을 지주와 반분하였다. 따라서 방청관계로 소작을 시작한 이주한인은 수확의 70%까지를 중국인 지주에게 착취당하게 되어 있었다.3) 이러한 소작관계에서는 이주한인들이 아무리 노력하여도 富를 축적할 수 없었다. 게다가 1918년까지 한국 내에서 조선총독부가 실시한 토지조사사업과 1919년 거족적으로 일어난 3·1 운동의 결과 1920년대 초부터는 더욱 많은 한국인들이 만주로 이주하였다. 따라서 압록강과 국경을 접한 남만주 지역에도 이주한인들이 더욱 증가하게 되자 중국인 지주들은 계약 외의 소작료를 청구하는 사례까지 생겨났다.4) 설령 한인들이 중국인 지주들과의 협상이 잘되어 조금 낮은 율의 소작료로 계약이 되었다 할지라도 중국측은 수리세를 비롯한 각종의 세금을 부과하여 한인은 어떻게든 소득의 7할 이상을 착취당하였다.5)

하지만 이주 한인들이 이같이 각박한 상황을 극복하고 경제적 위치를 어느 정도 올려놓을 수 있는 방법이 전혀 없는 것은 아니었다. 그 첫째는 소작료를 내고 남은 얼마 되지 않은 富를 최소한 아껴서 소비하며 저축해 가는 일이었다. 그리고 다른 하나는 만주에는 아직도 미개간의 땅이 많기 때문에 그를 적극 개간하여 보다 나은 소득을 올리도록 노력하는 길이었다.6) 첫 번째의 방법은 당장 먹을 것도 부족한 이주한인들이 실천하기에는 어떤 면에서 부적절한 방법이었다. 하지만 한인들은 그들의 최

---

3) 黃有福, 위의 논문, p.226. 이 소작관계는 조선총독부에서 1914년 8월 중순부터 약 2개월간 만주지역을 사찰할 시기에도 나타나고 있음을 기록하고 있다.(朝鮮總督府, 「國境地方視察報告書」(其二), 『白山學報』 제10호, p.200.)
4) 黃有福, 위와 같음.
5) 「朝保秘第1212號 大正15年 10月 5日, 不穩雜誌≪同友≫所載'日本ノ中國ニ對スル侵略政策'ト題スル記事ニ關スル件」, 아연필 100-4-034, pp.755-756.
6) 황무지를 조차하여 개간하거나 토지를 구매하는 것도 귀화한 한인이어야 만이 가능하였다.(김춘선, 「남만에서 조선족농민을 수탈한 동아권업회사의 죄행」, 『불씨』, 민족출판사, 중국북경, 1995.11.)

선을 다하여, 가지고 있는 것들을 최대한 아끼고 절약하며 생활하였다.
 이주한인들은 본국에 있을 때부터 부유함을 누려보지 못한 사람들이 대부분이었다. 따라서 그들은 가장 극한 상황을 잘 견뎌낼 수 있는 사람들이었다. 이주한인들의 생활자세를 한 자료에서는 다음과 같이 말하고 있다. "그들(朝鮮人)의 최소한도의 생활수요는 중국인의 그것보다는 낮지만 그들은 중국인 보다 인내력에 있어서는 지지 않는다. 최저 노임을 받고 살아감으로써 그들은 중국인과 능히 경쟁할 수 있고, 또는 나아가 중국인의 위치를 탈취할 수 있는 까닭이다."[7] 1930년의 통계이긴 하지만 한 자료에 의하면, 만주에 이주한 한인의 1년간 매호 평균 생활비는(지방에 따라 다소 차이가 있지만) 101.71원이었고, 최고 생활자의 년간 소비액은 137.91원 이었다. 이에 비해 만주에 사는 중국인 농부의 평균 생활비는 149.33원이었다.[8] 따라서 한인의 평균 생활비는 중국인에 비해 평균 47.62원이 적어 중국인들의 생활에 비해 3분의 2 수준에 머물렀으며, 한인 최고 생활자라 하더라도 중국인 평균에는 11.42원이나 적은 비용을 쓸 뿐 이었다. 이 같은 생활비의 지출은 극도로 빈한한 이주한인들의 어쩔 수 없는 상황으로 이해될 수도 있겠으나, 열악한 조건의 만주 이민사회를 극복하고 삶을 이어갈 수 있는 최상의 방법이었다.
 다음 미개간지를 개간하여 소득을 올리는 방법은 한인들이 가진 기술력과 만주라는 지역의 특성 때문에 가능한 것이었다. 재만 한인들의 가장 큰 장점의 하나는 '한인사회의 형성'에서도 보았듯이 그 땅의 주인들인 중국인들이 할 수 없는 水田농사를 할 수 있다는 것이었다. 만주의 토지는 기름진 땅이긴 하지만 수전농업을 위한 水路를 제대로 댈 수 없기에 일찍부터 밭농사가 발달하였다. 따라서 그 곳에 사는 중국인들은 논농사에 대한 기술이 전무한 상태였다. 그 같은 상황에서 훌륭한 수전농업 기

---

7) 李勳求, 『滿洲와 朝鮮人』, 平壤崇實專門學校 經濟學研究室, 1932. 9, p.226.
8) 李勳求, 위의 책, p.228.(중국인에 관한 통계는 南開週刊統計部 發行 雜紙, 제3권 제 46호, 1930. 11, pp.217-220.에 의함)

술을 가진 한인들이 이주하였으니 중국인들은 한인들의 이같은 장점을 최대한 이용하고자 하였다.

그러나 다른 한편으로는 중국인들의 이같은 잇속이 쉽게 이루어지기 어려운 상황도 있었다. 그것은 한국을 식민지화한 日帝가 대륙침략 정책을 적극화하면서 재만 독립군 또는 排日韓人을 소멸시킬 목적으로 중국측에 빈번하게 요구한 이주한인 탄압정책에서 비롯되었다. 일제가 만주침략을 본격화한 것은 1920년대 중후반부터 이지만, 실은 1920년대 초반부터 이미 그 기반을 다지는 작업을 실시하였다. 그 중의 한 방법이 만주를 근거지로 무장투쟁을 전개하고 있는 한국독립군들을 중국측에 탄압토록 요구하는 것이었다.9) 일제의 이러한 요구는 직접 힘을 들이지 않고 한국독립군들을 척결하는 방안도 되었지만, 중국측에 빈번한 정치적 자극을 줌으로서 장차 전개할 대륙침략을 손쉽게 하고자한 것이었다. 이러한 탄압이 심각하게 대두되기 시작한 것은 1925년 6월 11일 중·일간의 소위 三矢協定 체결 이후부터였다.10)

삼시협정 체결 후 봉천성은 같은 해 9월 '雇傭韓僑墾種稻田辦法'이라는 이주한인에 대한 경제적 착취 목적의 법률을 제정하여 발표하였다.11) 奉天省令第 1007號로 發布된 법령은 다음과 같다.12)

---

9) 1920년 5월에 이미 일제는 중국 봉천을 방문해 중국측에 한국독립군 토벌에 대한 방안을 강구토록 한 협정서를 체결 '中日討伐隊'를 편성한 바 있다.(「間島地方不逞鮮人取締ニ關スル日支交涉ノ經過」, 姜德相編, 『現代史資料』 28, 1972. 6, p. 64.) 그리고 이후부터는 수시로 한국독립군 탄압에 관한 일제의 요구가 있자 중국측은 奉天省 및 吉林省의 省長 또는 각 縣의 縣長 명의의 단속령을 내려 독립군과 일반한인들에게도 많은 탄압을 가하였다.
10) 「不逞鮮人の取締方に關する朝鮮總督府奉天省間の協定」, 『日本外交年表竝主要文書』 下, 原書房, 日本 東京, 1965. 12, pp.75-76. ; 「삼시협정의 폐지」, 독립운동사편찬위 원회, 앞의 자료집 10, pp.460-466.
11) 「高警第129號 大正15年 4月 17日, 印刷文送付ノ件」, 아연필 100-4-034, pp.105-108. 「朝保秘第1212號 大正15年 10月 5日, 不穩雜誌≪同友≫所載'日本ノ中國ニ對スル侵略政策'ト題スル記事ニ關スル件」, 앞의 자료, pp.757-758.
12) 李勳求, 앞의 책, p.248.

제1조 中國人民으로 稻田을 개간코자 하는 者는 韓僑를 농업노동자로 雇入함을 得함. 韓僑에게 土地租賣 또는 一切 他種의 契約을 체결함을 不得함.
제2조 被傭韓僑는 稻田耕作이외 他種 職業을 營爲함을 不得함.
제3조 韓僑를 고용하는 者는 被傭者의 性行을 충분히 知悉함을 要함. 만일 그렇지 않이한 경우로 일어나는 不測事件의 전책임을 고용자가 負할 事.
제4조 雇主는 雇傭韓僑의 姓名·年齡·雇傭기간 등을 具書하여 區長에게 보고하고 區長은 그 보고서를 2통씩 작성하여 縣政府 및 水利局에 보고할 事.
제5조 被雇傭者가 公安에 대한 염려가 있는 경우에는 즉시 放逐하되 만약 雇主가 同情을 표시하든지 雇人을 은닉하는 경우에는 엄중 처벌할 事.
제6조 韓僑 중 多數가 중국에 귀화하였으므로 이들을 조사하여 만약 2중 國籍을 소유한 者가 있으면 中國服 착용을 이행할 事.

이 법의 요지는 ① 동삼성에 거주하는 韓人은 모두 중국인의 농장 고용인이 되는 외에는 다른 업종을 영위하지 못하며 ② 韓人은 어떤 경로로도 토지를 租借할 수가 없고 ③ 韓人은 선량한 분자가 아니면 중국인의 고용인도 될 수 없다는 것이다. 이는 바로 재만한인 모두를 중국인의 農奴로 만들겠다는 것이며, 그것도 그들에게 순종하는 사람만 선별하여 택하겠다는 법률이었다. 이 법에 의해 중국측은 한인이 중국인 지주에게 이미 고용되어 삶을 영위하고 있는 중에도 수시로 保甲隊의 巡警을 순회시켜 이를 점검하였다.13) 그런가하면 이들 순경들은 한인들에게 가옥을 빌려준 중국의 집주인들도 방문하여 가옥 명도서를 보여줄 것을 요구하고 그 조치가 잘되어 있지 않으면 이유 여하를 막론하고 한인들을 쫓아내려 하였다.14)

---

13) 「朝保秘第417號 大正15年 6月 17日, 鮮匪團正義府ノ移轉ト中央通信發行ニ關スル件」, 아연필 100-4-034, pp.374-375.

이 같은 중국측의 극심한 탄압을 한인들도 그대로 받기만 한 것은 아니었다. 즉 1926년 5월 중국 순경들이 興京縣의 이주한인을 찾아가 고용계약을 보이라하며 심하게 협박하였다. 이에 중국인 지주에게 고용되어 있던 한인들은 水田농사를 위해서는 한창 바쁜철임에도 불구하고 일체의 농사일을 거부하였다. 그와 함께 수백명의 한인들이 일치 단결하여 홍경현 知事를 찾아가 모욕적인 中國官의 처분에 항의하였다.15)

그런가하면 빈번한 한인탄압으로 자신들의 농사에 심한 손실을 입게되자 중국의 지주들 또한 官에 수전농사를 위해서 이주한인을 탄압하는 행위를 자제해주도록 요구하였다. 그리하여 지주들의 요구가 중국의 이익을 위해서는 타당하다고 판단한 봉천성 당국은 다음과 같은 포고문을 발표하기에 이르렀다.16)

  過般 省長公署에 있어서는 各 縣 水利局長에 命하여 東三省內 이주선인의 水田經營狀況을 조사하였던 바 其水田開拓의 元祖는 이주선인으로서 개척 당시 我商民은 토지에 근소한 租稅를 課하여 外人에 막대한 수입을 得케하였다. 如斯한 것은 장래에 있어서 일대 憂慮를 초래할 것이라고 확신하고 我官憲은 商民을 선동하여 此等 水田經營權을 이주선인으로부터 몰수하여 我商民에게 경영케 할 것이라는 議가 起하여 각지에 있어서 鮮人壓迫을 단행했으나 도리어 반대현상을 초래하는 實例가 不尠하다. 그리고 각지 수리국장의 보고에 의하면 我商民의 수전경영은 甚히 유치할 뿐만 아니라 總히 이주선인의 경영상황에 見習하고 甚하기로는 鮮人에 雇入되어 其指導를 俟하고 있다고 한다.

  此際 일제히 이주선인을 구축하게 된다면 我水田經營의 개량발달은 依然停頓하는 부득이한 지경에 至할 것이다. 東三省 일대의 실업

---

14) 《동아일보》, 1926. 11.12.
15) 「朝保秘第417號 大正15年 6月 17日, 鮮匪團正義府ノ移轉ト中央通信發行ニ關スル件」, 앞의 자료, pp.374-375.
16) 「大正15年 10月, 水田經營上 鮮人을 保護하라」, 『韓國獨立運動史』 5, 국사편찬위원회, 1968. 12, p.661.

진흥을 圖할 시기에 一考를 要할 문제인 것이다. 鮮人壓迫은 時勢에 상응하는 處置가 아닌 것이므로 그대로 수전경영을 지속케 하여 我商民이 충분히 경영의 방법을 了解할 때에 이르러서 本 公署는 상당한 수단을 선택할 방침이니 종래 시행의 稻田辦法의 運用을 확실케 하여 鮮人을 사용할 것이다 ……

이 포고문을 보면 자신들에게 이익되는 수전농사를 위해 한인들을 수용하여 부려는 먹되 대접은 해주지 않고 탄압하겠다는 것이다. 하지만 봉천성 당국의 이같은 의지는 한인들의 저항과 중국인 지주들의 비협조로 제대로 이루어지지 않은 것 같다. 그 같은 사실은 1927년 12월 봉천성에서 또다시 발포한 다음과 같은 在滿韓人 단속령에 의해 알 수 있다.17)

① 朝鮮人의 土地 賃借는 地主로부터 縣知事에 보고하여 鑑札을 발급한 후에 耕作을 허함
② 土地賃借는 1년을 한도로 하되 계속할 때에는 新鑑札을 청원하여 앞의 手續을 經하지 않으면 무효로 함
③ 鑑札1枚에 吉林大洋銀 6圓인데 借主로부터 납부한 것을 그 6割은 財政廳에 4割은 縣公署에서 수납함
④ 地租는 量租錢租로 鑑札에 記明함
⑤ 借主는 中國人商舖 또는 지방에 거주하며 歸化후 3년을 경과한 조선인을 보증인으로 하여 계약할 것
⑥ 借主에 대한 세금은 中國租稅慣例에 의함
⑦ 稻田耕作의 引水는 警察의 허가를 요할 일
⑧ 朝鮮人借主는 自衛를 구실로 銃器彈藥을 비치하는 것을 허치 않고 또 保衛團兵 침기를 不得함
⑨ 朝鮮人 收穫의 農産物은 賣却自由이지만 비밀히 境外에 반출을 불허함
⑩ 중국인 지주가 비밀히 토지를 조선인에게 賃貸하며 擔保賣却하는 것을 발견할 경우에는 國土盜賣罪로 처벌함

---

17) ≪동아일보≫, 1927. 12. 22.

⑪ 地主는 조선인에게 토지를 임대한 후에는 監査의 責이 有함. 借主
不當의 행위가 있으면 보고하고 보고를 태만히 하면 土地 約 3段
에 해당하는 10圓이상 100圓이내의 벌금에 처함
⑫ 이 규칙은 大元帥의 허가로서 시행함

 이 단속령을 보면 이주한인에게 토지를 賃借하기는 하되 임차 기간을 정하고 보증인을 세우는 등 까다로운 절차에 따를 것이고, 각종의 세금도 엄밀하게 수취하겠다는 내용이다. 하지만 이주한인들이 만주에서 계속 生을 영위하자면 이들 모든 굴레와 구속을 감수하고 중국인의 토지를 임차할 수밖에 없었다. 따라서 이주한인들은 어쩔 수 없는 중국측의 극심한 탄압을 받아가며 토지를 임차하여 절약하며 궁핍한 생활을 이어갔다.

2) 국외 자립사회 건설을 위한 실력양성

 남만으로 이주한 한인의 비참한 생활상을 개선하는 일은 정의부 지도층이 가장 시급히 해결해야 할 과제였다. 정의부 성립을 주도한 인물들은, '3·1 운동 전후부터 1920년대 초까지 펼쳐진 재만 독립군의 항일무장투쟁은 성과도 있었지만 그에 따른 큰 희생이 따랐다'고 주장하였다. 그런가하면 '무장투쟁이 이어지는 동안 우리 독립운동계는 분열이 있었고, 이주한인 사회는 참담해졌다'고 토로하였다.[18]
 따라서 정의부는 이같은 재만 독립운동계 및 한인사회를 다시 정비해야될 필요성을 절감하였다. 그리하여 그들이 강구해 낸 것이 산업부흥과 교육우선 및 공화주의 이념에 입각한 이주한인을 대상으로 한 民政의 실시였다. 그리고 그 지향하는 바는 한민족의 國外 自立社會 건설이었다.
 정의부가 성립될 시기 이주한인들의 소득은 앞에서 살핀 바와 같이 보잘 것 없었다. 그러나 한인들이 여기저기 납부해야될 금전적인 부담은 이

---

18) 「大正13年 8月 13日, 全滿統一發起文入手ノ件」.

루 헤아릴 수가 없었다. 대표적인 것은 중국측에 납부하는 각종 세금이었다. 가축세 · 도살세 · 부동산세 · 연통세 · 문턱세 · 관아출입세 · 비적토벌세 · 보안대비 등 일반 농민들로는 기억할 수도 없는 수십가지의 세금을 중국측은 한인들에게 부담시켰다.19) 그런가하면 한인들은 여기저기에 산재해 있는 각 독립운동 단체들에게 義捐金 · 義務金 또는 軍資金의 명목으로 금전을 납부해야만 했다. 이주한인들은 독립군들이 조국 광복을 위해 목숨을 아끼지 않는 모습을 수시로 대하기 때문에 그들의 힘이 닿는 대로 경제적인 지원을 아끼지 않았다. 하지만 그들의 생활 자체가 어려우니 지원을 하면서도 불평불만이 없을 수 없었다.

石洲 李相龍의 孫婦로 독립군기지 개척 초기부터 1930년대 초까지 서간도 지역에 거주하며 독립군들의 활동상을 지켜본 許銀은 이에 대해 다음과 같이 구술하고 있다.

…… (이주한인이 독립군단에 내는 세금이-필자주) 모두가 독립운동 자금으로 나가는데도 좀 무식한 아낙네들은 그 세금에 불평이 많았다. '고산자(유하현 삼원포 고산자-필자주) 장터가 범아가리다.'고 하면서. 여자들이 장에 가서 나락 팔고, 쌀 팔고해서 돈 좀 손에 쥐면 무슨 단체, 무슨 모임에서 가두모금을 하기 때문에 하는 소리였다. 그러면 남자들이 야단을 친다. 나라 위해 하는 일인데 다같이 협조할 줄 모른다고. 하기야 그렇게 조직적으로 운영해 나가는 단체 덕을 보았지 안 본 사람 어디있나 ? 그 너른 천지에 자력으로 어디 가서 그렇게 살아갈 수 있었겠나 ?

군자금 걷는 일은 자치단체의 구장이라는 사람의 소관이었다. 區長이 집집마나 돈 걷으로 오면, '일본놈 보기 싫어 만주 왔더니, 농사지어 놓으면 군자금 한다고 다 뺏어 간다.'고 퍼붓는 아낙도 있었다. 일본놈도 싫지만 세금 걷어 가는 독립군도 싫다는 것이다. 단체 입장에서 보면 군자금은 그만큼 피땀어린 혈세였다. 그리고 위험한

---

19) 현천추, 「봉건군벌통치하의 과중한 부담과 로략에 모대긴 조선족인민들」, 『불씨』(중국 조선민족 발자취 총서 2), 北京, 民族出版社, p.134.

목숨의 대가였고.20)

허은의 이 구술에는 이주한인들이 어려운 상황속에서 독립군단을 지원한 사실과 독립군단이 이주한인을 대상으로 자치활동을 펼친 사항을 직접 겪은이의 입장에서 말해주고 있다. 그러나 허은의 구술대로 독립군의 활동은 조국광복을 위한다는 대의명분을 가지고 있기는 하였지만 이주한인들에게는 경제적인 어려움을 주었던 것이다.

이주한인들의 상황이 이러했기 때문에 정의부의 인사들이 이들을 위해 추구한 것이 산업부흥과 교육우선의 정책이었다. 그리고 이들 정책들을 실시할 수 있는 기본 틀인 공화주의의 확립이었다. 그리하여 궁극적으로는 國外韓人 自立社會를 건설하는 것이었다.

정의부 인사들이 國外 自立社會 건설을 위해 심혈을 기울였다는 것은 자치활동에 대한 여러 實例에서 알 수 있지만, 그 중에서도 성립 초부터 실시하려했던 '理想的農村 建設 計劃'과21) 주식회사 형태인 滿洲農業社의 조직을22) 보면 더욱 확실하다. 이들 두 계획은 모두 梁起鐸이 주도하여 추진한 것이다. 이상적 농촌건설 계획은 만주의 농업 중심이 되는 여러 곳에 水田農業을 중심으로 하는 韓人만의 농촌을 건설하려는 계획이었다.23) 이 案은 처음부터 거액의 자금을 필요로 하는 광대한 계획이었기 때문에 시도하지 못한 것으로 보인다.

따라서 그 차선책으로 실시된 것이 만주농업사의 조직이었다. 만주농

---

20) 구술 許銀 (기록 변창애), 『아직도 내 귀엔 서간도 바람소리가』, 正宇社, 1995. 7, pp. 80-81.
21) 「機密公第62號 大正13年 12月 15日, 不逞鮮人首領梁起鐸並其ノ水田經營設計ニ關スル件」.(日本 外務省 外交史料館 소장)
22) 「滿洲農業社 趣旨書」, 『不逞團關係 雜件 朝鮮人ノ部』(日本 外務省 外交史料館 소장). 만주농업사의 발기인은 梁起鐸・孫貞道・裵亨湜・郭鍾毓・崔日・吳德林・高豁信・全以德・崔萬榮 등이다.
23) 「機密公第62號 大正13年 12月 15日, 不逞鮮人首領梁起鐸並其ノ水田經營設計ニ關スル件」.

업사 취지서에는 정의부의 국외 자립사회 건설 의지가 다음과 같이 표현되어 있다.24)

> …… 대중의 힘을 모으면 능히 산도 옮길 수 있고, 至誠이면 돌도 뚫을 수 있다. 이에 뜻을 定하여 規則을 草案한다. 유독히 만주는 비옥한 토지가 풍부한데다 사람은 부족하니 개척하기가 有望한 최적지이므로 滿洲農業社를 조직한다. 이는 미주·내지·만주를 논하지 않는 선각자 선배들이 한마음으로 만든 結晶體인 바로 만주에서 농업을 경영하여 同族의 참담한 現象을 점차 구제하면 우리 동족은 낙원에서 노래를 부르며 더 나아가 세계의 사업을 경영하기에 이를 것이다. 이것은 진실로 민족적 사업인 것이며 정당한 世界的主義 이다. ……

이를 보면 정의부는 만주농업사 사업을 실현시켜 재만 한인의 자립사회 뿐만 아니라 우리 민족 전체의 理想社會를 구축하고자 하였다. 그리고 한걸음 더 나아가 세계속에서 한민족이 활동할 수 있는 기반을 건설할 계획이었다. 이는 비록 국토는 잃었지만 희망을 잃지 않고 새로운 사회를 건설하여 국권회복까지 이루려는 의지가 내포되어 있는 것이다.

이어 자립사회 건설은 물론이고 국권회복을 위해서도 필수적인 교육우선에 대한 정의부의 시책을 보면 다음과 같다. 정의부 지도층은 이주한인에 대한 교육을 두 가지 면에서 강조하고 중점사업으로 실천하였다. 첫째는 애국 인재를 양성하기 위한 것이었고, 둘째는 산업부흥을 위한 실력양성의 측면에서였다.

1910년을 전후한 독립군기지 개척이래 재만 독립운동 지도자들은 많은 민족학교 내지는 무관학교를 설립하였다. 그리하여 이주한인의 자제들을 대상으로 민족교육과 군사교육을 실시하여 수많은 애국 인재를 양성하였다. 이 같이 양성된 독립군 인재들은 3·1 운동 전후 여러 독립군단을 조

---

24)「滿洲農業社 趣旨書」,『不逞團關係 雜件 朝鮮人ノ部』.

직하여 광복을 위한 무장투쟁을 펼쳐 나갔다. 하지만 3·1 운동을 계기로 조성된 전민족의 독립에 대한 열망속에서 身命을 바친 독립군의 무장투쟁으로 조국 광복의 서광이 비추리란 독립군지도자들의 기대는 이루어지지 않았다. 일제는 오히려 1920년 10월 강력한 무력을 동원하여 서북간도를 침입 庚申慘變을 일으켜 독립군기지는 물론이고 이주한인의 생활기반까지 초토화시켰다. 그리고 무수한 독립군 인재와 애국한인들을 살상하였다. 따라서 자립사회 건설뿐만 아니라 軍政府의 역할까지 자임한 정의부로서는 희생당한 독립군인재들을 충원할 충량한 애국심을 갖춘 인재를 확보하는 것이 필요하였다.

건실한 사회를 구축하기 위해 교육은 필수적이었다. 더구나 자립적인 한인사회를 이루고자 한다면 훌륭한 인재를 양성하여 그들의 힘을 기반으로 할 수밖에 없었다. 정의부의 지도층들은 이같은 이념하에 농업·공업·상업 등 여러 분야의 지식과 기술을 한인의 자제는 물론이고 청장년에게까지 습득시켜 이를 기반으로 이주한인이 종사할 수 있는 다양한 산업을 개발하고자 하였다.25)

정의부는 교육의 목표를 인격함양과 애국심의 주입은 물론이고 직업화할 수 있는 과학적 지식의 습득에도 큰 비중을 두었다. 그 같은 면은 1925년 3월 30일 학무위원장 金容大의 명의로 발표된 다음과 같은 學務部 포고 제1호에서 밝히고 있다.

······ 本府의 교육은 小學·中學·女子高等·職業·師範 등을 신설하고 의무교육은 소학교에 한해 실행하여 全民族 進路에 일대 장애가 되는 문맹을 퇴치하는데 주력하고, 中學·女子高等은 남녀에게 中等常識을 주입시키는 동시에 尙武的 기개를 진작하여 국민의 중견이 되도록 교육시키며, 직업교육은 종래의 文具的 교육을 일대 변혁시켜 과학의 진리를 생활화하여 실제방면에 전력을 경주할 수

---

25) 高警第3303號, 大正14年 9月 18日, 「鮮匪團正義府ノ教育發令發表ニ關スル件」, 아연필 100-4-031, pp.1146-1148.

있도록 하며, 사범학교는 국민교육의 선구인 사표적 인격을 수양토록 하여 아동훈육상 완전한 기술을 숙련토록 한다. (중략) 공동체의 인생으로서 국가 또는 사회의 환경에 철저하도록 하는 것은 지극히 중요한 일이다. 개성을 발전시키는 동시에 경우 및 그 입장에 따라 공동생활에 대한 직책을 능히 수행할 수 있도록 인격을 양성시키는 것은 아동교육의 주안점이다.26)

 이 같은 정신으로 정의부는 이주한인의 다양한 교육 습득을 통해 실력을 양성하고 그 기반 위에 산업부흥을 꾀해 자립사회를 건설하고 조국 독립의 목표까지 달성코자 했던 것이다. 그러나 성립 초기 정의부의 이러한 이념은 워낙 취약한 한인사회의 기반과 중국을 이용한 日帝의 탄압 등 여러 악조건으로 괄목할 성과를 이루지는 못하였다. 하지만 정의부 존립기간 내내 이같은 民政에 대한 이념 성취의 노력은 한인사회에 영향을 미쳤다.

3) 공화주의

 정의부는 이주한인을 대상으로한 國外 自立社會를 공화주의라는 정치이념의 실행을 통해서 그 틀을 유지하고자 하였다. 공화주의의 실현 의지에 대해 정의부는 포고 제2호에서 '…… 本府는 인습・전통・숙명 …… 그 재래사회의 병적 현상을 초탈하고 엄연한 민중의 의사를 표현하는 신기관으로 우리 민족의 활로를 전개할 것이다. ……' 라고 밝혀 구시대의 전제주의를 부정하고 관한 이주한인 모두의 의사에 따른 공화주의 입상에서 정의부를 운영할 것을 명백히 하였다.27)
 정의부는 공화주의를 실천하기 위해 관할지역을 획정하고 헌장을 제정

---

26) 위의 자료, pp.1141-1146.
27) 高警第1404號, 大正14年 4月 27日, 「正義府ノ公報發行ニ關スル 件」, 앞의 자료, pp. 442-445.

하여 중앙조직을 3권 분립에 의한 입법·사법·행정 기관으로 나누어 조직하였으며, 각 관할지역내 지방조직에도 중앙과 연계될 수 있는 3권 기관을 설치하였다. 입법기관은 의회였고, 사법기관은 중앙에는 중앙심판원, 지방은 査判所였으며, 행정기관은 중앙의 경우 중앙행정위원회 및 민사·군사·법무·학무·재무·교통·생계·외무 등 8개 부서였고, 지방의 경우도 지방행정위원회와 그 하부기관이었다. 정의부는 이들 3권 시행의 주체가 되는 인민의 위치에 대해 헌장의 총칙 제4조에서 '본부의 일체 주권은 본부 범위내의 전체 인민에게 있고, 그 행사권은 政務會에 위임함.'이라 하여 主權在民 사상을 밝혔다.28)

이는 정의부가 근대적 정치이념인 인민의 권리를 존중하는 민주주의를 실천하겠다는 의지이다. 따라서 정의부는 민본사상에 의거한 自立社會를 만들고자 한 것이었다.

이 정의부의 주권재민사상에 대해 일부 연구에서 부정적으로 평가하고 있으나, 29) 이같은 주장은 정의부를 비롯한 한국 독립운동 단체에 대한 주관적인 평가 부분을 간과한 것이 아닌가 생각된다. 정의부의 공화주의 이념이 국내 애국계몽운동자들의 영향을 받았음은 朴永錫의 논문에서도 지적되고 있다.30) 필자 또한 정의부 성립에 많은 노력을 기울인 양기탁이

---

28) 「機密公第369號 大正13年 12月 9日, 正義府憲章送付ノ件」. 군민대표회에서 개정된 헌장에는 '본부의 일체 주권은 본부 전체의 인민에 있다. 그 행사권은 행정위원회에 일임한다.'라고 되어 있다. (「대정15년 2월 23일, 정의부의 내분에 관한 건」, 독립운동사편찬위원회, 앞의 자료집 10, 1973. 12, p.381.)
29) 유병호, 「1920년대 중기 남만주에서의 '自治'와 '共和政體' — 정의부와 참의부의 항일근거지를 중심으로 —」, 『역사비평』 여름호, 역사비평사, 1992. 5, pp.262-263. 유병호는 그의 논문에서 정의부가 그들이 처한 객관적 환경을 간파하지 못하고 근대 서방자산계급의 천부인권론을 받아 들여 국민국가적 사상화를 주장한 애국계몽파의 이념을 맹목적으로 받아들인 것으로 설명하고 있다. 더 나가 그는 자신들의 국가가 아닌 남의 나라인 중국에 僑居하는 조선족으로서는 영토권도 없을진데 주권을 운운할 여지조차 없는 것이며, 정의부가 하얼빈-額穆-北間島 이남의 남만주 지역을 획한 것은 활동지역을 명한 것이지 결코 국토를 획분한 것이 아니라고 정의부의 공화주의적 통치이념을 부정하고 있다.

나 이상룡이 애국계몽운동 단체인 新民會의 인사로 인맥상 그 영향이 있었으리라 본다. 하지만 그렇다고 해서 정의부 지도층이 1900년대 애국계몽운동자들의 이념을 맹목적으로 받아들였다고는 볼 수 없다.

정의부의 이념과 노선을 결정한 대다수의 인사들은 1910년대에 이미 도만하여 독립군기지 개척시기부터 수많은 고초를 이겨내며 재만 항일운동을 펼친 자들이다. 그런가하면 그 과정에서 척박한 한인사회의 고통과 궁핍을 함께 이겨낸 인사들이었다. 때문에 이들은 재만 한인사회는 물론이고 중국측의 태도나 실정 또한 잘 파악하고 있었다.

그 같은 경험을 가진 인사들이 현실을 직시하지 못하고 정의부와 같은 방대한 조직을 가진 단체의 이념을 맹목적으로 채택했다고 보는 것은 너무 안이한 평가인 것이다. 정의부는 인민에 대한 규정을 헌장 제2조에서 '본부는 중국령에 거주하는 일반 韓族으로서 조직한다. 단, 중국령 이외에 거주하는 사람에게도 본부에 納籍이 있을 때에는 본부 인민으로 한다.'라고 분명히 밝히고 있다.31) 따라서 정의부에서 말하는 인민이란 韓人 중에서 정의부가 요구하는 사항을 지키고 籍을 올린 者를 가리키는 것이다. 정의부가 규정한 인민에 대한 해석이 이와 같다면 정의부의 인민은 분명 공화주의를 표명한 정의부라는 조직체 내에서 주권을 가질 수 있는 것이다. 또한 주권을 가질 수 있는 인민의 규정이 이와 같기 때문에 영토권 또한 문제가 되지 않는다. 만주에 한인 자립사회를 건설하려는 것도 중국측과 정당한 거래에 의해 필요한 토지를 구입하여 정치적이나 군사적인 점령이 아닌 경제적 소유의 의미에서 실현하려 했던 것이다.

그와 함께 정의부가 히얼빈-額穆-北間島의 線 이남의 만주 전부를

---
30) 朴永錫, 「正義府硏究-民主共和政體를 중심으로-」, 『日帝下 獨立運動史硏究』, 一潮閣, 1984. 9, pp.85-86.
31) 「대정15년 2월 23일, 정의부의 내분에 관한 건」, 독립운동사편찬위원회, 앞의 자료집 10, p.381. 정의부 인민에 대한 이같은 규정은 1926년 11월 20일 공포된 개정헌장에서는 '본부는 중국령에 僑居하는 조선민족으로 조직한다.'로 바뀌었다.

통치구역으로 명시한 것도 영토를 의미한 것이 아니라 인간, 즉 정의부에 적을 둔 한인을 대상으로 한 것이다.32) 그렇다면 이 모든 상황이나 범주를 염두에 두고 정의부가 그를 지키며 공화주의를 실천하지 못할 이유가 없는 것이다. 따라서 정의부는 영토 또는 조직 면에서 국가적 형태를 이루지 못하였지만, 실천면을 볼 때 국외 자립사회를 지향한 망명 군정부라고 규정할 수 있을 것이다.

한편 정의부는 이 같은 공화주의 이념의 확실한 실천을 위해 반복벽주의 노선을 채택하였다. 정의부에 통합된 8개 단체 중 가장 큰 세력을 가졌던 統義府의 경우 전덕원·채상덕 등 復辟主義 계열은 여러 다른 요인도 있긴 하였지만 통의부의 기본 노선이 共和主義라 하여 반발을 보였다. 이 같은 복벽주의를 배격하는 통의부의 기본 노선은 통합 후에도 정의부의 기본노선이 되었다.

앞의 '포고 제2호'에서 보듯이 정의부는 민중의 의사를 표현하는 신기관을 지향하는 조직체이며 복벽주의 단체가 아님을 분명히 밝혔다. 따라서 反復辟主義的인 입장을 가진 정의부는 조직내의 일상적인 것에서도 그 같은 면을 개선해 나가기 위해 지금까지 독립운동 단체내의 고위직에게 '閣下'·'座下' 등을 職名에 붙여 부르던 것을 일절 폐지하고 書面에는 '前', 대화에서는 직명만을 사용하도록 하는 府令까지 공포하였다.33) 정의부는 인민이 주체가 되는 신사회의 틀인 공화주의를 위해 권위주의의 잔재를 일소하고자 했던 것이다.

---

32) 유병호는 정의부의 관할 구역인 하얼빈-額穆-北間島의 線 이남 만주지역을 정의부의 활동지역 이라 하였는데, 이 또한 씨의 오류로 판단된다. 이는 통치구역이지 활동지역은 아니다. 정의부 소속원의 활동지역은 남북 만주는 물론이고 한국·일본 등 일제와 항전을 펼칠 수 있는 곳은 어디든 될 수 있는 것이다.
33) 高警第1404號, 大正14年 4月 27日, 「正義府ノ公報發行ニ關スル件」, 앞의 자료, p.438.

4) 독립군 기지화와 무장투쟁

정의부는 한인의 자립사회 건설을 위한 民政과 함께 조국의 독립을 쟁취하기 위한 軍政을 실시하였다. 그리고 그 路線은 다른 모든 재만 독립군단들과 마찬가지로 일제를 대상으로 한 무장투쟁의 실시였다. 정의부 성립 초기 지도층은 관할지역내에 공화주의적 자치정책을 정착화시켜 정의부를 중심으로 한 일정의 자립된 한인사회를 완성코자한 의지가 강했으므로 무장투쟁 중심의 항일활동은 상대적으로 미흡한 면이 있었다. 그러나 정의부가 성립 초기 항일 무장투쟁을 소홀히 하였다고는 하나 그 준비나 실천을 게흘리한 것은 아니었다.

정의부는 성립 초기 자치이념에 충실한 한인사회 건설에 치중하면서도 무장투쟁을 실천할 주체인 독립군들을 그 체제 속에 흡수하여 운영하였다. 정의부 이전 대부분의 독립군단들은 군사위주의 조직체계를 갖추었다. 하지만 정의부에서의 독립군 군사력은 3권분립의 조직체계 중 행정기관에 해당하는 중앙행정위원회의 1개 부서인 군사부에 예속하게 되었다.34) 또한 이들 정의부 소속 독립군에 대한 군인 징모·교육 및 동원·계엄에 관한 모든 중요 의결사항은 중앙행정위원회에 일임되었고, 중앙행정위원장은 戰時가 되면 군대에 대한 최고 명령권을 가졌다.35) 이와 같이 중앙조직의 1개 부서의 소속으로 편제된 의용군은 초기에는 軍事·參謀·訓育·軍法·軍需 등 5개 課를 두어 군사행정에 관한 업무를 맡도록 하였다.36)

---

34) 「機密公第369號 大正13年 12月 9日, 正義府憲章送付ノ件」(憲章 第61條) ; 「高警第2648號 大正14年 8月 5日, 正義府ノ職制二關スル件」, 아연필 100-4-031, p.679.
35) 「機密公第369號 大正13年 12月 9日, 正義府憲章送付ノ件」(憲章 第 63條) ; 「대정15년 2월 23일, 정의부의 내분에 관한 건」, 독립운동사편찬위원회, 앞의 자료집 10, p.385.

정의부가 성립 초기에 의용군의 업무를 실전적인 체제보다는 행정적인 정비에 치중한 것은 보다 안정된 군정을 실시하고자 한 것으로 판단된다. 이는 의용군내에 일반 전투부대가 아닌 헌병대까지 설치한 것으로도 알 수 있다. 헌병대는 무력을 보유한 독립군이긴 하지만 抗日戰보다는 軍內의 기강 확립을 주임무로 하는 군대였기 때문이다.37)

그런가하면 이들 의용군들에게는 이제까지 다른 모든 독립군단에서 독립군의 큰 임무로 여겨졌던 군자금 모집활동을 하지 못하도록 하였다.38) 독립군 병사들은 오히려 각 중대 또는 소대별로 지방에 분산 배치되어 훈련이나 항일전투를 치루지 않는 기간에는 통의부에서와 마찬가지로 屯田兵制가 실시되어 자립사회 건설을 위한 산업요원으로서의 임무가 부여되었다.39)

의용군에 대한 성립 초기 이러한 체제와 활동범위는 정의부가 그만큼 자치이념의 달성에 치중했다는 것을 보여주는 면이다. 한인사회의 굳건한 경제력 구축과 질서있는 체제를 확립코자 한 것이다. 그러면서도 항일 무장력은 계속 존속시키고 이 또한 중앙 행정조직 내에서 정비하여 질서있는 체제를 갖추도록 하였다. 성립 초기 이같은 체제를 유지한 것은 항일이념의 면에서는 독립군기지화를 도모한 것이라 볼 수 있다. 정의부 성립을 위한 전만통일회 선언서에서도 대표들은 한인사회의 산업진흥을 이루는 일이 바로 광복사업의 근본이라고 하였다.40)

정의부의 지도층들은 항일의 1차 적인 실천을 산업을 일으켜 자립적인

---

36) 「高警第2648號 大正14年 8月 5日, 正義府ノ職制ニ關スル件」, 앞의 자료, pp.676-680.
37) 「在滿不逞鮮人團體一覽表」(大正14年 9月 末 現在), 平安北道 警察部.
38) 「高警第1404號 大正14年 4月 27日, 正義府ノ公報發行ニ關スル件」, 앞의 자료, pp. 437-438.
39) 「大正13年 5月, 在外不逞鮮人ノ槪況」, 아연필 200-3-049, pp.32-33. ; 「大正14年 7月 7日, 不逞鮮人團 正義府의 現勢에 關한 件」, 『韓國獨立運動史』 4, 國史編纂委員會, 1968. 12, pp.814-815.
40) 「大正13年 12月 30日, 不逞鮮人等ノ開催ノ全滿統一宣言書其ノ他ニ關スル件」.

한인사회를 만드는 것으로 판단했다. 그리고 그 기반위에 청소년들을 교육시켜 민족의식을 강화하는 한편 군사적인 힘을 키우고자 하였다. 아무리 막강한 무장력을 갖추었다 할지라도 이를 운용할 재정이 뒷받침되지 않는다면 무용지물이 될 수도 있는 것이다. 이러한 정의부 지도층들의 계획은 독립군기지 개척 초기에 민족운동가들이 실천했던 것이었다. 1910년 전후부터 구축되기 시작한 독립군기지를 기반으로 조직된 독립군단들은 봉오동이나 청산리대첩 또는 수많은 국내진입전의 수행으로 대일항전에서 큰 성과를 거두었다. 하지만 경신참변과 그를 이어 계속된 일제의 탄압으로 독립군기지는 초토화되었다. 다시 항일의 기반을 복원하지 않고는 재만 독립군의 근본 목표인 무장항쟁을 펼치기가 지극히 어려웠던 것이다. 따라서 정의부 지도층은 산업이 부흥되고 교육이 실천되는 자립사회를 건설해 굳건한 독립군기지를 구축코자 했던 것이다.

정의부 지도층들은 성립 초기 군정활동을 위해 그 기반이 되는 독립군기지를 이같이 구축해 갔다. 그리고 1926년 1월 軍民代表會 성립 이후부터는 이를 적극적인 무장투쟁을 실천하는 방향으로 군정의 노선을 변경하였다. 군민대표회 성립 이후 정의부 군정노선을 살펴보면 다음과 같다.

군민대표회의 노력으로 일시 분란되었던 정의부 중앙조직은 1926년 중반으로 가면서 어느 정도 수습되었다. 따라서 분란이 야기되었을 때 중앙본부를 떠났던 간부들도 근거지로 돌아왔다.[41] 이들 간부들은 군민대표들이 임시로 수습해 놓은 조직을 재정비하고 군민대표회 대표로 모였던 관할지역 지방대의원들과 독립군 장교들을 소속지역으로 돌려보냈다. 그리하여 1926년 후반으로 가면 정의부 중앙조직은 본래의 기능이 살아나 어느 정도 안정감을 갖게 되었다.

하지만 정의부 중앙조직의 기능은 수습되었으나 외부적인 요인은 이전과는 달랐다. 첫째는 중앙조직의 간부들이 임정과의 관계개선을 노력하다

---

41) 「朝保秘第417號 大正15年 6月 17日, 鮮匪團正義府ノ移轉卜中央通信發行ノ關スル件」, 앞의 자료, pp.369-370. 같은 자료, pp.575-576.

결국은 분란된 모습을 보이자 그를 불만스럽게 주시했던 관할지역 한인들의 태도 변화였다. 1926년 4월 1일 북만 하루살이團이라는 단체는 성명서를 발표하여 중앙행정위원회의 불신임, 중앙의회의 해산 등 일련의 정의부 중앙조직체제의 분란을 성토하였다.42) 그리고 이를 해결하기 위해 조직된 군민대표회의 군사위주 정책을 비판하였다. 이어 같은 해 4월 阿城縣의 이주한인들 또한 주민대회를 개최하고 정의부에서 탈퇴한다는 성명서를 냈다.43) 이와 같은 정의부 관할지역내 한인들의 성토는 중앙조직이 일시적으로 흐트러졌을 때 생겨난 반응이기는 하다. 하지만 반감의 결과 관할지역의 일부한인들이 그들의 거주지를 옮기는 극한 민심 이반의 경우도 생겨났다.44)

다음 또 한가지의 외부적 요인은 만주를 본격적으로 침략코자한 일제가 그에 방해가 되는 재만독립군들을 완전 소탕하기 위해 1925년 6월 중국측과 맺은 소위 三矢協定에 의거 중국측이 이전 보다 더욱 철저히 탄압을 가해 왔다는 것이다.45) 무력적인 면에서 약세에 놓인 중국측은 이 협정에 따라 많은 독립군들을 체포해 일제측에 넘겨야만 하였다. 따라서 중국의 軍警들은 독립군을 색출한다하여 무고한 한인의 집을 수색하는 만행을 부렸다. 게다가 삼시협정이 발표되고 나서부터는 각 지방의 중국 관리들도 제각기 한인단속령 또는 한인추방령을 반포하여 일반 한인들을 극심하게 탄압하였다.46)

---

42) 「朝保秘第44號, 大正15年 5月 3日 鮮匪團正義府內訌後ノ狀況ニ關スル件」, 아연필 100-4-034, pp.969-978.
43) 「朝保秘第44號, 大正15年 5月 11日 鮮匪團正義府ニ對スル反感ニ關スル件」, 아연필 100-4-034, pp.159-161.
44) 위의 자료, pp.157-158.
45) 「不逞鮮人の取締方に關する朝鮮總督府奉天省間の協定」, 『日本外交年表竝主要文書』下, 原書房, 日本 東京, 1965. 12, pp.75-76.
46) 「大正15年 1月 遼寧省不逞鮮人取締, 管理韓僑章程總則」, 『韓國獨立運動史』 5, 國史編纂委員會, pp.671-672. ; 「大正15年 11月 長白縣知事의 移住鮮人取締方針」, 같은 책, pp.664-665. ; 「昭和2年 5月 5日 日支協定에 基한 鮮人取締를 徹底히 하기 爲하여 退去命令을 發한다」, 같은 책, pp.665-666. 삼시협정 이

정의부 지도층은 한층 어려워진 상황을 타개하기 위한 새로운 정책을 시행하지 않으면 안되었다. 따라서 일단 이반된 민심을 무마시키고 다시 집중시키기 위하여 巡廻講演團을 조직 각 관할지역에 파견하였다.47) 이들은 이번 임정과의 관계 개선 문제로 파생된 중앙조직의 분란을 사과하는 한편 정의부를 중심으로 함께 뭉쳐 더욱 굳건한 자치조직체 및 독립군기지를 완성할 것을 관할 한인들에게 호소하였다. 순회강연단의 활동과 더불어 정의부는 새로운 언론매체를 만들어 정의부의 시책을 전달하고 관할 한인의 분열을 방지하였다. 1926년 5월에는 월 1회 발간되는 ≪중앙통신≫을,48) 같은 해 9월에는 한글신문인 ≪대동민보≫를,49) 1927년 1월에는 기관잡지 ≪전우≫를50) 발간하였다. 그런가하면 중국인들을 위해, 그들이 정의부의 시책에 원조는 하지 않더라도 이해해 달라는 입장에서 1926년 11월에는 중국문 신문인 ≪신화민보≫를 발간하였다.51)

중앙조직의 일시적인 분란이 있은 뒤 한인사회를 이같이 다져간 정의부 지도층은 본격적인 항일전선 구축에 노력하였다. 대외적으로는 참의·신민부 등과 연합전선 구축을 추진하였고, 고려혁명당과 같은 외곽단체를 조직 항일전을 수행하였다. 참의부측과는 1926년 5월경 참의부 소대장 李應瑞(일명 : 李白坡)부대와 연합작전을 도모하였다.52) 신민부측과는 1926년 3월 액목현에 공동무관학교를 설립해 독립군을 양성하는가 하면,53)

전에도 중국 지방관리들의 이같은 한인 탄압 공포문 발표는 여러 번 있었다.
47) 「朝保秘第417號 大正15年 6月 17日, 鮮匪團正義府ノ移轉ト中央通信發行ニ關スル件」, 앞의 자료, p.374.
48) 위의 자료, pp.371-373.
49) 「朝保秘第374號, 昭和2年 3月 18日 不穩雜誌≪戰友≫發刊ニ關スル件」, 앞의 자료, pp.335-336.
50) 위와 같음, pp.335-336.
「朝保秘第1016號, 昭和2年 5月 13日 不穩雜誌≪戰友≫ノ記事ニ關スル件」, 아연필 100-4-035, pp.769-770.
51) 「朝保秘第1515號 大正15年 12月 1日, 不穩新聞≪新華民報≫ノ發刊ニ關スル件」, 아연필 100-4-034, pp.779-782.
52) ≪동아일보≫, 1926년 5. 23.

1927년 4월에는 공동작전하에 러시아로부터 무기를 들여오기도 하였다.54)

대내적으로는 1927년 2월 사령관 吳東振의 命에 의해 의용군 체제를 개편하고, 훈령을 발표해 독립군의 항일정신을 새롭게 하였다.55) 그런가 하면 성립초기 확고한 民政이념의 실현을 위해 府令으로까지 발표해56) 실시하지 않았던 군자금모집 활동도 전개하여 軍力을 증진시켰다.57)

이와 같이 정의부는 군민대표회 이후부터는 中·日의 탄압으로 동요하는 한인사회를 안정시키는 한편, 대내외적인 무장전선을 강화하였다. 그리고 그를 기반으로 軍政 노선을 극대화하여 항일전을 펼쳐 나갔다.

2. 정의부의 활동

1) 산업 부흥활동

정의부는 성립 초기부터 한인들의 경제상태를 개선해야 한다는 강한 책임감을 가졌다. 관할지역 한인들의 의식주 문제를 해결하여 삶의 기반을 마련해주는 것이야말로 항일무장투쟁 실천에 버금가는 중요한 일이었다. 어떤 면에서는 그보다 우선적인 문제였다. 재만 한인사회는 독립군의 근본 바탕이었기 때문이다. 재만 한인사회가 굳건하면 그 기반 위에 얼마든지 침략자 일제와 대항할 수 있는 항일세력을 構築할 수 있는 일이었

---

53) ≪조선일보≫, 1927년 9. 2.
54) 「朝保秘第1018號 昭和2年 5月 12日 在滿鮮匪團卜勞農共産黨卜ノ第應說ニ關スル件」, 아연필 100-4-035, pp.741-747.
55) 「朝保秘第560號 昭和2年 3月 15日 在滿鮮匪團卜勞農共産黨卜ノ第應說ニ關スル件」, 아연필 100-4-035, pp.308-316.
56) 「高警第1404號 大正14年 4月 27日, 正義府ノ公報發行ニ關スル件」, 앞의 자료, pp.437-438.
57) 「朝保秘第44號 大正15年 5月 3日 鮮匪團正義府內訌後ノ狀況ニ關スル件」, 앞의 자료, pp.967-968.

다.

　때문에 앞에서 살폈듯 정의부 성립에 중추적 역할을 하였던 양기탁·손정도 등은 그 첫 번째 실천사업을 韓人社會의 산업부흥에 두었다.
　양기탁은 먼저 재만 한인사회부터 시작하여 궁극적으로 2천만 전한민족의 생활을 구제할 수 있는 '理想的 農村建設'을 계획하였다.[58] 이 계획은 만주의 중심지대 여러 곳과 두만·압록·송화·오소리·흑룡강 등 5대강 유역 그리고 長白·小白山 등 부근에 한인을 위한 이상적인 농촌을 건설한다는 계획이었다. 이들 지역 중 거주지 및 농사가 될만한 평지를 선택하여 촌락을 설치하는데, 1개 촌락은 200가족이 거주할 수 있는 규모였다. 이 촌락에는 共同農場과 簡易工廠·소비조합·공동식당·공회당·醫院·소학교·잡지사·정미소 등 공동기관을 설치하고, 각 가정에서는 가장과 그 배우자 2명이 차출되어 의무적으로 모든 업무에 참가하도록 하였다. 즉 각 가정에서 2명씩 차출된 총계 400여명은 공동농장을 조성해 농사를 짓고, 함께 군역을 지고, 기타 마을의 모든 업무를 공동으로 하며 생활해 나가자는 것이었다. 양기탁은 이상적 농촌건설 계획이 실현되자면 일단 시작하는데 華銀 25만원이 필요할 것으로 판단하였다.[59] 그는 이 거액을 민족적 사업이라는 명분으로 국제적인 기관에서 1년에 8분의 이자로 차입할 계획을 세웠다. 그리하여 차입한 금액은 그 다음 해부터 10년간 갚아 나가고자 하였다.[60] 그러나 양기탁의 계획은 그의 노력에도 불구하고 자본금을 마련하지 못해 추진하지 못했다.
　일시에 많은 자본금이 필요한 이상적 농촌 건설계획이 힘들게 되자 이어 추진된 것이 주식회사 형태의 滿洲農業社 설립이었다. 민주농업사는 양기탁·손정도 등 9명이 발기인이 되어 1924년 12월 다음과 같은 설립

---

58) 「機密公62號, 大正13年 12月 15日, 不逞鮮人首領梁起鐸並其ノ水田經營設計ニ關スル件」.
59) 위의 자료.
60) 위의 자료.

취지를 밝혔다.61)

> ……만주의 동포 또한 어쩔 수 없는 삶을 영위하며, 금년에는 동쪽계곡에서 돌밭을 경작하고, 명년에는 서쪽계곡에서 들판을 개간하지만 지주에게 돌려주어야 할 소작료도 부족하여 空腹을 채울 방도도 없이, 헐벗은 몸둥아리를 가릴 계책도 없이 노인은 병상에서 고국을 그리고, 어린아이는 기아를 호소하고 있다.(중략) 대중의 힘을 모으면 능히 산도 옮길 수 있고, 至誠이면 돌도 뚫을 수 있다. 이에 뜻을 정하여 規則을 草案한다. 유독 만주는 비옥한 토지가 풍부한데다 사람은 부족하니 개척하기가 有望한 최적지이므로 만주농업사를 조직한다. …….

이는 한민족의 역량을 총합한 농업회사를 건립하여 나라를 빼앗긴 민족이지만 더 이상 기아에 허덕이지 않겠다는 의지를 보인 것이다. 만주농업사에 가입하기 위해서는 하얼빈 道裡 16道街 27號 裵亨湜의 집과 吉林省 城裡 尙宜街 기독교회내 손정도의 집 등 두 곳에 연락하여 가입신청서를 내고 株式을 구입하여야 했다.62)

만주농업사에는 만주 뿐 아니라 미주·국내 등 어디에 있는 한인이든 株主로 참여할 수 있었다. 滿洲農業社規則과 事業豫算書에 의해 그 경영방식을 살펴보면 다음과 같다.

만주농업사에 출자하려는 사람은 자신의 총 출자금액을 신청하고63) 4년동안 1년마다 1/4씩을 납입하면 되었다. 1株의 금액은 50원으로 총 2,000株를 발행해 100,000원의 출자액을 조성하여 이를 년간 25,000원씩 4년간 투입토록 하였다. 그리하여 최초 1년부터 출자액을 농장에 투입하여 4년 후에는 113,525원의 자본금과 1,180晌(1晌은 2,000坪)의 토지를 소유

---

61)「滿洲農業社趣旨書」,『不逞團關係雜件 朝鮮人ノ部』.
62) 위의 자료.
63)「滿洲農業社趣旨書」,「滿洲農業社事業豫算書」,『不逞團關係雜件 朝鮮人ノ部』.

하는 주식회사로 성장시킬 계획이었다.64) 4년차 이후부터는 성장한 만주농업사를 바탕으로 다른 지역의 한인까지 불러들여 보다 큰 규모의 농업을 펼칠 계획을 세웠다.

이러한 만주농업사의 조직은 任員會·常任委員會·定期總會 등 3종류의 회의체를 구성하여 운영하였다. 임원회는 社長 1인·理事 1인·財務 1인·農監 若干人으로 구성하고, 상임위원회는 위원장 1인과 상임위원 7인으로 구성하였다. 또 총회는 단 1株라도 가진 주주가 모두 모여 구성하였다.65)

정의부가 이상적 농촌 건설계획이나 만주농업사 설립을 추진하였던 것은 國外 自立社會의 건설을 목적으로 추진되었던 것이다. 정의부 지도층들은 재만 한인은 물론이고 국내의 동포들까지 극심한 기아에 허덕이다가 결국 독립운동은 고사하고 민족자체가 파멸될 것이라 생각했다. 따라서 이들 지도층들은 대단위 국외 자립사회를 건설하여 의식주를 해결하면서 항일운동을 펼치고자한 것이었다.

이 같은 목적 하에 만주농업사는 1925년 2월 1일까지 신청자를 접수해 본격적인 업무를 추진할 계획을 세웠다. 그러나 만주농업사 설립운동은 큰 성과를 얻지 못한 것으로 판단된다. 재만 한인의 재정상태는 끼니가 어려울 정도여서 그들의 힘을 기대할 수 없었고, 미주나 국내의 부호들과 연결하여 도움을 얻는 것도 일제의 감시 하에 있는 독립운동 지도자들 입장에서는 쉬운 일이 아니었다. 하지만 이 계획은 이후 정의부 지도자들이 民政 이념을 구현하는 基本案이 되어 이 단체의 산업을 부흥시키기 위한 활동에 큰 역할을 하였다 이 두 계획의 실천이 어려워지자 정의부 지도층들은 일단 현실적으로 가능한 일부터 시작하였다.

정의부는 통합에 가담한 단체들이 기존의 업무를 완전히 정리하고 실

---

64)「滿洲農業社事業豫算書」,『不逞團關係雜件 朝鮮人ノ部』계획 단계에서는 4차년까지의 출자 및 지출금만 나와 있다.
65)「滿洲農業社趣旨書」,『不逞團關係雜件 朝鮮人ノ部』.

질적인 업무를 시작하며 최초로 공포한 포고 제1호에서 산업활동 기반 조성에 대해 다음과 같은 몇 가지 계획을 발표하였다.66)

- 前統義府가 경영하던 共農收益額은 그 府의 旣定方針을 기초로 本府의 事業基本金으로 함.
- 前軍政署로부터 인계한 ㅇㅇ 縣(柳河縣 내지는 樺甸縣으로 추정 - 필자주)ㅇㅇ 場ㅇㅇ 場ㅇㅇ 場ㅇㅇ 場은 開墾하도록 함.

정의부로 통합을 도모하기 이전 統義府에서는 이미 公農規定을 마련하여 관할민의 전반적인 산업발전을 위한 농업부양책을 실시해 공농수익금을 적립하고 있었다.67) 또한 1911년 경학사 성립 이래 서간도 지역을 독립군기지로 개척한 인물들에 의해 조직된 西路軍政署는 유하현이나 화전현 등에 여러 지분의 토지를 보유하고 있었던 것이다. 따라서 이 포고에 의하면 통의부에서 경영하던 기존 방침과 이미 축적되어진 공농수익금을 기초로 서로군정서가 보유하고 있던 농장들을 적극적으로 개간해 산업부흥을 일으키겠다는 취지였다.

게다가 관할민으로부터는 다음과 같은 의무금 및 부과금을 부과하여 일부를 공농금에 투자해 소득사업을 벌이고 나머지는 조직을 유지하는데 활용하였다. 관할한인들에게 부과된 의무금은 6원이었으며,68) 부과금에 속하는 것으로는 관할한인들이 각종 생산활동을 통해 얻어진 소득에 부과하여 징수되는 소득세가 있었다. 소득세에 대해서는 1925년 4월 9일 재

---

66) 「高警第1404號 大正14年 4月 27日, 正義府ノ公報發行ニ關スル件」, 앞의 자료, pp. 439-442.
67) 朴杰淳, 「大韓統義府 硏究」, 『한국독립운동사연구』, 제4집, 독립기념관 한국독립운동사연구소, 1990. 11, p.237.
68) 「高警第915號 大正14年 3月 16日, 全滿不逞鮮人統一團體正義府ニ關スル件」, 아연필 100-001-230, p.232. 1926년 10월 24일부터 개최된 제3회 중앙의회에서는 의무금이 각 戶당 9원으로 인상 결정되었다.(「대정15년 11월 29일, 정의부 중앙의회 개최의 건」, 독립운동사편찬위원회, 앞의 자료집 10, p.393.)

무부령 제2호로 다음과 같은 所得稅徵收規程을 포고하여 징수하였다.[69]

제1조 所得稅는 개인 또는 공동단체가 경영하는 사업체가 년 5백원 이상 순이익을 올리면 徵收하기로함.
제2조 다음 각 항에 해당하는 단체나 개인은 免除함.
 1. 학교 · 유치원 · 고아원
 2. 자혜병원 · 양노원 등 구제사업을 목적으로 한 단체 및 유사 단체
 위 1 · 2호는 本府가 公認하는 것에 限함.
 3. 교육 또는 종교에 종사하는 者.
 4. 裸負商人
  위 3 · 4 호에 해당하는 자가 따로 영업을 해 얻은 수익에 대하여는 면제되지 않음.
제3조 所得稅는 다음의 각 호의 비례에 의하여 징수함.
 1. 5백원 이상 40분의 1
 2. 천원 이상   30분의 1
 3. 5천원 이상 25분의 1
 4. 만원 이상   20분의 1
제4조 所得稅는 영업종류에 따라서 각기 결산마다 징수함.
제5조 영업자는 각기의 결산기에서 그 소득액을 제1호 양식에 의하여 所管所에 신고케 함.
제6조 前條의 신고를 하지 않거나 또는 허위신고를 한 者에 대하여는 本稅額의 3분의 1을 추가 징수함.
제 7조 소득세 징수 방법은 區長에, 區長은 地方財務에, 지방재무는 財務部 會計課에 납입함.
제 8조 소득세를 징수할 때는 납입자에게 제2호 양식의 영수증을 발급함.
제 9조 체납자에 대하여는 1원에 10錢의 독촉료를 추징함. 그래도 납입하지 않는 자는 과태처분함.
 附則

---

[69]「大正14年 5月 6日附, 獨立不逞鮮人團正義府의 行動에 關한 件」, 국사편찬위원회, 앞의 책 4, pp.805-806.

제 10조 본 규정은 공포일로부터 시행함.

이 규정에 의하면 관할민에 대한 봉사활동인 교육 및 구제사업, 또는 일정한 안정된 직업을 얻지 못하여 행상을 하는 자들에게는 소득세를 부과하지 않지만, 기타 다른 업종에 종사하여 년소득을 500원 이상 올리는 者들에게는 소득율에 따라 府에서 관장하여 소득세를 징수하겠다는 것이다.

이러한 자금확보 계획 하에 통합이전 서로군정서가 개간한 농장을 바탕으로 정의부는 1925년 3월 9일 府令 第8號로 관할지역내에서의 공동농업 규정인 公農制 실시 규정을 발표하였다.70) 公農制는 처음에는 적립된 公農收益金을 관할민에게 농업자금으로 대부해 주고, 공농수익금의 일부로 農具를 구입하여 대여해 주는 것부터 시작하였다.71) 공농수익금을 대부 받을 수 있는 자격은 관할민들 중 심각한 경제적 곤란을 받는 사람들이 많았으므로 엄격히 선별하되 불가항력의 재해를 만나 생활을 스스로 일으키기가 도저히 불가능한 者들을 1차 대상으로 하였으며, 대출금에 대한 이자는 月 2步였다.72) 이는 관할민들에게는 싼 이자로 農資를 대부 받을 수 있어서 좋았고, 조직 전체의 입장에서는 해가 거듭될 수록 원금에 이자가 축적되어 튼튼한 경제력을 갖출 수 있는 효율적인 정책이었다.

정의부는 이 공농제를 더욱 발전시키기 위해 이미 통의부에서 시행하여 좋은 효과를 보았던 戶鷄制를 추가하여 실시하였다.73) 호계제란 이주한인 每戶마다 닭 한마리를 내게하고 그에 해당하는 주식을 발급하는 제

---

70) 「高警第1404號 大正14年 4月 27日, 正義府ノ公報發行ニ關スル件」, 앞의 자료, p.438.
71) 변승웅, 「정의부」, 『한민족독립운동사』 4, 국사편찬위원회, 1988. 12, p.254.
72) 「大正14年 5月 6日附 獨立不逞鮮人團正義府의 行動에 關한 件」, 『한국독립운동사』 4, 국사편찬위원회, p.807.
73) 朴杰淳, 앞의 논문, p.237. 李敦化, 「南滿洲行(第2信)」, ≪開闢≫(8월호), 開闢社, 1925. 8, p.92.

도였다. 호계제에 의한 기금은 계속 축적하여 일정액이 되면 그 돈으로 농지를 구입하여 토지가 없는 이주한인들에게 공동 경작케 하고, 거기에서 나오는 이익금을 적립하여 공농수익금을 늘려 가는 제도였다.74) 이는 만주농업사 설립취지를 소규모로나마 실현해가고 있음을 보여주는 것이다.

이어 1925년 9월 정의부는 民事部令 제514호로 '農村公會通則'을 반포하였다. 이는 관할지역 각 농촌에 거주하는 이주한인들이 상부상조하는 정신으로 산업과 생활력을 일으킬 수 있도록 그 기반을 마련키 위한 제도였다.75) 즉 農村公會는 관할 한인들 스스로가 자위력을 키우고 그를 기반으로 산업·문화·자선 등의 활동을 벌일 목적으로 조직된 보조행정기관이었던 것이다.

이 같은 농촌공회는 관할지역내에 있는 한인 촌락이 클경우에는 1개 촌락에 하나의 公會가 설치되는 경우도 있으나, 작은 촌락들일 경우는 여러개의 농촌을 연계하여 1개의 공회를 설치하였다. 회원의 자격은 정의부 관할지역에 거주하는 한인으로서 府民의 의무를 이행하는 한 가정의 戶主이면 누구나 가능하였다. 회원은 公會에 提議된 안건에 대해 선거 또는 피선거권을 가졌으며, 공회와 관련되어 발생되는 일체의 이익은 균등하게 분배하여 취했다. 그리고 제의된 안건이 표결에 의해 통과되면 회원은 이를 지킬 것과 회원 상호간의 생계를 도모하기 위해 상부상조하여야할 의무를 가졌다.

공회는 회원 3인 이상을 대표로 선출하여 집행부를 구성하였으며 집행위원중 1인을 선거에 의해 위원장으로 선출하였다. 하부의 조직으로는 公安·衛生·産業·文化·慈善·交涉 등의 부서를 두었다. 집행부의 위원, 각 부서의 장 및 직원들은 모두가 명예직이었으며 임기는 6개월 또는 1년이 될 수도 있었다.76)

---

74) 李敦化, 위와 같음.
75) 「紀元4258年 9月 28日 民事部令 第514號, 農村公會通則」, 輯安縣檔案館 資料.

공회의 회의는 정기회의와 임시회의 두 종류가 있었고, 정기회의는 1개월에 1회 혹은 2개월에 1회를 개최하든지 각 공회의 입장에 따라 정할 수가 있었으며, 임시회의는 회원 10인 이상의 요구나 집행부가 필요하다고 인정할 때 개최할 수 있었다. 정기 또는 임시회의에서 회원들은 기금 마련을 위한 저축운동이나 公債 발행에 관한 사항, 공동기금의 운용 방법 등을 논의하였다.

이와 같은 농촌공회는 공회 명의의 농경지를 확보하여 이를 회원들이 공동경작하였고, 거기서 나온 이익금을 기금으로 축적하였다. 또 공회가 주관하는 야학을 설립하여 학교에 다니지 않는 한인 청년들을 수용 知識과 技藝를 가르쳤으며, 가난한 회원 자녀의 학비를 보조하고, 그 중 우수한 학생은 상급학교로의 유학도 장려하여 그에 필요한 경비를 보조하였다. 또한 회원 상호간의 생계 도모를 위해 공동기금 중 일부로 農具나 생활 도구를 구입하여 공동으로 사용토록 하였으며, 기금의 일부는 회원들에게 저리로 융자해주기도 하였다. 회원들이 경작하는 농토 중 水田이 많은 지역에는 회원 모두가 힘을 합해 水路를 개발하는 활동도 벌였다.[77]

한편 회원들은 농촌공회를 중심으로 생활을 적극 개선하기 위해 자신들이 기본적으로 지키고 가져야할 품행과 정신을 함양하는데 노력했다. 즉 회원들은 단한푼 이라도 아끼기 위해 금연하였으며, 도박을 삼가 했고, 근면한 정신을 해칠 수 있는 요사스런 풍설을 멀리했다. 또한 다른 모든 한인들의 모범이 되기 위해 衣食住를 청결하게 하여 건강을 지키도록 애쓰고, 회원 상호간의 쟁의는 절대 일어나지 않도록 서로를 아끼는 마음 속에서 동족 전체를 사랑하는 마음으로까지 승화시켜 한민족의 아름다운 풍속을 조국을 되찾는 그날까지 간직하도록 노력하였다.[78]

이어 정의부는 공동체적인 산업부흥을 바탕으로 府民과 당국간의 연대

---

76) 위의 자료.
77) 위의 자료.
78) 위의 자료.

감을 강화시킨 신용사회를 건설코자 하였다. 즉 1925년 4월 재무부령 제3호를 발표하여 職員 및 軍人에 限하여 사용할 수 있는 食票를 발행하였던 것이다.79) 정의부의 직원과 군인은 年月日과 발행 第號가 명기된 재무부 명의로 발행된 식표에 差出者의 職名과 姓名을 기입하고 날인하여 제출하면 관할지역내 이주한인의 집 어디에서나 식사할 수 있었다. 그리고 이 식표를 받고 식사를 제공한 한인은 이를 區公所 또는 地方公所에 제출하면 이들 公所에서는 정의부 중앙조직인 재무부에 가서 식표를 현금으로 환전하여 제출자들에게 돌려주었다. 이 식표는 의무금을 납부할 때 현금 대신으로 사용할 수도 있었다.80)

관할지역 내에서 정의부 당국과 府民사이의 신뢰도 및 신용성을 판단할 수 있는 또 하나의 사업은 兌換券 발행이었다. 지금까지 밝혀진 자료에 의하면 2차례에 걸쳐 태환권을 발행하여 관할지역내에 유통시켰다. 1차는 1926년 1월 9일부터 8월 31일까지 시행되었고, 2차는 같은 해 8월 31일부터 1927년 3월 30일까지 시행되었다.81) 이중 1차로 발행되어 유통된 사항에 대해서는 자세하게 알 수 없으나, 2차로 발행되어 유통된 내용에 대해 알아보면 다음과 같다. 발행한 태환권은 10전 1만매, 50전 5천매, 1원권 3천매 등 3종류였다. 태환권의 용도는 정의부의 府員이나 조직과 관련된 업무를 행하는 사람이 식량을 구입할 경우나 지방출장시 숙박비 또는 식대를 지불하는데 사용할 수 있었다. 이외에 유흥음주나 기타 다른 목적에는 사용할 수가 없었다. 유효기한인 1927년 3월 30일까지 사용된 이 화폐는 그 취득자가 같은 해 4월 1일부터 5월 30일까지 정의부 財務部 및 관할 각 지역 財務課에 제출하면 만주지역의 유통화폐인 吉林大洋이나 奉天票로 교환해 주었다.82)

---

79) 「大正14年 5月 6日 獨立不逞鮮人團 正義府의 行動에 關한 件」, 국사편찬위원회, 앞의 책 4, p.806.
80) 위와 같음.
81) 「大正15年 11月 10日, 鮮匪團正義府의 兌換券發行에 關한 件」, 국사편찬위원회, 위의 책, pp.853-854.

이어 정의부는 신용사회를 바탕으로 더욱 산업을 일으키고자 1926년 5월 有限農業公司를 설립하였다.83) 이 사업에는 정의부의 주요간부들인 吳東振·玄正卿·金履大 등이 참가하였고, 초대 이사장에는 孫貞道, 경리에는 金箕豊이 임명되었다.84) 유한농업공사의 사업계획은 1년에 6만원씩 5년간 30만원의 자본금을 조성하여 대단위 농업을 추진한다는 것이었다. 30만원이 조성되면 이를 가지고 중국에 귀화한 한인의 명의로 대토지를 구입할 계획이었다. 그리고 이 토지를 水田으로 개발하여 한인들이 공동으로 경작하고 거기서 나온 소출은 공동으로 분배한다는 것이었다. 이 사업은 5년의 기간을 가지고 장기적으로 추진할 계획이었고, 그 준비과정에는 수시로 구입 가능한 토지를 확보하여 개발해 나가는 것이었다. 첫사업으로 유한농업공사는 창립 2개월 만인 7월에 이미 대규모의 황무지를 구입하여 이사장 孫貞道와 경리 金箕豊의 주관 하에 개간을 착수하였다.85) 이는 정의부가 성립 1년 반만에 어느 정도 경제력을 갖추게 되었고, 처음 목적했던 國外 自立社會 건설에 본격적으로 착수했음을 보여주는 것이다.

하지만 유한농업공사의 장기계획은 中·日의 방해와 열악한 환경에서 헤어나지 못한 한인들이 당장의 끼니 해결 때문에 적극적인 참여가 어려워 초기 목적한 바를 계속 실행하기가 힘들었다. 따라서 일정한 개간사업과 개간지 농업은 꾸준히 진행된 것으로 보이나 관할민을 모두 참여시킬 만한 사업은 추진되지 못한 것으로 보인다. 또한 1927년부터 있게된 민족유일당운동의 여파로 1929년 4월이면 정의부의 명칭이 완전히 없어지기 때문에 5개년 계획은 달성하지 못한 것으로 판단된다.

---

82) 위와 같음.
83) 「朝保秘第67號 大正15年 5月 10日, 鮮匪團正義府ノ近狀ニ關スル件」, 아연필 100-4- 034, pp.131-137. ;「抄件」, 新賓縣檔案館 資料.
84) 「朝保秘第1182號 大正15年 9月 30日, タムル黨ノ近情ニ關スル件」, 아연필 100-4-034, p.672.
85) 위의 자료.

1926년 11월 정의부는 농업 뿐만 아니라 상업활동까지를 겸하여 산업 부흥을 꾀할 수 있는 興農實業社를 설립하였다.86) 자본금 1만여원이 투자된 흥농실업사는 崔萬榮外 6명의 대표가 이사로 선임되어 농업과 상업을 함께 부흥시키기 위한 사업을 벌였다. 이 단체의 활동은 부민들의 열악한 환경을 크게 개선할 정도까지 이르지는 못하였지만 농장의 경영과 정미업 등의 사업에서 어느 정도 성과를 보았다.

이외에도 정의부는 강력한 탄압을 가해 오는 중국측의 관리들을 회유하고 그들과 협상을 벌여 1919년부터 移住韓人 李鍾岱가 吉林省 永吉縣에 조차하여 개간해 오던 新安村 農場을 한인의 집단농장으로 확대 개발하였다.87) 또 관할 여러지역에는 농민조합·농업공사 등을 설립하여 府民의 농업발전을 도모하였다.88)

이와 같이 다발적으로 일어나던 산업부흥 활동은 1927년 4월부터는 정의부 간부 대다수가 참여해 총체적이고 전면적으로 개진되기 시작하였다. 정의부의 핵심간부 30여명은 1927년 4월 1일 吉林省 東大門外 大東公司에서 府民의 산업부흥은 물론이고 위생·보건·교육 등 총체적인 생활안정을 도모키 위한 기구인 農民互助社 결성을 위한 발기회를 가졌다.89) 농민호조사 발기회의 취지와 발기인의 명단을 보면 다음과 같다.

○ 趣旨
滿洲地方으로 이주한 조선농민의 생활은 실로 慘酷하다. 이를 구조하여 생활을 안정시키기 위해서는 (ㄱ) 産業上 生産의 增加를 꾀하고 (ㄴ) 敎育의 발전을 도모하고 (ㄷ) 衛生과 保健을 수호하는 일로서 이것은 단독으로는 실현 불가능하므로 난제석으로 협동해야 한다.

---

86)「在外不逞鮮人의 狀況」, 국사편찬위원회, 앞의 책 4, p.739.
87) 朴永錫,「日帝下 在滿韓國流移民 新村落形成」,『韓民族獨立運動史研究』, 一潮閣, 1982. 1, pp.22-39.
88) 변승웅, 앞의 논문, p.254.
89)『朝鮮民族運動年鑑』, 在上海日本總領事館 警察部 第2課, 1932. 4, p.215.

ㅇ 發起人의 姓名
金基豊・金鎭浩・金履大・金元植・金虎・金東三・金定濟・金有成・金一秉・郭鍾毓・郭宇明・盧永武・智錫甫・李旭・李沰・李東雨・李裕弼・裵亨湜・朴起白・成泰永・孫貞道・安奎源・安昌浩・尹道淑・尹元圭・吳尙憲・吳松坡・吳東振・玉以成・全永一・崔日・崔萬榮・崔錫淳・表鶴華・玄正卿.

이 발기인의 명단을 보면 정의부의 핵심 간부들인 김이대・김동삼・이탁・오동진・현정경 등은 물론이고 흥농실업사를 경영하여 농업과 상업의 발전을 도모한 경험을 가진 최만영 등이 적극 참여하고 있다. 게다가 美洲에서 興士團 단장으로 활동하고 있는 안창호까지 가담한 것을 볼 수 있는데 실은 농민호조사가 발기하게 된데는 그의 역할이 컸다.
　안창호는 1925년 말부터 이미 만주에 한인이 경영하는 대농장을 건설한다는 계획을 세워 수많은 노력을 기울여 왔다.90) 따라서 그는 만주는 물론이고 국내외 민족운동 세력의 총체적인 실력 양성을 위한 기반 마련을 위해 1925년 11월 동지인 李鐸을 길림에 보내 적당한 토지를 물색토록 하였다.91) 길림에 도착한 이탁은 길림성 額穆縣 蛟河에 水田農業에 합당한 토지를 물색하여 南京에 있는 안창호에게 보고하였다. 안창호는 이탁이 선정한 토지를 미주의 흥사단 단원들이 모금해준 약 2만원의 돈으로 구입하여 경영할 계획이었다.92)
　이탁의 보고를 받은 안창호는 약 1년간 준비를 가진 후 1927년 초 길림성에 도착 정의부 지도층과 이주한인의 산업증진은 물론이고, 민족생존의 전반적인 문제에 관해 토의하였다. 그리고 그같은 사항을 재만 한인 전체의 관심과 문제로 확산하고자 길림성 東大門밖 大東公司에 약 500여

---

90)「高警第958號 大正15年 3月 23日, 不逞鮮人安昌浩及李鐸ノ土地經營計劃ニ關スル件」, 아연필 100-4-033, pp.779-781.
91) 정의부 중앙행정위원장 李沰과는 다른 인물이다.
92)「高警第958號 大正15年 3月 23日, 不逞鮮人安昌浩及李鐸ノ土地經營計劃ニ關スル件」, 앞의 자료, pp.779-781.

명의 한인들을 모아 강연회를 개최하였다.93) 안창호는 재만 한인사회의 경제력 향상이 궁극적으로 조국 광복의 초석이 된다는 것을 역설하면서 그를 위한 방안제시는 물론 생활환경 개선 문제까지를 토로하였다. 안창호의 열변에 회집한 한인들은 감동하고 그의 지시를 따를 것을 다짐하였다. 하지만 이 날 연설회장의 상황과 분위기는 일제의 吉林領事館警察署에 탐지되었고, 일제는 이를 한국 독립운동자들의 심상치 않은 활동으로 판단하였다. 일제는 중국측에 연설회의 주도 인물인 안창호를 체포하도록 압력을 가하였다. 처음에는 일제의 요구를 거절하던 중국측이었지만 결국 안창호를 비롯한 다수의 한인을 체포하였다.94)

안창호와 한인들이 피체되자 상해의 임시정부와 흥사단, 그리고 여러 독립운동단체에서는 백방으로 중국측에 항의하는 한편 설득 작업을 펼쳤다. 그 결과 이들은 피체된 지 21일만에 석방되었다. 석방된 후 안창호는 정의부측과 숙의 끝에 그가 추진하고자 했던 대농장 경영을 이끌어 갈 단체인 農民互助社를 조직하였던 것이다.

농민호조사는 발기된 후 단체의 행동 또는 시행지침인 '農民互助社 約束'을 제정하였는데 그 요목을 보면 다음과 같다.95)

가. 본사 사원은 호상협동하여 産業, 敎育, 風敎, 保衛등을 합작함
나. 본사 사원은 상호간에 신용과 박애를 존중하고 淸潔精美에 힘쓸 것
다. 본사 사원은 入會金(金表本位)을 납입하고 年金 1원을 납입할 것
라. 본사 사원은 토지를 매수하고 新農村을 건설하기 위하여 150원 이상을 출자키로 하고 出資金을 集收해 상당한 토지를 매수하여 이

---

93) 蔡根植, 『武裝獨立運動秘史』, 大韓民國公報處(民族文化社 頒布), 1985. 9. 30, pp.141-143. 일제는 이 연설회의 모임을 고려혁명당 당원들이 독립운동을 위해 모인 것으로 간파하였다.(朝鮮總督府警務局, 「在滿不逞團並社會主義ノ狀況」, 1928. 3, pp.204-207.)
94) 朝鮮總督府警務局, 위의 자료.
95) 在上海日本總領事館 警察部 第2課, 앞의 책, p.220.

를 출자액에 준하여 분배함
마. 150원 이상 출자할 수 없는 사원은 토지매수에 쓸 蓄貯蓄金으로써 5개년간 매년 3원씩 출자키로 함
각 사원의 저축금을 합동하여 토지를 매수하는 것이 가능할 때에는 우선 토지를 매수한 후 입금액으로 계속 매수하여 종래에 각 사원의 출자액에 준하여 분배 함.
바. 토지를 매수하는데 30원 이상 저축하기 불가능한 사원은 본사에서 상당한 지대에 토지를 租借할 것을 周旋한 후 이에 소요된 금액을 계산하여 각각 분담출자케 함.
사. 현금으로서 토지를 買得하고 집단농촌에서 사원들이 농작하는외 잔여의 토지를 사원에게 대여하고 또는 매도하는 경우에는 30원씩의 저금을 선납한 사원에 그 선취득원이 있는 것으로 함.
아. 150원을 현금으로 출자하는 사원은 매년 연말 이내에 납입할 것이며 계약금으로서 3백원을 前納할 것
자. 30원 이상씩의 저금으로서 출자코자 하는 사원은 매년 말 이내에 납입할 것이며 계약금으로서 30원을 전납할 것
차. 본사 贊成員은 찬성금 5원 이상을 납입하고 연금은 임의로 함
카. 통상회원이 50명 이상에 달한 때에는 창립총회를 열기로 함
타. 본사의 규정 및 사업방침은 창립총회에서 확정함

하지만 이같이 출발한 농민호조사도 1927년 4월 같은 시기에 추진된 민족유일당운동과 겹쳐 큰 성과는 보지 못한 것으로 판단된다. 민족유일당운동 추진 이후 재만 독립운동계는 다른 어떤 사업에 비해 독립운동계의 통일운동에 보다 큰 비중을 두었기 때문에 농민호조사의 사업에 집중력을 보이지 못했던 것이다.

이상과 같이 정의부는 府民의 생계보호는 물론이고 그 차원을 넘어 생활이 윤택해질 수 있는 여러 방안을 강구하였다. 이는 정의부가 성립초기에 목적하였던 국외 자립사회 건설을 위해 꾸준히 노력하였음을 보여주는 것이다. 비록 성립 초에 가졌던 이상적 농촌 건설계획이나 만주농업사와 같은 대규모의 계획을 성공시키지는 못하였지만, 정의부는 중앙조직의

차원에서 한인의 생활을 관리하고 보호하고자 여러 방안을 강구하였다. 관할 한인들 또한 정의부의 시책에 따라 공동체적인 입장에서 경제를 향상시키기 위해 노력하였다.

2) 교육활동

교육부문은 정의부 지도부가 府民의 자립을 위해 경제적 향상을 도모한 만큼이나 중요시 여긴 활동이다. 정의부는 본부의 체제가 갖추어지자 1925년 3월 30일 中央行政委員會 명의의 府令 제15호 교육령을 발표하여 부민들이 자신은 물론이고 그 자녀들의 교육에 적극 힘써줄 것을 당부하였다.96) 또 같은 날 학무부장 金容大의 명의로 學務部 布告 제1호를 발표하여 교육의 필요성과 지침을 밝혔다.97) 정의부는 포고문에서 교육의 목적을 단순한 문맹퇴치 또는 人性의 함양 뿐만 아니라 현실을 개척하는 실용적인 재산으로서 습득해야 한다고 밝혔다.

이 같은 인식에 의해 정의부는 같은 해 5월 22일 學務部令 제1호를 발표하여 피교육자의 단계적 학습 기관과 자격·수업년한·교육목표 등을 규정하였다.98) 이에 의하면 정의부는 교육을 普通·職業·師範 등 세가지로 구분하였다. 보통교육은 단계적으로 小學·中學·女子高等으로 구분이 되었고, 직업교육은 농업·공업·상업으로 분류하였으며, 사범교육은 교원 양성을 목적으로 한 최상급의 학교였다.99)

이를 세밀히 살펴보면, 가장 하급 교육기관인 小學校는 다시 初等小學과 高等小學 등 두 종류로 나뉘어 초등소학의 입학자격은 8세 이상이었

---

96) 「高警第3303號 大正14年 9月 18日, 鮮匪團正義府ノ敎育令發表ニ關スル件」, 앞의 자료, pp.1140-1141.
97) 「高警第3303號 大正14年 9月 18日, 鮮匪團正義府ノ敎育令發表ニ關スル件」, 앞의 자료, pp.1141-1146.
98) 위의 자료, pp.1146-1153.
99) 위의 자료, pp.1146-1148.

고, 고등소학은 13세 이상으로 초등소학을 졸업한 者 또는 그와 동등 이상의 학력을 소지한 者라야 입학이 가능하였다. 초등소학은 남녀공학의 의무교육기관이었지만, 고등소학은 남자일 경우만 입학이 가능하였다. 수업 년한은 초등은 5년, 고등은 2년이었다. 학습과정은 일반적 소양을 가질 수 있는 국민교육을 실시하여 건전한 府民이 되도록 하는 것이 주목적이었다. 특히 소학교에서는 체육에 중점을 두었는데 이는 척박한 만주에서 탄압받으며 생존하는 이주동포들의 자제들이 자신을 지키고 장래의 생활고를 헤쳐나가기 위해서는 건강이 필수적이라고 생각했기 때문이었다.100) 게다가 이후 청년이 되어 독립군 요원으로 활동하기 위해서도 건강은 절대적으로 필요하였던 것이다.

소학교에 이은 상급학교인 中學校는 15세 이상의 고등소학교를 졸업했거나 그와 동등한 학력을 가진 남자만이 진학할 수 있는 중등 교육기관이었다. 수업년한은 4년이었으며, 교육의 목표는 능력을 계발하여 참된 정신을 획득하고, 견인 용감한 국민성을 양성하여 장래 실생활에 필수적인 상식과 기능을 습득하도록 하는데 두었다.101)

여성에게 고등 보통교육을 실시하는 女子高等學校는 13세 이상의 초등소학교를 졸업했거나 동등 이상의 실력을 가진 여자 청소년이 입학할 수 있는 학교였다. 수업 년한은 중학교와 마찬가지로 4년이었다. 교육목표는 온양정숙한 부덕을 함양하고, 沈勇敏活한 국민성을 고취시키는 것과 생활하는데 있어 유용한 지식을 습득하는데 두었다. 특히 여성에게 필요한 기능인 재봉과 수예 등을 집중 교육시켰다.102)

농업 · 공업 · 상업 등을 가르친 職業學校는 교육의 목표를 만주의 현실에 적합한 지식 기능을 배양하고, 과학의 원리를 실제화하고 생활화할 수 있도록 하는데 두었다. 직업학교의 수업년한은 3년이었으나 이론상의

---

100) 위의 자료, pp.1148-1149.
101) 위의 자료, pp.1149-1150.
102) 위의 자료, pp.1150-1151.

교육이 아닌 실습위주의 교육과정이어야 된다는 점에서 실정에 따라 그 기한은 조절할 수 있었다.103)

교원양성 기관인 師範學校는 교육의 목표를 德·義·溫情·明·智가 구비되어 한마디 말이나 행동이 아동의 사표가 될 수 있는 인격과 피교육자의 감화상 필요한 정신적 기술을 숙련하는데 두었다. 수업년한은 4년이었으나 이 또한 현실에 따라 조절할 수 있도록 하였다. 입학자격은 15세 이상으로 고등소학을 졸업한 者, 또는 그와 동등 이상의 학력을 가진 者면 가능하였다.104)

이와 같은 정의부의 각급학교는 府立과 民立으로 구별되어 설립할 수 있었는데 부립은 府의 直營으로, 私立 즉 民立은 독지가가 私的으로 설립하여 운영할 수 있었다. 단 사립의 경우 설립하거나 폐지하는 것 모두를 학무부의 인가를 받도록 하여 아무나 학교를 설립하여 정의부가 추구한 교육목표에 위배된 교육을 실시하는 것을 방지하였다. 각급학교의 직원 임명 또한 府立의 경우 중앙행정위원회에서, 民立은 학무부에서 임명토록 하여 능력과 사상이 공인되고 검증된 者이어야만이 교육사업에 관여할 수 있었다.105)

학무부령 제1호에 의해 각급학교에 관한 제 규정과 교육목표를 정한 정의부는 이를 기준으로 본격적인 교육사업을 펼쳐 나갔다. 일단 통합 이전 각 단체에서 설립하여 운영하고 있던 모든 각급학교는 그 수준을 인정하여 학무부령 제1호에 적합한 교육기관으로 간주하였다.106) 따라서 관할 촌락중 통합 이전에 각 단체가 설립한 소학교가 있을 경우에는 이를 의무교육기관인 초능소학교로 허가하고, 그렇지 않은 경우에는 새로이 설립하였다.

---

103) 위의 자료, pp.1151.
104) 위의 자료, pp.1151-1152.
105) 위의 자료, pp.1152.
106) 위의 자료, p.1153.

중등교육을 위해서는 興京縣 旺淸門에 化興中學과 南滿洲學院을, 柳河縣 三源浦에는 東明中學校를 세워 그들이 밝힌 교육목표에 의거 이주한인의 자제들을 교육시켰다. 또 吉林省 樺甸縣에는 崔東旿를 塾長으로한 華成義塾을 중앙본부의 직계로 설립하여 신교육을 실시하였다.107) 이외에도 정의부 설립의 이름이 밝혀진 학교로는 復興學校,108) 三興學校,109) 海龍縣의 민생학교110) 등이 있었다. 이 같이 정의부가 관할지역에 설립하여 운영한 학교의 정확한 교명과 위치는 자료의 한계상 모두 언급하기는 어렵다. 한 자료에 의하면 1920년대 후반까지 정의부가 경영한 학교는 22개교에 교원이 33명이었으며, 생도 수는 883명이었다.111) 하지만 일제가 조사한 이 기록은 그들이 쉽게 파악할 수 있는 지역의 것만 보고한 것으로 정확한 것이 못된다. 따라서 이 통계를 인용한 李勳求는 이 보다 2,3배 이상일 것으로 판단하였다. 이훈구의 판단대로라면 정의부는 적어도 50여개의 학교를 설립하여 2,000여명 이상의 학생을 교육한 것으로 추정할 수 있다. 이는 일개 독립운동 단체가 벌인 교육활동으로는 실로 대단한 수치라 할 수 있다.

이 같은 추정치를 뒷받침해줄 기록이 있다. 즉 1925년 5월 20일부터 남만지역 한인촌락을 여행하고 기행문을 작성해 《開闢》지에 게재한 李敦化의 글이다.112) 이돈화는 홍경현의 이주한인들에게서 들은 이야기라 하

---

107) 尹炳奭,「參議・正義・新民府의 成立過程」,『白山學報』7호, 1969. 12, p.132.
108) 《동아일보》, 1928. 10. 14.
109) 《동아일보》, 1929. 2. 2.
110) 《조선일보》, 1928. 3. 28.
111) 李勳求,『滿洲와 朝鮮人』, 崇實專門學校經濟學研究室, 1932. 9, p.233.
　　정의부와 같은 시기에 활동했던 참의부 및 신민부 관할의 학교는 다음과 같다.

	학교수	교원수	생도수
참의부	2	6	49
신민부	10	18	288

112) 李敦化,「南滿洲行(第 1信)」, 《開闢》 7월호, 開闢社, 1925. 7, pp.105-115.

여 다음과 같이 적고 있다.

> 정의부에서 自治하는 區域은 南滿洲 전체를 목표로 하는 바, 時在 完全히 정의부에 소속된 戶數가 4萬여 호에 달한다 합니다. ……
> 정의부 소속의 人民들이 정의부에 바치는 의무는 納稅義務·兵役義務가 있는바, 납세는 1년 春秋 兩期에 淸貨 6圓이며, 병역의무는 지원자로써 軍籍을 備置하여 두었다 합니다. 敎育은 百戶 이상에는 반드시 1校를 두어 强制敎育을 실시한다 하며, ……

이 글에서 밝히고 있는 것은 세가지이다. 첫째, 정의부 관할 한인의 인구가 4만여 호라는 점이다. 이는 당시 이주한인의 실정으로 보아 정확한 통계인지는 의문이 간다.113) 둘째, 1925년 5월이면 정의부가 정식의 업무를 시작한지 약 2개월 정도된 기간인데 그 짧은 기간에 벌써 관할지역의 한인들이 자신들이 정의부의 府民이며, 납세와 병역의 의무를 지켜야 됨을 숙지하고 있다는 점이다. 물론 이돈화에게 이같은 말을 전달해준 사람이 정의부 지방조직의 중요직책에 있는 사람이어서 정의부 헌장이나 포고 등을 잘 알고 있었기 때문일 수도 있다. 그러나 이돈화는 남만지역을 여행하며 될 수 있는한 많은 한인을 만나려 하였고, 그가 만난 한인들 대부분이 정의부의 부민이라고 自認했음을 글 전체에서 피력하고 있다. 이는 남만지역 한인들 대부분이 정의부를 그들의 자치기관으로 인정하고 그 권리와 의무를 지킬 자세를 가지고 있음을 확인해주는 것이다. 셋째는 정의부가 한인 百戶 이상 거주하는 지역에는 학교를 설립하여 철두철미하게 의무교육을 시키고 있었다는 점이다.

따라서 이훈구의 추정이나 이돈화의 기록 모두에서 알 수 있는 공통점은 수치상으로는 상당한 차이가 있지만 정의부는 관할한인의 교육에 열

---

113) 1926년 10월에 개최된 중앙의회에서 자체 조사한 관할 호수는 15,362戶였다.(「대정15년 11월 29일, 정의부 중앙의회 개최의 건」, 독립운동사편찬위원회, 앞의 자료집 10, p.393.)

성적이었고, 그를 실천해 갔다는 것이다. 그런데 이돈화는 기행문의 마지막 부분에 '제1急務가 교육계의 인물결핍이라 합니다. 학교는 마을마다 있으나 敎育者가 부족하여 도저히 시행이 곤란하다 합니다.' 라고 적고 있다.114) 이돈화의 이 기록은 이치에 맞는 이야기이다. 정의부 지도층은 실력양성주의를 달성하기 위해 관할지역내 한인 촌락마다 학교를 설립하고 시설을 갖추었지만, 그 많은 교육기관을 맡아 교육을 책임질 인재는 빠른 시일에 구하기가 쉽지 않았을 것이기 때문이다.

정의부 교육기관에 대한 초창기의 교육담당자 부족과 그에 따른 교육부실 문제는 적어도 1926년 말까지도 개선되지 않은 것으로 보인다. 즉 정의부 외곽단체 성격인 同友會에서 발간한 잡지 《同友》 1927년 1월호는 정의부 뿐만 아니라 참의·신민부 등 세 민족주의 단체 지도자들이 자치활동면에서 노력하지 않고 있다고 비판하고 있다.115) 《동우》는 3府가 주민을 단체의 구성요소로 하고 있기 때문에 이들 3단체는 혁명운동기관이라기 보다는 自治機關으로 보는 것이 타당하다고 규정하였다. 따라서 이들 3부는 마땅히 다른 어느 사업 보다도 주민을 위한 산업과 교육 발달을 도모해야 한다고 하였다. 그러나 이러한 사업에 부진을 보이고 있는 점을 지적하면서, 특히 교양과 교육방면의 부실함을 지적하고 있다.116) 그 원인을 《동우》의 필자는 3부 지도층의 무사안일 내지는 혁명운동에만 집착한 데에서 찾고 있다. 따라서 3부 지도층은 교육이나 교양의 습득에 노력하지 않고 있는데 그 증거는 교과서 한 種도 지금까지 완비하지 않은 것만 보아도 알 수 있다고 주장하였다.117)

《동우》의 필자는 3부 전체를 지칭하여 피력하였지만, 이 잡지를 발간하는 동우회가 정의부와 유관단체임을 감안하면 이는 정의부를 두고 하

---

114) 李敦化, 위의 글, p.115.
115) 「朝保秘第300號 昭和2年 2月 16日, 不穩雜誌《同友》ノ記事ニ關スル件」, 아연필 100-4-035, pp.127-140.
116) 위의 자료, pp.129-130.
117) 위의 자료, pp.130-131.

V. 正義府의 理念과 活動 197

는 말이다. ≪동우≫의 지적과 주장은 일면 타당성이 있는 것으로 보여진 다. 하지만 同誌의 주장과 같이 지도층의 무사안일 때문에 이같은 상황이 된 것은 아니다. 정의부는 성립 초부터 산업과 교육을 우선적으로 실천하 기 위해 모든 조직과 제도 그리고 기반 시설을 빠른 시일 내에 갖추었다. 그러나 그를 실천할 주체인 人力을 확보하는데는 미진한 면을 보였던 것 이다. 교육 또는 산업에 앞장설 많은 인물들이 1925년 6월 三矢協定 체결 이후 중국측의 탄압으로 피체되거나 살해되었다. 그리고 나머지 유능한 지도층 인물들은 중국측 탄압을 저지키 위한 활동과 산업 부흥에 진력하 느라 교육 활동에는 자연 소홀했던 것이다.

이와 같은 실정에 따라 1925년 5월 22일 학무부령 포고 1호 발표 이후 관할지역내 한인촌락에 수많은 小學校가 설립되었지만 원활한 교육은 이 루어지지 못하고 있었던 것이다. 소학교가 이러한 형편이었으므로 상급학 교인 중학교 이상은 말할 것도 없었다. 따라서 1926년 1월 결성된 軍民代 表會는 이러한 실정을 감안 교육자의 확보가 더욱 어려운 府立中學校의 설립은 일단 보류하기로 결정하였다.118) 그 대신 농촌 각 지역에 설치된 農村公會나 青年會의 회원들이 자발적으로 훈련하고 토론하여 실력을 배 양할 수 있는 會員講習所를 同年내에 실시할 것을 합의하여 발표하였 다.119)

정의부는 ≪동우≫의 필자가 비판한 교과서 편찬을 위해 1927년 12월 관할지역내 한인들에게 다음과 같은 공고문을 내어 자료를 수집하고 投 稿를 받았다.120)

---

118) 군민대표회에서 부립중학교의 설립이 보류되었다고는 하나 앞에서 언급한 華成義塾・東明中學校・南滿洲學院 등은 중학교급 이상의 교육기관으로 이 들 학교들은 충실한 중등교육이 이루어진 것으로 보여진다.
119) 「大正15年 2月 23日 鮮匪團 正義府의 內容에 關한 件」, 국사편찬위원회, 앞 의 책 4, p.841.
120) ≪동아일보≫, 1927. 12. 10. 교과서 발행과 관련하여 정의부는 성립 초기인 1925년 3월에 이미 府令으로 '敎科書發刊公文書式'을 公布하여 이를 실행하 려 한 바 있다. 하지만 이 부령은 공포만 되었지 위에서 언급한 대로 인재

가. 國語 · 本國歷史 · 本國地誌 · 修身 · 理科 등 敎材를 수집함
나. 學制는 6년제로 하여 初級 3년, 高級 3년을 표준함
다. 국어를 가장 중요과목으로 하여 실생활에 가장 적당한 課本으로 하되 될 수 있는 대로 滿洲생활에 필수재료를 많이 취하기로 함
라. 投稿는 國漢文을 임의로 하되 한가지 科程될 만한 재료를 20字 1行, 20行 以內로 함
마. 投稿人의 주소 씨명을 明記함을 要함
바. 投稿는 한 과목이 될만 하거나 일부 혹은 전체에 대한 參考案을 더욱 환영함
사. 投稿期間은 本年 12월까지로 함
아. 투고가 3과이상이 入選될 때는 약간의 보수를 들이고 全案이 채용될 때는 50원이상 100원 이내의 보상을 들임.
자. 제1항에 열거한 각 과중에 적당한 參考書를 보내주면 그 送費로 當하고 참고 즉시 그 原本을 환송하겠으며 편집부에서 발간하는 모든 冊子를 無代 進呈함

성립 이후 시일이 지체된 감이 있으나 정의부는 이와 같이 각급학교에 타당한 교과서를 편찬하기 위해 자료를 공개적으로 수집하였다. 정의부 지도층의 노력으로 어떤 훌륭한 교과서가 편찬되었는지는 현재까지 자료상으로 확인할 수 없다. 하지만 추정할 수 있는 것은 새로운 교과서가 편찬되지 않았다 할지라도 관할지역내에서 공개적으로 수집한 각종 참고자료 자체가 이후 선별되어 정의부 관할지역내 각급학교의 교과서로 직접 사용되기는 하였을 것이다.

이와 같이 정의부는 관할지역내 한인사회의 실력양성을 위한 근본 바탕인 교육 활성화를 위해 초등교육부터 고등교육 및 사범교육, 그리고 기술교육까지도 함께 고려하여 실시하였다.

의 결핍으로 큰 성과를 얻지 못한 것으로 생각된다.(『日帝侵略下韓國36年史』 7, 국사편찬위원회, 1972, p.616).

3) 언론 활동

정의부의 관할지역은 방대하였고 그에 속한 한인의 수 또한 상당하였다. 따라서 이를 관리하고 일관된 독립운동 단체로 나가기 위해서는 지도이념과 노선을 널리 홍보할 필요성이 있었다. 그 같은 목적을 수행한 것이 정의부의 언론이다.

정의부의 언론 매체 중 지금까지 밝혀진 것은 다섯 가지가 있다. ≪正義府 公報≫, ≪中央通信≫, ≪大東民報≫, ≪戰友≫, ≪新華民報≫ 등이다. ≪正義府 公報≫는 1925년 3월 9일에 제1호가 발간되었으며,[121] ≪中央通信≫은 1926년 5월,[122] ≪大東民報≫는 1926년 9월 15일에 창간된 한글로 쓰여진 일간지였다.[123] 월간 잡지인 ≪戰友≫는 1927년 1월 1일에 창간되었으며,[124] 중국문의 ≪新華民報≫는 1926년 11월 1일에 창간[125]되었다. 이들 언론 매체들의 성격은 제각기 달랐는데 그 주요한 특징을 살펴보면 다음과 같다.

≪정의부 공보≫는 정부의 官報와 같은 성격의 것으로 幹政院이 발간해 배포하였다.[126] 따라서 ≪정의부 공보≫에는 布告나 각종 규정에 관한 府令이 실렸다. 1925년 3월 9일자 공보 제1호에서 정의부는 중앙조직 각 부서와 책임자, 그리고 각 부서의 사무분장 및 13개에 달하는 府令과 2개

---

121) 「高警第1404號 大正14年 4月 27日, 正義府ノ公報發行ニ關スル件」, 앞의 자료, pp. 429-435.
122) 「朝保秘第417號 大正15年 6月 17日, 鮮匪團正義府ノ移轉ト中央通信發行ニ關スル件」, 앞의 자료, pp.369-370.
123) 「朝保秘第1515號 大正15年 12月 1日, 不穩新聞≪新華民報≫ノ發刊ニ關スル件」, 앞의 자료, pp.779-782.
124) 「朝保秘第374號 昭和2年 3月 18日, 不穩雜誌≪戰友≫發刊ニ關スル件」, 앞의 자료, pp.335-336.
125) 「朝保秘第1515號 大正15年 12月 1日, 不穩新聞≪新華民報≫ノ發刊ニ關スル件」, 앞의 자료, pp.779-782.
126) 「高警第2648號 大正14年 8月 5日, 正義府ノ職制ニ關スル件」, 앞의 자료, p.670.

의 布告文을 실어 공포하였다.127) 이 제1호의 발표사항 중 부령 제1호부터 8호까지는 1924년 11월 全滿統一會에서 결의되었던 사항을 중앙행정위원회의 의결을 거친 것들이었고, 나머지는 중앙행정위원회의에서 새로 결의된 조직원 상호간의 呼稱法·活版所 설치규정·往復公文의 國文 사용규정·직원 및 군인의 食代규정 등이었다.128) ≪정의부 공보≫는 현재까지 제1호 이외 1925년 8월 1일에는 臨時號가, 같은 해 8월 20일에는 제11호가 발간된 것이 확인되고 있다.

8월 1일의 임시호에는 3월 9일 중앙행정위원회에서 의결한 각종 부령이 제1회 중앙의회에 상정되어 추인된 것들과 임정과의 관계개선·예산안 개편·監禁所 설치 등 합계 17개의 결의사항이 발표되었다.129) 제11호에는 민사부령 제279호의 區費規程과 범죄인 특별사면에 관한사항, 生計部 布告인 農場 表彰에 관한 사항 등이 기록되어 있다.130)

1926년 5월부터 발간되기 시작한 ≪中央通信≫은 月刊으로 발행된 통신문이었다. ≪중앙통신≫은 정의부 중앙에서 관할지역내의 각 지방과 獨立區 및 의용군 中隊의 보고를 받아 이를 종합해 다시 각 하부기관에 통신문으로 하달한 것이다.131) 이 ≪중앙통신≫은 각 지방과 獨立區에는 每月 末日에, 여러 지역에 배치되어 있는 의용군 각 中隊에는 每月 15일에

---

127) 「高警第1404號 大正14年 4月 27日, 正義府ノ公報發行ニ關スル件」, 앞의 자료, pp. 429-445.
128) 원래 정의부의 각종 규정은 중앙행정위원회의 의결을 거쳐 중앙의회에서 심의 결정해 府令으로 발표하게 되어 있으나 이 시기는 아직 中央議會가 구성되지 않아 중앙행정위원회의 의결만 거쳐 公布한 것이다. 제1회 중앙의회가 개최된 날자는 1925년 7월 15일로 공보제1호에 공포된 각종 府令은 이 제1회 의회에서 추인받았다.(「高警第3083號 大正14年 9月 4日, 在滿鮮匪團正義府ノ動靜ニ關スル件」, 아연필 100-4- 031, pp.996-1006.)
129) 「高警第3083號 大正14年 9月 4日, 在滿鮮匪團正義府ノ動靜ニ關スル件」, 위의 자료, pp.996-1006.
130) 「高警第3300號 大正14年 9月 18日, 鮮匪團正義府公報ニ關スル件」, 아연필 100-4 -031, pp.1132-1137.
131) 「朝保秘第417號 大正15年 6月 17日, 鮮匪團正義府ノ移轉ト中央通信發行ニ關スル件」, 앞의 자료, pp.371-373.

전달 배포되었다. 정의부는 ≪중앙통신≫을 발행하는 이유를 다음과 같이 밝혔다.132)

    甲지방에서 발생한 사실을 乙지방에서도 알 수 있어야 하며, 손가락 하나를 다치면 전신에 감각이 가듯이 순서 정연한 행동일치의 조직체를 형성하는 것이 요구된다.
    우리 각 기관에서 사용하는 公文으로는 件名에 구애되어 복잡한 사실을 일일이 기재해야 하는 어려운 형식의 글은 制裁를 받을 수 있기 때문에 이와는 다른 사실의 진상을 상세히 기술하여 모든 사람이 함께 알아볼 수 있는 通信文이 필요하다. 따라서 매월 통신을 담당한 제위는 근무상황을 상세히 기술하여 보고해야 한다.

즉 ≪중앙통신≫은 공문위주의 공보와 달리 부내 모든 기관의 사정을 취합해 이를 다시 전관할지역에 전달함으로써 조직의 일체감을 제고시키려는 목적에서 간행된 것이었다. 예컨대 중앙행정위원의 취임과 사면, 중앙조직원의 출장, 관할지역내 새로운 獨立區의 조직, 관할 한인들의 생업과 관련된 각종의 업무, 정의부 의용군의 활동사항 등이 기록되어 관할 각 지역에 배포되었다.133)

한글신문인 ≪大東民報≫는 1926년 9월 본부내에 '大東民報社'라는 인쇄소를 설립하여 朴凡祚(이명 : 金鍾範, 호 : 秋山)가 편집 주간이 되어 발간한 것이다.134) 9월 15일 발간된 창간호는 신문지 4절형 크기 8면에 활자판으로 인쇄되었다. 창간사에서 ≪대동민보≫는 그 사명을 다음과 같이 밝혔다.135)

---

132) 위의 자료, pp.371-374.
133) 위의 자료, pp.373-375.
134) 「朝保秘第374號 昭和2年 3月 18日, 不穩雜誌≪戰友≫發刊ニ關スル件」, 앞의 자료, pp.335-336.
135) 「朝保秘第1444號 大正15年 11月 10日, 大東民報ノ發刊ニ關スル件」(日本 外務省 史料館 소장).

① 대동민보는 적의 정책과 죄악의 이면을 폭로한다. ② 대동민보를 민중의 교양기관으로 한다. ③ 대동민보는 우리 혁명운동의 통일에 노력한다.

즉 이 신문은 민중의 교양지로서 역할을 수행하고, 혁명의 기본 주체인 민중의 의식을 통일시키려는 목적에서 발간된 것이었다. ≪대동민보≫는 상해에서 인쇄한 후 길림으로 우송되어 정의부 각 관할지역에 배포되었다. 이유는 길림에는 한글 활자가 없었기 때문이다. 즉 정의부 대원인 韓東民은 상해에 파견되어 체류하면서 길림의 대동민보사에서 우편으로 원고가 오면, 이를 임정에서 운영하는 '독립신문사'나 한인 경영의 인쇄소에 맡겨 적당한 수량을 인쇄한 후 길림으로 우송하는 방식을 취했던 것이다.136) ≪대동민보≫의 주요기사는 독립운동과 관련된 항일에 관한 것이었으며 적극적 무장투쟁을 주장하는 내용도 상당히 게재되었다.137)

이어 1927년 1월 1일부터 정의부는 大東民報社의 업무를 확장하여 월간잡지인 ≪戰友≫를 발간하기 시작하였다. ≪戰友≫는 정의부 중앙조직의 간부인 金履大·朴凡祚·金鐸 등을 책임사원으로 선임하여 이들의

---

136) 「대정15년 11월 10일, ≪大東民報≫ 발간의 건」, 독립운동사편찬위원회, 앞의 자료집 10, p.391.
137) 「대정15년 11월 10일, ≪大東民報≫ 발간의 건」, 위의 자료집 10, pp.391-392.
창간호의 주요 기사는 다음과 같다.
- 창간사, - 본보의 사명, - 중국 對백이의(벨지움) 치외법권 폐기 통고, - 敵京灰燼의 추억, - 재 상해 인도인 독립운동 회의, - 滿洲運動家와 住民, - 아시아 약소 민족 조직에 대하여, - 정의부 의용군 밀탐 李鳳朝 사살, - 신의주 경찰 吉林에서 대실패, - 정이형 체포는 허보, 정통단원은 무사, - 국치사요, - 조선경비 일람표, - 구주대전에 의하여 산출된 9개 신독립국, - 혁명의 실패와 성공, - 朝鮮革命家의 好鑑, - 세계 열강 군비 비교, - 각국 학생 취학률, - 각국 조직 노동자 수, - 금후 중국에서 일어날 노·일의 충돌성, - 혁명상으로 본 조선의 水災, - 국내 운동자 대검거, - 주구배 다시 준동, - 국치 기념식, - 이주 동포와 만주 농민에 대한 문제, - 조선 혁명 운동선 통일 촉진법 如何, - 친일파 및 악부자 조사.

책임하에 기사의 내용을 선별하여 수록하였다. 이 역시 ≪대동민보≫와 마찬가지로 선별된 원고는 상해의 韓東民에게 보내져 인쇄와 제본을 한 후 다시 吉林省 德勝門에 주소를 가진 박범조가 받아 정의부 각 기관과 부민에게 배포하였다.138)

이와 같은 과정을 거쳐 1,000부가 인쇄된 ≪戰友≫ 창간호는 創刊辭 · 朝鮮革命運動의 將來와 現在 · 滿洲運動의 急先務 등 10여 개의 목차로 구성되었다.139) 이 중 ≪戰友≫가 창간되게 된 목적을 밝힌 창간사의 일부를 보면 다음과 같다.140)

> '인류의 역사는 鬪爭의 역사다'라고 선현이 말한 바 있지만 과연 인류는 유사이래 오늘날 까지 투쟁으로 일관해 오고 있다. 그리고 그 투쟁은 많은 악한 성품들을 폭로하거나, 비극을 연출한 반면 우리사회에 많은 이익을 주는데도 공헌하였다. 노예시대의 야만적인 생활을 벗어나는데도 투쟁이 있었고, 봉건제도시대의 強勸暴壓을 타파하는데도 투쟁이 있었으며 현재의 횡포가 극에 달한 주의와 제도를 타파하고 만인이 갈망하는 자유와 행복이 있는 신사회를 건설하는데도 이 투쟁의 힘이 있어야 된다. (중 략)
> 우리의 금일 鬪爭은 능히 해결할 수 있는 문제를 포착하고 해야

---

138) 「朝保秘第374號 昭和2年 3月 18日, 不穩雜誌≪戰友≫發刊ニ關スル件」, 앞의 자료, pp.335-336.
139) 위의 자료, pp.337-338.
 ≪戰友≫의 創刊號 목차는 다음과 같다.
 - 創刊辭 - 新年에 際해 - 朝鮮革命運動의 過去 및 將來에 對해(韓一民) - 列強의 中國侵略競爭과 今後의 世界大戰(朴凡祚) - 英國勞動運動의 左傾과 世界壓迫民族의 曙光(金一濟) - 世界를 左右하는 3大資本家의 魔力(秋山<朴凡祚>) - 日本의 對朝鮮經濟의 搾取의 裏面(金鍾範<朴凡祚>) - 15개의 新獨立國의 出現(一記者) - 滿洲運動의 急先務(金東三 · 吳東振 · 玄益喆 · 金元植 등 기타 수명) - 時評 : 南軍北進과 列強의 態度, 世界新勢力의 擡頭 등. - 民族主義와 社會主義 - 常識欄 - 殉國義烈士 追悼式을 보고. 기타 編輯後記 및 社告 등 이었다.
140) 위의 자료, pp.339-341.

한다. 우리의 이 투쟁은 과학적이어야 하고 진보적이어야 하며 현 제도를 타파 소멸시켜 나가야 한다. 그 같이 하여 성공에 도달하면 무릇 과거 투쟁의 역사는 死葬되고, 투쟁없는 진정한 자유평등의 신 사회와 새로운 역사가 전개되리란 것이 과학적으로 증명될 것이다.

 우리가 국내에서 이미 경험한 박해와 희생도 이 제도(자본주의 - 필자주)가 존재해 있기 때문이며, 異域에서 살고 있는 현재의 고통과 비애도 이 제도의 산물인 것이다. 그런고로 우리는 우리의 敵을 박멸하고 이 제도를 타파하기 위해 혁명전선에서 투쟁하고 혁명의 전사가 되자. 우리의 同志는 국내외를 막론하고 동일한 전우이다. 이와 같은 견지에서 同誌의 발간을 ≪戰友≫라는 제목을 붙여 우리혁명 戰友의 투쟁에 작게나마 그 운동의 성공을 위해 일조하고자 생각한다.

 이 창간사에서 알 수 있듯, ≪戰友≫는 정의부 조직원은 물론이고 관할지역내 韓人의 혁명의식 고취와 투쟁력의 강화를 고무하기 위해 발간된 잡지였다. 즉 ≪전우≫는 재만 독립군의 최대 목표인 항일 전력의 진작을 위해 간행된 잡지였던 것이다. 그 같은 논지는 3개월 후인 4월 1일부로 발간된 ≪전우≫ 제2호의 목차에서도 여실히 보여진다.141) 제2호에 게재된 11개의 주제 중 두 편만이 서정적인 주제였고 나머지는 모두가 혁명사상의 보급 또는 독립운동의 방법론과 관련된 것들이었다.

 순중국문의 ≪新華民報≫는 중국 관민에게 배일사상을 선전하고 삼시협정 체결 후 극심히 탄압해 오는 중국측을 회유 설득시킬 목적으로 간행된 신문이다. ≪신화민보≫의 발행에는 중국인 王立中(이명 : 田澤民)이 참여하였고, 韓人 吳基星(이명 : 田鍾嶽)이 총책임자가 되어 吉林城 牛馬行을 발행소로 하여 발간되었다.142)

---

141) 「朝保秘第1016號 昭和2年 5月 13日, 不穩雜誌≪戰友≫ノ記事ニ關スル件」, 아연필 100-4-035, pp.769-770.
142) 「朝保秘第1515號 大正15年 12月 1日, 不穩新聞≪新華民報≫ノ發刊ニ關スル件」, 앞의 자료, pp.779-782. 실제 本紙를 인쇄한 곳은 吉林省 新開門內 吉林圖書館 이었다.

제목 중 '新華民'이란 중국에 귀화하여 새로이 '중국인'이 된 귀화한인을 일컫는 말이다.143) 즉 본지는 중국과 이주한인과의 일체감을 표명하여 합심된 힘으로 공동의 敵인 일제를 타도하기를 희망하며 발간된 것이었다. 따라서 창간호 대부분의 목차가 韓中 공동의 적인 일제가 동삼성을 침략하기 위해 펼치는 각종 음모정책을 고발하는 내용들이었다.144) ≪신화민보≫는 창간사에서 창간의 목적을 다음과 같이 밝혔다.145)

> 우리들은 동지를 규합하고 본보를 조직하여 오로지 귀화 한민의 여론기관이 되어 동삼성에 살고 있는 한인 전체의 眞狀을 조사해 중국동포에게 소개하고, 일체의 거리를 제거하므로서 歸化韓人의 생명·재산의 보장을 기하고, 자유롭고 행복한 생활을 얻는 것과 함께 新國民의 일체의 권리 및 의무를 각성시켜 中韓 兩民族을 光榮되게 할 뿐만 아니라 중화민국에 막대한 행복이 오게 하는 것이 신화민보 창간의 유일한 목적이다.

즉 移住韓人 중 다수가 귀화하여 중국인이 되었지만 그들은 중국의 언어와 생활습관을 습득하지 못하여 여전히 韓人으로 취급받았다. 또 일제는 귀화한인을 중국인으로 인정하지 않은 채 계속 중국인과 귀화 한인을 이간시켜 양측이 불편한 관계를 갖도록 음모정책을 펼쳤다. 따라서 이같은 거리감과 이간에 의한 적대감을 떨쳐 버리고 한중 양 민족이 일체감

---

143) 위의 자료, pp.779-782.
144) 위의 자료, pp.779-782. 창간호의 목차는 다음과 같다.
　一. 東三省 赤化의 가능성은 有無
　一. 일본자본제국수의 : 東三省殖民政策眞面目暴露
　一. 東三省 危機와 韓僑의 關係
　一. 日警對吉林當局交涉 : 逮捕朝鮮獨立黨案經過眞狀
　一. 日本在東三省 : 收買韓農政策之失敗
　一. 日本要人帶兵 : 視察吉林省各僻地
　一. 日本移民東省之大計劃
145) 위의 자료, pp.782-785.

을 갖도록 하는 중개 역할을 하기 위해 ≪신화민보≫가 창간되었던 것이다. 이 같은 정의부의 언론활동은 이주한인들에게 힘겨운 망명생활을 이겨내고 조국의 광복을 이룰 수 있다는 정신적인 힘을 주었다.

4) 무장활동

正義府는 자치활동에 중점을 두었기 때문에 무장투쟁에서는 그다지 활발하지 못한 것으로 지금까지 인식되어 왔다. 하지만 이는 밝혀진 자료가 영성하였기 때문으로 이 시기 기록된 한·중·일 등 3국의 자료를 분석해 보면, 군정부의 역할을 강조한 정의부의 무장활동은 다른 어떤 在滿獨立軍團 못지 않게 다양하고 활발히 전개됐음이 확인된다.

정의부의 무장활동은 이념과 노선의 변화에 따라 활동 대상과 방향도 바뀌어 진행되었다. 정의부 의용군은 성립 초기 국내진입전과 같은 항일전을 전개하기도 하였지만, 교육과 산업에 치중할 수 있는 기반 마련에 주력하였다. 그러나 1926년 1월 軍民代表會가 결성되고 난 후 무장활동이 강화되면서부터는 국내진입전과 만주내의 일제기관 파괴활동 등이 활발히 전개되었다.

1926년 2월 의용군 지휘관들은 독립군 요원 보충계획을 세웠다.[146] 정의부 헌장에 의하면 府民에게는 병역의 의무가 있었지만, 의용군에 자발적으로 참여한 한인의 수는 만족할 만한 정도가 되지 못하였던 것이다.[147] 또 정의부 자체의 계획도 초기에는 民政에 충실하고자 하였기 때문에 府民들에게 병역의 의무를 그 다지 강요하지 않았다. 때문에 의용군의 총 병력은 만족할만하지 못하였고, 그를 유념한 의용군 지휘관들은 충

---

146) ≪동아일보≫, 1926. 2. 14.
147) 「機密公第369號 大正13年 12月 9日, 正義府憲章送付ノ件」(日本 外務省 外交史料館 소장) ; 「대정15년 2월 23일, 정의부의 내분에 관한 건」, 독립운동사편찬위원회, 앞의 자료집 10, p.382. ; 「대정15년 11월 29일, 정의부중앙의회 개최의 건」, 같은 자료집, p.394.

원계획을 세운 것이었다. 우선 독립군 선발의 자격 기준은 다음과 같이 정해졌다.148)

① 舊韓國시대에 軍人系統에 종사한 경험이 있는 者. ② 해외 각국에서 軍事系統에 종사했거나 軍事學 硏究學校를 졸업한 者. ③ 南滿洲에서 韓人民族學校를 졸업한 者. ④ 北滿洲 및 軍政署 또는 유럽이나 아시아 어느 곳에서 軍事學校를 졸업한 者. ⑤ 독립운동을 실시한 이래 독립군 分隊長 이상을 역임한 者.

즉 독립군 선발의 기준을 군사관련 경험자로 정한 것이다. 이유는 선발 즉시 실전 요원으로 활용하기 위해서 였다.

그리고 이 기준에 의해 독립군 요원을 선발하기 위해 관할 각 縣에 다음과 같이 선정위원을 파견하였다.149)

환인현 : 林圭春, 통화현 : 洪基鎭, 관전현 : 康濟河, 집안현 : 崔文浩, 무송현 : 吳濟東, 안도현 : 姜碩仁, 임강현 : 黃○勳, 장백현 : 蔡永浩

이들 선정위원들은 같은 해 4월 1일부터 책임을 맡은 지역에 파견되어 활동하였다. 그 결과 관전현 같은 지역에서는 石柱子에서만 金龍淳·白贊弼·徐龍雯 등 7명이 선발되어 의용군 제5중대에 편입되었다.150) 한편 국내에는 이미 1월 중순에 金世俊·李光珉·金鴻植 등이 특파되어 독립군 모집활동을 벌였다. 이들 특파원들은 국경지방인 함경·평안도 등과 황해도 및 경성까지 들어와 애국 청년들을 모집하였다.151) 이와 같이하여

---

148) 「在鄕軍人調査班」, 新賓縣 檔案館 資料.
149) ≪동아일보≫, 1926. 2. 14.
150) 「抄件」, 吉林檔案館 資料. 이들 외 4명은 徐京贊·金炳浩·金龍國·崔永奎 등이었다.
151) ≪동아일보≫, 1926. 2. 18.

모집된 독립군 요원 중 무장활동이 가능한 자들은 선발 즉시 실전 중대에 편입되었지만, 그렇지 않은 경우는 중대내에서 일정기간 군사훈련을 교육받았다.

정의부 의용군은 무장투쟁력의 강화를 위해 계속하여 1926년 3월에는 新民府와 합동으로 額穆縣 麻天嶺 및 闌陵嶺 사이의 森林中에 武官學校를 설립하여 보다 체계적인 군사교육을 실시하였다.152) 그리고 1926년 5월에는 대원 金仁順을 海林에 보내 중국 군벌인 郭松領의 부하 唐景顯과 무기구입을 위한 회합을 갖도록 하였다. 이 회합의 결과 정의부는 郭측에 8,500원을 지불하고 기관총·장총·총탄화약 등을 구입할 수 있었다.153)

1927년 5월에는 신민부와 합동으로 러시아측과 연계를 맺어 무기를 공급받았다. 러시아와의 연계는 주로 신민부에서 담당하였으나 실질적인 업무는 兩府가 공동으로 추진하였다. 그 시기 러시아는 한국 독립군을 지원하여 그를 기반으로 만주지역에 침투하고자 하는 속셈을 가지고 있었다. 그리하여 1927년 4월 중순 러시아는 수백 개에 달하는 폭탄을 1차 적으로 한국 독립군측에 공급하고,154) 같은 달 말경에는 또 다시 군자금 5천원과 권총 50정(탄약 400발), 러시아식 총에 쓰이는 탄약 약 5,000발을 공급하였다. 정의·신민 兩府는 이같은 지원을 받아 자신들의 군비 증강에 활용하고, 참의부측에도 공급하였다.155)

정의부는 항일 무장력을 이같이 갖추며 대일 항전에 임했다. 자료상에 나타난 무장투쟁 사항을 국내와 만주에서의 활동사항으로 나누어 세부적으로 살펴보면 다음과 같다.

---

152) ≪조선일보≫, 1927. 9. 2.
153) ≪동아일보≫, 1926. 6. 1 ; ≪조선일보≫, 1926. 6. 1.
154) 「朝保秘第1018號 昭和2年 5月 12日, 在滿鮮匪團卜勞農共産黨卜ノ策應說ニ關スル件, 아연필 100-4-035, p.741.
155) 「朝保秘第1078號 昭和2年 5月 19日, 在滿鮮匪團卜勞農共産黨卜ノ策應說ニ關スル件」, 아연필 100-4-035, pp.745-747.

(1) 국내 진입작전

정의부 의용군의 국내 진입작전은 치밀한 계획에 의해 시도되었다. 독립전쟁 초기 독립군들은 조국광복의 열망이 강했기 때문에 위험을 무릅쓰고 압록·두만강을 넘다가 일제의 국경수비대에 발각되어 희생당한 경우가 많았다. 하지만 정의부의 경우는 지금까지 축적된 경험을 바탕으로 越境 자체부터 세부계획을 수립하여 渡江하고, 국내에 진입하고 나서도 일제의 軍警에 쉽게 발각되지 않도록 주의를 기울이며 작전을 펼쳤다.

의용군 사령부로부터 국내 진입을 명령받은 대원들은 進入隊 총 규모가 10명이 되던지 20명이 되던지 2, 3명으로 구성된 자기 組 이외에 다른 조의 대원은 전혀 알지 못하였다. 파견대의 총 규모는 사령부의 지휘부에서만 알 수 있었다. 이들 진입 組는 하루 이틀 간격으로 같은 임무를 명령받고 출발하여 국내로 진입한 후 일정한 지역에서 같은 시기에 만날 수 있도록 되어 있었다. 그리하여 국내에서 회합한 이들 수 개 組는 함께 작전을 계획하고 행동하였다. 이러한 진입 방법은 이들 중 한 개 組가 설령 일제의 감시망에 발각되어 피체되더라도 다른 조는 무사히 국내로 진입하여 작전을 수행할 수 있었다. 피체된 組는 다른 組 대원들의 신상에 대해 전혀 알 수 없었으므로 일제의 軍警이 아무리 고문을 가해 오더라도 그를 발설할 수 없었던 것이다.156)

국내에 진입한 대원들은 숙소를 옮겨다니며 다음 행동 시까지 기다리는 경우도 있었으나 자동차 운전수나 우편배달부 등으로 위장하기도 하였다. 이러한 직업은 이리저리 움직이는 직업이었기 때문에 일제의 감시를 따돌리기가 비교적 쉬웠기 때문이다.157)

그러나 국내진입대가 국내로 들어가는 과정에는 무엇보다도 정의부 지방조직 소속인 통신원들의 활동이 컸다. 즉 의용군 사령부에서는 국내진

---

156) 《조선일보》, 1926. 1. 10 ; 2. 7
157) 《조선일보》, 1926. 1. 31.

입대를 출발시키기에 앞서 통과할 지역의 통신원들에게 연락하여 그 지역 중·일감시대의 상황을 점검하도록 하였다. 그리하여 점검이 끝나면 이들 통신원들과 진입대를 함께 출발시켜 안전지역을 골라 압록강변에 닿게 하였다.158) 압록강변에서도 통신원들은 강변의 日帝 감시망을 살펴 진입대가 무사히 도강하도록 지원하였다.

이와 같은 방법으로 渡江한 국내진입대의 實例를 보면, 정의부 제4중대의 소대장 趙化善과 제3중대의 소대장 朱河範은 2개 소대를 연합하여 국내진입대를 구성하기로 작전계획을 구상하였다. 그리하여 이들은 일단 양 소대를 합친 병력 약 30명을 寬甸縣 草荒溝 楊子谷에 배치해 놓고 그 지역에서 2명의 통신원을 차출하여 이들로 하여금 압록강변에 있는 일제의 국경수비대와 중국 관헌의 동정을 살피도록 하였다. 통신원의 보고에 의해 일단 도강이 가능하다고 판단한 두 지휘관은 寬甸縣 碾子溝와 外支溝까지 대원들을 삼삼오오로 組를 편성하여 이동하게 한 후 압록강을 넘어 국내로 진입토록 하였다.159)

이어 주하범이 제2중대장이 된 후 펼친 국내진입 과정을 보면 다음과 같다. 주하범 중대장은 2개의 유격대를 조직하여 국내로 진입시킬 계획을 구상하였다. 제1대는 초산군 央士洞으로 진입할 유격대였고, 제2대는 초산읍으로 진입시킬 부대였다. 朱河範은 이들 유격대가 출발하기 한달전에 이미 2명의 통신원에게 渡江지역인 渾江유역 小荒溝 일대와 압록강변의 동정을 세밀히 살피도록 하였다. 그리하여 그 지역이 비교적 도강하기에 적당하다고 판단되자 유격대를 小荒溝로 출발시켰다.160)

---

158) 「抄件」, 新賓縣 檔案館 資料.
159) 「抄件」, 通化縣 檔案館 資料 ; 「抄件」, 輯安縣 檔案館 資料. 이들 국내진입대는 국내로 들어와 민간인으로 변장하기 위해 韓服까지 준비하여 渡江하였다. 중국측의 당안자료 중 국내에 들어와 있는 것 중에는 복사하는 과정에서 연월일이 빠진 불완전한 자료가 많은데, 이 경우도 마찬가지이다. 그러나 자료의 내용으로 소속 단체와 대강의 활동시기를 판명할 수 있다.
160) 「抄件」, 新賓縣 檔案館 資料.

정의부 의용군이 이러한 과정으로 국내에 진입하였다는 근거는 중국측 檔案館 자료에 상당한 숫자가 기록되어 있다. 제3중대장 文學彬은 초산 방면으로 진입하기 위해 輯安縣 太陽岔에 잠복하였고,161) 제5중대장 金錫夏는 대원 17명과 함께 음력 정월 초 中·日국경수비대가 宴會를 열며 경계를 소홀히 한 틈을 타 관전현 下漏河 楊子溝에서 渡江기회를 엿보고 있으며,162) 제2중대장 張喆鎬의 명령을 받은 參士 金昌先은 국내로 잠입하기 위해 노동자로 변장하고 부하 3명과 함께 臨江縣 2道溝에서 국경수비대의 동정을 살피고 있다.163) 이러한 중국측의 보고자료는 일일이 열거하기가 힘들 정도로 많고, 그런 만큼 정의부 의용군의 국내진입전도 많았음을 입증하는 것이다. 비록 진입전의 시도가 中·日 군경대의 감시로 무산될 수도 있었을 것이다. 하지만 그 많은 시도가 모두 무산되지는 않았으며, 자료의 한계상 정확한 통계는 낼 수 없으나 진입에 성공한 정의부 유격대원들은 국내 여러 지역에서 무장활동을 전개하였다. 이와 같이 하여 진입한 유격대원들이 활동한 사항을 보면 다음과 같다.

　1925년 3월 伍長 金敬甫·崔貞雲·蔡武錫·金炳魯·金鳳 등 5명은 유격대를 조직하여 평북 초산지역으로 진입하였다. 유격대원들은 벽동·삭주·창성·구성 등을 돌아다니며 군자금을 모집한 후 태천군에 있는 陽和寺에 잠복하였다. 대원들은 이후 이 사찰을 근거지로해 각자 혹은 2명, 3명을 1개 組로하여 활동을 펼쳤다. 그러다 결국 단독으로 활동을 펼치던 金鳳이 평남 개천에서 일경들에 피체되었으며, 나머지 일행 4명은 博川郡 博川面 松德里에서 박천경찰서의 日警 15명과 교전을 벌이다가 2명은 피체되었고 1명은 전사하고 말았다.164)

　의용군은 순종황제의 因山인 1926년 6월 10일을 기해 국내에서 일련의

---

161) 위의 자료.
162) 위의 자료.
163) 위의 자료.
164) ≪동아일보≫, 1925. 5. 19 ; 5. 20 ; 5. 22 ; 6. 2.

무장투쟁을 전개하기 위해 2개 隊의 유격대를 국내에 파견하였다. 순종의 因山으로 전민족이 슬픔과 함께 반일의식을 가지고 있을 때 무장대가 시가전을 펼친다면 민족적인 호응이 일어날 것을 기대했기 때문이었다. 이들은 일제의 감시망을 뚫고 國葬이 열리는 경성까지 진출하였다. 하지만 인산을 계기로 대대적인 민족운동이 일어날 것을 우려한 일제가 서울시내를 철저하게 경비함으로 이들 유격대는 순조로이 활동을 펼치지는 못하고 만주로 철수하고 말았다.165) 이들이 비록 효과적인 활동을 펼치지 못하고 철수하고 말았지만, 인산을 계기로 정의부에서 유격대를 파견하였다는 것은 그 만큼 정의부가 국내의 정세 신경을 쓰고 있었음을 보여주는 것이다.

한편 정의부 국내진입대는 이같이 일회성으로 진입하여 유격전을 펼쳤을 뿐만 아니라 의주·구성·삭주의 접합지역인 天摩山에 파견 근거지를 구축하고 장기적인 항일전을 도모하여 활동하기도 하였다. 천마산은 1920년대초 光復軍總營의 국내 別營이었던 天摩別營(또는 鐵馬別營)이 근거지를 구축하고 장기간 활동하였던 지역으로 울창한 삼림으로 꽉 차있어 유격전의 근거지로는 최적의 지역이었다.166) 1927년 8월 15일부터 천마산에 근거지를 구축한 유격대는 주변 친일부호들의 가택을 급습하여 상당액의 군자금을 모금하였다. 이어 같은 달 18일에는 의주군의 금융조합을 습격하여 약 900원의 자금을 모집한 후 천마산 근거지로 은신하였다.167) 이들 유격대 대원들은 천마산을 근거지로 하여 끈질기게 활동하였다. 이에 일제의 구성경찰대는 이들 유격대를 구축하고자 1927년 9월 5일

---

165) ≪조선일보≫, 1926. 6. 2 ; 6. 5.
166) 천마별영의 別營長은 崔時興, 부관은 崔志豊, 참모는 朴應伯 등이었다. 광복군총영 및 광복군 사령부 그리고 天摩別營에 대해서는, 金炳基,「西間島 光復軍司令部의 成立과 活動」, 檀國大學校大學院 碩士學位請求論文, 1995. ; 朴杰淳,「1920年代初 國內武裝鬪爭團體의 活動과 推移 —平北 據點 天摩山隊, 普合團을 중심으로—」,『한국독립운동사연구』 3, 독립기념관 한국독립운동사연구소, 1989. 11. 참조.
167) ≪조선일보≫, 1927. 8. 21.

천마산으로 침입해 들어 왔다. 그러나 유격대원들은 침입한 일제 경찰대와 맞서 치열한 전투를 전개한 후 다시 천마산 밀림으로 은신하고 말았다.168)

(2) 만주내 무장활동

정의부 의용군의 만주 내 무장투쟁은 冒險隊 또는 暗殺隊라는 명칭의 전투부대와 의무금 징수와 군자금 모금을 목적으로한 募捐隊, 그리고 지방의 안위를 위한 자위대 성격의 保安隊 등이 편성되어 전개되었다. 모험대·암살대 및 모연대는 정의부 의용군이 편성한 전투부대였으나 保安隊는 의용군이 아닌 관할 각 지역의 청장년이 그 지역의 안위를 위해 편성한 地域隊였다.

의용군 산하에 각 중대와 소대 등이 편제되어 있으면서도 다른 명칭의 전투부대가 구성된 것은 정의부 활동시기 만주의 정세가 이전과는 확연히 달랐기 때문이었다. 이 시기 만주의 정세는 일제의 강압에 의해 중국측이 무력을 사용하여 이주한인 및 한국 독립운동 단체들을 극심히 탄압하였다. 게다가 1920년 중반 이후부터는 이전보다 더욱 많은 일제의 武力이 만주내에 진출하여 한국 독립군들을 직접 탄압하기도 하였다. 이러한 상황을 뚫고 정의부 의용군이 무장활동을 전개하자면 소수 정예의 특수 전투부대를 구성할 수 밖에 없었던 것이다.

먼저 地域隊로서 관할 한인을 보호할 임무를 띤 保安隊의 조직 사항을 살펴보면 다음과 같다. 보안대는 관할지역내 한인촌락 곳곳에 설치된 것으로 보이나 자료의 한계상 다 밝힐 수는 없다. 자료에 나타난 정의부 관할지역내 보안대 편성 사항을 보면, 寬甸縣 下漏河 寬東總管所內에 朴昌茂를 대장으로한 대원 10여명의 조직이 있었으며,169) 鳳城縣 鳳凰城 毛皮

---

168) ≪조선일보≫, 1927. 8. 21.
169) 「抄件」, 輯安縣 檔案館 資料.

溝에 조직된 다음과 같은 것이 있었다.170)

<표16> 정의부 보안대 조직

직 위	성 명	직 위	성 명
保安隊長	李雲華	上等兵	洪洛範·金炳一 외 5명
副士	金龍鳳·金龍俊 외 2명	一等兵	金仁玉·尹某 외 3명
參士	白用化 외 3명	無等兵	4명

이들은 手槍 7개, 소총, 자동소총 3정, 大槍 5개 등으로 무장을 하고 자신이 거주하는 지역의 자위를 위해 활동하였다.

이 같은 보안대 밑에는 그 하부조직으로 이들을 지원해주는 靑年組合이 결성된 경우도 있었다.171) 寬甸縣 碾子溝에 조직된 청년조합의 임무와 활동사항을 보면 다음과 같다.

- 군인이 외출할 때 외출증을 가지고 있는 지를 확인할 것.(관할지역 내에 일본 軍警 및 친일파들이 침입하는 것을 방지하기 위해)
- 姦通을 하거나 越境逃走하는 者를 체포 압송하여 保安隊長의 처분에 따라 처치할 것.
- 마을의 중요지점에 夜學會를 설립하여 조합원 또는 일반인들을 소집하여 講習會를 개최하는 한편 中·日의 官憲이 통과하는지를 수시로 감시하여 보안대장에게 보고해 독립군이 위험에 빠지는 것을 면하도록 할 것.

즉 보안대는 야학회, 강습회 등을 통해 계몽활동을 펼치는 한편, 의용대의 활동을 보조하는 업무를 수행했던 것이다.

이어 모연대의 조직과 그 활동상을 보면 다음과 같다. 정의부는 관할지

---

170) 『通化縣 檔案館 資料』. 동자료 역시 기록年度와 件名이 기입되었을 前面이 없다.
171) 「抄件」, 通化縣 檔案館 資料.

역이면서도 중앙본부와 거리가 떨어져 형편상 중앙에서 관할하기가 어려운 북간도 지역 한인의 의무금 및 군자금의 납부를 위해 이를 중간에서 처리해줄 기관인 募捐隊를 安圖縣에 조직하였다.172) 조직은 다음과 같이 3개 隊로 편성된 것이었다.

대 명	활동지역	구성원
제1모연대	和龍縣	朴錫夏外 4명
제2모연대	延吉縣	金○玉外 5명
제3모연대	汪淸縣	朴希喆外 3명

이들 모연대는 북간도의 3개 縣을 분담하여 府民으로부터 의연금을 징수하는 활동을 하였다. 위의 3개 縣을 포함한 북간도는 1920년 10월 경신참변 발생 이후 일제의 무력이 점차 증강 배치되었다.173) 그리고 1920년대 중반이 되면 이 지역은 일제의 무력이 거의 지배하다시피 하였다. 때문에 이 지역에는 한국 독립군들이 근거지를 구축하는 것은 물론이고 침투하기 조차 힘들었다.

정의부 또한 북간도를 관할지역에 포함시키긴 하였으나 행정력 내지는 군사적인 역량을 펼치지 못하였다. 그런가하면 이 지역 내에 살고있는 한인들 중에는 정의부에 의무금이나 군자금을 납부하고 싶어도 일제의 감시가 심하여 그 방법이 없었다. 이 같은 점을 감안한 정의부는 모연대를

---

172) 「安圖縣正義府之組織募捐隊」, 輯安縣 檔案館 資料. 동자료에는 기록연도가 표기되지 않았다.
173) 蔡永國, 「1920년대 중반 남만지역 독립군단의 정비와 활동」,『한국독립운동사연구』제8집, 독립기념관 한국독립운동사연구소, 1994. 12, p.267. '경신참변' 전에도 일제는 240여 명의 경찰을 북간도의 용정촌·국자가·두도구·훈춘·백초구·천보산·남양평·팔도구 등 8개 지역에 경찰서 및 경찰분서를 설치하여 주둔시켰다. 거기에 경신참변 기간 중 이 4개 현에는 10개 소의 경찰분서가 증설되고 약 170명의 경찰력이 더 투입되었다. 이 같이 증강된 북간도내 일제의 경찰력은 1923년 11월이 되기까지 11개소의 경찰서가 더 증가하여 총 29개 소가 되었다.

조직하여 북간도에 침투시켰던 것이다.

모연대는 지방행정조직이 설치되어 있는 지역내에 거주하는 府民이면서도 의무금 납부나 병역의 의무를 지지 않는 者들이 많은 지역에도 파견되었다. 정의부 본부에 협조하지 않는 府民은 대개 철도연선에 거주하면서 친일의 성향을 가진 者들었다. 이들은 외형적으로는 府民 행세를 하면서도 언제든지 친일을 할 수 있는 者들이었고, 정의부의 의무사항을 지키는데 소홀하였다. 1925년 9월 정의부 본부에서는 그같은 지역에 모연대를 조직하여 파견하였다. 파견된 모연대는 그 지역에서 항일의식이 투철하고 정의부 본부에 적극적으로 협조하는 인물들의 도움을 받아 한인 중 부호인 者로 반정의부 성향을 가진 者들을 골라내었다. 그리고 그들을 경제력에 따라 등급을 매겨 의무금과 부과금을 내도록 명령하였다.174)

한편 모연대원들이 관할지역 이외의 지역에 파견되었을 경우에는 군자금 명목의 의연금도 청구하였는데, 그 경우에는 다음과 같은 내용이 적힌 軍資金 請求書를 상대방에 전달하였다.175)

    ㄱ. 請求의 목적은 革命運動의 기본실력을 충실함에 있음.
    ㄴ. 청구금액을 引導할 時는 파견원의 신임장 유무 및 영수증과 청구서와의 契印이 부합하는가 그렇지 않은가 眞僞를 판단할 것.
    ㄷ. 청구금액을 완납할 때는 영수증을 받고 본부는 그 原簿를 영구히 編存하여 情熱을 表彰함.
    ㄹ. 만일 청구에 응하지 않고 敵에게 기밀을 누출하거나 또는 파견원을 고발할 때는 律에 의하여 처분함.

---

174) 「高警第3406號 大正14年 9月 27日, 鮮匪團正義府ノ募捐狀況ニ關スル件」, 아연필 100-4-031, pp.1202-1203.
175) 「大正15年 5月 3日, 鮮匪團正義府內訌後의 狀況에 關한 件」, 국사편찬위원회, 앞의 책 4, pp.848-850. 정의부는 성립 초기 관할 한인에게 의무금과 부과금만을 징수하고 일체의 의무금은 징수하지 않겠다고 하였으나, 1925년 7월 15일 제1회 중앙의회에서는 이를 수정하여 관할지역 이외의 지역에서는 의연금을 징수할 수 있도록 규정을 고쳤다.(「高警第3083號 大正14年 9月 4日, 正義府公報臨時發行ニ關スル件」, 아연필 100-4-031, p.999.)

募捐隊에 이어 暗殺隊의 조직 실례는 화전현 소화피구에 근거지를 가진 정의부 의용군 1부대가 신민부와 연합해 조직한 것이 있다. 이는 일제의 관헌을 암살하고 中東線과 間島 지방의 친일파들에게 군자금을 모금할 목적으로 조직되었다. 총 조직원 20여 명이 넘는 이 암살대는 이들 지역을 아래와 같이 4개구로 나누어 조직되었는데, 구성원 중에는 그 지역을 잘 아는 排日 유력자들도 가담하였다.176)

제1구(中東線) : 총지휘관 崔東和, 암살대장 金龍, 대원 數名
제2구(琿春·汪淸縣지방) : 총지휘관 方承奎, 암살대장 姜和元, 대원 張哲浩 등 7명
제3구(和龍·延吉·安圖縣지방) : 총지휘관 金君先, 암살대원 崔某 등 10명.
제4구(安圖·樺甸縣지방) : 총지휘관 胡成倫, 암살대장 金萬東, 대원 金聖天·李洛道 외 4명

이와 같은 암살대를 비롯해 지금까지 살펴본 정의부 무장대의 세부적인 활동상은 자료의 한계상 모두 연계해 밝힐 수는 없다. 그러나 이들 무장대가 조직의 구성으로만 그 의미를 가지지 않고 치열한 활동을 전개했다는 것은 다음과 같이 열거되는 사항들에서 입증된다. 정의부 무장대의 국내외 움직임과 활동상을 자료에 근거 요약 열거해 보면 아래와 같다.

- 1925년 9월 유격대장 朴基範은 대원 3명과 평북 초산군으로 진입 일제의 경찰 수송마차를 급습해 다수의 무기 탈취하고 친일부호들의 집을 습격하여 군자금을 모금함. 이후 日경찰대와 대치하여 전투를 벌이다 피체됨.177)
- 1925년 9월 趙昌周·李秉傑 등 국내로 잠입하여 수명의 동지를 포섭해 군자금 모금 활동 전개.178)

176) 「抄件」, 吉林 檔案館 資料
177) ≪조선일보≫, 1927. 11. 24.

- 1925년 10월 車道賢과 車善學 등 국내로 잠입하여 군자금 모금 활동.[179]
- 1925년 11월 특파원 1명이 평남 강서군 苏次面 二里에서 군자금을 모금하여 본대로 귀환.[180]
- 1925년 11월 李學松은 의용대원 수명과 함께 유격대를 결성 평북 초산 지방으로 진입하여 군자금 모집 활동을 전개하다가 日경찰대에 피체됨.[181]
- 1925년 12월 李春山을 대장으로 한 3명의 유격대원 전북 정읍의 종교단체인 보련교 본부와 백백교 본부에서 마련해 놓은 자금을 회수할 목적으로 大連을 거쳐 仁川으로 진입함.[182]
- 1925년 12월 奉直戰爭에 의해 奉天省이 혼란해지면 이를 기회로 일제의 관공서를 습격할 계획으로 정의부 의용군 冒險隊 조직.[183]
- 1926년 2월 신용철을 소대장으로 한 12명의 유격대원 興京縣 紅廟子溝에서 국내진입 작전계획을 세움. 유격대원들은 조선총독부 신청사 설립을 계기로 국내에 들어가 일제의 고관들을 처단할 계획이었다. 그러나 이들 일행은 목적을 위해 桓仁縣 砂尖子로 가던 중 중국 경찰대에 피체되어 계획은 중단되었다.[184]
- 1926년 3월 유격대원 朴春化와 金鐵山은 국내로 진입하여 평북과 평남 등에서 군자금을 모금하다 일경에 피체됨.[185]
- 1926년 3월 金文影·朴敎淳·金益浩 등 3명 募捐隊 조직하여 長春에서 군자금 모금 후 日警과 접전 끝에 피체됨.[186]
- 1926년 4월 의용군 중대장 鄭伊衡은 대원 10여명을 이끌고 吉林城 小東門 밖 崔萬榮이 경영하는 三豊公社와 부근의 孫貞道 집에

---

178) 《조선일보》, 1926. 2. 11
179) 《동아일보》, 1926. 1. 31.
180) 《동아일보》, 1925. 11.
181) 《조선일보》, 1927. 11. 27.
182) 《동아일보》, 1925. 12. 11.
183) 《조선일보》, 1925. 12. 17.
184) 《동아일보》, 1926. 5. 23 ; 《조선일보》, 1926. 5. 23.
185) 《조선일보》, 1926. 6. 7.
186) 《조선일보》, 1926. 4. 21.

V. 正義府의 理念과 活動 219

서 숙영하면서 군자금을 모금하는 한편 일제의 총영사관에 근
무하는 친일의 무리들에게 사형선고장을 보내며 무장활동 전
개.187)
- 1926년 5월 의용군 1중대원 白鎭衡·李致順 등 2명 장춘에서 친일
부호의 집을 습격하며 군자금 모금 활동을 펼침.188)
- 1926년 6월 지방조직의 檢務員인 許雄彬이 활동 중 피체되어 신의
주로 압송됨.189)
- 1926년 6월 의용군 대원 2명이 중국군에 피체되어 끌려갈 때 張某
·徐某 등 2명의 동료 대원이 추격하여 구출함.190)
- 1926년 8월 의용군 8명은 국내진입을 목적으로 행군하던 중 撫松縣
에서 20명의 마적과 충돌하여 2명이 전사함.191)
- 1926년 8월 제4중대 중대장 李奎成 이하 3, 40명은 興京縣 旺淸門
과 北旺淸 부근에 근거지를 구축하고 의무금을 징수하는 한편,
선전활동을 펼침.192)
- 1926년 9월 의용군 대원 金昌林(본명 : 金元國) 通化縣 來太茂子街
에 거주하는 친일파 申漢哲의 집을 급습하여 처단함. 이후 金
昌林은 계속 활동을 벌이다가 1927년 봄 일제의 통화현 경찰에
게 피체되어 여순 감옥에서 사형을 선고받고 순국 함.193)
- 1926년 말 대원 金尙浩 평남지역으로 잠입하여 활동 중 일경에 피
체됨.194)
- 1927년 1월 지방조직의 區長 全學伴 국내 독립운동단체와 연결을

---

187) ≪동아일보≫, 1926. 5. 23.
188) ≪동아일보≫, 1926. 12. 2.
189) ≪동아일보≫, 1926. 6. 9.
190) 「朝保秘第417號 大正15年 6月 17日, 鮮匪團正義府ノ移轉ト中央通信發行ニ關スル件」, 앞의 자료, p.375.
191) 「昭和2年 2月 14日, 間島及接讓地方 獨立團에 關한 情報」, 국사편찬위원회, 앞의 책 5, p.636.
192) 「大正15年 8月 20日 管內不逞團의 行動及相助契의 狀況」, 국사편찬위원회, 앞의 책 4, p.824.
193) ≪조선일보≫, 1928. 11. 21 ; 「大正15年 9月 8日, 不逞鮮人 殺人事件에 關한件」, 국사편찬위원회, 위의 책 4, pp.822-823.
194) ≪조선일보≫, 1926. 12. 16.

위해 황해도 곽산에서 활동 중 피체됨.[195]
- 1927년 朴泰柱외 5-6명의 국내 진입대 평북에서 군자금 모금후 경북까지 진입하여 활동함.[196]
- 1927년 2월 6개 중대에서 차출된 12명의 특파대 국내에 진입하여 활동 전개. 일제의 감시망에는 포착되었으나 피체되지 않았음.[197]
- 1927년 4월 대원 李俊福 경성에 잠입하여 첩보활동을 펼치다가 종로경찰서의 日警에 피체됨.[198]
- 1927년 4월 의용군 중대장 李雄 대원 5명과 함께 長春의 철도 부속지에 잠입하여 친일 한인들을 척결함.[199]
- 1927년 대원 朴天用 국내의 초산·위원 등지에서 군자금 모금 활동 중 일제의 경찰대에 피체됨.[200]
- 1927년 4월 대원 崔明弘·金大 등 2명 군자금 모금원으로 국내에 파견됨.[201]
- 1927년 의용대는 무장활동을 적극 추진하기 위해 의용대 내의 밀정 다수를 취조하는 한편, 혐의가 뚜렷한 6인은 총살에 처함.[202]
- 1928년 4월 지방조직의 檢務 朴海寬이 평북에 진입하여 활동 중 일 경찰대에 피체됨.[203]
- 1928년 4월 국내파견대 경북 경산·봉화지역까지 진입하여 군자금 모금 활동 전개.[204]
- 1928년 4, 5월 피체된 의용군 사령장 吳東振을 구출하기 위해 활동하던 그의 동생 吳東奎 및 金汝蓮·崔鳳福 등의 구출대가 창성 경찰대에 피체됨.[205]

---

195) 《조선일보》, 1927. 2. 5.
196) 《동아일보》, 1927. 3. 7.
197) 《조선일보》, 1927. 3. 1.
198) 《조선일보》, 1927. 4. 13.
199) 《동아일보》, 1927. 4. 8.
200) 《동아일보》, 1927. 11. 11.
201) 《조선일보》, 1927. 4. 5.
202) 《조선일보》, 1927. 8. 3.
203) 《동아일보》, 1928. 4. 10.
204) 《조선일보》, 1928. 4. 21.

- 1928년 5월 8명의 유격대원 국내에 잠입하던 중 1명이 日警에 피체됨[206]
- 1928년 8월 의용군 1대 開原縣 下八裸樹에서 일제의 밀정들을 사살함.[207](淸原 및 開原縣은 친일파들이 많은 지역이었음)
- 1928년 9월 제5중대 소속의 이등병 李昌連 평북 의주군 위화주재소 습격을 목적으로 선발대로 파견되었다가 피체됨.[208]
- 1928년 9월 지방조직의 十家長인 金贊成이 활동 중 피체됨.[209]
- 1928년 12월 대원 李萬燁・朴在秀 등 2명이 開原縣과 淸原縣 등에서 일제의 경찰대와 교전중 이만엽은 전사하고 박재수는 피체됨.[210]
- 1929년 4월 유격대원 金承平 군자금을 모금하던 중 安東縣 영사관 경찰대에 피체됨.[211]

◎ 이하 활동사항은 연도가 미상인 것들이다.

- 撫松縣에 근거지를 둔 제2중대의 중대장 張喆浩는 부하 20명과 함께 撫松縣 西大嶺 각 지역에 거주하는 이주한인들에게 의연금을 납부하도록 독려함.[212]
- 의용군 제5중대장 金錫夏는 부하 6명을 대동하고 寬甸縣 下漏河 三道陽岔에 머물며 주변의 한인 촌락에서 의무금을 징수함.[213]
- 撫松縣에 근거지를 가진 정의부 제3소대 소속의 대원 金基涉은 5명의 동료와 함께 長白・臨江 兩縣에 진출하여 군자금 모금 활동을 함.[214]

---

205) 《동아일보》, 1928. 5. 15 ; 5. 18.
206) 《조선일보》, 1928. 5. 2.
207) 《동아일보》, 1928. 8. 25.
208) 《조선일보》, 1928. 9. 23.
209) 《동아일보》, 1928. 9. 30.
210) 《조선일보》, 1928. 12. 4.
211) 《동아일보》, 1929. 4. 23.
212) 「抄件」, 通化縣 檔案館 資料.
213) 「抄件」, 新賓縣 檔案館 資料.

- 撫松縣에 근거지를 가진 지방조직의 財務長 李化善은 노동자 복장으로 위장하고 長白縣 8道溝 合水里에 거주하는 정의부 지방조직 통신부장 金國三을 방문하여 어떤 밀의를 하고 다음날 臨江縣 千金洞으로 향함.215)
- 寬甸縣에 근거지를 가진 중대장 文學彬이 이끄는 의용군 1隊는 국경과 가까운 桓仁縣 大材皮溝로 옮겨 한인들의 집에 나뉘어 유숙하면서 국내진입을 위해 中·日 軍警의 동정을 살핌.216)
- 중앙조직 募捐員인 許翌은 1월 4일(년도 미상) 長白縣 8道溝에 도착하여 의연금을 징수한 후 1월 10일에는 臨江縣 7道溝 流古子에 도착하여 한인들에게 독립사상에 대한 강연을 한후 떠남.217)
- 의용군 제5중대 上等兵 金京柱 등 6명의 대원 유격전을 위한 국내진입을 목적으로 寬甸縣 碾子溝 韓人의 집에서 상황을 살핌.218)
- 의용군 각 중대에서는 연말이 가까워 오면서 어수선한 틈을 타 국내로 진입하기 위해 3명 또는 5명씩으로 1隊를 조직하여 국경지방인 寬甸縣 來皮溝 부근에서 동정을 살핌.219)
- 의용군 제1중대원 2명은 친일파 척결을 목적으로 국내에 진입키 위해 奉天을 떠나 大連에 도착함.220)
- 제4중대 소대장 朱河範은 부하 8명과 함께 1월 26일(연도 미상) 寬甸縣 碾子溝에서 의무금을 징수함.221)
- 제4중대의 소대장 趙化善은 부하 15명과 함께 寬甸縣 草荒溝에 근거지를 구축하고 있는데 소대장 朱河範이 8명의 대원을 이끌고 寬甸縣으로 오자 이들과 합동으로 국내로 진입하기 위해

---

214) 위의 자료.
215) 위의 자료.
216) 위의 자료.
217) 위의 자료.
218) 위의 자료.
219) 위의 자료.
220) 위의 자료.
221) 위의 자료.

계획을 수립함.222)
- 의용군 중대장 文學彬은 11월 13일(연도 미상) 輯安縣 覇王槽에서 참의부군과 회합을 가짐. 이 회의에서 양측은 합동하여 5명을 1대로 10개의 편대를 조직하여 중국 또는 일제와 밀통하여 독립군에게 손해를 끼치는 자들을 토벌하기로 합의하고 11월 15일부터 활동을 개시함.223)
- 3·1 기념일을 전후 국내에 진입하여 활동을 펼칠 목적으로 관전현에 근거지를 가진 지방조직의 總管 張海源과 金興龍은 부하 5명과 함께 국경의 경비태세를 살핌.224)
- 의용군 제5중대장 金錫夏는 벽동군으로 진입하기 위해 부하들과 함께 위장할 한복을 가지고 寬甸縣 石柱子에서 국경의 동정을 살핌.225)
- 제5중대의 소대장 李成贊은 부하 8명과 함께 7월 28일(연도 미상) 국내로 진입하기 위해 국경수비대의 동정을 살핌.226)
- 撫松縣 지방조직에서는 3월 27일(연도 미상) 간부회의를 개최한 결과 臨江·長白·安圖縣 등에 거주하는 한인들이 독립사상이 약하므로 이를 고취시키기 위해 대원들을 파견하였다. 그 실행방법은 臨江縣 6道溝 방면에서 시위운동을 전개하면서부터 시작하기로 함.227)
- 의용군 副士 金寬玉은 4월 23일(연도 미상) 무장한 부하 10여 명과 輯安縣 3道溝에서 국내로 진입하기 위해 강안의 경비를 살핌.228)
- 제4중대 소대장 趙化善은 부하 25명과 寬甸縣 大川溝에서 국내진입 계획을 세웠다. 그 내용은 우선 參士 金甲國·上等兵 李承國·李周竝·一等兵 金大股 등이 1진으로 진입하여 楚山署 蓮潭駐

---

222) 위의 자료.
223) 「抄件」, 通化縣 檔案館 資料.
224) 「抄件」, 新賓縣 檔案館 資料.
225) 위의 자료.
226) 「抄件」, 輯安縣 檔案館 資料.
227) 「在外鮮匪之動靜」, 通化縣 檔案館 資料.
228) 「抄件」, 輯安縣 檔案館 資料.

在所 古南里를 침입하고, 이어 2진으로 나머지 병력 20여 명이
함께 진입하여 활동을 전개하기로 함.229)
- 寬甸縣 大川溝에 있는 德盛昶이라는 상회는 중국인이 경영하는 곳
이다. 이 곳은 정의부 의용군 지휘관인 趙化善과 朱河範의 주
통신지역으로 중국군이 독립군을 토벌하러 오면 이 상회의 주
인은 그 사실을 독립군에게 알려주어 즉시 대처하도록 한다.
주인은 또한 독립군들에게 식량을 대주기도 함.230)
- 제4중대 소대장 조화선은 寬甸縣 碾子溝 및 大靑溝에서 대원 公漢
用ㆍ金學日ㆍ金義煥을 파견대원으로 선발해 놓고 중ㆍ일 군경
대의 동정을 살핌.231)
- 의용군 제5중대원 15명은 寬甸縣 下漏河에 잠복하여 국내진입을 위
해 동정을 살핌.232)
- 의용군 제5중대 소대장 金龍俊은 부하 15명과 함께 額穆과 寬甸縣
下漏河 三道陽岔에 산재해 머무르면서 結氷期가 되면 국내로
잠입할 계획을 수립함.233)
- 제5중대 소대장 朱河範은 부하 20명과 함께 농민으로 변장하여 寬
甸縣 草荒溝에 있는 府民 鄭某의 집에서 국내로 진입하기 위
해 국경의 동태를 살핌.234)
- 의용군 중대장 李成贊은 부하 15명과 함께 관전현 五道陽岔에서 韓
服을 입고 변장한 채 국내진입을 도모함.235)

---

229) 「抄件」, 通化縣 檔案館 資料.
230) 「抄件」, 輯安縣 檔案館 資料.
231) 위의 자료.
232) 위의 자료.
233) 위의 자료.
234) 「抄件」, 吉林 檔案館 資料.
235) 위의 자료.

VI. 正義府의 대외관계

1. 대한민국임시정부와의 관계

정의부는 관할지역에 대한 民政위주의 활동을 펼치면서도 독립운동 세력과의 연대를 모색하였다. 임정과의 관계 모색, 참의·신민부와의 통합 항일전선 구축 등이 그것이다. 정의부는 공화주의를 그들의 民政 노선으로 정립하긴 하였지만 초기에는 상해의 임시정부를 적극적으로 부정하는 입장을 가졌다.

통의부와 임정의 대립은 통합에 동참한 다른 단체에도 영향을 미쳤고, 새로운 통합 軍政府인 정의부와 임정의 대립으로 귀결되었던 것이다. 따라서 정의부 성립이 완전히 타결된 전만통일회 본회의에서 참가대표들은 임정을 거부한다는 입장을 분명히 하였다.[1] 그리고 성립 이후에는 임정이 존재를 무시하는 입상에서 대한민국 년호를 사용하지 않고, '본부의 年號는 紀元年號를 사용한다'는[2] 의결을 하였고, 이후 정의부는 모든 공

---

1) 「高警第255號 大正14年 2月 16日, 全滿統一不逞鮮人團體統一會議後ノ狀況ニ關スル件」, 아연필, 100-001-030, pp.93-97.
2) 「高警第1404號 大正14年 4月 27日, 正義府ノ公報發行ニ關スル件」, 아연필 100-001-030, p.437.

문에 기원년호를 사용하였다.

하지만 임정과의 불편한 관계는 정의부의 정식 업무가 시작된지 약 2개월만인 1925년 5월 임정의 내무총장 李裕弼과 법무총장 吳永善이 滿洲에 파견되면서 새로운 국면에 접어들게 되었다. 이들은 국민대표회의 이후 침체된 임정의 새로운 활로를 찾기 위해 파견된 것이었다. 파견원 이유필과 오영선은 北滿의 대표적인 단체인 신민부와 남만의 정의부 간부를 함께 초청하여 향후 한국 독립운동의 진로를 협의하였다. 그 결과 다음과 같은 4개 항을 합의하였다.3)

① 韓國革命은 임시정부를 중심으로하며 각 團은 이를 推戴할 것.
② 임시정부의 기관 중 軍務部·財務部·交通部·學務部·勞動部는 점차적으로 滿洲의 適地에 옮겨 설치할 것.
③ 임시정부는 朝鮮內 각 단체에서 신임 받은 1명을 의원으로 選任하고, 역시 歐美·露領·美洲의 대표를 합세시켜 內外一致의 實勢를 올릴 것.
④ 前記 各項은 6월 下旬 소집하는 臨時議政院의 協贊을 거쳐 실시할 것.

이러한 결의를 하고 난 뒤 임정의 파견원들과 兩府의 대표들은 合意내용을 격문으로 만들어 반포하였다.4) 그 내용은 兩府는 임시정부의 기치하에 통합할 것을 합의하였으니 국내외의 모든 동포는 합심하여 격려하고 지원해 달라는 내용이었다. 1925년 5월 7일자로 반포된 격문의 일부를 보면 다음과 같다.

---

3) 「機密第183號 大正14年 6月 4日, 偕稱臨時政府中心大同團結組織ニ關スル件」 (日本 外務省 外交史料館 소장)
4) 「於滿洲正新兩府對海內外同胞檄文」, (日本 外務省 史料館 소장). 동 격문은 兩府 책임기구의 동의가 없이 발표된 것으로 보인다. 이유는 격문의 말미에 '正義府·新民府 白'이라고만 되 있고 단체를 대표하는 기관이나 인물의 서명이 없다.

…… 우리 正·新 양 단체는 在內(國內) 同志의 血誠的 운동에 感激하여 玆에 犧牲的·提携的 단결을 굳게해 黨務의 改善, 실력의 충실을 지켜 內外合衆하여 저 倭賊을 退滅시킬 大計下에 民衆的 단결을 추진한다. 이에 血墨으로 海內外 동포 및 각 독립단에 檄하는 바는 민족의 독립을 標榜하는 단체와 조국의 광복을 목적으로 하는 수많은 각 단체 동포는 과거의 폐단을 떨쳐버리고 대동단결의 진정한 理想 아래 매진하라. (중략) 이번에 朴白巖 선생이 臨時總統에 취임한 이래 新進 청년 동지와 더불어 國務院을 조직하고 臨時憲法을 개정 선포함으로써 多年間 각 방면에서 議論이 비등하던 임시정부 문제·軍事·財政·外交·教育·勞動 및 혁명운동에 관계되는 일체의 큰 문제가 모두 해결됨과 동시에 附帶的인 지방단체 통솔 등이 가장 현대적·규율적으로 해결되었다. 이에 우리 兩團體는 理解的 服從과 犧牲的 옹호 관념하에 숙원하고 성취하려는 목표를 향해 매진한다. 그와 함께 內外 民衆을 지도 단결의 綱領으로 끌고 나갈 바이니 故國 동지는 물론 中·俄·美 3개국에 거주하는 同族同志여 독립운동 부흥의 曙光을 慶賀하라. ……

즉 과거의 폐단을 떨치고 대동단결의 기치 아래 정의부와 신민부가 임시정부에 협력하기로 합의하였던 것이다. 그런데 임정의 두 파견원들은 정의부가 성립 초부터 임시정부에 반감을 가지고 있는 점을 감안 신민부와 함께한 위의 네가지 결의사항 외에 정의부측에는 따로 이면의 조건을 제시하였다. 그것은 임정의 최고 책임자는 정의부측에서 추천한 자를 임명하고 閣員의 반수 이상은 정의부의 인사로 임명한다는 것이었다.[5]

정의부 대표들은 결의사항과 이면 조건을 일단 받아들였다. 그리고 이 문제를 중앙행정위원회에서 논의한 뒤 중앙의회에 상정하였다. 따라서 1925년 7월 15일 개최된 제1회 중앙의회는 이 안건을 집중적으로 논의하여 다음과 같은 4개 항을 결정하였다.[6]

---

5) 「高警第455號 大正15年 2月, 鮮匪團正義府ノ內訌ニ關スル件」, 아연필 100-4-033, pp. 441-444.
6) 「高警第3803號 大正14年 9月 4日, 在滿鮮匪團正義府ノ動靜ニ關スル件」, 아연필

① 광복운동 각 단체와 연락을 취하여 타협할 것
② 제도는 위원제로 할 것
③ 임시의정원의 의원은 광복운동의 의무를 이행하는 者에 한해 1萬人에 1人의 비례로 임명할 것
④ 政府는 실무지대로 옮길 것

①번은 참의·신민부 등 다른 독립군단들과의 연합 항일전선 구축을 말한 것이고, ②번은 임시정부의 각료를 부장제가 아닌 위원제로 할 것을 얘기한 것이다. ③번은 임시의정원 의원의 구성비를, ④번은 임정의 위치를 실질적으로 가장 활발한 독립투쟁을 전개하고 있는 만주로 옮기자는 것이다. 즉 이 중앙의회 의결사항은 상해의 임정과 타협은 하되 이후 임정을 만주로 옮겨 정의부가 주도하고 재만독립군이 중심이 되는 최고기관을 만들자는 내용이었다.

중앙의회의 결정에 따라 정의부에서는 지청천이 타협위원으로 위촉되어 8월 하순 북만에 있는 신민부 본부에 도착 본격적인 협상을 시도하였다.7) 그리고 상해 임정을 만주로 이전하는 선결문제를 처리한다는 입장에서 김이대·백남준·고활신 등 3인을 정의부측 임시의정원 의원으로 선정하여 파견토록 하고, 승진·현익철 두 명을 의원 후보로 선정하였다.8)

중앙의회에서 이같은 의결이 진행되고 있는 동안 정의부 중앙행정위원들은 임정의 파견원들과 이면 협의한 조건인 임시정부 최고 책임자 추천 문제를 논의하였다. 그 결과 정의부의 실질적 지도자 李相龍을 임시정부 국무령에 추천하기로 합의하였다. 따라서 이상룡은 1925년 8월 하순 남만

100-4-031, pp.998-999.
7) 「高警第3543號 大正14年 10月 5日, 鮮匪團正義府對新民府妥協進行狀況ニ關スル件」, 아연필 100-4-032, pp.17-18.
8) 「高警第3803號 大正14年 9月 4日, 在滿鮮匪團正義府ノ動靜ニ關スル件」, 앞의 자료, pp.996-1006.

을 출발하여 9월 하순 상해의 3·1堂에서 국무령에 취임하였다.9)

하지만 이상룡의 임정 국무령 취임은 정의부를 일시 분란의 상태로 만들었다. 그 이유는 임정의 파견원인 이유필·오영선과 타협을 벌인 정의부측의 일부 인사들이 신민부와 함께 합의한 4개 항의 결의 사항만을 중앙의회에 안건으로 상정하고 그 이면의 조건 중 하나인 임정 최고책임자 추천에 대해서는 의회 안건으로 올리지 않았던 것이다.10) 중앙의회에서는 그 결의사항에 근거하여 실무책임자로 김이대·백남준·고활신 등 3명을 의정원 의원으로 선출하고, 예비후보로 승진과 현익철을 선정한 것이었다. 그런데 중앙의회 의원들의 의결사항과는 맞지 않게 중앙행정위원회 단독 결정으로 이상룡이 임정의 국무령이 되기 위해 상해로 출발한 것이다.

지금까지 존속하고 있던 상해 임정의 모든 업무를 정리하여 만주로 이전한 후 만주 전 독립군세력을 규합 무장투쟁 위주의 새로운 임시정부로 만들려는 계획을 가지고 있던 중앙의회 의원들은 이같은 상황이 일어나자 크게 당황하였다. 그들은 정의부의 실권자라 할 수 있는 이상룡이 상해로 가 임정의 국무령으로 그 체제를 이끌 경우 임정의 만주 이전은 어려울 것으로 생각하였다. 오히려 정의부의 유능한 지도자들이 상해로 건너가고 정의부는 세력없는 독립군단으로 전락할 것으로 생각하였다. 실지로 이상룡은 국무령에 취임한 후 1925년 10월 임정의 국무위원에 정의부는 물론이고 신민부의 인물들을 대거 임명하여 상해로 불러들였다. 그러나 李沰·金東三·吳東振·尹世茸·玄天默·尹秉庸·金佐鎭 등 국무위원에 임명된 재만 독립군측 인사들은 이를 거부하고 취임하지 않았다.11)

---

9) 「高警第3462號 大正14年 9月 30日, 上海假政府ノ國務領ニ就任ニ關スル件」, 아연필 100-4-031, pp.1314-1315.
10) 「高警第455號 大正15年 2月, 鮮匪團正義府ノ內訌ニ關スル件」, 앞의 자료, pp.435-440.
11) 『朝鮮民族運動年鑑』, 在上海日本總領事館 警察部 第2課, 1932. 4, p.203.

중앙의회의 의결사항과는 전혀 다른 방향으로 임정과의 관계가 추진되어 가자 의원들은 1925년 12월 하순부터 의회를 개회하여 중앙행정위원 전원을 불신임하기로 결의하였다.12) 이에 대해 중앙행정위원회에서도 1926년 1월 8일 중앙의회의 해산을 명령함과 함께 행정위원회가 의회의 의결 사항에 위배되지 않고 임정과의 합작 문제를 처리하고 있음을 포고를 발표해 주장하였다.13) 정의부 두 중요 중앙조직이 임정과의 합작문제로 큰 분란이 일어나게 된 것이었다.

두 기관의 이러한 분란이 있자 이를 타개하기 위해 1926년 1월 24일 지방대의원들과 군인측 대표들이 軍民代表會를 조직하였다. 군민대표회는 중앙의회를 대신할 대임위원회를 임시로 구성하고 고활신·김학선·김탁·김정제·오대영 등 5명을 중앙행정위원으로 임명하여 정의부의 업무를 정상화하기 위해 노력하였다.

이와 같이 정의부는 성립 이전부터 좋지 않았던 임정과의 관계를 개선코자 하였다. 개선보다는 오히려 임정 자체를 만주지역으로 옮겨 정의부 중심의 강력한 독립운동 최고기관으로 만들고자 하였다. 그러나 정의부측 희망은 오히려 자체내 지도층의 분란만 야기하는 결과를 초래하고 말았다. 임정의 국무령에 임명되었던 이상룡도 재만 독립군측의 비협조와 상해측 인사들의 알력에 휘말려 국무위원들을 제대로 인선하지 못하였다.14) 그리하여 이상룡은 결국 1926년 2월 17일 국무령을 사임하고 남만으로 돌아오고 말았다.15)

---

12)「高警第455號 大正15年 2月, 鮮匪團正義府ノ內訌ニ關スル件」, 앞의 자료, pp.431-433.
13)「高警第455號 大正15年 2月, 鮮匪團正義府ノ內訌ニ關スル件」, 위의 자료, pp.435-440.
14)「呂運亨 被毆打事件에 關해 1925年 12月 14日字로 在上海 總領事가 外務大臣에 報告한 要旨」,『韓國民族運動史料(中國篇)』, 國會圖書館, 1976, pp.575-576.;「臨時政府 國務領의 北京 逃避와 韓人獨立運動者의 紛爭에 對한 臨時政府警務局長의 聲明에 關해 1926年 4月 2日字로 朝鮮總督府 警務局長이 外務次官에 通報한 要旨」, 같은 자료집, pp.579-582.

하지만 임정과의 관계를 개선코자한 정의부의 노력은 성립 초기에 가장 큰 비중을 두고 추진하였던 실력양성의 노선을 변화시켜 가는 계기를 마련하였다. 즉 임정 파견원인 이유필・오영선과의 타협안 제기에 의해 개최된 중앙의회 회의에서 의결된 4개 항의 결의 사항은 보다 충실한 항일전선 구축이 필요함을 깨닫게 하는 계기가 되었다. 그리고 정의부의 지도자인 이상룡이 임정 국무령에 임명되어 상해로 건너갔다가 좌절감만을 맛보고 돌아오게 된 것 또한 충실한 재만 항일전선 구축만이 조국의 독립 성취를 위해 가장 중요하다는 것을 깨닫게 하였던 것이다.

2. 參議・新民府와의 관계

1) 參議部와의 관계

全德元 등이 이탈하여 의군부를 조직한 사건이나 蔡燦・金元常・金旋風 등이 통의부를 이탈 참의부를 성립하게 된 것은 정의부를 성립시키게 된 전적인 동기는 아니지만, 상당한 요인은 되었다. 1922년 8월 統軍府를 확대 발전시켜 統義府를 성립시킨 인물들은 그 자체를 남만의 통합군단 내지는 망명 軍政府로 자인하였다. 하지만 통의부는 1923년 초 義軍府의 이탈이 있고, 이어 1924년 초에는 參議部의 이탈이 있자 전력이 크게 약화되었다.16)

---

15) 「高警第1294號 大正15年 4月 17日, 印刷文送付ノ件」, 아연필 100-4-034, pp.104-105. 李相龍이 사직한 후 임시의정원에서는 梁起鐸을 國務領으로 선임하였다. 하지만 양기탁은 국무령 취임을 거부하였다.
16) 참의부의 정식명칭은 '大韓民國臨時政府陸軍駐滿參議部'이고 약칭으로는 '參議部'로 불렸다. 같은 시기 활동한 正義・新民府와 함께 '3府'로 불리긴 하였으나, 정식으로는 '府(곳집 부)'가 아닌 '部(거느릴 부)'를 써 參議部로 해야 올바른 표현이다.(「高警第3267號 大正14年 9月 16日, 鮮匪團督辨府ノ改稱卜決

더구나 의군부를 이끈 전덕원은 자신의 수하 병력을 동원 통의부 잔류 세력들과 무력충돌을 일으켰고,17) 참의부 성립 세력인 채찬 등 또한 많은 병력을 통의부측에서 이탈시킴과 동시에 충돌을 일으켜 통의부에 적지 않은 타격을 주었다.18) 이에 통의부는 이탈 세력들을 반동군이라 칭하여 이들을 진압하기 위한 전담기구까지 편성하였다.

이들의 이탈은 통의부 조직 내 세력약화 결과만 가져온 것은 아니었다. 참의부는 성립 이후 輯安縣 花甸子를 중심 근거지로 하여 압록강 접경지역인 輯安·寬甸·桓仁·通化·撫松·長白·安圖·柳河縣 등 諸縣을 자신의 관할지역으로 하여 이 지역내의 한인들을 기반으로 통의부와 마찬가지의 民政활동을 펼쳐나갔다. 물론 이 지역 내에 거주하는 한인 모두가 참의부에 동조하여 그 관할민이 된 것은 아니고 계속하여 통의부의 부민으로 남아 있는 자들도 많았다. 그럼에도 불구하고 참의부 관할민의 호수는 1만 5천호 이상이 되었다.19) 남만지역 내 유일한 통합 자치기관을 목적으로 성립된 통의부에게 있어 이 같이 많은 한인의 이탈은 조직 내 인사들의 이탈만큼이나 큰 손실이 아닐 수 없었다.

이탈세력들이 있고 난 뒤 통의부를 비롯한 남만의 8개 단체가 통합하여 성립한 정의부는 성립 초기 통합 軍政府로서 확실한 위치를 확보하기 위해 노력하였다. 그러나 金篠夏(일명 : 張基楚)·金旋風·沈龍俊·金昌天·崔錫淳 등 무장활동 면에서 뛰어난 지휘력을 가진 인사들이 지휘하는 참의부가 같은 관할지역을 기반으로 존재한다는 것은 정의부의 그같은 바램을 위축시켰다. 뿐만 아니라 참의부가 인접지역에 존재하며 이주

議事項ニ關スル件」(公布第1號), 아연필100-4-031, p.1116.)
17) 鄭伊衡, 『雙公 鄭伊衡 回顧錄』, 國家報勳處, 1996. 11, pp.59-75. 필자는 회고록에서 部長 밑의 직책인 檢務局長에 임명된 전덕원이 이에 불만을 품고 그를 따르는 부하들을 이끌고 통의부를 이탈하여 의군부를 조직한 것으로 기술하고 있다. 그 과정에서 전덕원은 통의부의 실세인 梁起鐸·玄正卿·金寬聲·黃東浩 등 10여 명을 포박 구타하고, 金昌義를 살해하였다.
18) 在上海日本總領事館 警察部 第2課, 앞의 책, p.201.
19) 유준기, 「참의부」, 『한민족독립운동사』 4, 국사편찬위원회, 1988. 2, p.224.

한인들을 영도할 경우 한인들에게 혼란을 주어 독립운동 단체에 대한 불신감도 생길 수 있으며, 지도단체로서의 구심점 역할이 어려울 수도 있었다.

한편 정의부가 성립되어 그 업무를 개시할 무렵 참의부의 상황은 다음과 같았다. 임시정부 군무부 직속의 무장항일 단체로 출발한 참의부는 정의부나 신민부 보다 활발한 군사활동을 전개하였다.[20] 참의부는 독립군의 기반이 되는 이주한인을 위한 民政활동도 추진하였지만 그보다는 무장투쟁을 활발히 전개하였다. 참의부의 군사부 지휘관들은 수시로 산하 부대원들을 압록강변이나 국내에 파견하여 항일투쟁을 전개토록 하였다. 참의부 소속의 국내파견대는 많은 유격작전을 펼쳐 큰 전과를 올렸다. 이에 일제는 압록강변의 참의부군을 물리치지 않고는 그들의 식민지 지배기관이 큰 타격을 입을 것으로 판단하였다. 그리하여 일제는 참의부에 치명적인 피해를 줄 기회를 엿보다가 급기야 기습공격을 가하였다. 1925년 2월 27일 參議長 겸 제2중대장 崔錫淳이 60명의 대원들과 함께 輯安縣의 古馬嶺 산중에서 군사회의를 개최하고 있을 때 일제의 초산경찰서 소속 일경 1부대가 기습공격을 가하여 왔다. 완전 무방비 상태에서 회의를 개최하고 있던 참의부 대원들은 제대로 반격도 못해보고 당해야만 했다. 불의의 기습으로 참의부측은 참의장 최석순 이하 42명이 사살되고 3명이 피체되었으며, 15,6명의 대원만 가까스로 피신하였다.[21] 참의부측의 피해는 실로 엄청난 것이었다. 게다가 제2중대가 이러한 기습공격을 당한 것은 제1중대장인 洪碩浩가 일제의 官憲에게 밀고한 결과라는 소문이 퍼졌다. 이에 살아 남은 2중대원들이 홍석호를 암살하고 말았다.[22] 고마령의

---

20) 위의 논문, pp.219-220.
21) 「大正15年 5月 在外不逞鮮人ノ槪況」, 아연필 200-3-049, pp.86-88.
22) 위의 자료, pp.86-88. ; 愛國同志援護會, 『韓國獨立運動史』, 1956. 2, p.205.에는 古馬嶺戰鬪 이전 제1중대장은 金旋風이었고, 또한 같은 책 「고마령전투」 (pp.267-268) 편에는 참의장은 최석순, 제2중대장은 田昌禧로 기록되어 있으며, 전투가 일어난 일자는 1925년 3월 16일 새벽이고 참의부 대원의 전사자

대패전이 참의부내의 내분으로까지 비화되었던 것이다. 이 사건이 있고 난 후 참의부의 세력은 크게 약화되었다. 항일 무장투쟁을 중히 여기는 軍團으로서 수십명에 달하는 전투원을 잃었다는 것은 다른 어떤 손실보다도 큰 것이었다.

참의부가 대타격을 입고 어려움을 겪고 있을 때, 같은 해 3월 하순 정의부측에서는 사람을 보내 두 단체의 통합을 권유하였다. 정의부는 참의부에 대해 이미 8개나 되는 단체가 통합하여 그 기본 조직을 구축한 정의부로의 통합을 유도하였다. 하지만 정의부측의 권유는 거절되고 말았다. 역시 임시정부의 옹호문제에서 양 단체가 생각을 달리하고 있었기 때문이었다.23) 정의부측의 주장대로 참의부가 정의부로 흡수하는 형태로 통합이 이루어질 경우 통합단체의 이념과 노선은 정의부측이 추구하는 바대로 될 것이 분명하였다. 그러나 참의부는 그 정식의 명칭인 '대한민국임시정부 육군주만참의부'가 말해주듯 임정을 부정할 수 없는 단체였다.24) 따라서 단체가 심각한 어려움에 봉착했을지언정 참의부는 對臨政 문제에 대해서는 양보하지 않았다. 또한 정의부의 경우는 여러 차례의 회의를 거쳐 어렵게 이념과 노선을 합일하여 출발한 단체인데 이 문제로 내부적 분란을 야기할 수는 없었다. 결국 양 단체의 통합은 이루어지지 않았다. 하지만 이 회합이 있고 난 후 양측은 지금까지의 대립을 어느 정도 해소하기에 이른 것으로 판단된다. 왜냐하면 회합이 있고 난 얼마후인 1925년 4월 9일 정의부는 다음과 같은 포고 제5호를 발표하여 참의부로 이탈한 인물 중 통의부측과 대립하여 무력충돌을 일으킨 者들에 대한 회유의사를 밝혔다.25)

는 최석순 이하 29명으로 되어 있다.
23) 「大正15年 5月 在外不逞鮮人ノ槪況」, 앞의 자료, pp.86-88.
24) 「高警第3267號 大正14年 9月 16日, 鮮匪團督辦府ノ改稱ト決議事項ニ關スル件」, 아연필 100-4-031, p.1116.
25) 「大正14年 5月 6日, 獨立不逞鮮人團 正義府의 行動에 關한 件」, 『韓國獨立運動史』 4, 국사편찬위원회, 1968. 12, p.807.

―. 前大韓統義府에서 인수한 사무중 反動軍 진압사항은 此를 停戰하고 속히 歸順하도록 노력함.

즉 정의부로 통합하기 이전 통의부가 참의부 이탈세력을 척결하기 위해 가지고 있다 정의부로 이양된 진압업무를 정지시키고, 이들을 설득시켜 정의부에 가담시키도록 정책을 변경한다는 것이었다.

정의부가 對參議部에 대한 입장을 변화시키고 있을 때 참의부는 1925년 4월 단체의 명칭을 중앙의회의 의결을 거쳐 督辦府(또는 鎭東都督府)라 고치고 진로를 새롭게 하였다.26) 4월 이전까지 참의부의 노선은 앞에서도 언급했듯이 항일무장투쟁 위주였다. 하지만 고마령전투의 패전과 제1중대장 홍석호의 암살 등을 격고난후 참의부는 실추된 세력을 만회하기 위해 독립군의 기반이 되는 이주한인을 위한 民政에 신경을 써야 될 것으로 판단하였다. 따라서 참의부는 단순히 단체의 명칭만 독판부로 변경한 것이 아니라 항일 무장투쟁위주에서 軍政과 民政을 양분하여 똑같이 중시하는 路線으로 방향을 전환시켜 조직을 새롭게 하였던 것이다.27)

하지만 같은 해 5월 臨政에서 파견된 특사의 지시에 의해 단명은 6월 26일자로 다시 참의부로 환원되었다.28) 그리고 이후부터 참의부는 기구를 軍事와 民事가 동등의 비중을 갖는 조직체로 전환하여 이전과는 다른 軍政府의 면모를 보이기 시작하였다. 무장투쟁위주의 노선을 가졌던 시기에는 참의부 중앙조직 자체가 군사위주의 것이었다.29) 그러나 1925년 6월

---

26) 「高警第3267號 大正14年 9月 16日, 鮮匪團督辦府ノ改稱ト決議事項ニ關スル件」, 앞의 자료, p.1108 및 p.1116. 독판부무의 명칭을 변경한 시기에 대해서는 1925년 1월이있다고 하는 자료(「大正14年 5月 在外不逞鮮人ノ槪況」, 아연필200-3-049, pp.86-88.)도 보이고 있으나 참의부로 환원하고 나서 발표한 공포 제1호에 4월로 명기되어 있다.
27) 「高警第3267號 大正14年 9月 16日, 鮮匪團督辦府ノ改稱ト決議事項ニ關スル件」, 위의 자료, p.1108 및 p.1116.
28) 위의 자료. 臨政의 특사는 정의부와 임정의 관계를 개선키 위해 파견되었던 내무총장 李裕弼과 법무총장 吳永善을 기리키는 것으로 판단된다.
29) 愛國同志援護會, 앞의 책, p.265. 참의장 최석순이 고마령전투에서 전사하기

26일자로 발표된 의회의 결의사항에 의하면 參議長 1人 밑에 軍事委員 4人, 民事委員 4人을 두는 조직체를 갖추고, 무장투쟁과 자치활동을 균등하게 행하도록 하였다. 지방행정조직도 각 총관소에 總管 1人, 書記 1人, 檢務監 1人, 檢務員 1人, 通信員 1人을 두어 체제를 강화하였다.30) 이어 8월 8일에는 공포 제2호로 참의장 및 각 부의 위원과 행정위원회의 시행방침을 발포하였다.31)

전 참의부의 중앙조직은 다음과 같았다.
참의장 겸 제2중대장 崔錫淳, 제1중대장 金旋風, 제3중대장 朴應伯
제4중대장 金昌彬, 제5중대장 金蒼天, 독립소대장 金宇根
훈련대장 朴應伯, 민사부장 金篠夏
중앙의장 白始寬(「高警第3267號 大正14年 9月 16日, 鮮匪團督辦府ノ改稱ト決議事項ニ關スル件」, 아연필 100-4-031, p.1108.)

30) 「高警第3267號 大正14年 9月 16日, 鮮匪團督辦府ノ改稱ト決議事項ニ關スル件」, 앞의 자료, pp.1110-1113.
31) 위의 자료, pp.1118-1122. 公布 제2호는 다음과 같다.

公布 第2號

본직들은 원래 견문이 얇고 박식하여 세계의 대세에 어두우며 정치상 기능상으로 현재의 혼란한 남만 시국의 중대한 책임을 담당하기 어려워 누누히 固辭하였으나 피할길을 얻지 못하여 지금 두려운 마음으로 중대한 책임을 맡아 행정위원회를 조직하고 시행방침의 대략을 別紙와 같이 결정하여 공포함.
대한민국 7년 8월 8일 臨時政府陸軍駐滿參議部

참의장 尹聖佐 행정위원 李官鎭 사법위원 宋南亨 재무위원 朴賢五
학무위원 金伯憲 군무위원 蔡君善 국법위원 金學奉 군수위원 金小河
(篠夏의 오기 - 필자주) 훈련위원 朴應伯

別紙 (행정위원회 시행방침)
1. 中樞議會의 의결에 의해 民事行政 및 軍事行政을 구분하여 民事에 대한 사무는 민사위원 4인이 분담하고 軍事에 대한 사무는 군사위원 4인이 분담함.
1. 본부에 대한 財政 歲入 歲出은 전부를 재무위원이 관리하도록 함.
1. 각 지방 경비는 해당 地方議會에서 부담하고 예산을 편성함. 지방행정위원으로부터 지방의회 개최 期日을 미리 본부에서 보고 받고 의회가 열릴 때에 中樞行政委員을 그에 참여시킴.

노선변경이 있고 난 후 참의부는 관할 한인에 대한 자치활동에 심혈을 기울였다. 관할지역 한인자제의 교육을 위해 각 지방 행정구역에 3개 이상의 소학교를 설치하고, 중국 당국과 교섭하여 중국중학교에 韓人科를 두어 중등교육을 받을 수 있도록 하였다.32) 또 관할지역인 輯安縣 楡樹林 子에는 東興病院을, 花甸子에는 東華病院과 花甸子病院을, 通化縣 大泉眼 에는 通東病院을 설치하고 軍醫를 파견하여 府民의 건강을 보살폈다.33)

참의부의 민정활동 강화로 참의·정의 양부의 노선은 거의 유사하게 되었다. 하지만 양부의 통합을 위한 관계개선은 크게 진전되지 않았다. 그 이유는 1925년 5월 이후부터 그해 말까지는 임시정부의 파견원인 이유필과 오영선이 임정과 정의부의 합작문제로 정의부측을 설득하고 있었기 때문에 참의부로서는 그 결과를 지켜보는 입장이었다. 또 1925년 9월 하순부터는 정의부 지도자인 李相龍이 臨政의 國務領에 취임한 관계로 정의부내에 큰 분란이 일어나 정의·참의부간의 관계개선을 위한 어떤

---

1. 軍餉(군수 비용)은 중추의회의 결의에 따라 餉米代金은 폐지하고 餉米를 매년 1호에 小米(栗) 大枡 1斗씩 부과하여 징수함. 금년도 하반기에 한해 특히 軍餉이 부족할 것이므로 매호 栗 1斗씩 징수할 것.
1. 義務金은 每戶에 3원씩 징수하였지만 지방경비는 해당 지방에서 부담하게 되었으므로 1戶에 2원을 두 번으로 나누어 부과 징수함.
1. 교육 방침은 각 지방에 소학교 1개씩, 각 구에 유치원 1개 소씩 설치하여 10세 이상의 아동은 학교에 취학시키고, 10세 이하는 유치원에서 교육시킴. 교육비 부담은 每年 每戶 3원씩으로 함. 단 학교 유지 정황에 따라 증감할 수 있음.
1. 인민에 대한 민형 및 인사소송 사건은 '區'·'地方' 및 本部 査判所에서 처리함.
1. 軍人制限은 3백 명으로 5中隊로 편성함.
1. 군인 주둔은 각 지방에 균일하게 배치시킴.
1. 明年度부터 출동군인은 다른 屯田制는 하지 않음.
1. 軍人에 대한 訴訟事件은 憲兵隊 및 軍法에서 처리함.
1. 군인은 民事에 대해 일체 간섭하지 않음.

32) 「昭和3年 7月, 在滿鮮人思想團體分布의 槪要 第2」, 국사편찬위원회, 앞의 책 4, p.759.
33) 「鮮匪病院」, 通化縣 檔案館 자료.

일도 할 수 없었다.

그러나 정의부의 내분이 수습되고 난 뒤 1926년 중반 이후 정의부가 항일무장투쟁주의 노선을 강화하자 참의·정의 兩府는 군사면에서 연합을 이루어 활동하였다. 1926년 5월경 정의부 의용군 사령관 吳東振은 참의부 소대장인 李應瑞(일명 : 李白坡) 부대와 연합 항일전을 도모하였다.[34] 또 북만에 위치하여 노령과 근접한 관계로 무기구입이 비교적 쉬웠던 신민부가 정의부측과 합작하여 구입한 무기중 일부를 참의부측이 공급받아 항일전에 사용하는 등의 합작 모습도 보였다.[35]

이와 같이 정의부와 참의부는 그 관계를 통합의 단계까지 이끌지는 못했다. 하지만 양부는 1920년대 후반부로 가면서 정의부 성립 초기 가졌던 극한 대립의 관계를 점차 해소해 갔다. 그리고 1928년부터는 신민부와 함께 3부 통합운동을 전개하게 되었다.

2) 新民府와의 관계

신민부는 1925년 3월 10일 北滿의 寧安縣에서 大韓獨立軍團·大韓獨立軍政署·中東線敎育會 등과 북만지역의 민선대표 및 국내 단체의 대표들이 힘을 합해 성립시켰다.[36] 金爀·金佐鎭·羅仲昭·尹復榮·曺成煥 등 민족주의 계열의 인사들이 주축이 되어 조직한 신민부는 정의부와 마찬가지로 북만의 寧安縣을 비롯 珠河·穆陵·密山·饒河·敦化縣 등을 관할구역으로 해 자치활동과 항일무장투쟁을 전개한 軍政府였다.

신민부는 정의부와의 관계에 있어 참의부와는 달리 임시정부 인정문제와 같은 노선 갈등의 문제는 없었다. 하지만 두 단체의 주 활동지역이 정

---

34) 《동아일보》, 1926. 5. 23.
35) 「朝保秘第1018號 昭和2年 5月 12日, 在滿鮮匪團卜勞農共産黨卜ノ策應設二關スル件」, 아연필 100-4-035, pp.741-747.
36) 朴桓, 「신민부」, 『한민족독립운동사』 4, 국사편찬위원회, 1988. 12, pp.266-267.

VI. 正義府의 대외관계 239

의부는 남만, 신민부는 북만에 위치하여 거리상으로 현격하게 떨어져 있었기 때문에 통합을 이루기에는 어려운 점이 있었다. 게다가 신민부의 지도층은 대개 경신참변 전후 북간도 지역의 대표적 독립군단이었던 北路軍政署 출신이었고, 정의부의 지도층은 西路軍政署・光復軍總營・大韓獨立軍備團 등 서간도 지역을 중심으로 활동한 독립군단의 대표들이 총합된 인물들이었다. 따라서 재만 독립군활동 초기부터 지역을 달리하고 활동해왔기 때문에 두 단체 지도층은 서로간의 입장이나 노선을 충분히 파악하지 못한 상태였다.

정의부와 신민부간의 통합을 위한 최초의 노력은 앞서 살폈듯이 1925년 5월 임정의 파견원 이유필과 오영선이 만주에 도착하면서 시도되었다. 그리고 정의부가 같은 해 7월 15일 제1회 중앙의회에서 池靑天을 신민부와의 타협위원으로 선임해 파견하자 兩府의 협력문제는 본격적으로 논의되었다.37) 池靑天은 西路軍政署 사령관으로 靑山里大捷 이후 독립군의 북정 당시 부대를 이끌고 북만의 密山을 거쳐 露領의 自由市까지 이동했던 인물이다. 그리고 신민부 지도층 대부분도 지청천과 함께 자유시까지 이동했다가 만주로 회귀한 인물들이었다. 따라서 신민부의 지도층 인물들과 한때나마 생사고락을 함께 했던 지청천이 가장 적당한 타협위원으로 판단되어 선출되었던 것이다.

지청천은 부하 成仁浩・崔寬隆 등 2명을 대동하고 1925년 8월 중순 정의부 본부를 출발하여 吉長線의 卡倫을 거쳐 9월 5일 哈爾濱에 도착하였다.38) 합이빈에서 지청천은 신민부의 근거지를 잘 파악하고 있는 馬德昌(일명 : 李伯)을 만나 그의 안내로 烏吉密 부근 小亮子에 있는 신민부 본부에 이르렀다. 지청천과 협상을 벌인 신민부의 대표는 중앙집행위원장

---

37) 「高警第3803號 大正14年 9月 4日, 在滿鮮匪團正義府ノ動靜ニ關スル件」, 앞의 자료, pp.992-995.
38) 「高警第3543號 大正14年 10月 5日, 鮮匪團正義府對新民府妥協進行狀況ニ關スル件」, 앞의 자료, pp.17-18. 池靑天이 대동한 두 명의 부하중 成仁浩는 卡倫에서 정의부 본부로 돌아갔다.

金爀과 연락부위원장 鄭信을 포함한 7,8명의 간부였다.

양측의 대표들은 며칠간에 걸친 숙의 끝에 ①軍事上의 統一, ② 財政上의 統一 ③ 臨時政府의 奉戴 ④ 정의부 및 신민부 세력구역(관할지역 - 필자주)내에서 雙方이 募捐할 것 ⑤ 兩區域內에서는 임의적인 募捐을 막을 것 ⑥ 在滿 각지역에 있는 작은 단체는 鎭壓하여 打破할 것 등 6개항의 합의 사항을 타결하였다.39) ①,②항에 보이는 군사·재정상의 통일을 합의한 것만 보아도 兩府는 통합을 약속한 것이나 다름없다. ③항의 임시정부 봉대에 대한 것은 이미 임정과의 적대감을 없애고 임정을 만주로 옮겨와 재만독립군이 주관하는 민족운동 최고기관으로 만들려는 정의부의 계획에 신민부의 이해가 합치된 것이었다. ⑥항은 양부가 이렇게 합력한 후 독립운동계의 파벌을 만들 수 있는 기타 작은 단체는 이후 소멸시켜 모름지기 민족운동계가 완전 통일된 유일의 기관을 만들겠다는 합의 사항이었다.

신민부와 타협을 이룬 지청천은 9월 24일 정의부 본부로 돌아왔다. 하지만 정의·신민부간에 맺어진 6개조의 타협사항은 이후 지켜지지 않았다. 원인은 이상룡의 임시정부 국무령 취임과 관련하여 정의부내 내분이 일어나자 양측은 타협사항을 지킬 여지가 없었던 것이다.

그러나 이후 兩府는 이념적인 문제에서 큰 차이가 없었기 때문에 조국의 광복을 위한 사업과 관련해서는 언제든지 협의하여 공동의 보조를 취할 수 있는 자세가 되었다. 내분이 있고 난 뒤 그를 수습하고자 1926년 1월 24일 구성된 정의부의 軍民代表會는 신민부와 연합하여 새로운 항일전선의 활로를 구축하고자 하였다. 즉 3·1 운동 7주년을 맞는 1926년 3월 1일을 기해 정의부의 새 지휘계층인 군민대표회는 신민부측에 교섭원을 파견하였다.40) 교섭의 내용은 兩府가 합력하여 국내진입전을 실시하

---

39)「高警第3543號 大正14年 10月 5日, 鮮匪團正義府對新民府妥協進行狀況ニ關スル件」, 앞의 자료, pp.17 - 18.
40)「高警第1294號 大正15年 4月 17日, 印刷文送付ノ件」, 아연필 100 - 4 - 034,

자는 것이었다. 3·1절을 맞아 일시 소강 상태인 민족운동의 활로를 찾고, 재만 독립군의 항전의식을 내외에 알리기 위한 것이었다. 양부의 이러한 협동전선 구축은 사전에 정보를 입수한 일제가 압록·두만강변 국경수비대의 병력을 한층 보강해 경계하였으므로 큰 실효는 거두지 못했다.41)

한편 참의부까지 포함시킨 3부 협력을 위한 활동은 정의부의 주도로만 이루어진 것은 아니고 신민부측도 같은 노력을 기울였다. 1926년 3월 신민부의 朴觀海는 정의부 및 참의부와 통일을 위해 두 단체를 방문하였다. 박관해는 정의부 군사책임자인 吳東振과 참의부의 李白坡를 만나 3부 공동보조를 위한 밀약을 체결하였다.42) 박관해의 이러한 노력은 3부 통일에까지 이르지는 못했지만, 1926년 5월경 정의부의 오동진과 참의부의 이백파가 연합항일전선을 구축하게 한 성과도 있었다.43)

이 노력이 있고난 뒤 3월 정의부와 신민부는 兩府가 함께 관할지역으로 한 額穆縣 산간지역에 공동 운영의 무관학교를 설립하였다.44) 양부는 이 무관학교에 국내에서 넘어온 약 30명의 청장년을 입교시켜 군사교육을 실시하였다.

이어 1927년 4월에는 정의부와 신민부는 연합하여 러시아측과 연계를 맺어 무기·탄약 및 軍費를 공급받아 양부 합동의 무장대인 便衣隊를 조직할 것을 계획하였다.45) 이는 兩府가 전면적 통합은 이루지 못했으나 상황에 따른 일부 군사적 합동은 수시로 추구하였음을 보여 주는 것이다.

---

p.80.
41) 위의 자료.
42) 「高警第1336號 大正15年 4月 20日, 鮮匪團新民府ト共産黨トノ提携說ニ關スル件」, 아연필 100-4-034, pp.901-903.
43) 《동아일보》, 1926. 5. 23.
44) 《조선일보》, 1927. 9. 2.
45) 「朝保秘第1018號 昭和2年 5月 12日, 在滿鮮匪團ト勞農共産黨トノ策應說ニ關スル件」, 앞의 자료, p.741.

3. 남만 주변단체와의 관계

1) 同友會

(1) 성립과 조직

이 단체의 성립일은 1924년 2월이다.[46] 그러나 同단체는 정의부가 성립된 이후에도 계속 존속하였고, 주된 활동은 정의부의 활동을 보조하는 것이었다. 또한 이 단체를 성립시키고 이끈 인물들 모두가 정의부 중앙조직의 간부들이었다.

동우회를 성립시킨 주요 인물이나 초창기의 인물들은 명확히 확인되지 않는다. 하지만 1925년 12월에 보고된 일제의 문서에 의하면 "중국 吉林城內의 不逞鮮人團 同友會는 大正13年(1924년) 2월 平安道 出身者로 조직되었고……"라는 것과 "동우회의 주요인물은 梁起鐸・孫貞道・王三德・承震・白南俊・高豁信・吳東振・玄正卿・金履大・尹德甫・朴起白・崔南榮 등이다"라고 하고 있다.[47] 이 보고문서는 신빙성에 의심이 가기는 하지만 이 인물들 중에 동우회를 성립시키고 운영해온 인물들이 있을 것으로는 판단된다.

성립일과 활동 인물들로 동우회를 성립시킨 인물을 판단한다면 다음과 같다. 1923년 초 남만의 통합군단인 대한통의부는 그 내부에서 지도층간에 갈등이 야기되었다. 처음에는 지도층간의 사소한 문제로 일어난 갈등이었지만 결국에는 공화주의와 복벽주의간 이념 대립이 되었고, 복벽주의를 주장하는 全德元계의 인사들이 의군부를 조직하여 통의부를 이탈하는 현상으로까지 나타났다. 이 과정에서 全德元계의 인사들이 반대파인 梁起

---

46) 「高警第4579號 大正14年 12月 26日, 不穩雜誌同友ノ記事其他ニ關スル件」, 아연필 100-4-023, p.37.
47) 위의 자료, pp.37-39.

鐸・玄正卿 등을 포박 구타한 사건이 일어났다.48) 사건이 있고 난 후 양기탁은 통의부 본부를 떠나 吉林으로 갔다. 길림에는 당시 국민대표회 후 상해에서 건너온 孫貞道가 머물고 있었다. 이와 같이하여 길림에서 만난 양기탁・손정도 두 사람은 재만 한인의 실력 양성을 위한 구심점이 될 단체로 同友會를 성립시킨 것으로 판단된다.

동우회는 성립 후 책정한 약장의 총칙 제2조에서 "本會는 高句麗 遺族의 생활 향상을 期하기 위해 高句麗 정신이 철저한 男女를 결합하여 그 기초를 견고하게 할 목적으로 産業을 振興하고 敎育을 獎勵하며 貯蓄을 力行함."이라고 그 성립 목적을 밝혔다.49) 즉 설립 당시 同友會는 사업 목적을 재만 한인의 교육진흥과 산업 및 저축의 장려에 두었던 것이다.50) 이러한 사업들은 만주가 무장투쟁의 총 본산이 되기 위해서는 가장 먼저 실행되어야 될 것들이었다. 하지만 1910년 전후부터 독립군기지로 개발되기 시작한 남북만주는 무장투쟁 면에서는 성과를 올렸지만 독립군들의 활동을 보다 원할이 받쳐줄 이주한인들의 경제적 토대 구축은 아직도 미흡하였다. 따라서 동우회는 그 같은 면을 실천코자 한 것이었다.

따라서 동우회는 이를 실천할 기구로 吉林城에는 中央部를 설치하고, 주변의 이주한인이 거주하는 촌락에는 地方部를 설치하였다.51) 중앙부에는 동우회를 대표할 총재 1人과 그를 대리할 總務 1人 및 同會의 중요사항을 평의하고 처리할 理事 若干人을 두었다. 그리고 同會 일체의 재정을 장리할 會計 1인과 총재를 보좌할 秘書 1인을 두었다. 지방부에는 총무 1인과 중앙부에서와 마찬가지로 중요사항을 협의하고 지방의 일체 사무를 분담할 理事 약간인을 두었다.52)

---

48) 鄭伊衡, 앞의 회고록, pp.62-63.
49) 「高警第4579號 大正14年 12月 26日, 不穩雜誌同友ノ記事其他ニ關スル件」, 앞의 자료, p.77.
50) 위의 자료, pp.78-79.
51) 위의 자료, p.77.
52) 위의 자료, pp.77-78.

이러한 동우회의 회원이 되기 위해서는 신용과 미덕을 가진 者로서 회원 2인 이상의 추천을 받고 幹事會의 결정을 얻은 자에 한하였다. 회원이 되면 안건 提議 및 票決의 권리와 선거 및 피선거의 권리를 가졌으며, 約章 준수 및 會費의 납부(入會金은 元年에는 5원, 年捐金은 現洋 2원), 특별 연금 납부의 의무를 가졌다.53)

조직이 갖추어지고 난 후 동우회는 會의 모든 사항을 '會議'를 개최하여 결정하였다. 회의에는 본회의와 임시회의가 있었다. 중앙의 본회의는 매년 2월 10일, 지방은 매년 1월 10일에 개최되었다. 그리고 임시회의는 총재가 필요하다고 인정할 때나 간부회의 결의가 있을 때, 또는 회원 3분의 1 이상의 요구가 있을 때 소집하였다.54) 이러한 동우회의 조직은 자료로 확인할 수는 없지만 존립기간내 꾸준하고 불변적인 것은 아니었을 것이고, 강력한 항일 결사체를 목적으로 결성된 조직 또한 아니었을 것으로 판단된다. 동우회는 이주한인의 교육진흥과 경제자립을 도모하고, 그 과정에서 꾸준히 잉여의 富를 저축하여 독립운동 기금을 마련키 위해 결성된 단체였다. 따라서 동우회의 조직은 다른 만주 독립운동 단체와는 달리 단순하였던 것이다.

(2) 활동

동우회가 가장 중점적으로 전개한 사업은 언론활동이었다. 그러나 이는 성립되고난 얼마 후부터 전개된 것이었고 초창기에는 그들이 목적했던 산업진흥과 교육육성에 치중하여 활동이 이루어졌던 것으로 보인다.

동우회는 초창기 사업 기금을 회원의 입회금으로 조성하고, 會員의 年捐金은 會의 유지비로 사용하였다. 조성된 입회금은 일단 會에서 계획한 농업이나 공업과 관련되는 산업에 투자되었다. 사업에서 일정액의 순이익

---

53) 위의 자료, pp.77-78.
54) 위의 자료, pp.78-79.

이 얻어지면 이중 6할은 저축하여 적립하고 나머지 4할은 회원을 비롯한 이주한인의 교육과 관련되는 사업에 지출하도록 하였다.55)

하지만 동우회의 이 같은 사업의 실행사항이 분명히 밝혀진 자료는 아직까지 발견되지 않고 있다. 단지 '同友會 約章' 제5장의 '事業'과 제6장 '財政'에 명기된 조항에 근거하여 그 활동상을 추정한 것이다. 창립 초기 동우회의 목적한 바가 당시 척박한 만주의 실정 때문에 제대로 실천되지 않았을 수도 있다. 그러나 사업의 성공여부는 별도로 하고 동우회의 주요 인물들은 적어도 창립 이후부터 1924년 중후반까지는 이 약장의 규정대로 사업을 실천하기 위해 노력하다 그 업무를 정의부로 이관하였을 것으로 판단된다.

그 이유는 다음과 같다. 동우회를 성립시킨 주요인물들인 梁起鐸이나 孫貞道 등은 1924년 중반 부터 남만지역 독립군단의 통합운동에 적극 가담하여 활동하였다. 그리하여 1924년 11월 24일 民政과 軍政을 동시에 담당할 軍政府인 正義府를 성립시켰다. 그리고 정의부가 성립된 이후에는 동우회의 인물들도 정의부에 가담하여 활동하게 되었다. 정의부의 인사들은 동우회 주사업이었던 교육진흥과 산업의 장려도 자연히 정의부로 이관하여 실행하였던 것이다.

이와 같이 보다 큰 기관인 정의부의 출현으로 동우회는 유명무실해졌다. 또한 인맥상으로 본다면 동우회도 정의부에 가담한 8개 단체와 마찬가지로 정의부에 흡수된 형태나 마찬가지의 형국이 되었다. 하지만 정의부 성립 이후에도 동우회는 명칭을 유지하며 일정 기간 존재하였다. 그리고 처음의 사업 방향을 변경하여 정의부 활동에 일조하는 단체가 되었다. 동우회는 《同友》라는 잡지를 통해 정의부의 이념을 선전하고 재만 독립운동의 진로를 제시하는 한편 일제의 정치·경제·군사적인 면의 실체를 분석해 내는 언론 활동을 펼쳤던 것이다.

---

55) 위의 자료, pp.78-79.

동우회의 기관 잡지인 ≪同友≫는 정의부 성립을 위한 통합운동이 일기 시작한 1924년 6월부터 발간되었다. ≪同友≫는 동우회를 성립 시킨 인물들이 발간한 첫 잡지는 아니었다. 동우회 창립인물들은 동우회 창립 1개월 전이긴 하지만 1924년 1월에 ≪野鼓≫라는 잡지를 발간하였었다.56) ≪野鼓≫는 창간호만 낸 채 동우회가 성립하고난 후에는 더 이상 발간되지 않았다. 하지만 ≪野鼓≫를 창간한 인물들이 동우회를 창립하였고 이들의 노력으로『同友』가 간행되었던 것이다. 따라서 ≪同友≫는 ≪野鼓≫를 이은 동우회의 기관잡지라 할 수 있다. 그러나 이 두 잡지의 논조는 전혀 다른 것이었다.

≪野鼓≫는 동우회의 초창기 사업 목적이었던 이주한인의 교육진흥과 산업 장려, 그리고 거기서 발생하는 순이익의 저축을 권장하는 내용이 주를 이루었다. ≪野鼓≫의 기사 내용은 일제가 주목하지 않아도 될 것들이었다. ≪同友≫도 처음에는 ≪野鼓≫와 비슷한 논조인 이주한인의 교육·산업·저축과 관련된 것들을 게재하였다.57) 그러나 정의부가 성립하여 정식으로 사업을 시작하면서 그 논조는 달라졌다. 1925년 4,5월 경부터 ≪同友≫의 기사는 한국의 독립을 쟁취하기 위한 이념설정, 일제의 중국

---

56) 「朝保秘第300號 昭和2年 2月 16日, 不穩雜誌≪同友≫ノ記事ニ關スル件」, 아연필 100-4-035, pp.141-148. 이 문서에 의하면 ≪野鼓≫는 동우회 성립 한 달 전인 1924년 1월 1일에 창간호가 발간되었다. 이로 보아 동우회를 성립시킨 인물들은 처음에는 잡지를 발간하여 이주한인들을 계도할 계획이었다가 보다 적극적인 활동을 펼치기 위해 단체를 조직한 것으로 보여진다. 하지만 잡지 ≪野鼓≫는 동우회 성립 이후 더 이상 발간 되지 않아 창간호로 끝나고, 5개월 후인 6월에 이를 이은 ≪同友≫가 간행되기 시작한 것이다. 또 다른 일제의 보고서(「高警第4579號 大正14年 12月 26日, 不穩雜誌同友ノ記事其他ニ關スル件」, 아연필 100-4-023, pp.37-39.)에는 ≪同友≫가 같은해 10월부터 발간되었다고 하고 있다. 하지만 昭和2年 2月 16日의 자료는 ≪同友≫ 발간사인 동우사가 ≪同友≫의 종간호를 내며 '동우는 최후의 고별을 고한다'라는 제목으로 ≪同友≫ 발간에 대한 내력을 밝힌 것으로 이 보고의 내용이 맞는 것으로 판단된다.
57) 「高警第4579號 大正14年 12月 26日, 不穩雜誌同友ノ記事其他ニ關スル件」, 앞의 자료, pp.37-39.

침략을 다양하게 분석한 論文調의 기사 등 항일에 관한 것이나 침략성을 고발하는 내용이 주를 이루었다. ≪同友≫의 논조를 이 같이 변화시키기 위해서는 이들 문제를 분석하고 연구할 수 있는 전문적인 기관과 유능한 인재가 필요하였다. 따라서 동우회는 이를 전담할 同友社를 설립하여 梁起鐸을 사장에, 朴起伯을 主幹에 임명하고 孫貞道외 14명의 理事를 임명하였다.58)

이와 같이 동우회의 주요 임무가 언론활동으로 한정되고 그를 책임질 기관과 인물이 구성되자 同友會는 존재 자체가 무의미해졌다. 자료의 한계상 명확하지는 않지만 동우회는 同友社가 조직된 1925년 중반쯤 해체된 것으로 판단된다.

동우사가 조직되고 난 뒤 잡지 ≪동우≫에는 日本 軍國主義의 裏面 및 항일 활동과 관련된 주제가 더욱 심도있게 분석되어 게재되었다. 거기에 일반인들의 올바른 판단을 돕기 위해 사회주의에 관한 기초적인 내용도 실었다. ≪동우≫는 재만 한인사회를 선도하고 이끌어 갈 時事 언론지 구실을 시작하였던 것이다.

≪同友≫가 이 같이 활발한 활동을 펼치자 이를 음해하는 무리들이 생겨났다. 그 확실한 성분이 밝혀지진 않았지만 중동선에 거주하는 朴性鑄·趙泰一·洪鍾毓 등은 1925년 7월 吉林省長에게 ≪同友≫를 모함하는 투서를 보냈던 것이다. 이들의 투서 내용인즉 ≪同友≫ 6월호(1925년)에 실린 '레닌의 일생과 그 사업'은 사회주의를 선전하는 글이며, ≪同友≫를 발행하는데 주요한 활동을 하고 있는 孫貞道는 상해 임정의 교통원이면서 일본에 귀화한 친일파이고, 吳仁華 또한 일본영사관에서 기밀비를 받고 활동하는 극렬한 친일파 이고, 主幹인 朴起伯(이명 : 朴凡祚, 靜谷, 秋山)은 러시아 공산당과 관련이 있는 사회주의자라고 모함하였다. 다시 말해 그들은 ≪同友≫는 친일파들이 발간하는 사회주의 선전지라고 모함하

---

58) 「朝保秘第1683號 昭和元年 12月 25日, 不穩雜誌 ≪同友≫ 名義變更ニ關スル件」, 아연필 100-4-035, pp.17-18.

였던 것이다.59)

투서가 있자 길림성장은 ≪同友≫의 기사 내용을 분석하고, 손정도·오인화·박기백 등을 소환하여 심문토록 하였다. 그러나 ≪동우≫를 분석한 길림성 당국자들은 사회주의 관련 기사는 사회주의를 선전하는 글이 아니라 일반 학술적인 서술에 불과하며, 모함을 받은 3人도 투서의 내용과는 전혀 다르다는 것을 알았다. 따라서 길림성 당국에서는 이들 3인을 석방했음은 물론이고, ≪同友≫를 중국관청에 정식으로 등록시켜 발간하도록 조치를 취하였다.60)

투서 사건이 있고난 후 ≪同友≫는 중국관청에 정식으로 등록된 출판물로 그 해 10월호부터 다시 간행되었다. 이후 ≪同友≫는 중국의 관청이 인정해주는 잡지로서 더욱 활발히 시사성 있는 언론활동을 펼쳤다. 10월호에 게재된 목차는 '立案을 마치고'(社說)와 '우리들의 생활문제에 對하여'(필자 : 靜谷), '내가 본 정치운동'(필자 : 吳佩之), '태평양문제 협의와 한국문제'(필자 : 一記者) 등 4개였다.61) '입안을 마치고'는 투서사건과 그 해결과정을 서술한 것이고, '우리들의 생활문제에 對하여'는 이주한인들의 경제적·문화적 향상을 위해서 지도층은 올바른 이념을 정립하여 한인들을 이끌고, 민중들은 그 지도에 따라 동족애를 높여 함께 생활문제를 개선해 나가자는 논조를 피력하였다.62) 또 '내가 본 정치운동'에서는 조국을 독립시키기 위해서 한국 독립운동자들은 앞으로 10년 동안 運動의 準備·

---

59) 「高警第4579號 大正14年 12月 26日, 不穩雜誌同友ノ記事其他ニ關スル件」, 앞의 자료, pp.41-52. 孫貞道와 吳仁華는 중국에 귀화한 인물들이었으며, 특히 오인화는 중국관청의 번역관이었다. 이들 두 사람은 '三矢協定' 후 중국측의 한인 탄압이 극심해지자 귀화한인의 대표자가 되어 적극적으로 중국측과 협상을 벌여 한인 보호에 앞장 선 인물들이다. 또한 박기백은 1927년 1월 1일부터 창간된 정의부 기관잡지 ≪戰友≫의 발행준비위원이자 ≪大東民報≫의 편집인이었으며 제3회 중앙의회 개최시 부의장을 역임하였다.
60) 위의 자료, pp.51-52.
61) 위의 자료, p.39.
62) 위의 자료, pp.52-63.

同情의 貿易(열강의 원조)·機會의 利用(大勢의 順應) 등 세가지를 행하고 준비해야 한다고 역설하였다. 운동의 준비란 독립운동계의 실력 양성을 뜻하는 것으로 일제와 제대로 독립전쟁을 치루자면 적어도 수만에 달하는 精銳 병사와 이들이 3년간 사용할 軍糧 및 몇 개 사단에 달하는 豫備兵을 양성해야될 것으로 파악하였다. 또 동정의 무역이란 실력을 양성한 후에는 우리를 원조해 줄 열강들을 찾아 그들의 원조를 받도록 외교활동을 펼쳐야 한다는 것이다. 機會의 利用이란 자체 실력의 양성과 외부 원조가 가능해지면 우리가 승리할 수 있는 가장 적당한 시기를 선택할 수 있는 안목을 길러야 된다는 것이었다.63) 이어 '태평양 문제 협의와 한국문제'는 1925년 6월 30일부터 7월 14일까지 하와이에서 개최된 태평양문제 협의회의 회의 내용을 분석 정리한 것이다. 이 글에는 태평양 연안국가 중 식민지 국가인 우리와 필리핀의 사정, 그리고 약소국의 독립에 대한 당위성 등이 회의에서 논의되었음을 알렸다.64)

중국 당국에 등록되고 난 뒤부터 ≪同友≫는 매월은 아니지만 원고 준비가 되는대로 적어도 서 너달에 한 번씩은 간행된 것으로 보여진다. 그리고 그 내용은 한국과 중국 민족이 일제에게 공통적으로 당하고 있는 문제, 일본 제국주의자들이 한국에 이어 중국을 식민지화하기 위해 경제·문화·언론 방면에서 침략해 오고 있는 실상, 또 침략상을 은폐하기 위해 일제가 재만 한인과 중국인들을 이간하는 문제 등을 例를 들어가며 정밀히 분석하여 게재하였다.

≪同友≫의 위력적인 기사에 日帝는 아연 긴장하지 않을 수 없게 되었다. 1920년대 중반 일제는 중국을 식민지로 하기 위한 1단계 본격적인 작업으로 만주를 그들의 수중에 넣기 위해 혈안이 되어 있었다. 일제는 남만주철도회사를 앞세워 만주 곳곳을 점조직적으로 잠식해 가고 있었다. 그러나 실제 일반 중국인들은 그들 눈앞에 보여지는 일제의 신기술에만

---

63) 위의 자료, pp.63-71.
64) 위의 자료, pp.71-76.

정신이 팔려 침략에 대한 심각성을 깨우치지 못하였다. 그러한 상황에서 ≪同友≫가 논리적으로 중국인들을 설득하여 反日의 감정을 불어 넣었던 것이다.

특히 1926년 8월 1일 부로 발간된 ≪同友≫ 제6호에 게재된 '일본의 중국에 대한 침략정책'이라는 글은 13개의 목차로 구성된 방대한 것으로 다음과 같은 사항을 정밀히 분석하여 일제의 중국침략상을 만천하에 고발하였다. 이 글에는 먼저 일본과의 관계에서 중국이 갖는 지위, 일본의 침략성을 살펴볼 수 있는 國情 방향과 일본인의 국민성 등이 역사적인 실례까지 언급되면서 소상히 분석되었다. 그리고 중국이 일본에게 당한 피탈상을 낱낱이 고발하였다. 그와 함께 한·중 양 민족이 이런 위급한 상황을 깨치고 나갈 방법을 모색한 글을 게재하기도 하였다.65) 이러한 분석 후 결론으로 일제의 만주에 대한 현 정책은 한국 병합에 이은 또 하나의 일제 침략정책이라고 규정하고 이에 대한 중국측의 대항 정책으로 다음과 같은 8개조의 항목을 제시하였다.66)

1. 일본인 및 親日朝鮮人에게 토지를 매각하는 일을 절대로 해서는 안된다.(일본인에게 土地商租權을 주는 날부터 중국은 新日本이 될 것으로 기억할 것)
2. 日貨 排斥을 철저히 행하여 일본제품을 不買할 것.
3. 일본인에게 어떤 형식으로도 鐵道敷設權을 주지말 것.
4. 有力한 언론기관을 중국인에게 경영시키고 일본인 경영의 中國文 新聞을 購讀하지 말것.
5. 친일 中國人·朝鮮人을 엄중히 압박하는 동시에 排日鮮人 곧 朝鮮革命者를 적극 보호할 것.
6. 중국의 국권을 침해하는 일본인의 非行을 엄금하고 사건이 있을

---

65) 「朝保秘第1212號 大正15年 10月 5日, 不穩雜誌≪同友≫所載'日本ノ中國ニ對スル侵略政策'ト題スル記事ニ關スル件」, 아연필 100-4-034, pp.689-690.
66) 위의 자료, pp.683-685.

때마다 여론을 환기하여 일화 배척운동을 장려할 것.
7. 中·日合辦사업 및 소위 對中 文化事業·기타 외국의 종교에 절대로 반대할 것.
8. 일본인의 新移住를 방지할 것이며 현재 이주한 일본인도 驅逐해야 한다. 그 방법은 일본인에게 가옥임대를 하지 말고 치외법권의 관계에 따라 일본인의 집은 쉽게 수색을 할 수가 없으니 대신 阿片 賣買商의 출입을 엄중히 감시하여 아편을 구입하는 중국인을 엄중히 취체하면 고객의 종적이 끊어져 일본인도 자연히 退去할 것이다.

이와 같은 ≪同友≫의 분별력있는 글은 일반 중국인들을 설득 시키기에 충분하였다. ≪同友≫의 내용은 다른 재만 항일단체 언론과는 달리 객관적이었기에 중국인들에게 거부감을 주지 않았다. ≪同友≫의 논조가 객관적이었다는 것은 중·일에 대한 문제를 다루는데서만 나타난 것은 아니었다. 한국 독립운동과 관련한 문제를 언급하는데 있어서도 ≪同友≫는 치밀한 분석에 근거하여 문책할 문제에 대해서는 과감히 비난을 가하였다. 一例로 ≪同友≫는 발간하는 주체가 정의부에 관여하고 있음에도 다음과 같이 정의부 지도층의 무능과 나태함을 비난하였다.67)

…… 유일한 대 단체인 正義府는 신문 1종도 계속 구독하지 않고 잡지나 기타 준비서 하나도 구비하지 않으며 특히 시국문제·정치문제에 대한 연구회·토론회의 모양을 갖춘 것은 한 번도 개최하지 않았다. 政務員 기타 보직을 가진 청년중 독서를 바라는 청년이 많지만 이들 청년들은 무지하여 계속 낙오되고 있다.
혹평이 될지 모르지만 모모한 소위 선생 중에는 자기 자신이 무지한 것을 알기 때문에 그 지위가 위태로울 것을 우려하고 있다. 전도양양한 청년혁명가들이 영원히 자기들의 부하가 되어 자기에게

---

67) 「朝保秘第300號 昭和2年 2月 16日, 不穩雜誌≪同友≫ノ記事ニ關スル件」, 앞의 자료, pp.133-134.

무조건 맹종하고 自派를 무조건 옹호하는 사람을 만들려고 하고 있
다. 그들은 無主義 · 無定見 · 無廉恥하기 때문에 主意없이 定見을
세우는 것이다. ……

물론 이러한 비판은 정의부 전체를 대상으로 했다기보다는 시대변화에
부흥하지 못한 일부 구세대 지도층을 향한 것이다. 따라서 편협적인 면이
있다. 하지만 그 지적한 점은 구세대 지도층도 시급히 시대사조를 파악하
여 신진세력과 융화단결할 수 있어야 된다는 합리적인 논조인 것이다.

《同友》는 정의부 일부 지도층에 대해 비판함과 함께 사회주의자들에
대해서도 사회주의 관련 서적 1, 2권 정도 읽고, 露領에 유학하여 6개월
정도 사회주의를 전문적으로 공부했다고 마치 마르크스의 제자나 된 것
처럼 자기광고에 열중하는 者들이 있는데 이들도 비현대식 운동자라 아
니할 수 없다고 비판하였다. 이러한 《同友》의 태도는 조국의 독립을 위
해서는 한국 독립운동과 관련이 있는 중국이나 일본에 대해서 뿐만 아니
라 재만 독립운동계 내부의 실정도 감정을 배제한 객관적이고 논리적인
분석이 있어야만 된다는 것을 보여준 것이다. 그리고 그 같은 논리는
《同友》를 운영하는 인물들이 직접관여하며 독립운동을 펼치고 있는 정
의부에도 똑같이 적용하여 비판하고 채찍을 가함으로서 정의부가 거듭
새로워져 민족운동에 매진할 수 있도록 하였던 것이다. 《同友》의 관여
자들은 자신들의 객관성을 다음과 같이 밝혔다.[68]

동우의 기사 목적은 歸化鮮人에게 상식을 보급하는 일에 주안점
을 두고 어떤 主義의 선전에는 소홀히 하였다. 독자들 중에는 한가
지 주의에 철저해 달라는 요구가 있었지만 사회주의든 민주주의든
어느것 하나를 파악하여 소개하면 창립 당시 공정하려한 의미를 잃
을 우려가 있어서 조심하였다.

---

68) 위의 자료, pp.141-148.

이와 같은 활동을 펼치던 ≪同友≫는 1927년 2월 1일부터 ≪啓蒙≫으로 명칭을 바꾸었다. 그 이유는 잡지의 주제를 더 확장하여 이주한인의 실생활에 직접적으로 도움을 주기 위해서였다.69) 즉 ≪同友≫는 시사나 정치적인 내용이 주를 이루었으나 잡지의 이름을 바꾸고 새로이 실업·경제·교육·문예 등 전반적인 문제를 포괄적으로 다루는 간행물을 발간코자 했던 것이다. 잡지의 내용면에서 ≪同友≫는 어느 정도 교육을 받은 자들이어야만 이해가 가능한 주제들이었다. 그러나 이주한인들 중에는 문맹자들이 훨씬 많았고, 글을 깨우쳤다 할 지라도 ≪同友≫에서 다루는 문제들을 이해하기가 힘겨운 자들이 많았다. 이러한 현실에서 ≪同友≫의 관계자들은 좀더 실용적인 잡지를 간행하기 위해 ≪啓蒙≫으로 개명하고 그 내용도 잡지명에 맞는 주제를 선정하여 모두가 손쉽게 접하도록 한 것이었다.70) 그러나 1927년 2월 1일자부터 발행되기 시작한 ≪啓蒙≫은 아직까지 자료상으로 발굴되지 않고 있어 그 내용을 면밀히 검토해 볼 수는 없다.

지금까지 살펴본 바대로 1924년 2월 성립된 同友會는 처음 성립 목적과는 다르게 군정부인 정의부가 성립되려 할 즈음 사업방향을 잡지 간행에 주력하였다. 단지 잡지 발간 사업에 진력한 단체를 독립운동기관이라고 구분하여 설명하기에는 부족한 면이 없지 않다. 하지만 성립 이후 일정기간 동우회는 이주한인의 교육과 산업 활동에 노력하였고, 한인의 보다 안정된 생활 내지는 독립운동 기금 마련을 위해 저축활동을 펼쳤다. 그리고 정의부가 성립되면서부터는 언론활동 위주로 전환하여 독립운동의 방향제시에 노력하였던 것이다.

---

69) 위의 자료, pp.141-148.
70) 위의 자료, pp.141-148.

2) 다물靑年黨

(1) 성립과 조직

다물靑年黨은 1923년경 성립된 것으로 보인다. 1926년 7월 21일 同黨의 기관지인 ≪다물通信≫ 창간호에서 '현재 本黨의 역사는 3개년이 흘렀고, 5백명의 黨員이 있다.' 라고 하고 있어 이를 역산하면 1923년인 것이다.71) '다물'이란 舊土恢復을 의미하는 동시에 평안도 방면의 사투리로는 집합을 뜻하는 말이기도 하다. 따라서 다물청년당의 의미는 구토회복 즉 國權恢復이라는 유일의 목적을 위해 한국 청년들이 집합하였다는 의미이다.72)

同黨은 창립 이후 1925년이 되기까지는 별활동이 없었던 것으로 보인다. 그러다 1925년 5월경 근거지를 柳河縣 三源浦로 정하고 같은 달 10일에는 중앙집행위원인 姜復元·李寅根·李石扉·金昌憲 등이 제1회 간부회의를 개최하여 32개조의 黨憲을 확정하였다. 이 같은 다물청년당의 본격적인 활동시기와 근거지 및 구성간부들을 볼 때, 동당은 정의부의 계열단체였다고 판단할 수 있다. 근거지인 유하현 삼원포는 같은 시기 정의부 중앙본부가 있었던 곳이다. 또 제1회 간부회의가 개최된 시기인 1925년 5월 10일은 정의부가 본격적인 활동을 시작한 3월부터 약 2개월이 경과한 때이다. 그리고 중앙집행위원인 위의 4인은 모두 정의부 중앙조직 및 군

---

71) 「朝保秘第1182號 大正15年 9月 30日, タムル黨ノ近情ニ關スル件」, 아연필 100-4-034, p.653. ; 辛珠柏, 『滿洲地域 韓人의 民族運動 硏究(1925-40) - 民族主義 및 社會主義 系列의 動向과 統一過程을 中心으로 - 』, 成均館大學校 博士學位 請求 論文, 1995, p.87. 신주백은 이 논문에서 다물청년당은 1923년 겨울 평안도 출신을 중심으로 興京縣에서 결성된 비밀결사라고 성립시기와 장소 및 구성원들의 출신지를 더욱 구체적으로 밝히고 있다.
72) 「朝保秘第67號 大正15年 5月 10日, 鮮匪團正義府ノ近狀ニ關スル件」, 아연필 100-4-034, pp.135-136.

사조직의 간부들이다. 姜復元은 1925년 3월 현재 중앙심판원의 심판원이었으며, 李寅根은 간정원의 비서, 李石扉는 법무부 법무과 위원이었고, 金昌憲은 헌병대의 대장이었다.73)

이런 점으로 보아 1923년 성립되어 특별한 활동을 전개하지 못하고 단체의 명칭만 유지하고 있던 다물청년당은 1925년 5월경 정의부 인물들이 대거 참여해 정의부 본부가 있던 삼원포에 근거지를 정하고 그 하부 단체로 규정하면서 새롭게 재출발한 것으로 판단된다. 같은 달 15일에 공포된 黨憲 중 同黨의 진로를 밝힌 강령은 다음과 같다.74)

1. 自然으로부터 文化, 依賴를 벗어나 獨立한다는 정신 아래 自修自養하고 自作・自給할 것.
2. 共存共榮의 社會性을 기초로 階級相殘의 舊生活을 變革할 것.
3. 전세계 약소민족의 해방운동과 동일한 步調를 취할 것.

강령의 내용은 한민족의 자립을 이룩해 조국의 해방을 실천하자는 것이다. 다물청년당은 이를 실천할 구성원의 자격을 정하여 본격적으로 당원을 모집하였다. 당원은 準黨員・正黨員・特別黨員으로 구분하여 그들의 자격조건을 다음과 같이 정하였다.

17세부터 19세까지 청소년으로 고등 이상의 학력을 가진 자는 준당원이 되었다. 정당원은 준당원의 경험을 가진 자, 중등 이상의 학교를 수학

---

73) 「高警第1404號 大正14年 4月 27日, 正義府ノ公報發行ニ關スル件」, 앞의 사료, pp.429-435. ; 「大韓正義府」, 通化縣 檔案館 資料. 이들 자료에 나타난 4인중 김창헌을 뺀 나머지 3인의 한자 이름은 조금씩 다르다. 즉 姜復元은 姜福元으로, 李寅根은 李仁根으로, 李石扉는 李碩鎬로 표기되어 있다. 때문에 서로 다른 인물로 주장할 수도 있으나, 동일한 시기와 장소에 한자표기가 다른 同名異人의 독립운동 지도자가 3명이나 있었을 것이라고는 판단되지 않는다. 이러한 현상이 나타난 것은 이들 자료들이 일본측과 중국측의 보고 자료이기 때문에 보고자의 표기과정에서 오류가 나타난 것으로 보인다.
74) 「高警第2394號 大正14年 8月 6日, 다물靑年黨憲入手ニ關スル件」, 아연필 100 -4-031, pp.696-702.

했거나 동등의 학력을 가진 자로서 혁명운동에 헌신하고 일정한 직업이 있는 者이어야 될 수 있었다. 특별당원은 40세 이상으로 사회의 신망을 가진 者이면 가입할 수 있었다.75) 이 같은 자격을 갖추어 준당원과 정당원이 되면 이들은 당원으로서의 권리와 의무를 가졌다. 정당원일 경우에는 당헌 및 당칙을 준수할 의무, 월연금 및 제납금을 납부할 의무, 당의 발전에 노력할 의무 등을 가졌으며, 준당원이면 당헌 및 당칙을 준수할 의무만 가지면 되었다. 그리고 권리는 정당원일 경우 신규 정당원에 대한 提議와 票決, 선거 피선거권과 특별당원 提議의 권리를 가졌으며, 준당원인 경우에는 준당원을 제의하여 표결 선출할 권리를 가졌다.76)

이러한 자격조건에 의해 다물청년당의 당원이 된 자들은 지방에서는 집행기관인 區執行委員會와 의결기관인 原議會를 조직하였고, 중앙에서는 집행기관인 中央執行委員會를, 의결기관인 幹議會를 조직하였다.77) 원의회는 正黨員 3인 이상으로 조직되었으며, 구집행위원회는 원의회에서 선출한 3인이 위원이 되어 조직하였다. 그리고 지방의 각 원의회에서 조직의 규모에 따라 3인 이하의 대표자를 선출하면 그들이 모여 幹議會를 조직하였다. 또 幹議會의 議員중 5인이 선출되어 중앙집행위원회를 구성하였다.78)

1925년 11월까지 각 지역에서 다물청년당에 가입한 당원의 명단은 다음과 같다.79)

---

75) 위의 자료, pp.703-704.
76) 위의 자료, pp.704-705.
77) 위의 자료, pp.705-706. 原議會는 細胞議會라고도 불렸다. 구집행위원회에는 委員長·書計·庶務 등이 임명되어 행정업무를 맡았고, 중앙집행위원회에는 委員長·書計·文化風紀·勞動 등의 행정인원이 임명되어 조직을 이끌어 갔다.
78) 위의 자료, pp.705-706.
79) 「高警第564號 大正15年 2月 15日, 다물靑年黨ノ近狀ニ關スル件」, 아연필 100-4-033, pp.495-496.

VI. 正義府의 대외관계 257

ㄱ. 旺淸門：林是瑩· 劉德弼· 金昌憲· 安復元· 李奎星· 金景水· 安相奉· 韓俊熔· 李永根· 宋基檉· 韓用善· 姜一平· 文學善· 鄭元華
ㄴ. 徒嶺：安蔭松· 朴順福· 田益殿· 文學彬· 白瓚福· 金冀恒· 李京哲· 張基瑞· 金玉振· 李光文· 金德海· 張漢洙· 安道棍
ㄷ. 海原：金東玄· 韓山耘· 方殿· 文匕· 趙文秀· 李正逸· 姜龍煥· 白利
ㄹ. 懷德：崔昌善· 金泰浩· 金寬聲· 金熙洙· 邊昌國· 金海樵· 白利泰· 金榮濟· 承震
ㅁ. 三源浦：金履大· 李石虎· 康濟河· 玄西崗· 李仁根· 張福健· 洪基柱· 李寬旋· 河龍涉· 李釣均· 崔柄模· 權德根· 安○弘· 金○國· 玄日天· 朴員玄· 申明山· 李據正· 崔俊武· 申英淑· 金寬式· 權寧夏· 金正模· 李正一· 李英瑞· 權五鎰· 金剛· 李種林· 宋漢鉉· 金漢湖· 金孝涉· 金光淳· 申利淳· 尹俊基· 池龍基· 李海林· 金濟民· 韓根
ㅂ. 下漏河：朱河範· 李東華· 金孝晟· 張衡浩
ㅅ. 河南：吳昌根
ㅇ. 開封：柳漢春
ㅈ. 英廟：韓允學· 盧昌俊
ㅊ. 寬甸：李東林
ㅋ. 京原：金太善· 李如印· 池○○
ㅌ. 興京：金豪化· 姜英兩· 玄柄裕· 鄭弘尤· 崔烈· 白福玉· 玄益哲
ㅍ. 撫順東社：沈永浩· 朴崇善· 李玄徹· 田洙日· 金震五· 南宮玭
ㅎ. 樺甸：金卓· 宋學天· 張崇彦· 金在宋 金元植· 金淳政
가. 孤山子：金學山· 郭峻· 金崇殿
나. 吉林：鄭義(伊의 오기로 보임-필자주)衡· 李誠根· 金利榮· 金尙範
다. 撫松：李太馨· 梁世鳳· 張志薰· 尹瑞仁
라. 牛拉背：李鍾乾· 白雲閣
바. 向陽鎭：金德三· 李彩雲
사. 細林河：李東勳

다물청년당의 당원은 1925년 11월 현재 성명이 알려진 이들 130명의 인원 외에도 명부에 등록되지 않은 당원도 다수 있어 그들의 숫자까지 합하면 약 200명이었다. 그리고 1926년 7월 말경에는 500명으로 증원되었다.80)

이와 같은 다물청년당은 1926년 7월경 黨의 명칭을 다물黨으로 바꾸고 다음과 같이 黨綱領과 黨目的을 정하여 조직의 路線을 새롭게 하였다.81)

　ㅇ 黨綱領
　1. 敵을 구축하여 생활 평등의 新國家를 건설할 것.
　2. 帝國主義와 資本制度를 타파할 것.
　3. 약소민족 피압박 계급의 해방운동과 동일한 전선을 취할 것.

　ㅇ 黨目的
　1. 농촌 생활향상과 지식의 啓發을 업무로 할 것.
　2. 勞農 群衆의 계급의식을 촉진하여 革命精神을 고취할 것.
　3. 소년 청년운동을 장려하여 역량있는 役軍을 훈련할 것.

명칭을 변경하고 당을 새롭게 한 것은 보다 혁명적인 조직체로 변신하기 위한 것이었다. 다물청년당의 강령과는 달리 다물당의 것은 모두 혁명과 투쟁을 강조한 것이었다. 당목적에서 조차 노동자·농민의 혁명의식 고취와 소년 및 청년들의 혁명화를 도모하였다. 그리고 이러한 이념 하에서 당의 조직을 견고히 하고자 지방조직을 이전 보다 체계화시키고, 세분화하였다. 즉 區에서 바로 中央에 직결되었던 이전의 체제를 3인 이상으로 1區를 조직케 하고 3개의 구를 합하여 1地方을 조직토록 하였던 것이다.82) 이는 지방조직을 견고히 하여 당의 활동력을 높이고자 한 것으로

---

80) 「朝保秘第1182號 大正15年 9月 30日, タムル黨ノ近情ニ關スル件」, 앞의 자료, pp. 651-655.
81) 위의 자료, pp.655-656.
82) 위의 자료, p.674.

판단된다.

(2) 활동

다물청년당은 이주한인 즉 정의부 관할민들에게 혁명의식을 고취시키는 활동을 펼쳤다. 정의부의 하부단체로서 정의부가 항일 또는 민정기관으로서 역할을 할 수 있도록 이주한인 사회의 전반적인 분위기를 고무시키는 활동을 전개하였던 것이다. 동당의 강령이나 당목적 등 다물청년당의 성격을 알려주는 선언적 선포문들은 노동자·농민 또는 약소민족과 같은 弱者로 대변될 수 있는 모든 존재들에게 혁명의식을 고취시킬 목적으로 발표되었다.

따라서 기관지인 《다물통신》 창간호의 '-通信發行에 際해서'라는 글에서 同黨이 혁명을 목적으로 한 단체임을 다음과 같이 분명히 밝혔다.[83]

> 일본 군벌의 힘 밑에 유린당하고 일본 자본의 착취하에서 死活문제가 눈앞에 와 있는 우리 민족이 운명을 다시 열기에는 오직 그에 대적하여 일본의 軍國的 침략주의를 박멸하는 길외에는 다른 방도가 없다. 다시 말해 적의 軍閥機關인 朝鮮總督府와 자본그룹 기관인 東拓·朝鮮銀行 등을 함께 타도하지 않으면 어느 때가 되어도 민족 생영의 慶福을 맞이할 날은 오지 않는다는 것이다. 그렇기 때문에 조선의 하늘에 가득 차있는 자본제국주의의 氣焰을 근본적으로 씻어버리고 만인이 함께 경축할 사회주의적 신 국가를 건설하는 것이 本黨의 主義 主張이다.

다물청년당은 이 주의와 주장을 관철하기 위해서 조국 독립이 우리 민

---

83) 위의 자료, pp.651-652. 《다물통신》은 1926년 7월 21일에 창간되었다. 《다물통신》은 다물청년당의 명칭이 다물당으로 변경된 후에 발간된 것으로 보인다.

족의 유일한 생명선의 구축이라는 것을 믿고 민중전체가 깊은 혁명의식을 가지고 운동전선에 나가 싸우지 않으면 안된다고 하였다. 이를 실천하기 위한 구체적인 단계는 첫째 혁명운동자가 군중 가운데 들어가 군중들이 직면하고 있는 현실을 인식한 후 가장 적합한 의식 운동을 일으켜 문화와 경제생활을 일단 향상시켜야 한다고 하였다. 두 번째 단계에서는 현실생활 향상에 대한 의식운동을 실감한 민중들에게 독립정신과 계급의식을 환기・촉진시켜 우리 민족의 절대절명 과제인 조국독립을 위한 투쟁정신을 갖게 해야 한다는 것이다. 이어 마지막 단계에서 우리와 동일한 입장에 있는 세계 피압박 민족의 해방운동을 우리 현실과 연결하여 그들과 같은 보조를 취해 민족의 혁명운동을 국제화시켜야 된다고 하였다.[84]

한편 위의 '- 通信發行에 際해서'에서는 "朝鮮의 하늘에 가득차 있는 자본제국주의의 氣焰을 근본적으로 씻어버리고 萬人이 함께 경축할 社會主義的 新國歌를 건설하는 것이 本黨의 主義 主張이다."라고 하여 다물청년당이 추구하는 이념이 사회주의인 것처럼 보이고 있다.[85] 하지만 다물청년당의 이념을 이 문구로만 단정하기는 어렵다. 앞에서도 언급했듯이 다물청년당은 그 黨名에서 이미 '國權恢復'이라는 유일의 목적을 위한 한국청년들의 집합'을 주장하고 있다. 다물청년당이 궁극적으로 추구하고 있는 것은 혁명을 위해 모든 한민족이 일치 단결하고 그를 향해 나아가는 것이다. ≪다물통신≫ 창간호의 또 다른 글인 '-단결은 우리들의 생명'에서 이같은 면을 여실히 보여주고 있다.[86]

과거의 일을 돌이켜 보면 3・1운동 전후부터 외쳐진 합동과 단

---

84) 위의 자료, pp.652-653.
85) 辛珠柏은 그의 논문(『滿洲地域 韓人의 民族運動 硏究(1925-1940)』, 성균관대학교 대학원 박사학위 청구논문, 1995.)에서 다물청년당이 民族本位의 社會主義를 주장하였다하여 이 黨의 이념을 民族的 社會主義라고 규정하였다.
86) 「朝保秘第1182號 大正15年 9月 30日, タムル黨ノ近情ニ關スル件」, 앞의 자료, pp. 656-663.

결은 半은 봉건적 사상을 가지고 모든 일을 자기본위에서부터 출발한 것으로 민중의 요구 및 이해 관계는 별개로 한 영웅심리에서 나온 것이었다. (중략)

무릇 우리들은 옛날의 오류를 회개하고 민중을 本位로 한 전민족적 대단결을 형성하는 것이 곧 우리들의 생명이라는 것을 절감하고 우리의 동일 전선에서 한가지로 싸워 장래 같은 길로 돌아가 같은 민족 같은 被壓迫 계급, 같은 無産者인 우리들 형제의 진정한 단결을 기대해 마지 않는다.

단결은 組織的이고 機動的인 것을 要한다. 산만하고 무계통적인 동족애 및 우호적 作隣은 안된다. 일정한 목적과 강령을 만들어 일정한 규율 및 동맹하에서 有機的 동작이 있는 단체인 本黨 및 노동당·노동총동맹·衡平社·청년총동맹·교육동맹·농촌동맹·여성동맹 기타 사상단체와 운동단체는 단결해야 한다. 민족적 대단결이라는 것은 이들 각 단체가 모이고 다시 유기적으로 공동작전을 취하는 것이다. 통일 단체를 만들어 막연한 통일을 꿈꾸는 것이 아니라, 각기 그 部門 團體 內部에 공통성을 가진 사상·강령 수립을 전제로 하지 않으면 안된다. 바꾸어 말하면 절대적으로 민족자본주의를 주장하는 一派, 직접적인 無産革命을 주장하여 民族運動을 부인하는 一派, 세계 계급혁명의 단계로서 민족해방을 주장하는 일파 등 색깔이 다른 주장들이 있으면 도저히 민족적 대단결을 이루기가 어려우므로 현 상태에서 단체가 가지고 있는 방침에다 인류 사회 最眞理를 근거로 한 민족현실의 입장에서 출발한 일정한 표준을 세우고 한 運動線에서 思想界를 정돈하는 것이 대단결의 전제라고 提唱하는 것이다.

이 글을 보면 다물청년당이 추구한 바는 민족의 단합이었다. 즉 지금까지 각 방면의 이념이나 노선을 초월하여 민족의 현실을 감지하고 民族運動線上에서 일체감을 가지고 활동할 수 있는 모든 세력의 통합을 부르짖었던 것이다. 그 같은 점을 성취하기 위해서는 기존의 사회주의자건 민족주의자건 모든 세력을 합치시켜야지 이를 분류하고 서로 배척하면 안 된다고 주장하고 있다.

그런데 여기서 또 한가지 지적해야 될 점은 다물청년당이 주장하는 '사회주의적 신국가의 건설'에서 '사회주의'라는 용어의 해석이다. 다물청년당이 주장하는 사회주의는 일제하 한인 공산주의계열인 ML派나 화요파의 이념인 사회주의와는 엄격히 차이가 있다. 다물청년당이 주장하는 사회주의는 한민족을 착취하고 압박하는 일본이 자본주의이고 제국주의이니 그들을 물리치고 반대하기 위한 논리로서의 사회주의를 주장했던 것이다. 즉 한민족의 敵인 자본주의 일본에 반대하는 개념으로 사회주의라는 용어를 사용하였던 것이다. 이러한 사회주의는 정치적 이념의 논리라기보다는 지금까지 식민지하에서 고통받은 우리 민족이 조국광복이 된 후 그에 대한 보상으로 평등하고 형평에 맞게 福利를 누려야 한다는 의미에서 각계 각층의 한민족을 설득시키기 위한 용어인 것이다.

다물청년당은 민족단합을 추구하는 입장에서 남만 각지에 조직된 세포조직인 原議會를 중심으로 한인들에게 혁명의식을 고취시키는 활동을 전개해갔다. 그러기 위해 중앙에서는 중앙집행위원 또는 간의원 의원 중 혁명 논리가 확고한 인사를 선전위원으로 임명하여 이들을 각 원의회에 파견하였다. 선전위원들은 일단 원의회의 議員들을 교육시키고 그 지역의 正黨員 또는 準黨員들을 소집하여 혁명사상을 교육시켰다. 이 일을 담당한 인물은 池靑天・金應燮・玄益哲・金濟民・承震 등이었다.[87] 池靑天과 金應燮은 1925년 5월 黨憲을 정하고 본격적으로 활동을 전개하면서부터 정의부 관할 지역내의 청년들을 입당시키기 위해 선전위원으로 활동하였다. 나머지 세 인물은 지방에 원의회 및 구집행위원회가 설립되고 난 뒤부터 당의 강령을 선전하고 한인청년들의 단결을 호소하는 활동을 전개하였다.

이들의 활동이 있고 난 후 1926년 6월 25일 현익철의 뒤를 이어 중앙

---

87)「高警第564號 大正15年 2月 15日, 다물청년당ノ近狀ニ關スル件」, 앞의 자료, pp. 489-491.

집행위원장에 임명된 金履大(이명 : 金士軒)는 체계적인 방침을 정하여 한인청년들을 상대로 선전활동을 시행하였다.88) 즉 김이대의 주도하에 새로 구성된 중앙집행위원회는 7월 6일 회의를 개최하여 宣傳委員들이 각 지방에 파견되어 실행할 宣傳要目을 다음과 같이 제정하였다.89)

ㄱ. 本黨의 主義 및 當面의 事業을 宣傳할 것.
ㄴ. 民族精神을 警醒하여 革命意識을 촉진할 것.
ㄷ. 강연·강습 등을 실시하여 文盲을 퇴치할 것.
ㄹ. 상호부조의 정신으로 농촌단결을 견고하게 할 것.
ㅁ. 1人이 하나의 업종을 갖는다는 것을 표방하여 근검하고 노력할 것이며, 위생관념을 환기할 것.

이 같은 선전요목을 가지고 선전위원들은 각 지방을 순회하며 지방의 당원들을 교육하였고, 그를 더욱 심화시키기 위해 區執行委員會에서는 매월 제1, 제3토요일에 '例會'를 개최토록 하였다. 例會는 구집행위원회가 주관하여 강연과 강습을 통해 지역의 당원을 교육시키고, 區內에서 발생된 제반 사건과 당면의 생활문제를 토의하여 처리토록 한 集會였다.90) 예회의 강연 주제는 정치·경제·주의·학설 및 당면의 생활문제였으며, 강습 학과목은 당원 중에서 지식이 있는 1인을 강사로 선정하여 그의 주관 하에 이루어지도록 하되 당원의 학력정도에 따라 현실생활과 관련 있는 과제를 선택하여 학습시키도록 하였다.

예회의 결과는 구집행위원장이 會가 끝난 지 3일 이내에 지방집행위원회(地方黨)에 보고토록 하였으며, 지방집행위원회는 관할 각 구에서 보고된 결과를 취합하여 1개월에 2회씩 중앙집행위원회(中央黨)에 보고하였

---

88) 「朝保秘第1182號 大正15年 9月 30日, タムル黨ノ近情ニ關スル件」, 앞의 자료, p.673. 이 시기를 기점으로하여 다물靑年黨이 다물黨으로 명칭을 변경한 것으로 보인다.
89) 위의 자료, pp.673-674.
90) 위의 자료, p.675.

다.91) 이 같이 체계적이고 조직적으로 이주 한인사회의 단결과 혁명의식 고취를 목표로해 활동하던 다물靑年黨(이 무렵은 다물당)은 1928년 5월 민족유일당 조직회의에서 정의부 다수파와 樂山일꾼조합·拉法靑年會 등 10여 단체들과 全民族唯一黨協議會派에 가담하였다.92) 이어 1929년 2월 민족유일당조직동맹 제2회 중앙집행위원회서 新民府 民政派와 高麗國民黨 등과 함께 선언을 발표하고 해체되었다.93)

3) 高麗革命黨

(1) 성립과 조직

高麗革命黨은 正義府와 天道敎系統, 衡平社의 대표들, 그리고 러시아 연해주에서 무장투쟁을 벌이던 인물들이 연합해 성립시킨 단체였다. 주도 인물은 梁起鐸·崔東羲·吳東振·鄭元欽(鄭伊衡)·高轄信·李一心·朱鎭壽·金光熙·李奎豊·玄正卿·玄益哲·郭鍾毓·李成桂·李東求·金鳳國·李東洛 등이었다.94) 이들은 1926년 3월 26일 吉林省 吉林城內에 있는 양기탁의 집에 모여 무장 독립운동을 일정한 이념운동으로 승화시키기 위해 각파의 혁명사상가들을 망라해 黨을 조직하고, 그 지도 아래 무장세력과 자치조직을 운영할 수 있는 高麗革命黨의 성립을 결의하였다.95) 이어 같은 달 29일 대표들은 다시 양기탁의 집에 모여 창당을 위한

---

91) 위의 자료, pp.675-676.
92) 「昭和3年 6月 29日, 全民族唯一黨組織會議開催의 件」, 국사편찬위원회, 앞의 책 4, 1968. 12, pp.860-862.
93) 신주백, 앞의 논문, p.89.
94) 高等法院檢事局, 「高麗革命黨事件の硏究 -天道敎·衡平社·正義府各員の提携」, p.7. ; 「高麗革命黨事件 裁判記錄」; 鄭伊衡, 앞의 회고록, pp.162-163.
95) 「吳東振豫審 終結全文」, 『韓國獨立運動史』 3, 國史編纂委員會, 1968, 12, p.818.

준비위원회를 개최하고 고려혁명당의 선언과 강령·당칙을 작성하고 組織部·宣傳部·經理部·檢査部 등의 집행기관을 설치하였다.96) 이러한 준비를 거친 후 대표들은 다음달 5일 吉林에서 고려혁명당의 창당을 선포하였다.97)

이 같은 고려혁명당의 창당 과정과 창당초기 일정은 일제측의 다른 자료에 의하면 다음과 같다.98)

- 1926년 2월 15, 16일 : 吉林城內에서 발기회를 가짐. 梁起鐸·朱鎭壽·崔東羲·高豁信·李一心·玄正卿 등 6명이 모여 고려혁명당의 조직 방법·선언·강령·규칙을 작성하고 特派員의 特派, 創立大會 소집과 관련된 實務를 협의함.
- 1926년 3월 25일 : 豫備會議 개최. 발기회 개최 장소에서 위의 6명 외에 金鳳國·金光熙·李東洛·李奎豊·李東求 등 11명이 회합하여 고려혁명당의 綱領·黨規黨約·盟約 등을 제정하기 위한 위원으로 이규풍·이동락·김광희 등 3명을 선정함.
- 1926년 3월 29일 : 結黨大會 開催. 吉林城內 後胡洞 梁起鐸의 집에서 위의 11명이 회합하여 양기탁은 議長, 高豁信은 書記가 되어 宣言·綱領·黨略·盟約 등을 결정하고, 기타 幹部·正黨員의 承認·事務分擔·黨旗·黨憲章·黨印·黨暗號·黨紀念日·通信 場所·黨員 1萬人 募集·黨財政·第3國際共産黨 및 中國 國民黨과의 연락·外交委員·黨員養成 및 黨의 年號에 관한 일 등을 결정함.
- 1926년 4월 7일 : 幹部臨時會議 개최. 吉林城內 吉精所에서 양기탁·이동락 주진수·김광희·최동희·이규풍·고활신 등이 회

---

96) 위와 같음.
97) 金俊燁·金昌順, 『韓國共産主義史』 4, 청계연구소, 1986. 7, pp.120-122. ; 蔡根植, 『武裝獨立運動秘史』, 대한민국공보처(民族文化社 頒布), 1985, p.139, 高麗革命黨의 창당일은 東學의 창도일이 1860년 4월 5일이었기 때문에 이 날짜에 맞추자는 崔東羲(본명 : 崔素水)의 주장에 의해 1926년 4월 5일이 되었다.(최정간, 『해월 최시형가의 사람들』, 웅진출판, 1994, p.282.)
98) 高等法院檢事局, 앞의 자료, pp.11-13.

합하여 양기탁은 의장이 되고, 결당대회에 결석한 오동진을 창
립회 회원 및 중앙간부로 인정할 것과 鄭元欽(鄭伊衡)外 2명에
게도 동일한 결정을 한 것을 통지함.
- 1926년 4월 8일 : 위의 吉精所에서 양기탁·이동락·주진수·김광
희·최동희·이규풍·고활신 등과 정원흠·오동진·현정경
외 2명이 회합하여 양기탁이 의장이 되어 責任分擔의 件, 正黨
員 承認의 件 등을 결의함.
- 1926년 4월 9일 : 위의 인사들이 회합하여 양기탁이 의장이 되어
각지 靑年團의 設立과 黨의 방침에 배반하는 旣成靑年團의 해
산, 黨學校의 설립 및 교과서 편찬 등에 관한 건을 결의함.
- 1926년 4월 12일 : 위의 인사들이 회합하여 양기탁이 의장이 되어
경비의 부담, 세포의 조직, 秘書在留 장소의 결정, 中央審査委
員 등을 결정함. 중앙심사위원으로는 양기탁·오동진·이동락
·주진수·이규풍 등으로 정함.
- 1926년 5월 20일 : 위의 인사 중 10명이 회합하여 吳東振이 의장이
되어 中央의 위치를 하얼빈으로 이전할 것과 外交員의 旅費
등을 정함.

이와 같은 과정을 거쳐 성립된 고려혁명당의 초기 간부진은 다음과 같
다.99)

위원장 梁起鐸,   책임비서 李東求
위 원 鄭伊衡·玄正卿·吳東振·高豁信·李東洛·金鳳國·崔東義
      (崔素水)·朱鎭壽·郭鍾旭·玄益哲·李奎豊·池靑天·柳東
      說·金奎植·金佐鎭

이들 간부 중 주진수·이규풍·유동열·김규식·김좌진 등 3인은 고
려혁명당 계파세력인 정의부나 천도교계통 또는 형평사측의 인물이 아니
다. 주진수·이규풍·유동열은 러시아 연해주 지역에서 활동한 인물이

---

99) 蔡根植, 앞의 책, p.139.

고, 김규식과 김좌진은 북만지역 군정부인 신민부의 간부들이다.

이들 5명이 고려혁명당에 가담하게 된 배경은 다음과 같다. 위원 중 최동희는 동학의 2세 교주인 해월 최시형의 아들로 1918년 연해주의 블라디보스톡으로 망명한 인물이다. 그는 1920년 국내로 들어와 활동하다 1923년 1월에 다시 연해주로 망명하여 블라디보스톡을 중심으로 독립운동을 전개하였다.100) 망명지에서 최동희는 러시아와 외교적 협상을 벌이는가하면, 상해파 고려공산당 영수인 李東輝와 제휴하여 천도교 종리원을 중심으로 세포단체를 조직해 독립운동을 전개하는 등 민족운동계의 지도급 인사로 활동하였다.101)

한편 1920년대 중반으로 가면서 러시아는 일본 제국주의자들과 타협하여 한국 독립운동자들의 활동을 압박하기 시작하였다. 이어 1925년 1월에는 '소·일 상호관계의 기본원칙에 관한 협약'이라는 밀약을 맺어 러시아 영토 내에서 어떤 반식민지운동이나 반일운동도 하지 못하도록 하였다.102) 상황이 이와 같이 되자 최동희는 새로운 활동방향을 모색키 위해 1925년 2월 주진수·이규풍·김광희 등과 함께 만주의 길림으로 왔다.103) 최동희 등은 만주에서의 활동목표를 민족운동계의 통일전선 구축과 민족유일당 결성에 두었다. 이들은 길림에 도착하여 모든 이념과 노선 및 단체를 초월한 재만독립운동계의 대 단합을 호소하게 되었고, 그 과정에서 북만의 신민부측과도 연결되어 그 지도부인 김좌진·김규식 등이 고려혁명당의 위원으로 참여한 것으로 판단된다. 하지만 김좌진이나 김규

---

100) 최동희의 활동과 이력에 대해서는, 최정간,「비운의 혁명가로 살다간 동학 교주의 아들」,≪사회평론≫, 1992. 3. 및 최정간,『해월 최시형가의 사람들』, 웅진출판, 1994. 참조.
101) 曺圭泰,「1920년대 천도교연합회의 변혁운동」,『한국근현대사연구』제4집, 도서출판 한울, 1996. 5, pp.230-232.
102) 曺圭泰, 위의 논문, p.232.
103) 朴桓,「鄭伊衡(1897-1956) 硏究」,『于松 趙東杰先生 停年紀念論叢 2, 韓國民族運動史硏究』, 于松 趙東杰先生 停年 紀念 論叢刊行委員會, 1997. 8, pp.607-608.

식의 경우는 창당추진 과정이나 창당 후 고려혁명당원으로서 활동한 흔적이 나타나지 않고 있어 실질적인 참여는 하지 않고 위원 명단에만 올려진 것으로 판단된다.104) 그리고 유동열의 경우는 1922년부터 1924년 4월까지 대한민국임시정부의 軍務總長으로 활동한 바 있으나, 1921년 6월 '自由市慘變'이 발생하기 전후에는 러시아에서 高麗軍政議會의 군정위원과 韓人赤軍旅團 사관학교의 임시교장으로 활동하기도 하였다.105) 이 같은 연유로 유동열도 러시아에서 활동하던 시기에 최동희나 주진수·이규풍 등과 친숙하였고, 고려혁명당 창당시기에 길림으로와 위원이 된 것으로 판단된다.

한편 고려혁명당 창당에 천도교계 및 형평사측의 인사들을 규합하는데 큰 역할을 한 최동희는 천도교 혁신파측이 조직한 천도교연합회의 인물로 사회주의자로 분류할 수는 없다. 하지만 그는 사회주의자들이 주장하는 계급차별을 없앤 평등하고 경제적으로 균등한 사회를 건설할 것에 찬성하는 인물이었다. 또 그와 함께 길림에 온 주진수·이규풍 등도 1910년대 초 渡滿하여 독립운동을 전개하다 1920년을 전후한 시기 연해주로 건너가 활동한 사회주의 이념을 수긍하는 인사들이었던 것으로 판단된다.106) 유동열 또한 위에서 말한 그의 경력으로 보면 사회주의를 적극 부정하는 인물은 아니었던 것으로 생각된다.

창당 추진세력의 성향이 이와 같았기 때문에, 전민족적 통합을 이룩한다는 목표 하에 이들은 1925년 초부터 약 1년간 국내의 천도교연합회 본부와 형평사측에 연락하여 고려혁명당의 성립에 협조할 것을 부탁하고, 사회주의 단체들에게도 가담할 것을 요구하였다. 이러한 요구에 대해 '青

---

104) 이 같은 이유 때문에 고려혁명당의 성립세력에 신민부를 넣지 않고 있다.
105) 「上海 臨時政府職員의 異動發表의 件」, 『韓國民族運動史料』(中國篇), 國會圖書館, 1976. 9, p.518. 金俊燁·金昌順, 『韓國共産主義運動史』, 1, 청계연구소, 1986. 7, p.229, pp.332-334.
106) 朝鮮總督府警務局, 『國外ニ於ケル容疑朝鮮人名簿』, 1934. 7, p.178. 이 자료에 의하면 朱鎭壽는 1928년 현재 高麗共産黨 宣傳部員으로 활동하고 있었다.

年會'·'勞動會' 등의 이름을 가진 사회주의 단체들은 처음에는 참여를 적극 검토하였다. 그러나 결국 사회주의 단체들은 고려혁명당 가담을 포기하였다. 그 이유에 대해서는 자료의 한계상 정확히 밝힐 수는 없지만, 새로 성립될 고려혁명당이 인정하는 사회주의는 코민테른이 요구하는 사회주의가 아니라 韓民族의 독립을 추구하는 민족주의 범주내의 사회주의로 그들이 추구하는 이념과는 거리가 있다고 판단해 참여를 거부한 것으로 생각된다.

이와 같이하여 고려혁명당에 가담하지 않은 사회주의 단체들은 이 기회를 이용하여 오히려 만주 내 천도교측의 인사들을 그들 단체로 끌어들이려 노력하였다. 즉 남북만 여러 지역에 조직된 사회주의 단체들은 천도교의 '人乃天' 사상이 공산주의가 주장하는 계급제도의 철폐와 합치되는 사상이라 선전하며 천도교인들을 사회주의 단체에 가입하도록 선동하였다.107) 이들의 선동에 의해 젊은층의 천도교인들 중에는 脫敎를 하고 사회주의 단체에 가담하는 인물들이 생겨났다. 따라서 興京縣 總管所에서는 宗理師 鄭光生의 명의로 이를 억제키 위해 戒告文을 내기까지 하였다.108)

(2) 활동

1926년 4월 3계파의 독립운동 세력이 통합해 성립한 고려혁명당은 각 참여층의 이념과 노선이 다양한 만큼 공통으로 추구할 수 있는 이념과 노선을 책정해야 했다. 창당원들은 黨을 창립하기 위한 발기회나 준비회의 시부터 합일된 이념과 노선을 성안하기 위해 고민하였다.109) 그 결과 고려혁명당의 이념과 노선은 낭의 綱領·宣言·黨略 등에 표출되어 나

---

107) 「高警第1071號 大正15年 2月 31日, 在滿天道敎徒ノ赤化傾向ト同敎會幹部ノ阻止手段ニ關スル件」, 아연필100-4-033, pp.611-614.
108) 위의 자료, pp.611-614.
109) 高等法院檢事局, 앞의 자료, p.12.

타났다. 이 단체의 이념과 노선을 집약하여 보여줄 수 있는 강령과 당략을 보면 다음과 같다.

  ○ 강령
  - 우리 인간 실생활의 당면한 敵인 모든 계급적 기성제도와 현재의 조직을 일절 타파하고 물질계와 정신계를 통하여 자유평등의 이성적 신생활을 건설함.
  - 제국주의와 자본주의에 근본적으로 반항하고, 우리들에게 共鳴하는 피압박 민족과 결합하여 동일전선에서 일치된 보조를 취함.110)

  ○ 당략
  - 大局의 聲勢에 響應하고 지리의 관계를 이용해 만주를 최선의 戰地로 함.
  - 최고 간부는 上海에 두고 동양의 피압박 민족과 연락을 취하며 滿洲가 戰略策上 필요할 때는 임시 적당한 지대로 옮김.
  - 동양운동의 필요상 제3국제공산당과 합치하는 책략을 취함.111)

위의 강령과 당략을 보면 고려혁명당의 이념과 노선은 사회주의이고, 독립운동의 방략은 독립전쟁론이다. 특히 '필요상 제3국제공산당과 합치하는 책략을 취한다'고 한 당략을 보면 고려혁명당의 이념이 사회주의라는 것은 명백해 보인다.

창립시 이와 같은 고려혁명당의 강령과 당략이 나오게 된 배경을 보면 다음과 같다. 1926년 2월 15, 16 양일간에 걸친 발기회가 있고 난 뒤, 3월 25일 예비회의에서 발기인들은 강령과 당규 당약·맹약 등의 제정위원으로 이규풍·이동락·김광희 등 3인을 선출하였다.112) 이들 중에는 민족

---

110) 朝鮮總督府警務局,『朝鮮の治安狀況』, 1927, p.171. 및 高等法院檢事局, 위의 자료, p.11.
111) 朝鮮總督府警務局, 위의 자료, pp.171-172.
112) 高等法院檢事局, 앞의 자료, p.12

주의를 이념으로 한 정의부의 인사는 한명도 없다. 이동락과 김광희는 인간의 평등을 교리로 가진 천도교측의 인사였고, 이규풍은 러시아에서 사회주의를 수긍하며 무장활동을 펼친 인물이었다. 제정위원들의 이러한 성향 때문에 계급을 타파하고, 20세기 초반부터 성공적인 사회주의 혁명을 일으킨 국제공산당의 힘을 빌리자는 강령이나 당략이 제정된 것으로 보인다.

강령과 당략이 이와 같았기 때문에 일제는 그들의 보고문서에서 고려혁명당의 성격을 다음과 같이 분석하였다.[113]

> 本 團은 在滿鮮匪團 正義府와 鮮內 天道敎 및 衡平社 등 3개 단체의 연맹 하에 國際共産黨・支那國民黨의 원조를 받아 만주를 근거로 하여 파괴・암살・방화 등 온갖 직접적인 행동에 의해 혁명운동의 성공을 기하려하고 우선 만주를 공략하여 그를 手中에 넣은 다음 일본 제국주의를 괴멸하여 신 국가 건설을 목적으로 한 단체로서 ……

일제는 고려혁명당의 성격을 러시아 공산주의와 중국국민당의 원조를 받아 무장투쟁을 실천하려는 단체로 규정하였다. 일제의 평가대로라면 고려혁명당은 사회주의와 깊은 관련을 가진 단체이다.

하지만 이 단체를 사회주의계통의 단체라고만 규정하는 것은 성급한 단정이다. 이 단체는 조직된지 얼마되지 않아 연해주에서 상해 공산당계의 宋寒石과 이르크추크 공산당계 李雲漢이 와서 입당을 희망하였으나 이를 거절하였다.[114] 또 고려혁명당의 당원인 李友三・張鎭煥・金觀聲 등은 懷德縣에서 공산주의자들에게 피살된 바가 있다.[115] 이 두 사건은

---

113) 朝鮮總督府警務局,「在滿不逞團並社會主義團體ノ狀況」, 1928. 3, 아연필200-3-049, pp. 202-203.
114) 위의 자료, p.291.
115) 애국동지원호회, 위의 책, p.452.

고려혁명당 창당 시 전민족적 통일전선 구축을 위해 사회주의자들까지 참여시키려 한 점과는 반대되는 일이다.

 이 같은 점으로 보아 고려혁명당의 성격은 다음과 같이 설명될 수 있다. 고려혁명당을 성립시킨 주도층의 목표는 한민족을 총체적으로 수용하여 통일된 조직체를 만들고자 하였다. 그 조직체의 구성원은 민족의 지상 목표인 조국 독립을 위해 단결하여 활동할 수 있는 인물들이어야 했다. 이러한 조직체가 되려면 구성원 각자가 어떤 이념을 추구하든 무엇보다 민족을 우선하는 성격이 강해야 했다. 그래야만 민족통일전선이 구축될 수 있다고 판단했던 것이다. 그러나 상해 공산당계의 송한석이나 이르크츠크 공산당계의 이운한은 고려혁명당의 그 같은 노선을 따를 인물들이 아니었다. 그들은 오히려 고려혁명당을 민족을 배제한 사회주의 단체로 전환시키기 위해 당 내부를 분란에 빠트릴 인물들로 판단했기 때문에 입당을 반대했던 것이다.116) 결국 고려혁명당도 다물청년당과 마찬가지로 민족주의 이념을 강하게 지니며, 민족 통합과 조국 광복이라는 목표를 달성키 위해 지나치지 않은 사회주의를 포용했던 것이다.

 고려혁명당은 활동을 보다 체계적으로 추진하기 위해 만주내 각 지역에 다음과 같은 세포기관을 조직하였다.117)

- 吉城 第1胞 : 吉林城內, 1926년 4월 16일 조직, 黨員 16명.
- 味子河 第2胞 : 吉林省 樺甸縣 味子河, 1926년 4월 27일 조직, 당원 7명(같은 해 6,7월 경 회원 전부 다른 지방으로 이주하여 소멸)
- ○叭滿 第3胞 : 額穆縣 交河鎭 荒地崗子, 조직일 不明, 당원 9명
- 橫道河子 第4胞 : 吉林省 19橫道河子, 1926년 7월 4일 조직, 당원 3명
- 小五家子 第5胞 : 奉天省 懷德縣 西小五家子, 1926년 7월 5일 조직,

---

116) 金昌洙,「高麗革命黨의 組織과 活動」,『汕耘史學』제 4집, 재단법인 汕耘學術文化財團, 1990. 9, p.166.
117) 高等法院檢事局, 앞의 자료, pp.14-15

당원 3명
- 松江鐵道 第6胞 : 吉敦鐵路 松花江鐵橋 工事場, 1926년 7월 14일 조 직, 당원 5명
- 尙陽堡 第7胞 : 奉天省 開原縣 1926년 7월 17일 조직, 당원 4명
- 韓家 第8胞 : 吉林縣 第 19韓家屯, 1926년 8월 2일 조직, 당원 3명
- 義氣溝子 第9胞 : 額穆縣 交河鎭 義氣崗子, 1926년 8월 3일 조직, 당원 3명
- 春登河 第10胞 : 吉林省 樺甸縣, 1926년 8월 7일 조직, 당원 3명
- 正義府 第1公胞 : 新韓(安 ?)屯, 1926년 8월 21일 조직, 당원 7명

　고려혁명당의 세포조직은 위에서 보듯 길림성과 봉천성 여러 지역에 넓게 배치되었다. 그러면서도 대개의 지역이 압록강 대안의 南滿지역이 다. 이로 보아 고려혁명당 세포단체는 정의부의 관할지역내에 조직되었음 을 알 수 있다. 특히 고려혁명당이 정의부와 깊은 관계를 맺고 활동을 벌 이고 있음은 신한둔에 조직된 正義府 第1公胞에서 알 수 있다. 이 조직은 고려혁명당과 정의부와의 관계에서 중계 역할을 한 것으로 판단된다.

　1926년 4월 5일 조직된 이래 같은 해 8월까지 만주 내에 11개의 세포 조직을 성립시킨 고려혁명당은 무장투쟁 위주의 활동을 전개하였다. 특히 정의부의 중대장을 겸해 고려혁명당 창당 이전부터 일정한 武力을 이끌 고 있던 委員 鄭伊衡은 正統團이라는 특수부대를 조직해 길림에 근거지 를 구축하고 秋田洋行支店이라는 위장 간판을 달아 놓고 무장활동을 펼 쳤다.[118] 정이형이 이끈 이 부대의 대원들은 국내진입 유격전을 전개하는 가 하면 만주 내에서는 친일파 척결 및 군자금모집 활동을 펼쳤다.[119]

　그러나 고려혁명당은 성립된 지 채 1년이 안된 1926년 12월 28일 위원 李東洛이 長春에서 日警에게 피체되면서 위기를 맞았다.[120] 피체 당시 이

---

118) 《동아일보》, 1926. 8. 1.
119) 《동아일보》, 1926. 5. 23.
120) 高等法院檢事局, 앞의 자료, p.29. 朝鮮總督府警務局, 앞의 자료, pp.203-204.

동락은 고려혁명당의 선언서·강령·당략·맹약 등을 소지하고 있었기 때문에 이 단체의 전모가 일제에게 완전히 발각되었던 것이다. 이들 문서에는 고려혁명당 간부들의 서명이 있어 만주 독립운동 세력뿐만 아니라 국내의 천도교 및 형평사측의 인물들도 완전히 노출되고 말았다.

고려혁명당의 간부 명단을 파악한 일제는 이를 근거로 국내와 만주에서 적극 검거에 나섰다. 그 결과 국내에서는 1927년 1월 20일경 형평사 본부가 있는 서울에서 집행위원인 徐光勳·張志弼·趙貴用 등이, 인천의 지사에서는 吳成煥이 피체되었다. 만주에서는 천도교 간부인 洪秉箕와 宋憲 등이 피체되었으며, 천도교 傳敎師인 李東郁이 동대문에서 피체되었다.121)

일제는 이들을 검거하고 취조하는 과정에서 고려혁명당을 주동적으로 이끈 세력이 정의부측일 것으로 판단하였다. 하지만 정의부의 인물들은 만주내에 일정한 근거지를 구축하고 있었기 때문에 일제의 힘으로 쉽게 검거하기가 어려웠다. 그리하여 일제는 1927년 2월 8일 중국 봉천성에 중국의 헌병들로 하여금 고려혁명당의 근거지인 吉林에서 독립운동자로 보이는 한인을 무조건 체포토록 압력을 가했다. 일제의 압력을 받은 중국측은 같은 달 14일 吉林省 東大門밖 大東公司에서 175명에 달하는 韓人들을 체포하여 조사하였다.122) 2월 14일 대동공사에서는 독립운동계의 중진인 安昌浩가 민족의 대동단결을 호소하며 연설을 하고 있었다. 안창호의 연설을 듣기 위해 수많은 한인들이 대동공사에 운집하였고, 이 사실을 사전에 탐지한 일제는 이 기회를 이용해 배일한인들을 색출해 내고 고려혁명당 당원들을 철저히 검거하고자 하였던 것이다. 중국측에 피체된 175명의 한인중 133명은 석방되고, 安昌浩·吳東振·金東三 등 독립운동계의 중심인물 42인은 감금되어 취조를 받았다. 일제는 이들 42인을 자신들에

---

121) 최정간, 『해월 최시형가의 사람들』, 웅진출판, 1994, pp.290-291. 朝鮮總督府警務局, 위의 자료, p.204.
122) 위의 자료, pp.204-205.

게 인계해 주도록 요구하였다. 그러나 중국측은 한인들의 적극적인 요구가 있자 이들도 석방하였다.123)

자신들의 요구에도 불구하고 중국측이 한국 독립운동자들을 석방하자 일제는 강한 불만을 나타내며 만주내 곳곳에서 정의부나 고려혁명당의 대원을 적극적으로 검거하기 시작하였다. 그 과정에서 정통단을 이끌고 하얼빈까지 진출하여 무장활동을 펼치고 있던 鄭伊衡이 1927년 3월 11일 하얼빈 傅家甸 13道街 112號 農業公司에서 피체되고 말았다.124) 농업공사는 한인 朴慶鍾이 경영하던 곳으로 길림에서 이 곳으로 옮겨 활동하고 있던 정이형은 동지 7명과 함께 이곳에서 일제의 하얼빈영사관 경찰에 피체되었던 것이다.

국내와 만주에서 간부들이 대대적인 검거를 당하게 되자 고려혁명당의 활동은 크게 위축되었다. 그러나 고려혁명당의 간부들인 梁起鐸・李奎豊・李一心・朱鎭壽 등은 이 위기를 탈출하여 黨을 더욱 활성화 시키고자 1927년 8월 22일부터 24일까지 阿城縣 聚源昶으로 자리를 옮겨 高麗革命黨 細胞聯合大會를 개최하였다.125) 이 대회를 개최한 까닭은 중앙조직 위주의 활동을 벗어나 각지에 산재한 세포단체를 활성화시키고자한 것으로 판단된다.

대회에서 참석자들은 기존의 黨規를 개정하고, 靑年會의 단결・農民團體의 조직・토지경영의 문제 등을 협의하고 새로 중앙집행위원을 선정하였다.126) 선정된 새로운 중앙집행위원은 李一心・朴敬鍾・承震・玄正卿

---

123) 위의 자료, pp.204-205.
124) 위의 자료, pp.206-207.
125) 위의 자료, p.207.
126) 朝鮮總督府警務局, 앞의 자료, p.207.
　　개정당규는 李一心・李奎豊・玄正卿 등 3인이 기초위원이 되어 草案을 작성하기로 하고, 案이 나오기 전까지 臨時黨憲이 제정되었는데, 9월 23일 발포된 임시당헌은 다음과 같다.
　　　제1조 本 黨員의 자격은 高麗革命에 대한 계급적 의식이 철저한 20세 이상의 남녀로 한다.

・柳東說・鄭敬泰・李滄・李奎豊・金觀聲 등 9명이었고, 尹相哲・尹應變・金一松 등 3명은 후보 위원이 되었다. 새롭게 체제를 갖춘 고려혁명당이 이후부터 전개한 활동에 대해서는 아직 확실한 자료가 밝혀지지 않고 있다. 고려혁명당의 해체와 관련된 자료 또한 정확한 것이 발견되지 않아 분명하지는 않지만, 이 단체가 창당시기부터 추구했던 국내와 만주를 연결하는 민족통일전선 구축이라는 목표가 천도교와 형평사측 인물의 대 검거로 실현이 어려워졌고, 1927년 이후부터 남북만 독립운동세력들이 민족유일당운동을 시작하면서 이 단체의 인물들이 거기에 심혈을 기울인 까닭에 자연 해체된 것으로 판단된다.

4) 南滿靑年聯盟

(1) 성립과 조직

남만청년연맹은 1926년 12월 6일 興京縣에서 성립된 한인 청년 연맹체였다. 이 연맹은 원래 정의부가 지방조직인 興化・撫本 두 조직의 관할 내에 문맹퇴치와 계몽운동을 전담시킬 목적으로 각 지역에 소규모의 청년회를 조직토록했다가 이들 청년회를 연합해 성립시킨 것이다. 따라서

제2조 본 당에 입당하려는 者는 本 黨員인 正黨員 2명 이상의 보증이 있어야 하고, 해당 細胞會를 경유하여 中央幹部의 승인을 거쳐야 한다.
제3조 본 당원은 正黨員・候補黨員 등 2종류가 있고, 후보당원의 기간은 만6개월로 정한다.
제4조 본 당의 체제는 中央・細胞 등 2개 층이 있고, 세포는 3인 이상으로 조직하고, 중앙은 세포를 통합한다.
제5조 細胞會議는 매월 1회로, 초 1日에 개최한다.
제6조 본 당의 義務金은 新2年(本年) 7월까지는 과거 규약에 의하여 전부 완납하고, 8월부터 次期 대회까지는 年金 50錢 및 月捐金 30錢을 납입하는 것으로 한다.
제7조 여기에 未備한 조항은 中央幹部의 지시 및 前例에 의해 행한다.

이 연맹은 정의부의 보조기관 성격을 가지고 출발한 단체라 할 수 있다.127)

성립 시 연맹에 가입한 9개 청년단체와 참가 대표는 다음과 같다.128)

新興靑年會 : 安義順 · 車明軒, 永興靑年會 : 李宗根 · 姜相基 · 姜義德
前進靑年會 : 崔仁德 · 金泰龍 · 崔信國, 新成靑年會 : 李斗星
勇進靑年會 : 金仁京 · 金基善, 進興靑年會 : 姜英豪 · 金河俊
火光靑年會 : 李道亨 · 金極俊 · 李時源,
光明靑年會 : 張成敏 · 金基用 · 金承澤
自由靑年會 : 姜景龍 · 諸允宅 · 鄭南奎

이들 9개 단체 대표 22명은 성립대회에서 다음과 같은 2개 항의 綱領을 결의하였다.129)

一) 우리 청년들은 時代科學을 講究하고 堅忍 · 志氣를 배양하며 新思想을 換起하여 의식적으로 단결하도록 노력함.
二) 우리 청년들은 改造運動의 氣勢와 情熱을 振作하여 신 사회를 건설할 役軍의 훈련 및 양성을 期約함.

성립 시 채택된 강령으로 본다면, 남만청년연맹은 새로운 사상을 배양하고 그 기반 위에 신 사회를 건설할 것을 목표로 하고 있다. 즉 남만청년연맹의 창립목적은 無産층인 한인청년들을 계도해 신사상을 고취시키고 이를 바탕으로 한민족이 주인이 된 사회주의 사회를 건설하려는 것이

---

127) 「昭和3年 5月 31日附 在通化阿部分館主任發信 田中外務大臣앞, 不逞鮮人支那南方軍參加에 關한 件」, 國史編纂委員會, 앞의 책 5, p.756. 연맹창립시 정의부 중앙행정위원인 玄正卿이 창립에 대한 취지를 연설하였다(≪동아일보≫, 1927. 5. 9.)
128) 「朝保秘第23號 昭和2年 1月 14日, 南滿靑年聯盟組織ニ關スル件」, 아연필 100 −4− 035, p.27−31.
129) 위의 자료, p.31.

었다.

　창립시 정의부의 보조단체로 출발한 남만청년연맹은 계속하여 그 위치를 견지하며 활동한 것으로 보이지는 않는다. 1920년대 중후반으로 가면서 재만 독립운동계 내부에는 노년층과 젊은 층간에 갈등이 노출되었다. 1920년대에 들어와 신사상을 흡수하고 민족운동계에 뛰어든 젊은 층은 이 시기에 들어와 독립운동기지를 개척하기 위해 노력했던 재만 독립운동계의 1세대라 할 수 있는 노년층을 無主義·無定見한 인물들이라고 집중 공격하였다. 젊은 층은 심지어 정의부 중앙 간부들에 대해 지위나 유지하기 위해 애쓰는 무식한 인사들이라고 비판하고 있다.[130] 발행의 주체는 명확하지 않지만 젊은 층이 주도하여 간행했을 것으로 보이는 ≪朝鮮革命≫이라는 잡지 창간호에서는 기존의 在滿 각 독립운동 단체에 대해 '何等의 각오 없이 민중을 토대로 한 자치기관으로서 대의원 또는 간부 중에 혁명운동에는 어떤 관련도 없는 분자나 적의 走拘까지도 혼입해 있는 경우가 왕왕있다.'고 한 후 이들 단체 중 '中東線 방면의 어떤 단체는 新思想의 청년이라면 배척하고 있다.'며 기존 단체를 비판하고 있다.[131] 이와 같이 1920년대 중반 이후부터 재만 독립운동계는 신·구세력간의 갈등이 표면화되었고, 노년층이 다수 참가하고 있는 정의부의 지도층도 젊은 층에게 혹독한 비판을 받고 있다. 이러한 성향은 회원 모두가 젊은 층인 남만청년연맹에도 파급되어, 그들 또한 보수적인 정의부를 비판하였고, 시간이 가면서 연맹은 정의부와 고리를 끊고 독단적인 활동을 펼친 것으로 보인다.

　남만청년연맹의 중앙 조직으로는 각 세포단체에서 선출된 대표들로 大會를 조직하고 그 밑에 庶務·敎養·宣傳·調査·經理·圖書 등 6개의 부서가 설치되어 연맹의 행정적인 업무를 담당하였다.[132] 최고기관인 대

---

130) 위의 자료, pp.134-135.
131) 「高警第1304號 大正15年 4月 15日, 不穩新聞≪朝鮮革命≫ニ關スル件」, 앞의 자료, pp.57-66.

회는 정기와 임시 등 2가지로 개최되었으며, 이 중 정기 대회는 매년 8월 중순에 1회 개최되었다. 대회에는 議長과 書記 각 2명이 임명되었고, 연맹의 전반적인 사무를 집행할 집행위원이 임명되었다.[133] 그리고 6개 부서에는 각 부의 장을 두지 않고 집행위원 3-4명을 部의 위원으로 임명하여 공동 책임 하에 부서의 업무를 실행하도록 하였다.[134] 집행기관이 처리한 업무는 5명의 검사원으로 구성된 검사회의 검사를 받았고, 검사회는 검사한 결과를 매년의 정기대회에 보고토록 하여 철저함을 기했다.[135]

창립시 남만청년연맹의 대회 및 집행위원회와 각부위원의 간부 명단은 다음과 같다.

    의　장：姜永祐・趙明基,　서기：李斗星・車明軒
    집행위원：姜景龍・車明軒・李時源・安義順・金泰龍・咸奉希・李斗星・諸允宅・金基善・安光善・李道亨・崔成俊・姜義德・金仁京・金之革・金道甲・金東贊・崔仁德・車炳律
    서무위원：車明軒・姜景龍・安義順,　－ 교양위원：安光善・金道甲・李斗星
    선전위원：金仁京・金基善・崔仁德・崔成俊,　－ 조사위원：諸允宅・李時源・李道亨,　－ 경리위원：金覺龍・車炳律・咸奉希,　－ 도서위원：○편집 인쇄 金東贊・金之革, ○열람소：安義順・咸奉希・金泰龍
    검사：金義恒・朴昌德,　위원：金學九・崔信國・金基用

---

132) 「朝保秘第23號 昭和 2年 1月 14日, 南滿靑年聯盟組織ニ關スル件」, 앞의 자료, pp.32-33.
133) 위의 자료, pp.32-33. 및 pp.36-37.
134) 위의 자료, pp.42-43.
135) 위의 자료, p.35.

(2) 활동

남만청년연맹의 활동은 規則 제9조에 명시된 중앙의 6개 집행부서가 가진 다음과 같은 업무분장에 의해 알아 볼 수 있다.[136]

- 庶務部는 집행위원회를 소집하고 대회를 주비하며 문서를 수발하고 장부책을 보존하고 印章을 보관하며 會議錄을 정리하여 決議案을 인쇄하며 社交 및 기타 各部에 속하는 일을 집행함.
- 敎養部는 강습·강연·연구·운동 등 모임에 관한 일을 집행함.
- 宣傳部는 主義를 선전하고 회원을 모집하여 細胞를 조직하고 신문 잡지 및 통신 등의 발행에 관한 일을 집행함.
- 調査部는 회원의 移住·사망·질병·재난·품행 성적 및 세포단체의 발전 상황·時代科學과 時代의 大勢·反動分子 및 단체의 행동 기타 일체의 조사에 관한 사항을 처리함.
- 經理部는 금품을 출납하고 회계장부 및 금융운동과 예산안 편성 기타 재정·경리에 관한 사무를 집행함.
- 圖書部는 청년교양에 필요한 圖書를 구입하고 신문잡지 支分社의 경영에 관한 사무를 집행함.

6개 부서의 업무를 대별하면 조직의 행정·재정·정비 등 연맹조직에 관한 업무와 강습·강연·언론매체·도서 등을 통한 계몽활동 등 2가지로 나뉘어진다. 이 업무중 남만청년연맹이 집중적인 노력을 보인 업무는 두 번째이다. 그 중에서도 연맹을 이끄는 주도인물들이 회원은 물론이고 일반 이주한인에게 까지 직접 다가가 접촉할 수 있는 강습과 강연에 더 비중을 두고 활동하였다. 일제하 다른 어느 지역에 거주하는 韓人들과 마찬가지로 만주지역의 한인들도 대다수가 文盲者들이었다. 남만청년연맹의 간부들은 이 같은 처지의 이주한인들에게 일단 접근하여 강습을 통해 文

---

136) 위의 자료, pp.33-35.

字를 익히게 한 후, 중앙에서 강연대를 조직하여 순회하면서 새로운 과학적 지식과 사상을 전파하였던 것이다.

남만청년연맹은 우선 연맹에 가입한 각 청년단체에게 지금까지 노력해 온 문맹퇴치를 위한 강습을 더욱 강화시키도록 독려하였다. 그런 후 강연대를 조직해 이주한인이 거주하는 각 촌락을 순회하며 문맹퇴치를 위한 강습을 하였고, 곁들여 국내 및 국제정세와 관련된 새로운 지식을 전파해 나갔다.137) 강습과 강연활동을 펼치자면 무엇보다 먼저 교육자료인 교과서가 필요하였다. 이를 위해 연맹의 도서부에서는 강습용 靑年讀本을 편찬하였다. 청년독본은 興京縣 永陵街에 건립된 연맹 소유의 인쇄소에서 다량 인쇄되어 회원과 이주한인들에게 배포되었다.138)

하지만 남만청년연맹에서 중요시한 강습과 강연은 경제적으로 심한 곤란을 당하며 척박한 생활을 하고 있는 이주한인들을 대상으로 지속적으로 펼칠 수 있는 사업은 아니었다. 따라서 연맹은 강습과 강연은 상황이 되는대로 해나가기로 하되 그를 보완하기 위해 興京縣 河南 新市街에 圖書閱覽所를 설치하고 각종의 신문·잡지·도서 등을 비치하여 회원이나 이주한인들이 수시로 열람할 수 있도록 하였다.139) 비치된 각종 도서류는 신문으로는 정의부의 기관지인 《大東民報》와 국내에서 발간된 일간지인 《朝鮮日報》를, 잡지는 同友會의 기관잡지인 《同友》와 국내에서 발간되는 《開闢》 및 《朝鮮農民社》를, 그 밖의 도서로는 각종 전기 열전과 革命史 및 講演式辭 등과 관계된 서적을 구입하여 비치토록 하였다.140)

지금까지 살펴 본 바대로 남만청년연맹은 이주한인의 문맹퇴치와 의식

---

137) 위의 자료, p.43. 남만청년연맹의 최초 巡廻 講演隊의 연사는 安義順·李時源·姜義德 등 3명이 임명되었는데, 이들은 1926년 12월 15일(음력)부터 3주간 연맹 산하의 각 청년단체를 순회하며 강연하였다.
138) 위의 자료, pp.44-45.
139) 위의 자료, pp.44-45.
140) 위의 자료, pp.44-45.

수준 향상을 위한 계몽운동에 중점을 두고 활동하였다. 그런데 이러한 활동은 펼치고자한 주체측은 물론이고 대상이 되는 이주한인들의 적극적인 참여 없이는 효과를 기대할 수 없는 것이었다. 조국이 아닌 이국 땅에서 이주한인들의 마음을 모으고 호응을 받아 이를 시행하기란 더욱 어려운 일이었다. 따라서 연맹은 일반 한인들의 호응을 얻기 위해 그들 자신이 모범을 보여 전 회원이 금주와 금연을 실시하였다.141) 회원들의 금주·금연운동은 경제적인 이익을 가져오게 하고 생활 자세를 항상 올바로 가지게 하여 그들이 추진하고자 하는 활동을 성공적으로 이끌 수 있었던 것이다.

이와 같이 남만청년연맹은 홍경현을 중심으로 그 주변지역의 청년회를 연합시켜 연맹을 구성한 후 회원 및 이주한인의 문맹퇴치를 비롯한 계몽운동에 주력하여 활동하였다. 그리고 1928년에는 민족유일당운동에 참여하여 協議會派를 지지하였다. 그러나 이후 협의회측의 중심 단체인 정의부 등과 함께 하지 않고 1929년 2월초에 吉城·萬興·白山·勵新 등 청년동맹과 연합하여 南滿韓人靑年總同盟을 결성하고 연맹은 해체되었다.142)

5) 韓族勞動黨

(1) 성립과 조직

韓族勞動黨 창립 발기대회는 1924년 8월, 495인의 발기인이 모여 磐石

---

141) 위의 자료, p.39. 회원의 금주·금연운동은 엄격한 범칙금제도를 두어 규제하였다. 금지사항을 어기고 적발되었을 경우 初犯인 경우는 일단 譴責을 받았고, 再犯일 때는 50전을, 3犯일 경우는 1원의 벌금이 부과 되었다.
142) 「昭和4年 4月 22日附, 在支朝鮮人의 民族運動과 共産運動과의 關係」, 국사편찬위원회, 앞의 책 4, p.879.

縣에서 개최되었다. 발기회를 주도한 인물은 金應燮·李光民 등이었으며, 같은 해 11월 4일 磐石縣 富太河에서 창립총회를 개최함으로써 성립되었다.143) 따라서 한족노동당의 성립은 정의부보다 시기가 이르다.

한족노동당의 성립을 주도한 김응섭은 1923년 國民代表會議시 창조파에 가담했던 인물로 회의가 결렬된 후 金奎植·元世勳·尹海·申肅 등과 國民委員會를 결성하여 露領으로 건너가 활동하였다.144) 그러나 이들 일행은 노령에서 추방을 당해 다시 중국으로 오는 과정에서 흩어지게 되었고, 김응섭은 吉林에 정착하여 동지들을 규합 한족노동당 결성에 주력하였던 것이다.145)

창립대회와 함께 선임된 이 단체의 간부명단은 다음과 같다.146)

中央議事委員會 위원장 金應燮, 중앙의사위원회 비서 朴根植
중앙의사위원 洪起龍·朴根植·朴東初·朴慶鍾·李興一·李基善·周容○·朴正祚·李錫俊·吳尙憲·李在燮·吳在杰·成泰永·金應燮·朴佑鎭·黃國燦·李種讚
庶務部 위원 權進化, 理財部 위원 朴容讚, 獎學部 위원 金景達
産業部 위원 安昌燮, 宣傳部 위원 李光民·金鐵
支黨 組織 위원 裵淵極·朴世鎭·李義恭·金淵汝·吳在杰·李

---

143)「大正14年 1月 15日, 不逞鮮人狀況ニ關スル件 <韓族勞動黨ノ狀況>」. 다른 일제측의 자료에는 한족노동당의 성립 시기를 1924년 봄이라고 하고 있다. (『高等警察要史』, 慶尙北道警察部, 1934, p.136.)
144)「國民委員會公報 入手에 관한 件」,『韓國民族運動史料』(중국편), 國會圖書館, 1976. 9, pp.511-518.
145)「大正14年 1月 15日, 不逞鮮人狀況ニ關スル件 <韓族勞動黨ノ狀況>」
146) 위의 자료. 이 명단은 집행기관인 중앙집행위원회가 결성되기 전의 것이다. 한편 한족노동당의 초기 간부에는 특히 西路軍政署계통의 인물들이 많았다. 그 이유는 위원장인 김응섭은 경북 안동 출신이었고, 서로군정서의 실질적 지도자인 李相龍 또한 안동 출신으로 서로군정서에는 안동을 비롯한 慶北이 고향인 자들이 많았다. 그 같은 연고로 서로군정서의 많은 인사들이 한족노동당에 가담한 것으로 판단된다. 서로군정서 출신으로 한족노동당의 간부에 임명된 인물들로는 朴正祚·金景達·洪起龍·李光民 등이었다.

興一

 한족노동당의 간부 중에는 얼마후 정의부가 성립하자 정의부의 간부로 선임되기도 하였다. 위원장 金應燮은 정의부의 中央審判院長에, 獎學部 위원인 金景達은 정의부 軍事部 軍需課 주임위원에, 宣傳部 위원인 李光民은 民事部 庶務課 주임위원에,147) 중앙의사위원인 朴東初는 정의부 巡廻行政委員에 선임되어 활동하였다.148) 또한 초기의 간부는 아니었지만 1926년 3월 9일 한족노동당 중앙집행위원에 補選된 金元植도 정의부 幹政院의 비서장이었다.149)

 그런데 한족노동당이 만주 독립운동계의 통일을 목적으로 한 전만통일회나 그 결과로 탄생한 통합 군정부인 정의부 세력에 거부되지 않았을 뿐만 아니라 구성원들이 정의부의 간부로까지 선임된 점은 의심이 가는 부분이다. 특히 한족노동당의 발기회가 개최된 1924년 8월은 全滿統一會가 그 해 7월 10일 이미 발기회를 끝내고 더 많은 단체를 가입시키기 위한 준비를 하고 있던 시기였다.

 그 이유는 다음과 같았기 때문이었다. 한족노동당은 발기회 당시 한인 노동자의 단결과 실력함양을 주장하는 선언서와 함께 다음과 같은 강령을 발표하였다.150)

---

147) 「高警第1404號 大正14年 27日, 正義府ノ公報發行ニ關スル件」, 앞의 자료, pp.429-435. 김응섭은 1925년 후반부터는 다물청년당의 간부로도 활동한다.(高等第564號 大正15年 2月 15日, 다물靑年黨ノ近狀ニ關スル件」, 앞의 자료, pp.489-491.)
148) 「抄件(不逞團正義府幹部員)」, 通化縣 檔案館 資料. 한족노동당의 간부들이 정의부의 간부로 선임될 수 있었던 것은 정의부가 단체의 통합으로 이루어졌기 때문이다. 즉 한족노동당에 가담한 인물들 중 기존의 서로군정서나 통의부의 대원이었던 인물들은 이들 단체들이 정의부에 가담함으로 인해 그들 자신도 당연히 정의부의 구성원이 되었던 것이다.
149) 「高警第1404號 大正14年 27日, 正義府ノ公報發行ニ關スル件」, 앞의 자료, pp.429-435.
150) 「大正14年 1月 15日, 不逞鮮人狀況ニ關スル件 <韓族勞動黨ノ狀況>」.

一. 우리는 노동계급에게 光復事業에 대한 民衆的 自覺精神을 換起함.
一. 농촌 개량을 실시하여 生活의 永久的 基礎를 정함.
一. 교육·실업을 장려함과 동시에 勤儉·貯蓄을 실시하여 共通的 利益을 도모함.
一. 사회의 輿論을 定해 共存共榮을 촉구함.
一. 이를 철저히 하기 위하여 단결에 노력하고 實務에 注力함.

이는 韓人勞動者·농민의 조국광복에 대한 자각과 그들을 대상으로한 교육·실업의 장려를 주장하고 한족노동당이 앞장서서 이를 실천하겠다는 표명이었다. 그런데 장차 성립될 정의부도 이 같은 면에 큰 주안점을 두고 활동할 예정이었다. 따라서 정의부를 성립시키고자 한 인사들은 그들의 노선과 일치하는 이 단체를 그대로 살려 정의부 사업의 일면을 담당토록 하고자 했던 것으로 판단된다.

이 黨約에 의해 한족노동당의 중앙 및 지방조직을 살펴보면 다음과 같다.151) 먼저 중앙기관에는 黨의 일체 사무를 집행하는 中央執行委員會와 議決機關이자 중앙집행위원회를 감독하는 기관인 中央議事委員會가 있었다.152) 총 17인의 위원중 위원장 1인과 약간명의 비서를 선출하여 구성한 중앙의사위원회는 ㉮ 규칙·명령·직제와 관련된 사항 ㉯ 예산 관련 사항 ㉰ 黨務 進展 관련 사항을 의결하여 반포하였다. 庶務·理財·獎學·産業·宣傳部 등 5개의 부서를 둔 중앙집행위원회는 의결된 사항을 집행하는 역할을 하였다.153)

---

151) 「高警第3166號 大正14年 9月 12日, 韓族勞動黨ノ狀況ニ關スル件」, 아연필 100-4-031, pp.1070 1080. 한족노동당의 黨約은 49개 조항으로 이루어졌다. 당원이 될 수 있는 자격은 노동력이 있는 18세 이상 한인 남녀로 기존 당원의 소개를 받으면 입당할 수 있었다. 黨員의 권리는 ㉮ 선거 및 피선거권 ㉯ 黨務에 대해 의견을 진술할 權利가 있었고, 義務로는 ㉮ 黨費를 納入할 의무 ㉯ 명령에 복종할 의무 ㉰ 黨에 대한 비밀을 지킬 의무 ㉱ 黨員 상호간에 원조할 의무 등이 있었다.
152) 위의 자료, pp.1071-1074.
153) 위의 자료, pp.1071-1075.

이어 중앙 외에 각 지역에 산거한 黨員들을 기반으로 地方機關을 조직하였는데, 조직 기준은 당원 100人 이상이 거주하는 지방에는 支黨을 3人 이상이 거주하는 지역에는 分黨을 설치하였다.154) 이들 각 지당과 분당에도 조직을 이끌 기관으로 지당에는 집행위원회를 두었고, 분당에는 위원 3人을 선출하였다. 지당의 집행위원회는 기관을 책임질 위원장 1人과 중앙과 같은 5개 부서를 설치하여 각 위원이 맡도록 하였으며, 처리된 업무는 1개월에 한번씩 중앙집행위원회에 보고토록 하였다.155) 분당의 경우도 3人의 위원 중 1인을 위원장으로 선출하여 그의 책임 하에 모든 업무를 처리하고 그 결과를 상급 기관인 지당에 보고토록 하였다.156)

한족노동당은 이들 기관 외에 중앙과 지방에 黨約改定 및 일체 法規의 제정, 豫算 등과 관련된 사항들을 확정할 수 있는 기관인 '會'를 조직하고 일정기간 總會를 개최하였다. 중앙총회의 경우는 각 지당에서 선출된 대표로 구성되었는데, 대표의 선출은 지당의 당원 30인당 1인의 대표를 선출하도록 하였고, 30인 미만이지만 분당이 아닌 特別支黨으로 설치된 경우에는 1인의 대표를 선출할 수 있도록 하였다. 지방총회의 경우는 분당의 당원 10인당 1인의 대표를 선출하고 10인 미만의 분당에서도 1인의 대표를 선출하여 구성토록 하였다. 중앙총회의 會期는 매년 11월 5일이었으며, 지방총회의 회기는 매년 12월 5일이었다.157)

하지만 한족노동당은 성립된지 1년 후 1925년 11월 5일 정기 중앙총회에서 黨約을 개정하여 中央議事委員會를 폐지하고 中央執行委員會를 위원장 1人을 포함한 18人의 위원으로 구성하였다. 그리고 집행위원 중에서 따로 6人을 선출하여 常務執行委員으로 임명하고 이들이 5개 部署를 책임 맡아 운영토록 하였다. 이후부터 중앙의사위원회의 업무였던 黨務에

---

154) 위의 자료, p.1070.
155) 위의 자료, pp.1075-1076.
156) 위의 자료, pp.1076-1077.
157) 위의 자료, pp.1077-1078.

관한 의결사항도 집행위원회에서 시행하였다.158)
　개정 黨約에 의해 임명된 중앙집행위원 및 常務執行委員겸 각 部署의 책임자의 명단은 다음과 같다.159)

ㅇ 중앙집행위원 : 金應燮 · 南尙復 · 文一 · 安昌燮 · 權鎭化 · 洪基龍 · 金慶達 · 朴根植 · 李紅日 · 吳在杰 · 金胤汝 · 鄭昌敎 · 沈(朴?)東初 · 朴炳(秉?)熙 · 吳勳 · 宋炳浩 · 權在武 · 張東一
ㅇ 상무집행위원겸 각부 위원
　　- 위원장겸 서무부위원 : 金應燮,
　　- 이재부위원겸 산업부위원 : 安昌燮,
　　- 선전부위원겸 장학부위원 : 文一,
　　- 외무부위원 : 金胤汝 · 吳在杰 · 張東一
ㅇ 검사위원 : 金慶達 · 朴根植

　중앙조직을 변경한 것은 단체를 보다 활동적으로 개조하고자 했기 때문인 것으로 판단된다. 단지 의결과 집행위원회를 감독하는 업무만을 갖고 활동에 제약을 주는 기구인 의사위원회를 폐지하고 활동기구인 집행위원회를 강화한 것이다.
　한편 중앙 기관을 이 같이 변경한 시기부터 한족노동당은 민족주의보다는 사회주의를 지향하는 단체로 전환된 것으로 보인다. 이 정기 중앙총회 이후부터 같은 반석현에 1925년 11월 18일 결성된 사회주의계통인 남만청년총동맹의 성립주역이자 高麗共産黨員인 朴炳熙(朴秉熙의 誤字로 보임-필자주)가 총회의 일원으로 가담하고 있다. 박병희는 중앙총회에서 李京洛과 함께 총회의 비서로 임명되었다.160) 또 다음의 '활동'에서 언급할 것이지만 총회 개최시 한족노동당은 기관지인 《勞動報》를 《農報》

---

158) 「高警第1153號 大正15年 4月 8日, 韓族勞動黨ノ狀況ニ關スル件」, 아연필 100 -4-034, p.806.
159) 위의 자료, pp.806-807.
160) 위의 자료, p.805. 총회의 회장에는 鄭昌敎가 임명되었다.

로 改名하고, 이전에도 노동자 농민을 선도하기 위해 사회주의적인 내용을 다루지 않은 것은 아니지만 이후부터 더욱 심화된 사회주의 이념의 기사를 싣고 있다.161) 이러한 점으로 미루어 이 단체는 이후부터 사회주의 계열 단체라 규정할 수 있다.

그러나 한족노동당은 성립 후 약 1년이 경과된 뒤 사회주의 이념 단체로 전환됐다고 보이지만, 同黨은 이미 성립 초부터 사회주의를 지지한 단체였다. 중앙집행위원장 김응섭은 이 단체를 성립시키기 이전에 이미 사회주의자였다. 김응섭은 1920년대 전반 北京에 있으면서 노령을 왕래해 공산주의자들과 연계를 갖으며 사회주의를 신봉하게 되었다.162) 그러나 그가 한족노동당을 결성하고자 한 1924년 중후반 남만지역은 아직까지 사회주의 이념을 내세우며 동지를 규합하고 단체를 결성할 만한 기반이 되어 있지 않았다. 때문에 김응섭은 일단 기존 민족주의계 獨立軍團 구성원들을 대상으로 인물을 포섭하였고, 초기 한족노동당의 노선 또한 민족주의를 지향하게 되었던 것이다. 그러다 1925년 11월 사회주의 이념 단체인 남만청년총동맹이 성립되고 지원이 있자 한족노동당 또한 본래 추구하고자 한 사회주의 노선으로 전환하였던 것이다.

중앙총회가 끝나고 한족노동당이 사회주의 단체로 활동을 시작하게 되자 김응섭은 1926년 2월 吉林에서 본부가 있는 반석현으로 옮겨왔다.163)

---

161) 위의 자료, p.809. 및 「高警第526號 大正15年 2月 15日, 不穩新聞 ≪農報≫ノ 記事ニ關スル件」, 아연필 100-4-033, p.505.
162) 「高警第3166號 大正14年 9月 12日, 韓族勞動黨ノ狀況ニ關スル件」, 앞의 자료, pp. 1068-1069. 그런가하면 김응섭은 출처는 정확하지 않지만 1921년 9월 노령의 이르크츠파 고려공산당에서 활동했다는 기록도 있다.(成大慶 編, 『한국사회주의운동 인명 사전』<수록예정 인물정보, 노령·만주지역 C급 편>) 또한 김응섭은 한족노동당이 사회주의화 되어 그 방면의 활동이 활발해지면서 1927년 9월 조선공산당 만주총국의 무임소 간부에 임명되기도 하였다.(金俊燁·金昌順, 『韓國共産主義運動史』4, 청계연구소, 1986. 7, p.297.)
163) 「高警第1153號 大正15年 4月 8日, 韓族勞動黨ノ狀況ニ關スル件」, 앞의 자료, p.804.

당시 김응섭은 정의부 및 다물청년당의 업무를 겸하여 수행했던 관계로 길림에 머물고 있었다. 이후 한족노동당은 김응섭・박병희 등의 지휘하에 사회주의 노선을 견지하며 활동하였다.

(2) 활동

한족노동당의 성립 초기 활동은 강령에 나와 있는 바대로 이주한인을 대상으로 한 계몽운동 전개와 한인들을 단결시켜 신 사회를 건설하는데 목적을 두고 전개되었다. 黨約 제2조에서도 한족노동당은 '本黨은 自由・平等의 精神과 共存同榮의 大義로 노력군중을 단결하여 新生活을 도모하는 것을 목적으로 함'이라 하여 활동의 방향과 목적을 제시하였다.164)

한족노동당은 신생활을 영위할 수 있는 사회를 건설키 위해 2가지의 활동을 펼쳤다. 하나는 문맹퇴치와 민중의 계몽을 위한 노동강습회를 개최하는 것이었고, 다른 하나는 《勞動報》라는 기관 신문을 발간하여 이주한인의 힘을 하나로 뭉치도록 선도하는 것이었다. 우선 한족노동당은 이주한인을 대상으로 한 노동강습회의 활동을 위해 1925년 8월말까지 강습회에 필요한 교과서를 편찬하였다.165) 편찬된 교과서의 일부 내용을 보면 다음과 같다.166)

   ○ 제32 국기
     여러 학생은 이 태극기를 보시오. 우리 나라의 국기가 아닙니까?
     한가운데 적색과 흑색으로 태극을 그렸고, 4방에 4괘가 그려져 있습

---

164) 「高警第3166號 大正14年 9月 12日, 韓族勞動黨ノ狀況ニ關スル件」, 앞의 자료, p.1070.
165) 「高警第3410號 大正14年 9月 25日, 韓族勞動黨ノ狀況ニ關スル件」, 아연필 100-4-031, p.1252.
166) 「高警第410號 大正15年 6月 18日, 韓族勞動黨編纂ノ國語教科書ニ關スル件」, 아연필 100-4-034, pp.294-297.

니다. 경축일에는 집집마다 태극기를 게양하여 깃발이 바람에 날리는 모양이 마음속 깊이 보이지요. 우리 대한국의 동포된 자들은 모두 이 국기를 사랑하고 존경하지 않으면 안됩니다.

문답 연습
1. 국기는 무슨 날에 게양합니까?
2. 언제가 개천절입니까?
3. 御天節은 언제입니까?

○ 제35 기념절
우리 나라의 경축절 중 개천절이 제일 크고, 개천절은 음력 10월 3일입니다. 다음으로는 단군이 탄생한 날로 우리 나라 최초의 임금이 탄생한 날입니다. 음력 3월 15일은 御天節입니다. 양력 8월 29일은 국치일이니 우리 대한민족에게 수많은 치욕을 준 것으로 가슴에 못을 박았습니다. 양력 3월 1일은 독립선언 기념일입니다.

문답 연습
1. 지금부터 몇 년 전에 단군이 나라를 세웠는가?
2. 단군이 탄생하고 몇 년째에 개국하였나?(124세)
3. 국치년은 몇 년인가? (庚戌)
4. 독립선언이 된 것은 몇 년인가? (己未)
5. 개천절을 다른 말로 무슨절이라고 부릅니까? (紀元節)

○ 제36 애국가
1. 화려강산 東半島는 우리 本國이로세
   성품좋은 단군자손 우리 국민대로
   후렴 : 무궁화 삼천리 화려강산
         우리 나라 우리들이 다시 건설하세
2. 愛族의 의기 열성은 백두산 같이
   爲國의 일편단심은 동해같이 깊다

3. 同腹子女 사랑하듯이 나라 사랑하세.
    士農工商 너나 나나 구별말고 직분을 다하세
4. 우리 나라 우리민족을 白王天(왕과 하늘) 가호하여
    만민동락 영원히 자유 독립하세.

한족노동당은 이같이 나라 사랑하는 내용이 담긴 교과서를 편찬해 노동강습회를 열어 교육사업을 펼쳤다. 그런데 이 국어교과서 내용만 보면 한족노동당의 이념은 조국광복을 염원하는 순수한 민족주의가 분명하다. 사회주의자들이 주장하는 계급혁명의 논리는 교과서의 내용에서 찾아볼 수 없다. 이는 한족노동당이 성립 초기에는 민족주의 노선을 견지했음을 보여주는 것이다.

이어 한족노동당이 펼친 기관지 발간 사업을 보면, 旬刊인 《노동보》는 1925년 1월 1일에 창간되었다.167) 이 기관지는 적어도 8월 중순까지는 결간 없이 발행되어 한인들을 계몽하고 선도하였다.168) 내용은 초창기에는 조국광복을 위한 민족주의를 근본으로 하였고, 그 바탕 위에 무산대중의 행동지침을 제시하였다. 그러한 면은 《노동보》 제20호(1925. 7. 7)의 '5월 5일을 보내며'라는 기사에도 나타나 있다.169)

　　5월 5일은 중국 楚나라 때 屈原이라 칭하는 자가 楚王의 虐政에 분개하여 汨羅水에 빠져 자살한 날이다. 고려인으로 이날을 기억하는 것은 무의미하다. (中略) 高麗人이라면 고려의 경축을 기념해야 하고 無産者라면 무산자에 대한 기념일을 지켜야 한다. 10월 3일 건국 기념일을 기념하는 者는 얼마나 되는가 ? 8월 29일 國恥日을 기

---

167) 「大正14年 1月 15日, 不逞鮮人狀況ニ關スル件<韓族勞動黨ノ狀況>」, 노동보는 당원에게 무료로 배포되었다.
168) 「高警第3279號 大正14年 9月 17日, 不穩新聞勞動報ニ關スル件」, 아연필100-4-031, p.1124.
169) 「高警第2886號 大正14年 8月 21日, 不穩新聞勞動報ノ記事ニ關スル件」, 아연필 100-4-03, pp.752-755.

넘하는 자는 얼마나 되는가 ? 3월 1일 독립선언을 기념하는 자는 얼마나 되는가? 제군들이여 ! 10월 건국, 8월 國恥, 3월 宣言, 5월 1일 勞動記念日을 경축하고 기념해야한다. (中略) 제군들이여 ! 제군들이 고려족이라면 고려에 대한 慶日 또는 記念日을 지키고, 노동자라면 노동과 관계되는 기념일을 지켜라.(下略)

이러한 ≪노동보≫는 1925년 12월 11일자로 발간된 제28호 이후부터 제호가 ≪農報≫로 개명되었다. 그리고 이후부터 기사의 논조는 사회주의를 적극적으로 지향하는 방향으로 바뀌었다. 즉 1926년 5월 1일 발행된 ≪農報≫ 제40호에는 ≪노동보≫시기에 보였던 민족주의적 색채는 거의 배제된 채 다음과 같은 사회주의적 혁명을 주장하는 '선포문'을 발표하고 있다.170)

원래 無産階級의 목적은 資本階級의 國家를 파멸하여 사회혁명을 완성하고 자기의 勞動國家를 조직해 무산계급 단독 체제를 세워 근본적 정책을 실행하는 것이다. (중략) 生産資本 및 工具 등 일체의 사유재산을 몰수하여 國有로 하고 무산계급 單獨의 관리하에서 무산계급국가의 경제적 기초 및 勞動解放의 보장과 인류사회 新制度의 根底를 만들게 되면 점차 자본계급은 全滅하게 된다. 따라서 사회의 계급은 자연 소멸하게 된다. (중략) 착취와 불평등의 현상이 없는 共存共榮의 사회를 건설하는 것은 무산계급의 理想이자 目的이다. 무산계급은 각자 자기 국가의 정황에 따라 열광적으로「私有財産을 公有로함, 자본계급을 撲滅함, 압박착취의 불평등 사회를 顚覆함, 제국주의를 打破함, 무산계급 단독 체제를 建設함」등의 표어와 함께 赤旗를 들고 조직적으로 운동하여 무산계급의 단결력을 표시하자.(중략)

　　무산자들이여 ! 勇進하자. 奮鬪하자. 突擊하자.
　　世界 無産階級 團合 만세 !

---

170)「朝保秘第243號 大正15年 5月 28日, 不穩新聞 ≪農報≫ノ記事ニ關スル件」, 아연필 100-4-034, pp.500-502.

世界 無産革命 만세!
東洋 被壓迫 民族解放 만세!

이 선포문에는 《노동보》에서 보여졌던 한국 민족주의는 볼 수 없다. 민족을 넘어선 노동자·농민 등 무산자의 단합과 혁명만이 강하게 강조되고 있는 것이다.

자료의 한계상 한족노동당이 계몽사업이나 기관지 발간 외에 어떤 실질적인 활동을 더 펼쳤는지는 상세히 밝힐 수 없다. 그러나 이 단체는 이후 계속 유지되어 1928년 2월 성립된 재만농민동맹을 주도하였고,[171] 같은 해 5월 樺甸縣에서 개최된 민족유일당회의에서 촉성회측에 가담하여 활동하였다.[172]

6) 南滿靑年總同盟

(1) 성립과 조직

南滿靑年總同盟(이하 南滿靑總)은 1925년 10월 발기회를 거쳐 다음 달인 11월 18일부터 2일간 盤石縣 呼蘭集廠子에 있는 韓人 南仁奎의 집에서 다음과 같은 11개 청년회 대표 22명이 모여 창립대회를 갖고 조직된 동맹이다.[173]

新活靑年會(柳河縣 三源浦 소재) 韓震·朴禎賢·申明山
進興靑年會(磐石縣 呼蘭集廠子 소재) 孫景浩·李光國·柳世祐

---

171) 金俊燁·金昌順, 앞의 책 4, p.239.
172) 「昭和3年 6月 29日, 全民族唯一黨組織會議開催의 件」, 國史編纂委員會, 앞의 책 4, pp.861-862.
173) 「高警第4405號 大正14年 12月 11日, 南滿靑年總同盟組織ニ關スル件」, 아연필 100-4-032, pp.871-873, p.878.

拐子抗靑年會(磐石縣 拐子抗 소재) 金陽薰
復活靑年會(磐石縣 河南 소재) 金元濟
富太河勞動靑年會(磐石縣 富太河 소재) 金漢宗·李石虎
栗子溝勞農靑年會(樺甸縣 소재) 崔宗勉·朴成龍
石咀靑年會(磐石縣 石咀 소재) 李成澤·崔元俊·林正實
哈螞河新興靑年會(盤石縣 哈螞河 소재) 金斗萬·尹德祚
培新靑年會(樺甸縣 四房甸子) 李艮·李正植
同盟社靑年會(盤石縣 소재) 朴秉熙·金剛
大岔勞動靑年會(吉林縣 大岔 소재) 楊虎

이들 청년회들을 규합하여 남만청총을 결성하기까지는 高麗共産黨員인 朴秉熙·金剛·李鍾林 등의 역할이 컸다.174) 하얼빈에 본부를 둔 滿洲高麗共産靑年會秘書部의 회원으로 남만에 파견된 이들은 반석현에 同盟社靑年會를 결성하고 반석현을 비롯 인근의 유하·길림·화전현 등을 돌며 청년운동의 통일을 주창하여 결실을 보게 되었던 것이다.

이틀간에 걸친 창립대회에서 남만청총은 "총체적인 착취와 압박 하에서 여지없이 자유와 생존권을 유린받은 우리는 철저한 계급적 의식과 견고한 조직적 단결로 청년운동을 통일한다."고 선언하고 다음과 같은 綱領을 정하였다.175)

ㄱ. 本同盟은 노력 청년의 견고한 조직적 단결로 청년운동의 통일을 期함.
ㄴ. 本同盟은 철저한 계급적 의식으로 합리적 신사회를 건설할 役軍의

---

174) 위의 자료, p.871. 이들 남만청총 성립을 주도한 3인은 1925년 2월 朴允瑞의 주도로 만주의 哈爾濱에 조직된 滿洲高麗共産靑年會秘書部 소속의 회원들이다. 따라서 이들은 동비서부의 명령으로 남만에 파견되어 청년회를 결집 남만청총을 성립시킨 것이었다. (辛珠柏,『滿洲地域 韓人의 民族運動 硏究 (1925-40)』, 앞의 학위논문, pp.67-68. 참조)
175) 위의 자료, pp.875-876.「高警第280號 大正15年 1月 28日, 南滿靑年總同盟組織ニ關スル件」, 아연필 100-4-033, p.317.

훈련 및 수양을 도모함.
ㄷ. 本同盟은 高麗民族의 해방을 위해 결사적 奮鬪를 행함.
ㄹ. 本同盟은 계급혁명을 위한 헌신적 투쟁을 맹서함.

이 선언과 강령에 보이듯 南滿靑總은 계급혁명과 조국의 해방을 위해 투쟁하는 것을 기본노선으로 하였다. 그 노선을 달성하기 위해서는 청년운동을 통일하여 일치단결된 힘을 구축해야 될 것을 역설하였다. 그러나 南滿靑總은 다른 민족주의계통의 독립군단이나 사회주의 혁명단체와 같은 단일조직이 아니었다. 남만청총은 그 명칭에서 나타나듯 개인 개인이 가입하여 한 조직을 이룬 단체가 아니라, 각 청년 단체를 연합시킨 동맹체였다. 남만청총의 가맹자격은 南滿(吉長線 以南)에 있는 10인 이상으로 조직된 청년단체였던 것이다.176)

남만청총은 앞에서 살핀 5개 단체들 같이 정의부와 어떤 연관을 가진 동맹체는 아니다. 하지만 남만청총에 가입한 11개 청년회는 모두 정의부 관할지역인 유하·반석·화전현 등에 설치된 것이었다. 때문에 이들 청년회의 동맹체로 사회주의 이념을 가진 남만청총의 조직상황과 노선 및 활동을 살펴보는 것은 정의부의 외형적 전모를 밝히기 위해서도 필요하다.

남만청총은 창립과 동시에 總則과 組織·機關·財政 등에 관한 총 8章 70條의 '南滿靑年總同盟 規則'을 제정하여 공포하였다.177) 그에 따르면 남만청총의 기관은 최고기관인 '大會'가 있고 그 밑에 庶務·組織·敎養·經濟部 등 4개의 부서가 있었다. 大會는 동맹에 가입한 각 단체(가맹 각

---

176) 「高警第4405號 大正14年 12月 11日, 南滿靑年總同盟組織ニ關スル件」, 앞의 자료, p.877. ; 「高警第280號 大正15年 1月 28日, 南滿靑年總同盟組織ニ關スル件」, 앞의 자료, pp.318-319. 가맹할 수 있는 청년단체 구성원의 연령은 15세 이상 30세 이하여야한다는 것과 종교기관이 아니어야 한다는 조건도 함께 규정되었다.
177) 「高警第280號 大正15年 1月 28日, 南滿靑年總同盟組織ニ關スル件」, 앞의 자료, pp. 315-331.

단체를 남만청총에서는 細胞團體라 하였음 - 필자주)에서 1명씩 대표들이 선출되어 구성하였다. 매년 3월에 한번씩 소집되어 정기대회를 가졌으며, 긴급한 상황이 있을 시 소집할 수 있는 임시대회가 있었다.

최고기관인 대회는 상설기관이 아니고, 구성원들이 1년에 한번 정기적인 회합을 가진다는 구속력 밖에 없었다. 따라서 남만청총은 대회의 구성원 중 11명을 선출하여 실무를 집행할 수 있는 기관인 중앙집행위원회를 구성하였다.178) 이들 중앙집행위원의 임기는 1년으로 중앙집행위원 11명 모두가 상시 남만청총의 본부에서 근무하는 것은 아니었다. 이들 중에서 5명이 또 다시 선출되어 상설적인 常務執行委員會를 조직하였다. 상무집행위원회는 매월 4회의 정기적인 모임을 갖고 남만청총의 대내적인 사업을 총괄하고 집행하였다. 상무집행위원장을 겸한 중앙집행위원장도 이 상무집행위원회의 위원 중에서 선출되었다.179)

초대 상무집행위원장 겸 중앙집행위원장에는 金剛이 선출되었다. 중앙집행위원은 李鍾林・李石虎・金剛・韓震・朴秉凞・申明山・孫京鎬・許湧・李成澤・李艮・朴禎賢이었고, 상무집행위원은 金剛・韓震・李鍾林・朴禎賢・孫京鎬 등이었다.180) 창립 당시 이러한 南滿靑總 중앙조직은 이듬해인 1926년 4월 10일 개최된 제2년차 대회에서 동맹의 확대를 목적으로 약간의 변동이 있었다. 중앙집행위원은 11명에서 25명으로 증가하였고, 상무집행위원도 5명에서 11명으로 증가하였다. 또한 창립 후 얼마되지 않아 동맹의 활동자금을 원조받기 위해 러시아로 떠난 金剛이 돌아오지 않자 韓震을 제2대 중앙집행위원장으로 선출하였다. 새로 임명된 중앙집행위원은 韓震・朴禎賢・李石虎・李光國・李成澤・楊虎・權五

---

178) 위의 자료, pp.322-324. 창립 당시 南滿靑總에 가맹한 단체는 11개 단체였고, 한 단체에서 1명의 대표가 선출되어 대회를 구성하였으므로 대회의 총 구성원은 11명이었다. 따라서 11명의 중앙집행위원들은 대회의 전체 구성원이었다.
179) 위의 자료, pp.324-325.
180) 「高警第4405號 大正14年 12月 11日, 南滿靑年總同盟組織ニ關スル件」, 앞의 자료, p.875.

日・李字伯・太逸・申明山・曹秉元・曹秉哲・李炳化・安光浩・朴俊植・金良勳・金漢宗・孫鎭洙・金光・元有一・張榮華・金正浩・趙光夏・朴成龍・朴秉熙 등 25명이었고, 상무집행위원은 韓震・朴秉熙・李石虎・朴禎賢・太逸・金光・李光國・安光浩・李字伯・權五日・元有一 등 11명이었다.[181]

한편 남만청총의 세부적인 사무를 처리하기 위해 갖춰진 4개 부서들의 업무는 다음과 같다. 庶務部의 경우는 동맹의 장부 관리나 문서수발에 관한 업무를, 組織部는 세포단체의 조직과 加盟・黜盟・細胞指導 등에 관한 업무를 처리하였다. 敎養部는 교양방침의 연구실행과 선전이나 체육에 관한 서적의 출판 및 구입을, 경제부는 회계사무・경제상황의 조사와 소작 및 노동쟁의 조사 등에 관한 업무를 처리하였다.[182] 그리고 이들 상설적인 부서들이 집행한 업무의 可否를 검사할 檢査委員 3인이 중앙본부에 임명되었다.[183]

각 세포단체가 이루는 지방조직의 경우 창립 당시에는 각개의 청년회를 서로 연결시킬 일정한 체제는 갖추지 않았다. 단지 단일 세포단체내의 조직체계만을 통일시켜 운용되도록 하는 체제를 갖추었다. 즉 세포단체들은 각기 중앙의 '大會'와 마찬가지의 '會議'체를 구성하였다. 會議는 通常會와 臨時會등 2가지가 있었으며, 매월 1회 소집하는 통상회는 세포단체의 최고기관이었다.[184] 또한 총동맹의 중앙과 마찬가지로 세포단체도 실지 업무를 집행할 執行委員會를 두었다. 집행위원회는 통상회에서 선출한 집행위원 3인으로 조직하였으나 세포단체의 회원이 30인 이상일 경우는

---

181) 「朝保秘第433號 大正15年 6月 18日, 南滿青年總同盟ノ近況ニ關スル件」, 아연 필 100-4-134, p.316, 323
182) 「高警第280號 大正15年 1月 28日, 南滿青年總同盟組織ニ關スル件」, 앞의 자료, pp.320-322.
183) 「高警第4405號 大正14年 12月 11日, 南滿青年總同盟組織ニ關スル件」, 앞의 자료, pp.875. 검사위원은 楊虎・李光國・金亮勳 등 3인이었다.
184) 「高警第280號 大正15年 1月 28日, 南滿青年總同盟組織ニ關スル件」, 앞의 자료, pp.328-329.

집행위원을 5명 선출하였다. 만 6개월의 임기를 가진 집행위원들은 집행위원회내에서 互選으로 위원장과 庶務 및 敎養을 책임질 담당자를 선출하였다. 집행위원회는 매월 2회 이상 회합하여 실무적인 업무를 논의하여 집행하고 그 결과는 3개월에 1번씩 중앙의 常務執行委員會에 보고토록 하였다.185)

그런데 창립 당시 南滿靑總의 체제는 중앙과 지방간의 교류는 가능하였으나 세포단체 상호간의 교류는 원활할 수가 없었다. 따라서 남만청총은 1926년 4월 10일 제2회년 대회에서 그 체제를 변경하였다. 이 대회에서 남만청총은 산하의 각 세포단체를 중앙에서 직접 관할하지 않고 2차 기관인 연맹을 두어 여기서 지휘토록 하였던 것이다. 중앙 밑에 3개의 연맹을 두고 각 연맹이 구역을 정해 그 구역 내 하부 세포단체를 관할하고 업무를 총괄한 다음 중앙에 보고토록 하는 체제였다. 하부 세포단체의 명칭도 南滿靑總 소속 단체로 상호 일체감을 갖고 공고한 단결력을 갖도록 기존의 고유 명칭을 폐지하고 제1, 제2의 숫자를 부쳐 부르도록 하였다. 즉 남만청총 제1연맹 제1청년회, 남만청총 제1연맹 제2청년회 등으로 세포단체의 명칭을 변경하였던 것이다. 그러나 2회년 대회가 개최된 1926년 4월 10일까지는 남만청총이 결성된지 얼마되지 않았던 관계로 당시까지의 세포단체가 집중되어 있는 樺甸·磐石·吉林·長春·伊通·雙陽·額穆·輝南 등 8개 縣의 단체들로 제1연맹만을 구성하였다.

연맹의 구성과 함께 총동맹의 중앙과 세포단체 내에는 기존의 부서 외에 추가로 소년부를 설치토록 하고 소년부의 지휘하에 소년회를 설치토록 하여 장차 각 세포단체의 주요 구성원이 될 청소년들을 중점적으로 교육시키도록 하였다.186) 제2회년 대회 후 갖춰진 남만청총의 새로운 체제를 도표화 해보면 다음과 같다.

---

185) 위의 자료, pp.329-330.
186) 「朝保秘第433號 大正15年 6月 18日, 南滿靑年總同盟ノ近況ニ關スル件」, 앞의 자료, pp.311-314.

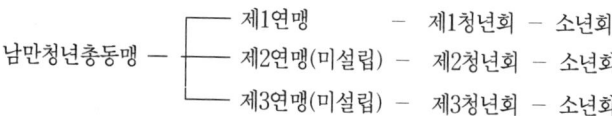

이와 같이 하부를 체계적으로 연결시킨 남만청총은 세포단체인 각 청년회에 수시로 명령을 내려 회원을 확보토록 하였다. 그리고 새로운 청년회의 결성에도 주력하며 동맹의 범위를 확대해 갔다.

(2) 활동

남만청총은 1925년 11월 18일부터 2일간 개최된 창립대회에서 동맹이 실행해야 할 초기 활동방침을 다음과 같이 결정하였다.187)

ㄱ. 활동력을 민활하게 할 것
ㄴ. 夜學을 실시할 것
ㄷ. 토론 강연을 실시할 것
ㄹ. 家庭으로부터 文盲을 퇴치할 것
ㅁ. 公共事業에 진력할 것
ㅂ. 新聞을 의무적으로 구독할 것
ㅅ. 일반군중에게 新科學思想을 보급할 것
ㅇ. 會員年齡에 있는 학생을 다수 會員으로 入會시킬 것

이 기본 활동방침만 보면 南滿靑總은 사회주의적 혁명조직체라기 보다는 在滿韓人을 대상으로 한 계몽운동 내지는 자치 단체라 할 만하다. 남만청총이 근본적으로 추구하고자 강령에 표시한 '고려민족의 해방을 위한 결사적 분투'나 '계급혁명을 위한 헌신적 투쟁' 등과는 거리가 먼 활동지

---

187)「高警第280號 大正15年 1月 28日, 南滿靑年總同盟組織ニ關スル件」, 앞의 자료, p.303.

침이다.
 하지만 남만청총은 이 초창기 활동방침을 근본적이고 최종적인 것으로 설정한 것이 아니다. 남만청총은 그들이 최종적으로 달성하고자 한 해방된 고려민족의 합리적 신 사회 건설을 위해서는 1단계로 민중에게 접근해야 할 것으로 생각하였다. 따라서 남만청총은 일단 이주한인들에게 접근하여 한인들을 계몽시키고 사업을 발전시키는 과정에서 그들이 신봉하는 사회주의 사상을 전파할 계획을 가졌던 것이다.
 남만청총은 이 기본 활동방침의 실천을 위한 사업의 종류를 組織·敎養·出版·對外事業 등으로 나누었다.[188] 조직 사업은 이미 남만청총에 가입한 각 청년회 회원들이 단결하여 동맹을 공고히 하고, 그 토대 위에 유능하고 열성적인 회원들을 계속 가입시키기 위한 것이었다. 남만청총은 각 세포단체에 지시하여 신입회원은 될 수 있으면 학생신분을 가진 청년을 많이 모집하도록 하였다. 학생층은 이념의 흡수가 빠르며, 그를 설파할 능력도 가졌기 때문에 이들을 양성하여 청년운동의 지도자로 만들고자 했던 것이다. 그러나 신입회원의 자격에 학생신분만을 특히 강조했던 것은 아니다. 일단 창립 후 1개년 동안 5백명 이상의 신입회원을 확보하는데 더 치중하였던 것이다.[189]
 다음 교양사업은 회원들에게 철저한 계급 의식과 혁명 사상을 고취시켜 투쟁적 인물을 만드는 것을 목적으로 추진되었다. 이를 위해 각 세포단체에 강습소·야학 등을 개설하여 상설적으로 회원들을 교육시키고, 때때로 지식있는 者들을 소집해 각 지역을 순회하며 회원들을 대상으로 교육시킬 수 있도록 하였다. 그와 함께 여러 책자를 발간하거나 구매하여 회원은 물론이고 비회원이라도 수시로 열람하여 동맹에서 목적하는 교양을 쌓을 수 있게 하였다.[190]
 출판사업은 남만청총 창립의 주역인 朴秉熙·金剛 등이 이끌었던 同盟

---

188) 위의 자료, pp.304-312.
189) 위의 자료, pp.304-307.
190) 위의 자료, pp.307-309.

VI. 正義府의 대외관계 301

社靑年會의 기관잡지였던 ≪同盟≫을 인계 받아 이를 남만청총의 기관잡지로 만들어 더욱 발전시킬 것과 기타 관계 서적을 출판하는 것을 목적으로 추진되었다.191) 남만청총은 機關雜誌 ≪동맹≫을 통해 그들의 이념과 노선을 선전하는 것과 함께 회원들의 동정을 살피고 회원간의 결속을 공고히 하는 수단으로 이용코자 하였다. 따라서 남만청총은 각 세포단체에 통신기자 1명을 선정하여 그들로 하여금 청년회내의 사정을 소상히 기록하고 회원의 원고를 수합 해 매월 5일 내에 잡지 출판기관인 同盟社로 보내도록 하였다.192)

　창립 초기 남만청총의 활동 방향은 이후 개최된 '대회'를 통해 전반적인 활동의 성과가 점검되고 새로운 활동 방침이 제시되어 추진되었다. 즉 성립 후 약 5개월이 경과된 1926년 4월 10일 제2년차 대회에서 남만청총은 활동실적을 점검한 후, 향후 활동방침을 제시하고 있다.193) 그에 따르면 남만청총은 그 시기까지 조직부와 경제부에서만 이렇다할 활동실적이 보이고 있다. 조직부의 보고에 의하면, 회원 104명이 증가하였고, 기존 세포단체 중 1개 단체가 탈퇴하였고 3개 단체가 동맹에 새로 가입하였다. 예산을 담당하고 있는 경제부는 1만 2천 7백 28弔의 총수입 중 1만 2천 4백 28弔를 지출하였다고 보고하고 있다.

　남만청총의 간부들은 실적보고를 면밀히 검토한 후 향후 각 부서의 사업을 계획하였다. 서무부의 경우는 이후 일체의 정치에는 간섭하지 말고, 노농군중의 계급의식을 고취시킬 것이며, 노동단체와의 연락에 힘쓰고, 노동군중의 이익을 위해 적극적인 후원을 할 것 등 노동자 농민과 관련

---

191) 위의 자료, pp.309-310. ≪同盟≫은 同盟社靑年會의 기관잡지였지만 실지 동맹사청년회에서는 제1호도 발간하지 못하였다.
192) 위의 자료, pp.335-336. 세포단체의 통신기자가 동맹사에 송부해야 할 사항들은 다음과 같은 것들이었다. ① 人事移動 ② 決議案 ③ 文化事業 ④ 南滿靑總에 對한 民衆의 影響 ⑤ 機關誌에 對한 批判 ⑥ 農村 政治 및 經濟上의 상황 ⑦ 會員의 感想文 등
193) 「朝保秘第433號 大正15年 6月 18日, 南滿靑年總同盟ノ近況ニ關スル件」, 앞의 자료, pp.315-322.

된 업무를 철저히 수행하도록 계획하였다. 또 혁명의 주체가 될 노동자와 그 타도의 대상이 될 자본가 양계급의 구분을 엄격히 할 것도 명시하였다.194) 조직부의 경우는 소년운동에 착수할 것과 여자청년운동을 적극적으로 고취시키는 한편 세포단체 회원의 부인을 전부 입회시켜 훈련시킬 것 등을 계획하였다. 그리고 남만지역 뿐만 아닌 다른 지역의 운동자들과 연합하기 위해 전조선 청년운동 세력 및 전세계 무산청년운동과 보조를 맞추는데 힘쓰도록 하였다.195)

조직의 근간인 회원의 교육을 전담한 교양부는 일단 冬期와 夏期 두 期로 교육기간을 구분하여 사업을 계획하였다. 대부분 농업에 종사하고 있는 이주한인들의 휴식기간인 冬期에는 집회나 토론·순회강연 등 직접적인 교육방법을 택하고, 생업을 위해 일해야 될 夏期에는 여건상 신문·잡지·서적 등을 통해 교육시키는 간접적인 방법을 택하도록 하였던 것이다.196) 그런데 冬期의 집회나 토론·순회강연 등은 경제적인 여건이 크게 뒷받침되지 않아도 중앙본부 또는 각 세포단체에서 그를 이끌 유능한 인재만 확보하면 되었지만, 夏期의 경우는 경제적 또는 기술상의 문제가 뒤따라야만 가능하였다. 따라서 교양부는 그 준비를 위해 기관잡지인 ≪同盟≫의 지속적인 간행과 그 밖의 선전 팜플렛의 간행에 특히 힘을 기울여 꾸준한 준비를 하였다.

2년차 대회에 이어 1926년 11월 20일 개최된 제3년차 대회 이후에도 남만청총의 사업은 이전과 같이 그대로 유지되었다. 그러나 대외적인 사업의 폭은 보다 확대되었다.197) 지금까지는 농민을 계몽대상으로만 생각해 그들을 교육시키는데 주력했지만 3년차 대회부터는 농민이 자각하여 소작쟁의를 전개하도록 유도하고 그를 본부에서 후원하도록 하였다. 또 2

---

194) 위의 자료, pp.321-322.
195) 위의 자료, pp.317-318.
196) 위의 자료, pp.319-320.
197) 「朝保秘第381號 昭和2年 3月 14日, 不穩雜誌≪同盟≫ノ記事ニ關スル件」, 아연필 100-4-035, pp.256-264.

년차 대회까지는 동맹의 회원들이 일체의 정치에는 간섭하지 못하도록 하였으나 이 시기부터는 대내 정치문체에 대해서는 일정한 범위를 정하여 참여하도록 하였고, 대외적인 문제에 대해서도 참여할 수 있는 방법을 강구토록 하고 있다.

다시 말해 3년차 대회부터 남만청총은 지금까지의 활동을 바탕으로 보다 구체적이고 적극적인 사회주의에 입각한 혁명전선에 참여하려는 자세를 보였다. 따라서 회원들에게는 소양교육 차원을 넘은 철저한 막스·레닌 사상을 주입시키고 대외적으로는 東滿靑年總同盟 및 北滿靑年總同盟과 연합하여 全滿靑總을 결성하려는 사업을 펼쳤다.198)

남만청총은 3년차 대회가 끝나고 얼마되지 않아 1928년 農民同盟이 조직되자 다수의 회원들이 이탈하여 그 조직에 가담함으로 점차 활동력을 잃게 되었다.199) 그러나 남만청총은 1928년 5월 민족유일당 조직을 위한 회의시기 까지는 그 명맥을 이어가 촉성회에 가담하여 활동하였다.

7) 정의부와 관련한 주변단체의 성격

정의부 주변에 존재하면서 활동한 단체들은 그 이념이나 활동노선이 다양하였다. 민족주의를 추구하였는가 하면, 사회주의를 지향하는 단체도 있었다. 그런가 하면 두 이념을 함께 혼용하여 조직을 이끈 단체도 있었다. 이같은 정의부 주변단체들은 정의부와의 관계에 있어서도 다양한 형태를 보였다. 고려혁명당·다물청년당·동우회·한족노동당·남만청년연맹 등은 어떠한 형태로든 정의부와 관계를 가진 단체였다. 그러나 남만

---

198) 위의 자료, pp.256-264. 따라서 남만청총은 회원 뿐만 아니라 일반 군중들까지 보다 적극적인 혁명의 대열로 끌어들이기 위해 사회주의 혁명의 성공 사례인 러시아 10월 혁명에 관계된 자료들을 수집해 선전하는 활동을 펼쳤다.

199) 「朝特報第51號 昭和8年 5月, 滿洲國ニ於ケル鮮匪對中國共産黨關係」, 아연필 100- 038, pp.590-592. ; 『高等警察要史』, 慶尙北道警察部, 1926, p.136.

청총과는 거의 관계를 맺지 못하였다. 정의부와 각 주변단체간 조직원들의 상호 참여 사항을 도표화 해 보면 다음과 같다.[200]

<표17> 정의부 조직원으로 주변단체에 관여한 인물

성명	정의부의 직책 또는 활동사항	주변 단체 관여사항	비고
姜福元	中央審判員	다물청년당 중앙집행위원	
康濟河	中央審判員	다물청년당 당원	
高豁信	敎育課 主任委員, 民事委員長	동우회 회원, 고려혁명당 위원	
權英夏	宜講課 委員, 外交委員	다물청년당 당원	
金慶達	軍需課 主任委員	한족노동당 奬學部委員	
金元植	幹政院, 중앙집행위원, 查判委員	다물청년당 당원, 한족노동당 중앙집행위원	
金應燮	中央審判院長	다물청년당 선전위원, 한족노동당 중앙집행위원장	
金履大	財務委員長 겸 生計委員長	동우회 회원, 다물靑年黨 중앙집행위원장	≪戰友≫ 발행준비위원
金昌憲	憲兵隊 대장	다물청년당 당원	
金鐸	중앙행정위원장 및 외무위원	다물청년당 당원	≪戰友≫ 발행준비위원
文學彬	의용군 중대장, 중앙집행위원	다물청년당 당원	

---

200) 「高警第4579號 大正14年 12月 26日, 不穩雜誌同友ノ記事其他ニ關スル件」, 앞의 자료, pp.37-39. ; 「高警第2394號 大正14年 8月 6日, 다물靑年黨憲入手ニ關スル件」, 앞의 자료, pp. 696-702. ; 「高警第564號 大正15年 2月 15日, 다물靑年黨近狀ニ關スル件」, 앞의 자료, pp495-496. ; 高等法院檢事局, 앞의 자료, p.7. ; 蔡根植, 앞의 책, p.139. ; ≪동아일보≫, 1927. 5. 9. ; 「高警第1153號 大正15年 4月 8日, 韓族勞動黨ノ狀況ニ關スル件」, 앞의 자료, pp.806-807.

朴起白	農民互助社 발기인, 제3회 중앙의회 부의장	동우회 회원, 동우회 기관지인 ≪同友≫의 主幹	
朴東初	巡廻行政委員	한족노동당 中央議事委員	
孫貞道	滿洲農業社 및 農民互助社 발기인, 有限農業公司 이사장	동우회 회원	정의부 직책은 없음
宋學天	政務員	다물청년당 당원	
承震	産業課 主任委員	동우회 회원, 다물청년당 선전위원	
梁起鐸	滿洲農業社 발기인, 재무위원	동우회 회원, 고려혁명당 위원장	정의부 직책은 없음
吳東振	생계위원장, 재무위원장, 군사위원장겸 의용군사령장	동우회 회원, 고려혁명당 위원	
李光民	庶務課 主任委員	한족노동당 선전부위원	
李東林	중앙행정위원	다물청년당 당원	
李仁根	幹政院 비서, 政務員	다물청년당 당원	
李碩鎬	法務課 위원	다물청년당 당원	
李鍾乾	중앙집행위원겸 외무위원	다물청년당 당원	
池靑天	軍事委員長, 義勇軍司令長, 中央査判所長	다물청년당 당원, 고려혁명당 위원	
崔秉模	理財課 委員, 政務員	다물청년당 당원	
玄益哲	宣講課 主任委員, 外交委員, 査判委員	다물청년당 중앙집행위원장, 고려혁명당 위원	
玄正卿	民事委員長	동우회 회원, 고려혁명당 위원, 남만청년연맹 창립위원	
梁世奉	의용군 중대장	다물청년당 당원	
李奎星	의용군 중대장	다물청년당 당원	
李東勳	의용군 소대장	다물청년당 당원	
李永根	의용군 소대장	다물청년당 당원	
鄭伊衡	의용군 중대장	다물청년당 당원, 고려혁명당 위원	
朱河範	의용군 소대장	다물청년당 당원	

- 본표 인물들 중 정의부에서의 직책이 겹치는 경우는 시기가 다르게 같은 직책을 수행했거나 한 직책에 여러 명이 임명되었기 때문이다.

위의 표에 의하면 정의부 인물들은 同友會・다물靑年黨・高麗革命黨・韓族勞動黨 등 4개 단체에 다양하게 참여하여 활동하였다. 南滿靑年聯盟에는 玄正卿만이 창립에 관여했을 뿐 다른 인사들의 참여사항은 보이지 않고 있다. 다른 어떤 단체들보다도 정의부와 밀접한 관련을 가진 동우회・다물청년당・고려혁명당 등 3개 단체에는 비교적 많은 정의부 인물들이 참여하여 활동하였다. 다물청년당의 경우는 특히 많은 정의부 조직원들이 가담하고 있다. 그러나 정의부의 인물들은 이들 단체에 가담했다 하여 정의부를 탈퇴하지는 않았다. 정의부와 이들 주변단체의 겸임 조직원이 되어 활동하였던 것이다. 이는 정의부 조직원들이 그들의 활동을 다양하게 펼쳤음을 말해주는 것이다. 정의부라는 軍政府를 중심에 두고 그 자체는 民政과 軍政을 통해 운영하면서 주변의 단체들을 통해 특정한 민족운동을 펼친 것으로 볼 수 있다. 동우회나 다물청년당 같이 정의부 성립 이전부터 존재했던 단체에는 정의부 인물들이 대거 참여하여 조직을 새롭게 한 후 일정한 사업을 펼치도록 하였다. 또 고려혁명당의 경우는 정의부 간부들이 국내외 민족운동선상에서 큰 역할을 하고 있는 단체들의 인사들과 연합해 同黨을 조직한 단체였다. 즉 정의부 인물들은 그들이 펼치고자 하는 운동에 알맞는 주변단체에 참여하여 민족운동을 전개했던 것이다.

정의부 인사들과 주변단체가 이러한 관련을 갖게 된 데는 다음과 같이 두 가지 이유 때문인 것으로 판단된다. 첫째 입법・사법・행정기관으로 나누어진 중앙조직과 관할 각 지역에 설치된 지방조직을 가진 거대한 조직체인 정의부의 군정부적인 역할 때문이었다. 즉 군정부로서 정의부가 펼칠 활동의 규모는 방대하였지만 세부적이지는 못하였다. 따라서 특정한 사업을 펼치기 위해서는 그 일에 집중할 수 있는 단체가 필요하였던 것이다. 이러한 이유 때문에 정의부의 인사들은 기존 주변단체에 참여하거나 새로운 단체를 조직하여 다양한 활동을 전개했던 것이다.

둘째 관할 각 지역에 거주하는 이주한인의 관심을 고조시키기 위해서였던 것이다. 한 국가의 정부에 버금가는 조직을 갖춘 正義府로서는 그 자체가 가져야 할 위상과 위치가 있었다. 더욱 많은 이주한인을 抗日運動 線上에 동참시키기 위해 그들에게 정의부 조직내의 직책을 남발하여 임명할 수는 없는 것이었다. 따라서 정의부는 다물청년당과 같은 무한대로 당원의 자격을 부여할 수 있는 항일 단체를 조직하여 한인들을 동참시켰던 것이다.

이어 정의부 인사들이 주변단체에 관여한 정도와 그 이유를 살펴보면, 우선 고려혁명당은 민족통일전선 구축을 도모한 단체였다. 이 단체는 성립부터 정의부를 비롯 천도교·형평사 등이 통합한 통일체로 출발하였다. 同黨은 활동하는 과정에서도 민족운동계의 숙원인 국내와 만주를 연결하는 민족통일전선 구축을 위해 노력하였고, 그 때문에 정의부 인사들이 이 단체의 활동에 적극적이었던 것이다.

南滿靑年聯盟은 정의부의 보조단체로 활동하였지만 정의부내의 인물이 거의 참여하지 않았다. 그 이유는 이 단체 자체가 일정한 지식수준이 있는 청년들이 주축이 되어 조직한 9개의 청년회를 연합시킨 연맹체였기 때문이다. 따라서 이 연맹을 주도한 인물들은 자신들의 능력으로 이 연맹을 충분히 이끌어 나갈 수 있었다. 게다가 이 연맹은 이주한인을 대상으로 한 계몽운동을 주활동으로 하는 정의부 보조기관 역할을 하였기에 특별히 정의부 조직내의 인물이 참여할 필요는 없었던 것이다.

한편 韓族勞動黨에 정의부의 인물이 여러 명 참여하게 된 데는 참여인사들의 출신지 또는 정의부 성립 이전 소속 군단에 근거하여 이루어진 것으로 판단된다. 韓族勞動黨 설립을 주도하고 중앙집행위원장을 맡아 이 단체를 이끈 김응섭은 경북 안동출신이다. 때문에 정의부의 인사들 중 경북출신들이 이 단체에 많이 참여하게 되었다. 이상룡의 조카로 정의부 서무과 주임위원이자 한족노동당의 선전부위원인 이광민, 정의부 간정원 비서장이었다가 한족노동당의 중앙집행위원이 된 김원식 등은 김응섭과 같은 안동이 고향이었다.[201] 정의부 軍需課 주임위원이면서 한족노동당 장학부 위원을 맡은 김경달은 이광민과 함께 서로군정서에서 활동했던 인물이다. 인맥으로 연결된 이들은 군정부인 정의부의 간부직을 수행하며 동시에 한족노동당의 일원이 되어 민족운동을 펼쳤던 것이다.

정의부는 같은 주변단체이지만 사회주의를 이념으로 한 南滿靑年總同盟은 거부했다. 磐石縣에서 南滿靑總이 성립되던 1925년 11월경 정의부 본부의 소재지는 樺甸縣 公郞頭였다. 磐石과 樺甸縣은 서로 인접한 縣이다.202) 때문에 南滿靑總이 성립될 때 정의부의 인사들이 어느 정도 관여할 수 있었겠으나 그런 사실은 보이지 않고 있다. 정의부는 남만청총과 큰 갈등을 보이지는 않았으나 거부하는 입장을 가졌다. 예컨대 남만청총이 성립되고 난 약 한달 후인 1925년 12월 하순 정의부는 산하에 운영하고 있는 유하현 삼원포 소재의 東明學校 학생 중 新活靑年會에 가입한 학생은 그 會를 탈퇴하지 않으면 퇴학시킨다는 조치를 내렸다.203) 신활청년회는 남만청총에 가입한 단체로 이런 조치는 정의부가 남만청총을 반대하고 있음을 보여주는 것이다. 남만청총에 대한 이러한 입장은 정의부 존립 문제와 관련있는 것으로 판단된다. 이 시기 남만에서 사회주의 성향이 가장 강한 남만청총이 정의부에 관여하여 이념적 논쟁을 일으킬 경우 갈등이 생겨 결국엔 분열될 수 있을 것으로 판단했던 것이다.

정의부와 남만청총과의 갈등은 이 경우 이외 큰 대립적인 면은 보이지 않는다. 또한 남만청총외 다른 사회주의 단체들과도 표면적인 대립은 없었던 것으로 판단된다. 민족운동상에 있어 정의부는 사회주의 이념 단체의 존재는 인정하였지만, 그들 내부에 사회주의 이념이 침투해 분란을 초래하는 것은 막으려했던 것이다.

---

201) 慶尙北道警察部, 앞의 책, p.137. ; 허은 구술(변창애 기록),『아직도 내 귀엔 서간도 바람소리가』, p.250. ; 조선총독부,『國外ニ於ケル容疑朝鮮人名簿』, 1934. 6, p.64.
202)「朝保秘第417號 大正15年 6月 17日, 鮮匪團正義府ノ移轉卜中央通信發行ニ關スル件」, 앞의 자료, pp.369-370.
203)「高警第1154號 大正15年 4月 7日, 南滿靑年總同盟ノ活動狀況ニ關スル件」, 앞의 자료, pp.789-792. 新活靑年會도 柳河縣 三源浦에 소재한 단체였다.

Ⅶ. 中·日의 在滿韓人 탄압과 正義府의 대응

1. 재만한인에 대한 탄압

1) 일제의 재만 한인 탄압 방침

 1920년 10월부터 발생한 庚申慘變으로 만주지역 한인사회는 큰 손실을 입었다. 그러나 재만 한인들은 삶의 기반을 재정리하면서 경신참변의 시련을 극복해갔다. 한국과 압록강을 사이로 국경에 접해 있는 남만지역 독립군단들도 조직을 재정비하여 재기의 발판을 구축하였다. 이에 일제는 일시적 탄압만으로는 만주에 근거지를 구축한 한국독립군 세력을 소멸시키기가 불가능하다는 판단 하에 독립군세력 탄압을 위한 방책을 강구하였다.
 일제는 한국독립군 세력을 중국측으로 하여금 탄압토록 한다는 방침을 세우고 1924년 3월 朝鮮軍參謀長 赤井小將과 朝鮮總督府警務局 國友警務課長 등을 奉天省에 보냈다.[1] 이들은 奉天省長 및 중국측의 주요 軍警

---

1) 「大正13年 5月 26日, 鮮人私藏武器取締에 關한 奉天省長訓令의 件」, 『韓國獨立運動史』 4, 國史編纂委員會, 1968. 12, pp.781-782.

수뇌들을 만나 獨立軍 및 排日韓國人 단속에 대한 회의를 하였다. 이 회의는 중국과 일본 양국간의 會議였으나, 일제가 중국측에게 한국독립군을 탄압하도록 압력을 행사한 만남이었다. 회합이 있고 난 후 奉天省長은 협의사항을 4월 19일자로 管內 각 기관에 訓令으로 공포하였다. "在滿韓人의 가옥을 수사하여 銃器나 刀劍등 무기가 나올 때는 이를 몰수하고 만약 隱匿한 者를 발견할 때는 이를 엄벌하며 區村長 및 警察保甲隊 등에서 열심히 조사치 않을 때는 같은 罪로써 이를 엄벌할 것"이라는 내용이었다.[2]

그런데 봉천성장의 훈령이 있고 난 1개월 후인 5월 19일 平北 渭原郡 馬嘶灘 강변에 매복해 있던 참의부의 제2중대 1소대 소속의 張昌憲 부대가 경비선을 타고 국경순시를 하고 있는 齋藤實 조선총독 일행에게 기습공격을 감행한 사건이 일어났다.[3] 당황한 재등실 일행은 전속력으로 도주하여 목숨은 건졌으나 식민지 한국의 최고통치자가 이 같은 공격을 당했다는 것은 일제에게는 그냥 넘겨 버릴 일이 아니었다. 일제는 駐中 芳澤日本公使를 통해 中國 東三省總司令部에 강력한 항의를 함과 아울러, 다음과 같은 移住韓人團束令을 發布토록 하였다.[4]

---

2) 위와 같음. 그런데 奉天省長의 독립군 및 배일한국인 단속령은 이전에도 여러 번 발포 된 바 있다. 그 중에서도 參議部가 성립되기 이전으로 統義府가 남만의 통합군단으로 활동하던 시기인 1923년 5월에 봉천성 각 縣에 通令된 '한교 난당 취체(단속) 변법'(「大正12年 5月 25日, 한교 난당 취체(단속) 변법 제정」, 『獨立運動史資料集』 10, 獨立運動史編纂委員會, 1973. 12, pp.502-504.)은 다른 어느것 보다 훨씬 강도가 높고 단속 방법을 세밀하게 지시하고 있다. 이 단속령에서 봉천성장은 각 지방관헌 들에게 독립군의 主 活動 지역인 압록강변의 장백 · 임강 · 집안 · 관전 · 통화 · 환인 · 안동 · 봉성 · 유하 · 홍경현 등 10縣을 배일한인 主 단속지역으로 지시하였다. 그리고 이들 지역에 살고 있는 한인들에 대해서는 신분을 확실히 파악하기 위해 수시로 단속할 것이며 그러한 과정을 통해 독립군을 검거해 낼 것을 명령하였다.
3) 「敵魁齋藤을 襲擊」, 「倭總督襲擊詳報」, ≪獨立新聞≫, 1924. 5. 31.
4) 「大正13年 6月 30日, 支那官憲ニ關スル件」, 金正明, 『朝鮮獨立運動』2, 原書房, 1967. 3, p.1069.

1. 移住韓人으로서 何等의 事務없이 各 處를 流浪徘徊 放蕩하는 者는 日常 그의 身邊과 行動을 嚴査하고 만약 輕異한 擧動이 있을 때에는 任意 在留를 금지하고 退去를 命할 것.
2. 爾今 移住韓人에 대하여는 中國服을 착용치 못하게 하고 만약 중국복을 착용한 자가 있을 때에는 곧 이를 制止할 것.
3. 移住韓人은 절대로 銃器의 휴대를 不許하며 이주한인에 대하여는 매월 1회 각 戶를 精査하여 총기를 所持하고 있는 者가 있을 때에는 전부 몰수할 것.

일제의 강압에 의한 것이라고는 하나 중국측의 이 단속령은 만주 내 한인을 완전히 노출시켜 한국 독립운동자들을 전멸시키겠다는 발상이었다. 이후 중국측은 일제의 강압에 의해서 또는 그들 자발적인 군사작전으로 한국 민족운동자들을 탄압하기 시작하였다. 東邊鎭守使兼鳳凰城 陸軍 第7旅團長 湯玉麟은 위의 단속령이 발포된 후 1924년 6월 말 通化지방을 순회하여 압록강변의 諸縣에서 활동하고 있는 한국독립군들의 상황을 보고 받고, 부하 營長과 連長들에게 다음과 같이 지시하였다.[5]

> 本鎭守使가 금번 巡閱에 당하여 견문한 바에 의하면 東邊管內중 무송 · 통화 · 환인 · 홍경 · 관전 · 임강 · 집안 등 각지에 무기를 휴대 橫行하는 조선인이 많이 산재한 것 같다. 如斯한 것은 我中國의 治安을 擾亂할 뿐아니라 延하여는 日支國交上 甚히 憂慮할 바이다. 금후 그들의 言動에 대하여 엄중 감시하며 자칫하면 중국의 치안을 害하며 또는 日支國交에 害惡이 있다고 認하므로 假借없이 直時 토벌을 결행하여 事前 예방하라.

탕옥린의 이 지시는 중국측을 이용해 한국독립군들을 탄압한다는 일제의 방침이 실현되고 있음을 보여주는 것이다. 탕옥린은 물론 중국측 관리

---

5) 「大正13年 7月 25日, 東邊鎭守使의 不逞鮮人團 剿討方針에 關한 件」, 國史編纂委員會, 앞의 책 4, p.787.

들은 이미 남만지역 독립군의 활동상을 파악하고 있었다. 뿐만 아니라 이러한 지시가 있기 이전 수차의 교섭을 통해 중국측은 한국독립군의 활동을 묵인하고 지원하기까지 했던 것이다. 그런데 이제 남만지역 한인들이 중국의 치안을 소란케 하고, 일제와의 국교에 해악을 끼칠 수 있다하여 이들을 즉시 토벌하라는 것이었다.

명령을 내린 湯玉麟은 그 자신 직접 독립군 토벌작전에 나섰다. 1924년 7월 4일 興京縣 大西門 부근에서 대한통의부 1대와 격전을 벌인 것이 그 것이다.6) 그의 명령을 받은 중국 軍警隊는 각지에서 독립군들과 충돌하였다. 뿐만 아니라 교전 후 독립군들에게 당한 분풀이로 일반 韓人에게 행패를 부리고 가옥을 습격하는 망동을 자행하기도 하였다. 예컨대 7월 3일 통의부군과 교전 후 철수 중에 있던 중국순경대 1團은 興京縣 旺淸門 二道溝에서 잡화상을 경영하고 있는 韓人 李亨燮의 집을 습격하여 家産을 불태우고 한인 2명을 살해하였다.7) 7월 6일 중국 순경 1명은 신빈보 하남의 한인이 경영하는 신협상점에서 물품을 구입하고 정당한 값을 치루지도 않은 채 가버렸다. 이같이 중국의 군경대가 한인을 보기만 하면 갖가지 박해를 가하게 되자 재만 한인들은 상인은 물론이고 농민들까지도 대문을 굳게 잠그고 외출을 삼가게 되었다.8)

2) '三矢協定'과 중국측의 탄압

중국측의 탄압은 심도있게 행해졌다. 따라서 탄압사항을 보고받은 일제는 내심 만족하면서 더욱 강도 높은 탄압을 요구하여 1925년 6월 11일 소위 三矢協定(원명은 '不逞鮮人の 取締方に關する朝鮮總督府奉天省間の

---

6) 「大正13年 7月 25日, 朝鮮軍參謀長發信 陸軍次官宛 通報要旨」, 위의 책 4, pp. 787-788.
7) 「大正13年 7月 12日, 순경과 불령선인 충돌의 건」, 獨立運動史編纂委員會, 앞의 자료집 10, pp.513-515.
8) 위의 자료.

協定')이라 불리는 새로운 협정을 중국측과 체결하였다. 朝鮮總督府 警務局長 三矢宮松과 奉天全省 警務局長 于珍과의 사이에 체결된 三矢協定은 독립군을 단속하기 위한 것으로 8조로 되어 있다.9) 참의부 및 정의부의 활동지역인 南滿의 20縣(안동・흥경・통화・봉성・관전・환인・임강・집안・장백・안도・무순・본계・해룡・휘남・무송・유하・금・복・축암・장하)을 시행구역으로 정하여 마치 상급기관에서 하급기관에 명령을 하달하듯 중국측의 독립군단속 대상과 사후처리를 명기해 놓은 이 협정의 주요 조항을 살펴보면 다음과 같다.

  2條 : 中國官憲은 각 縣에 通令하여 在留鮮人이 武器를 휴대하고 朝鮮에 침입하는 것을 엄금한다. 犯한 자는 이를 체포하여 朝鮮官憲(日帝의 軍警 - 필자주)에게 引渡한다.
  3條 : 不逞鮮人 團體를 해산하고 所有한 銃器를 수색하여 이를 몰수하고 武裝을 解除한다.
  5條 : 朝鮮官憲이 지명하는 不逞團 首領을 체포하여 朝鮮官憲에게 인도한다.

三矢協定의 핵심은 중국군경이 한인 독립운동자들을 체포하여 일제측에 넘긴다는 것이었다. 이어 같은 해 7월 8일 중국과 일제는 위의 조항을 시행하는 세부지침 12개 조항을 체결하였다.10) 그 문구로만 판단한다면 재만한인의 생명은 중・일 양국의 軍警 및 官吏의 손에 달려 있다는 세칙들이었다.

---

9) 「不逞鮮人の取締方に關する朝鮮總督府奉天省間の協定」, 『日本外交年表竝主要文書』下, 原書房, 日本 東京, 1965. 12, pp.75-76. ; 「三矢協定의 폐지」, 獨立運動史編纂委員會, 앞의 자료집 10, pp.460-462.
10) 「불령선인 단속 시행 세칙」, 위의 자료집 10, pp.464-466. 시행 세칙은 朝鮮總督府 警務課長 國友尙謙이 三矢宮松의 대리로서 중국측의 于珍과 체결하였다. '三矢協定'은 日帝가 滿洲를 침공하여 1932년 3월 1일 만주국을 세우고 나서 더 이상 협정 자체가 필요없게 되자 1932년 12월 12일 폐지하였다.

일제와 봉천성간의 협정이 발포되고 나자 東三省의 각 지역, 즉 吉林省을 비롯해 遼寧省・安東縣・長白縣・臨江縣・하얼빈 등의 중국군경 수뇌자들은 '韓人取締規則'을 제정하여 재만 한인의 독립운동을 본격적으로 탄압하기 시작하였다.[11] 특히 임강현의 경우는 삼시협정을 충실히 이행한다 하여 관내의 이주한인 320여 戶중 약 150戶(450명)에게 퇴거명령을 내려 한인의 생계를 위협하였다.[12] 日帝는 독립군 및 배일한인을 이같이 중국의 武力으로 탄압하게 한 다음 駐通化日本領事館分館을 在外帝國領事分館主任受特區域으로 定하여 通化주변의 각 縣에 경찰을 파견하였다.[13] 파견된 일제의 경찰들은 중국 軍警隊와 합동하여 한국독립군을 탄압함은 물론 체포된 독립군을 한국 내로 압송하는 임무를 수행하였다.

그러나 중국측의 관리 중에는 일제의 강요를 받고 한국독립군을 탄압하는 者만 있은 것은 아니었다. 桓仁縣 警察所長과 興京縣 知事 의 경우는 한국독립군 및 배일한국인을 탄압하는 것이 아니라 오히려 보호하고, 그들 자신도 배일사상을 보임으로서 일제에 주목받은 인물이었다. 일제는 자체조사결과 "환인현 경찰소장은 독립단을 비호하면서 오히려 엄중히 취체하고 있다고 허위신고를 하는 경향이 있다."는 보고를 하였다.[14] 또 蘇顯揚 홍경현 지사의 경우는 "배일 및 독립군 탄압보다는 오히려 친일기관인 農務組合의 해산과 그와 관련된 親日韓人의 퇴거를 강요한 인물"이라는 보고를 하고있다. 홍경현 지사의 배일사상과 행동은 일제의 회유

---

11) 《東亞日報》, 1925. 9. 25, 1927. 12. 28, 1928. 3. 31. 「大正15年 11月, 長白縣 知事의 移住鮮人取締方針」, 國史編纂委員會, 앞의 책 5, pp.664-665.;「昭和2年 5月 5日,日支協定에 基한 鮮人取締를 徹底히 하기 爲하여 退去命令을 發한다」, 같은 책, pp. 665-666.;「大正15年 1月, 遼寧省 不逞鮮人取締, 管理韓僑章程總則」, 같은 책, pp. 671-672.
12) 「昭和2年 5月 5日, 日支協定에 基한 鮮人取締를 徹底히 하기 爲하여 退去命令을 發한다」, 위와 같음.
13) 「興京派遣所에 當館警察官配置의 件」, 國史編纂委員會, 앞의 책 4, pp.815-817.
14) 「大正15年 7月 2日, 管內巡視報告의 件」, 國史編纂委員會, 위의 책 4, pp.818-821.

와 강압에도 꺽이지 않아 이의 영향으로 縣內 이주한인 중에 친일분자는 찾아볼 수 없었으며 대개가 독립군과 연결된 한인이 대부분이었다. 그 결과 흥경현내에서는 大部隊가 아닌 1,2명의 日帝 軍警은 거리를 통행하기도 불안할 정도였다.15)

三矢協定이 체결되고 난 후 중국측은 자의든 타의든 본격적으로 한국 독립군 및 배일한인을 탄압하였다. 먼저 길림성의 경우 1925년 9월에 다음과 같은 한인 탄압 훈령을 발표하였다.16)

- 戶別 調査 혹은 기타 臨機의 방법을 取하여 조선인의 良 不良 兩種의 구별을 조사할 事.
- 조선인에게는 武器携帶를 일절 금지할 事. 이미 소지한 무기는 전부 몰수 할 事. (무기조사 목적으로 조선인의 가택조사 혹은 호구조사를 시행할 事)
- 조선인으로서 조사관헌의 행동을 방해하거나 거부하는 자는 체포취조 후 조사 서류와 본인을 가까운 日本領事에게로 인도할 事.
- 일정한 직업이 有한 조선인에게는 善히 보호지도하여 생활을 안정케 할 事.

그리고 奉天省의 경우에는 1926년 1월에 다음과 같은 한인단속규칙을 발표하였다.17)

管理韓僑章程總則
제1조 本省 管內 僑居鮮人은 別로 정한 바의 규정을 除하고 悉히 本

---

15) 「大正15年 11月 14日, 興京在住鮮人에 對한 同縣知事의 壓迫 件」, 國史編纂委員會, 위의 책 4, pp.828-833. 이들 두 인물이 배일사상을 보인 것은 1926년 중후반 쯤으로 보인다.
16) ≪동아일보≫, 1925. 9. 25.
17) 「管理韓僑章程總則」, 『在滿鮮人ト支那官憲』, 朝鮮總督府警局, 1930. 1, pp.178-179.

章程에 의하여 이를 관리 함. 단 外國鐵道附屬地, 外國警察署管
下 및 租界區域 내는 此限에 不在함.
제2조 本章程 施行 일로 부터 1개월 이내에 다시 각 縣下는 一律 僑
居鮮人의 戶口조사를 하여 각기 보고할 것.
제3조 前條 規定調査 외는 每年 4・10 兩月에 조사하여 每年度末 각
기 보고할 것.
제4조 以上은 普通戶口調査에 準據하여 便宜 地方警察局이 분담 시행
할 것.
제5조 僑居鮮人관리의 필요상 각 항에 亘하여 執照書類를 발급할 것.
단 執照書類는 각기 수수료를 징수하기로 함.
제6조 각지 경찰 保甲주재소 혹은 同分所는 모든 鮮人 왕래자에 대하
여 수시 조사한 후에 執照를 발급함.
제7조 僑居 鮮人調査 결과 아래의 1에 해당하는 者는 驅逐 出境케 할
것. 그 기간은 10일 이내로 함.
 - 我國 一切의 法令章程에 不從하는 자.
 - 正業없이 悠遊閑居하는 자.
 - 素行이 惡한 자 및 그러한 의심이 있는 자.
 - 執照를 所持하지 못한 자.
  이상의 경우에는 取締의 필요상 일시 逮捕 監禁하여 出境 석방할 것.
제8조 僑居鮮人으로서 아래의 1에 해당하는 자는 즉시 체포하여 所轄
縣公署에서 엄중한 取締를 할 것임.
 - 확실한 범죄행위가 있는 자.
 - 총포 흉기의 類를 密藏하거나 혹은 휴대한 자.
 - 집회 결사 혹은 2인 이상 결속하여 치안을 문란시킬 우려가 있는 자.
 - 집회의 수령 혹은 그 혐의가 있는 자 및 匪賊類似의 자.
  이상의 경우에는 엄중 조사하여 驅逐 出境은 물론 다시 이의 취
  체의 필요가 있는 경우에는 本省이 정한 取締韓僑辨法施行細則
  第5款의 규정에 의해 처리할 것.

이 단속령들은 이미 생활의 터전을 잡아 살고 있는 한인 모두를 재조
사하여 배일에 대한 사상과 행동의 경력이나 소지가 있는지 검증하겠다

는 것이다. 검증하여 조금이라도 하자가 있으면 추방은 물론이고 엄중한 처벌을 내린다는 내용이었다.

한국 독립운동자들의 주 활동 근거지인 봉천·길림 양 성장에 의한 단속 방침이 있자 그 하부기관인 각 縣에서도 한국독립군 및 배일한인에 대한 탄압령이 발표되었다. 伊通縣 知事는 1926년 2월 縣內에 거주하는 한인은 누구나 중국 의복을 입어야 되며, 20세 이상인 한인은 중국의복을 입고 찍은 사진을 縣에 제출하여 거주허가증을 발급 받아야하고, 이행하지 않을 경우에는 퇴거를 명령한다는 훈령을 발표하였다.18) 지사의 훈령은 일반 중국인들에게도 영향을 미쳐 이통현 내 중국인 지주들은 현 내의 한인 약 만명에게 일제히 소작료를 올리는 동시에 貸與年限도 단축시켰다. 또 한국의 惠山鎭·三水의 對岸으로 독립전쟁 초기부터 많은 독립군단들이 근거지를 구축하고 활발한 국내진입 유격전을 전개한 지역인 장백현의 경우도 1926년 11월에 다음과 같은 단속방침을 발표하고 한인들을 탄압하였다.19)

- 爾今 鮮內地로부터의 移來 鮮人에 대하여서는 鮮內地 警察署長의 身元證明書를 요구한 뒤에 이주케 할 것.
- 각 面長 區長이 是라고 하여 이주케 할 경우에는 面·區長이 그 保證人이 된 후에 이주케 할 것.
- 同國 他縣으로부터의 移住鮮人에 대해서는 長白縣 居住者 中 확실한 자 또는 面·區長의 보증이 있는 자에 한하여 허가할 것.
- 長白縣下 各 道溝 獨身者를 至急 조사하여 보고할 것.
- 長白縣 移住 鮮人 天道敎 및 耶蘇敎徒 등에 대하여는 집회를 일절 금지할 것.
- 長白縣下 移住 鮮人 中 匿名 變名 등을 有한 자는 內査 보고할 것.

---

18) ≪동아일보≫, 1926. 2. 19.
19) 「長白縣知事ノ移住鮮人取締方針」, 『在滿鮮人ト支那官憲』, 朝鮮總督府警務局, 1930. 1, p.166.

- 長白縣下 移住 鮮人으로서 鮮內 官憲과 친교가 있는 者는 조사할 것.

　三矢協定체결을 빌미로 중국측은 독립군 및 배일한인을 탄압할 장치를 이같이 마련하였다. 한인 단속에 대한 훈령은 해가 갈수록 더욱 강화된 조약문이 포함되어 각 省과 縣에서 계속 발포되었다.[20] 그와 함께 중국의 관청은 이를 적극적으로 실천하기 위해 중국의 부랑자들에게 배일한인 및 한국독립운동자들의 목을 베어 오게 하여 포상하였다.[21] 따라서 중국인 중 불량한 무리들은 한국인들을 잡아 살해하는 전문적인 살인 집단까지 만들었다. 서간도의 大刀會라는 중국인 단체는 한국인 가옥이라면 수색하여 독립운동자이건 아니건 남자는 무조건 납치하여 중국의 官에 바치고 상금을 타냈다.[22] 중국의 관청에는 한국독립운동자만 특별히 담당하는 감독관이 임명되어 있었는데 이들은 피체되어 온 한인들을 다시 일제측에 넘겼다. 일제는 중국측에서 한인을 넘겨받을 때 일정액의 포상금을 주었는데 생포한 한인일 경우는 20원을, 살해하여 목을 가져올 경우에는 40원을 주었다.[23] 이는 한국독립군을 어차피 생포해서 넘겨받더라도 처단해야 할 것이므로 살해했을 경우 그 수고료로 20원을 더 주었던 것으로 생각된다. 또한 중국인들에게 직접 한국독립군 및 배일한인들을 살해하게 함으로서 한·중 양측이 적대감을 깊이 갖게 하여 서로 싸우게 만들도록 하려는 계획에서도 그같은 포상 기준을 정했던 것이다.

　일제의 간계에 따라 중국의 폭력단체나 악독한 관리들은 한인을 피체

---

20) 「安東縣知事의 한인 단속법」,《동아일보》, 1928. 3. 31. ;「奉天省長의 재만 한인 배척 密命」,《동아일보》, 1928. 9. 6. ;「吉林省政府의 朝鮮獨立主義者 團束 通令」,《동아일보》, 1929. 9. 7.
21) 「朝保秘第1403號 昭和2年 6月 27日, 在外不逞者ノ不穩文書印刷ニ關スル件」. 아연필 100-4035, pp.827-832.
22) 《동아일보》, 1928. 2. 9.
23) 「朝保秘第1403號 昭和2年 6月 27日, 在外不逞者ノ不穩文書印刷ニ關スル件」, 앞의 자료, pp.827-832.

하면 그 즉시 살해하였다. 그리고 목을 베어 일본 관청에 제공하였으며, 남아 있는 한인의 시신에는 더할 수 없는 잔인한 행동을 하였다.24) 중국측이 한국 독립군들을 적극적으로 탄압하자 일제는 친일한인 수십명을 중국의 경찰서 및 보갑대에 배치하여 그들을 원조하도록 하였다. 친일한인들은 중국의 군경들과 합동하여 한인 촌락을 순회하며, 이주한인의 성분을 조사하는가 하면 생필품을 약탈하는 등 추악한 행동을 벌였다.25)

한편 일제의 사주를 받은 중국의 관공리와 폭력단에게 인륜상으로는 도저히 있을 수 없는 수모를 당한 한국 독립군측도 급기야 중국측에 선전포고를 하였다. 한국 독립군을 탄압하는 동삼성의 전 중국의 관공리에게 독립군이 보낸 通告文의 일부를 보면 다음과 같다.26)

> (우리 독립군이) 만주에서 중국 軍警의 손에 살해된 수만도 1백여명이 넘고, 기타 일본에 인도되어 그들의 손에 살해된 수는 2백여명이 넘고 있다. 선량한 농민과 보통의 여행객이 너희들 軍警에게 약탈 받은 돈이 수백만에 달하고 있으니 이와 같이 원통하고 원한에 찬 일이 어디에 있겠는가.
>
> 아아! 너희들 官民은 우리들 독립당을 부를 때 '鮮匪'라는 악명을 앞에다 달고 있다. 우리 독립당은 조국 광복을 목적으로 하는 것이므로 너희들과는 조금의 관계도 없다. 그렇기 때문에 너희들이 우리들을 鮮匪라고 부르는 것은 이치에 맞지 않는 것인 동시에 유감인 것이다. 우리들은 알고 있다. 너희들이 우리들을 鮮匪라고 부르는 것은 너희들의 자유의사에서 나온 것이 아니라 일본이 너희들 관리를 弄絡해서 부르도록 했다는 것을. 우리들이 이와 같이 통고한 후에도 너희들이 반하시 잃고 독립당을 총실하고 독립당을 제포해서 일본의 관헌에게 인도하고 양민의 재산을 약탈하는 등 악랄한

---

24) 위의 자료, pp.827-832. 중국인들은 한국독립운동자 내지는 배일한인을 살해한 후 목을 베고, 창자를 빼내고 심지어 陰莖까지 도려낸 후 그 시신을 길위에 흩뿌려 놓는 잔인한 행동을 하였다.
25) 위의 자료, pp.827-832.
26) 위의 자료, pp.833-837.

행동을 하면 우리들은 부득이 자위상 東三省에 있는 백만동지들을 일치단결시켜 최후의 수단을 쓸 수밖에 다른 도리가 없다. 우리들은 이 원통한 일에 대해 몇 년이나 매운 질책을 가해왔으나 지금에 이르기까지 그 매운 질책이 통하지 않고 있다. 이에 痛告文을 내기에 이르렀으니 너희들은 각성하라! 너희들은 주의하라!
　　대한민국 9년 2월

특히 한국독립군에 대한 탄압이 가장 심했던 집안현의 관공리들에게 독립군들은 다음과 같은 선전포고문을 보냈다.27)

　　너희들 輯安縣 役人 軍警은 우리 2천만 革命黨과는 不俱戴天의 원수인 동시에 중국 4억 동포들에게는 敵이 되며 일본의 충복인 것이다. 우리들은 如何한 때, 如何한 곳을 묻지 않고 너희들의 목을 치고 너희들의 배를 갈라 창자를 꺼내고, 자자손손의 陰莖을 도려내고 너희들의 전가족을 鏖殺(오살, 한가족도 남기지 않고 모두 무찔러 죽임)해서 우리나라를 위해 殉死한 동지들의 원수를 갚을 결심이다.
　　제2 日本인 봉천성 집안현 관공리들이여!

극심한 탄압과 적대행위를 당한 독립군들은 통고문과 성토문을 발포하여 친일 중국인들에 대항하여 맞서나갔다. 하지만 중국측이 아무리 한국독립군 뿐아니라 무고한 한국인들을 탄압한다 한들 조국광복을 위해 항일활동을 펼치고 있는 그들의 입장에서 대상을 중국으로 바꾸어 무력투쟁을 할 수는 없는 일이었다. 게다가 그들이 근거지를 구축하고 활동하고 있는 지역은 엄연히 중국의 행정력이 미치는 중국땅 이었다. 또 독립군측이 강하게 중국에 반감을 가지고 행동을 하면 중국측은 단순히 생계를 위해 이주한 일반한인들에게 그 앙갚음을 하였다. 독립군측의 중국에 대한 저항력은 일정한 한계가 있을 수밖에 없었다. 이러한 상황에서 중국측

---

27) 위의 자료, pp.827-832.

의 탄압은 극에 달해 奉天省・臨江縣・通化縣・柳河縣 등에서는 이미 정착해 살고 있는 한인들을 국외로 축출하는 움직임까지 나타났다.28)

계속되는 중국의 탄압을 견디지 못한 한인들은 만주에서의 생활을 포기하고 인접한 러시아의 연해주로 또 다시 이주하는 사례까지 나타났다.29) 그러나 러시아로 입경하는 한인들을 러시아측 또한 반겨줄리 없었다. 월경하는 한인들이 계속 증가하자 러시아측도 다음과 같은 입국허가에 관한 훈령을 만들어 한인들을 저지하였다.30)

一. 國境駐在 國家保安部의 허가없이 越境할 수 없음.
二. 國境 通路外 간도로부터 월경하는 者는 발견하면 즉시 추방함. 월경 때 官憲으로부터 정지를 命 받고도 응하지 않고 도주를 기도하는 者는 사살함.
三. 가족을 대동하고 이주하기 위해 노령에 들어오는 者는 身元保證金으로 金貨로 환산하여 200루불 소지자에 한해 입국을 허가함.
四. 이주자로서 영리를 목적으로 물품을 휴대하고 입국한 者는 密輸入品 취체 규정에 의해 물품은 몰수하고 身柄은 포박 압송함.
五. 허가없이 월경한 者를 투숙시키고 관헌에 신고하지 않은 者는 엄벌에 처함.
六. 이주자로서 새로이 거주지를 정하고자 할 때는 그 거주지에 있는 귀화한 친척의 보증서를 첨부하여 거주신고를 하여야 함.
七. 허가없이 입국한 자가 退去를 命받고 3일 이내에 출발하지 않을 때는 체포하여 송환함.
八. 독신자로서 노동을 하기 위해 입국하는 者는 러시아에 거주하는 身許保證人 3人의 連書를 하여 職業會를 경유하여 最寄官署에 제

---

28) 「昭和2年 5月 5日 日支協定에 基한 鮮人取締를 徹底히 하기 爲하여 退去命令을 發한다」, 국사편찬위원회, 앞의 책 5, pp.665-666. ; 《동아일보》, 1927. 12. 25 ; 1929. 3. 30 ; 5. 16.
29) 「高警第1278號, 大正15年 4月 15日, 露字新聞紙上ニ於ケル鮮人關係ノ記事ニ關スル件」, 아연필 100-4-034, pp.879-880.
30) 「朝保秘第165號 大正15年 5月 16日, 勞農官憲ノ移住鮮人取締ニ關スル件」, 아연필100-4-034, pp.239-241.

출할 것.
九. 위의 各 號에 위반한 者는 입국 또는 거주를 금지함.

중국의 탄압을 받고 러시아로 피난과 같은 이주를 하는 한인들 중 위의 입국허가 요건을 충분히 갖춘 자가 있었으리라고는 생각되지 않는다. 당장 끼니가 어려운 자들이 金貨 200루불이 있었을리 만무하며, 무일푼의 노동자로서 생명부지의 타국에서 신원을 보증해 줄 러시아인 3인을 구하기가 쉽지 않은 조건임은 물론이다. 그 외에는 한인들의 입국을 허가하지 않겠다는 금지조항이지 허가조항이 아닌 것이다.

연해주로의 이주도 힘들게 되자 한인들은 북쪽의 蒙古방면으로까지 이주를 시도하였다. 1926년 말이 되면 척박한 사막지대가 많고 기후와 토양조건이 도저히 한인들에게는 맞지 않아 삶을 영위하기 힘든 지역인 몽고방면까지 이주한 한인의 인구가 약 7천여 명이나 되었다.[31]

이와 같이 1920년대 중반 이후부터 중국측은 한국 독립운동자들에게 독립군기지 개척 초기에 보여주었던 많은 호의를 외면한 채, 역으로 일제의 간계에 빠져 혹독한 탄압을 가했던 것이다.

2. 일제의 중국내 침략기관 확대

日本 제국주의자들이 그들의 무력을 직접 사용하지 않고 중국을 이용하여 한국 독립운동자들을 탄압하게 한데는 그들 나름의 목적이 있었다. 그 이유는 한국에 이어 중국까지 그들의 식민지로 만들고자 한 것이었다. 일제의 국력이 아무리 강성해졌다 하지만 광할한 중국 대륙 전체를 단기간에 전복시키기는 어려운 일이었다. 일제는 일단 식민지 한국과 접해있

---

31) 《동아일보》, 1926. 11. 18.

는 만주를 그들의 세력권 안에 넣은 다음 그를 전진기지로 하여 점차적으로 중국 본토를 공략할 계획이었다. 그러나 그같은 계획을 실현시키기 위해 일시에 그들의 무력을 만주에 투입시킬 수는 없는 일이었다. 처음부터 목적을 위해 무력을 이용할 경우 중국측의 반격도 만만치 않을 것이지만, 수시로 중국을 넘보고 있는 미국·영국·프랑스 등 다른 열국들의 간섭도 피하기 어려운 장벽이었다.

때문에 일제는 상대적으로 마찰이 적은 점진적인 방법을 택하였다. 일제가 은근히 그들의 무력을 중국측에 과시하여 중국으로 하여금 한국 독립운동자를 탄압하게 한 것은 만주침략에 이어 궁극적으로는 중국 전체를 침략하기 위한 한 과정이었던 것이다. 이같은 방법은 침략에 능숙한 일제가 여러 면에서 부작용 없이 이권을 챙길 수 있는 고단수의 술책이었다. 우선 이미 확보한 한국을 영구 식민지화하는데 큰 장애가 되는 재만독립군을 그들의 피해없이 정략적으로 쉽게 탄압할 수 있는 방법이었다. 일제는 이의 실행에서 다음과 같은 결과를 얻고자 하였다. 재만독립군을 중국의 힘으로 탄압할 경우 이제까지 우호적이던 한·중 양국의 관계를 악화시켜 서로 적대감을 가지게 하는 계기를 마련할 수 있었다. 그리하여 한·중 양민족간에 대립과 갈등이 생기면 그 틈을 이용하여 중국침략을 이룰 수 있다고 판단하였다. 일단 중국이 그들의 무력 앞에 굴복되고나면 한국 독립군 세력도 자연 약화되어 소멸될 것으로 예상하였던 것이다.

한편 일제는 중국측이 한국 독립군을 탄압하고 있는 동안 침략의 제2단계로 그들의 세력을 만주내에 부시시키기에 여념이 없었다. 만주에서 일제가 경제침탈을 목적으로 세운 회사는 滿鐵會社(南滿洲鐵道株式會社)와 勸業公司·東洋拓殖會社 支店 및 각종 금융기관인 금융조합·신용조합·신탁회사·조선은행·正金銀行 등이었다. 이 중 일제가 만주를 실질적인 그들의 식민지로 만들어 가기 위해 설립하고 운영한 회사가 만철회사(이하 滿鐵로 약칭)였다. 만철은 러일전쟁 후 1905년 러시아와 일본

간에 맺어진 포츠머츠 조약에서 일본이 러시아로부터 설립할 수 있는 권한을 획득하고 중국으로부터 승인을 받아 1907년 4월 1일에 설립된 회사이다.32) 그 이름만으로는 철도회사가 분명하다. 하지만 만철이 벌인 사업은 철도뿐만 아니라 水運・電氣・鑛業・倉庫業・土木・製鐵 등과 심지어는 敎育・衛生 등의 사업에까지 관여한 실로 종합적인 대기업이었다.33) 만철은 이들 사업을 위해 철도가 지나가는 주요도시를 철도 부속도시로 개발하였다. 따라서 부속도시의 개발 또한 이 회사의 주요한 사업의 하나였고, 이의 실행을 위해 地方部를 설치하였다. 그리고 1907년 9월 '附屬地居住者規約'을 제정하여 거주자들로부터 세금과 수수료를 징수하였다.34) 이 모든 것이 중국의 주권을 무시하고 이루어진 것임은 말할 필요도 없다.

일제는 만주의 광활한 땅에서 이 거대한 회사를 십분 활용하여 막대한 경제적 이익을 착취하기 위해 그 기본이 되는 철도를 적극적으로 부설하였다. 1926년 후반까지 일제가 만주에 부설한 철도는, 南滿鐵道(長春-奉天-大連, 奉天-安東, 奉天-撫順), 四洮鐵道(四平街-洮南, 鄭家屯-通遼), 吉長鐵道(長春-吉林), 湊城鐵道(本溪湖-城廠), 天會鐵道(朝鮮 會寧-中國 天寶山) 등이었다.35) 이밖에도 이후 수많은 철도가 부설되었다.

---

32) 越澤 明, 『植民地滿洲の都市計劃』, アジア經濟硏究所, 東京, 1978. 12, pp.13-14.

33) 滿鐵庶務部調査課 『南滿洲鐵道株式會社第二次十年史』, 滿鐵, 1928, p.5. (越澤 明, 위의 책, pp.14-15.에서 재인용) 滿鐵의 설립준비를 주도한 日帝의 外務・大藏・遞信등 3장관은 1906년 8월 1일 '3大臣 命令書'라는 것을 작성하여 다음과 같이 장차 설립될 만철의 영업 종류에 관한 것을 명시하여 발표하였다.
　제4조 이 회사는 철도의 편익을 위해 다음과 같은 附帶事業을 營爲한다.
　　　鑛業은 특히 撫順 및 煙台의 탄광을 채굴하고 水運業・電氣業・倉庫業・鐵道附屬地에서의 토지 및 가옥을 경영하고 이외에 기타 정부의 허가를 받은 영업을 할 수 있다.
　제5조 이 회사는 정부의 인가를 받은 철도 및 부대사업의 用地 內에서 土木・敎育・衛生 등과 관련된 필요한 시설을 한다.

34) 越澤 明, 위의 책, p.15.

이들 철도는 모두가 만철이 주관하여 건립한 것은 아니고 일본 기업이나 일본정부가 직접 부설권을 따내 설립한 것도 있고, 중국정부가 일본의 차관을 얻어 설치한 철도도 있다. 하지만 가장 중요하고 장거리의 노선인 南滿철도나 吉長철도는 만철이 관여하여 건립한 것이다.

 일제는 만주 침략의 근간이 될 철도를 부설한 후 철도선 연로에 그들 멋대로 부속지를 세워 거주자들로부터 세금을 징수하였다. 징수된 세금으로는 전기나 광업 등 기간산업에 투자해 경제적인 착취를 단행하였다. 만주에서 가장 많은 석탄 매장량을 가지고 있는 무순 탄광에서 만철은 년간 5백만톤의 석탄을 채탄하였다. 1920년대 중반 일제가 그들 본국 전체에서 채탄한 석탄량이 약 3천만톤이었다. 따라서 만철 단독으로 무순에서만 산출한 양이 전일본 산출양의 6분의 1이었던 셈이다.36)

 일제는 철도부속지를 개발할 때 군사적 요충지에 부합되고 중국의 武力을 無力化 시킬 수 있는 지역을 사전에 치밀히 조사하여 중점적으로 개발하였다. 그리하여 한 철도를 따라 자연히 일제의 點線要地가 되도록 하였다. 장차 만주를 식민지화하기 위한 요새지를 구축하기 위함이었다. 철로를 따라 군사적인 요지가 되는 곳을 개발하고 군사시설을 갖추어 무력으로 중국의 힘을 차단해 놓으면 아무리 광활한 만주라할지라도 손쉽게 요리할 수 있었던 것이다.

 그런데 일제가 만주 곳곳에 점선적인 군사요새를 구축하고 軍警을 상주시키자면 어느 정도 중국측의 동의가 필요하였다. 그렇지 않으면 적어도 중국측이 묵인할 수 있는 구실은 있어야 했다. 따라서 일제는 1920년 10월 서북간도의 한국 독립군을 토벌하기 위해 마적을 이용 조작하였던 '琿春事件'과 같은 방법을 또 다시 이용하기 시작하였다. 일제는 일본인이 수령으로 있는 마적대를 이용 그들이 군사기지로 하고자 하는 정차장 부

---

35) 「朝保秘第1212號 大正15年 10月 5日, 不穩雜誌≪同友≫所載 '日本ノ中國ニ對スル侵略政策'ト題スル記事ニ關スル件」, 아연필 100-4-034, pp.729-730.
36) 위의 자료, pp.722-723.

근의 마을을 습격하도록 해 다수의 日人들이 손해를 입도록 하였다.37) 그리고는 치밀한 작전에 의해 마적들을 철수하도록 하고 중국측에 즉시 조치하지 못한 점을 책망한 후 배상 및 기타의 조건을 요구하였다. 그리고 최후에는 철도보전과 주민보호를 구실삼아 일제의 군경을 주둔시켰다.38)

만철은 경제적인 착취뿐만이 아니라 무력침략의 업무까지 수행하였다. 영국이 인도를 침략하기 위해 설립하여 운영하였던 인도회사와 유사한 기능을 수행하였던 것이다. 만철은 외형적으로는 하나의 私企業같이 보였지만 본질적으로는 중요방침의 지휘감독과 간부의 임명이 모두 일본정부에 의해 결정된 半植民地國에 세워진 통치기관이었다.39) 그런데 이러한 만철의 사업은 만주에서만 시행된 것이 아니라 한국에서도 이미 만철 주도하에 철도 및 그 부속사업을 시행해 오고 있었다. 그러나 만철은 중국 대륙의 본격적인 침략이라는 일본 정부의 시책에 부응, 조선에서의 모든 사업은 1925년 4월 1일부터 조선총독부에 일임하고 손을 떼었다.40) 그리고 이후부터는 만주의 경영에만 힘을 쏟았다.41)

한편 거대한 만철의 식민지 경영을 눈치챈 중국측이 철광·전기·수

---

37) 위의 자료, pp.704-708, pp.734-735.
  일제는 수시로 중국 침략정책에 마적의 힘을 이용하기 위해 그들의 군인들을 중국 馬賊團에 입단시켰다. 마적단에 입단한 일제의 군인들은 무기와 금품을 제공하여 단체 내에서 상당한 지위에 오르게 되었는데, 이들 중에는 參謀 또는 首領의 지위까지 확보하는 경우도 있었다. 일제가 잠입시킨 군인이 상당한 지위가 되면 그 마적단은 일단 일제의 예하 부대나 다름없는 武力團이 되었다. 따라서 일제는 그들의 계략에 의해 이같이 변질된 마적단을 중국 침략과 한국독립군 탄압에 마음껏 이용하였다. 하얼빈이나 奉天 및 기타의 要地에 설치된 일제의 특무기관이 일본 마적 총본부가 되어 이들 마적단들을 조종하였다.
38) 위의 자료, pp.734-735.
39) 越澤 明, 앞의 책, p.15.
40) 『日帝侵略下韓國36年史』 7, 國史編纂委員會, 1972. 12, p.616. ≪朝鮮總督府官報 號外≫, 1925. 4. 1.
41) 越澤 明, 앞의 책, pp.15-16. 1925년 4월부터 만주 경영에 전념하던 만철은 1937년 12월 부속지의 행정권을 만주국 정부에 넘겼다.

도·삼림사업 등은 개발권을 내주지 않는 경우가 있었다. 이러한 경우 일제는 만철은 뒤로 물러서게 하고 민간 일본인을 앞에 내세워 중국의 민간인과 합자사업을 이루도록 하였다. 허가 당시에는 일단 중국인 명의로 사업의 경영권을 확보한 다음 처음 얼마간은 동업자인 중국인에게 이익의 대부분을 나누어주었다가 점차적으로 합자회사의 모든 권리를 일본인이 갖도록 하는 방법을 취한 것이다.42) 처음 합자에 참여한 중국인은 얼마간의 금전적인 이익만 취한 채 밀려나게 되고 결국 그 회사 또한 일제의 중국에 대한 경제적 탈취기관이 되고 마는 것이었다.

이와 같이하여 취해진 이득은 금융조합이나 신용조합·신탁회사·조선은행·正金銀行 등을 이용하여 일제의 금융자산으로 전환시켰다. 실제 1926년 중반까지 만주에 건립된 일제의 은행은 본점만도 19개였으며, 65개의 지점이 있었다.43)

일제는 만주를 그들의 식민지로 만들기 위해 지금까지 살핀 바대로 온갖 방법을 취하여 경제적 착취를 감행하였다. 그리고 그 같은 만행이 중국 민중에게 감지되어 반일감정이 되어 나올 것을 우려하여 신문·잡지·통신사 등 수 많은 언론기관을 설립하여 對中國 홍보에 힘썼다. 일제가 그들의 침략정책을 숨기는 동시에 중국인을 현혹 또는 기만하기 위해 1926년 중반까지 만주뿐만 아니라 중국내에 세운 언론기관은 다음과 같다.44)

---

42) 「朝保秘第1212號 大正15年 10月 5日, 不穩雜誌≪同友≫所載 '日本ノ中國ニ對スル侵略政策'ト題スル記事ニ關スル件」, 앞의 자료, pp.726-728.
43) 위의 자료, p.719.
44) 위의 자료, p.738.

<표18> 중국내 언론기관 수(1926년 중반)

國文別	전 중 국			만 주		
	신문	잡지	통신사	신문	잡지	통신사
日文	58種	163種	112社	41種	128種	39社
中國文	17종	13종	미상	10종	7종	미상
계	75종	176종		51종	135종	

일제는 위의 표에서 보듯이 수 십 종의 中國文 신문·잡지를 발간하여 중국 민중들에게 자신들의 치적을 과대하여 선전하고 홍보하였다. 그런데 중국인들은 일제가 경영하는 중국문 신문과 잡지를 중국인이 발간하는 것보다 더 선호하였다. 중국보다 우수한 장비와 체제를 갖춘 일제 언론사들의 보도가 훨씬 신속한데다, 논조 또한 중국인들을 현혹시켰기 때문이다. 일제의 언론을 접한 중국인들은 일제가 그들에게 장래에 대한 비젼을 주고 있는 것으로 오판하게 되었고, 무비판적으로 선호하였던 것이다. 게다가 일제의 언론들은 만주의 여러 군벌들을 대상으로 긍정적이거나 비판적인 글을 실어 그들을 서로 경쟁하게 만들었다. 따라서 군벌들도 일제의 언론사에 잘 보이려 하였고, 만주내 일제의 언론은 점점 성장해 갔다.[45]

3. 正義府의 대응과 國內外의 후원

일제가 중국측에 강요한 한국 독립군 탄압은 1920년대 후반으로 갈수록 더욱 집요하게 이어졌다. 일제의 강압을 받은 중국측은 모두가 그런 것은 아니지만 한국 독립군을 탄압하는 것이 그들에게 이익이 될지 아니면 보호하는 것이 자신들의 국권을 지키는데 도움이 될지를 판단치 않고

---

45) 위의 자료, pp.735-739.

한국 독립군 및 이주한인들을 탄압하는데 집착하였다. 그러는 사이 일제는 만주를 중국대륙 침략의 전진기지로 삼고자 수많은 침략기관을 설치하였고, 이를 이용하여 중국의 풍부한 지하자원을 탈취하는 한편 군사적 발판을 만들고 있었다.

正義府를 비롯한 한국 독립군들은 이러한 상황을 이겨내고 무장항일투쟁을 전개해야만 하였다. 게다가 독립군과 함께 핍박받고 있는 이주한인 사회를 지켜주고 안정된 삶을 영위할 수 있는 환경을 조성해야 할 의무도 있었다. 즉 이주한인들을 탄압하는 정도를 넘어 1927년 이후부터는 만주 내에서 축출하고자 하는 중국측에 대응할 수 있는 방법을 강구해야 하였다.

정의부가 본격적으로 대응책을 강구하기 시작한 것은 1927년 말이었다. 정의부 지도층인 孫貞道·崔東旿·朴起白 등은 1927년 11월 28일 吉林에서 韓僑驅逐問題對策講究會를 조직하고 본격적인 대처 방안을 모색하였다.46) 강구회에서는 ① 먼저 吉林 各 縣에 산재해 있는 동포의 각성을 환기하여 조속히 떠나지 말고 아무쪼록 참고 견디게 할 것이며, 빠른 기간 안에 대표를 길림에 보낼 것 ② 各 縣 대표가 오기 전이라도 귀화인 명의로 길림 당국에 항의 질문 또는 탄원서를 제출할 것 등을 결의하였다. 그리고 손정도를 비롯한 몇 명의 대표들은 12월 초 吉林省長을 방문하여 중국측이 이주한인을 탄압하는 이유와 퇴거령을 발포하게된 진상을 따졌다. 이에 대해 길림성장은 만일 한인들이 6개월 이내에 중국으로의 귀화 수속을 마친다면 퇴거령을 취소하겠다고 언명하였다.47)

이어 정의부는 崔東旿·金剛己·吳仁華 등을 봉천성에 파견하였고, 省長에게 이주한인들의 보호를 요청하여 긍정적인 답변을 받아냈다.48) 그

---

46) 《동아일보》, 1927. 12. 3. 講究會의 간부는 위의 3인 외에 尹華田·李東雨·高維天·金東田·李鍾岱·咸台永·李昌範 등이었다.
47) 《동아일보》, 1927. 12. 18.
48) 《동아일보》 1928. 2. 7.

리고 1928년 3월에는 이 문제를 근본적으로 해결하고자 최동오·오인화·崔天澤 등 3인을 조만간 北京의 중앙정부에 파견하여 교섭한다는 결정을 하였다.49)

중국측과 외교적 교섭을 전개하는 한편, 정의부는 관할 각 지역에 한교구축문제대책강구회 支會를 설치하도록 하였다. 그리하여 1928년 2월 초에는 길림성에만 약 50개소의 강구회 지회가 설치되었다.50) 지회설치 후 정의부는 귀화문제를 본격적으로 해결하기 위해 중국측과 실무적 타협을 벌였다. 즉 한인이 중국인으로 귀화하려면 그 절차나 조건은 까다롭지 않았지만, 얼마의 入籍費를 관청에 지불해야만 되었다. 입적비는 중앙정부에 내야하는 일부와 관할 각 縣에 내야하는 일부가 포함되어 있었다. 중앙정부에 내는 돈은 일정하였지만 각 현에 내는 비용은 제각기 달랐다.51) 三矢協定이 발포되고 난 직후인 1925년 하반기에 鳳城縣에서 한인에게 요구한 入籍費는 奉票 35원이었고, 營口縣에서는 입적비 대신 僑居證書를 발급하였는데 그 수수료가 1원이었으며 증서의 유효기간은 1년으로 1년이 지나면 다시 1원을 내고 증서를 발급 받아야만 되었다.52) 이들 縣 뿐만 아니라 모든 현들이 제각기 입적비를 정하여 귀화를 원하는 한인들에게 요구하였다.

하지만 이주한인들은 당장 호구를 해결할 방도도 가지지 못한 사람들이 대부분이었다. 강구회는 입적비를 내는 것은 도저히 불가능한 처지라는 것을 중국측에 설득하며 入籍手續費免稅請求書를 작성 제출하였다.53)

---

49) 《동아일보》, 1928. 3. 22. 정의부의 대표들이 在滿韓人 구축문제를 해결하기 위해 북경정부에 파견되었지만, 당시 만주는 장작림이 1916년 奉天省督軍, 1918년에는 東三省巡撫使가 된 이래 만주의 독립성을 유지하며 실질적으로 만주를 중앙정부와 분리하여 통치하는 상황이었으므로 큰 효과는 거두지 못한 것으로 생각된다.
50) 《동아일보》, 1928. 2. 3.
51) 《동아일보》, 1928. 5. 19. 각 縣에 내는 비용은 印紙稅와 代書費였다.
52) 吳世昌,「在滿韓人의 社會的 實態(1910-1930) - 中國의 對韓人 政策을 中心으로 -」,『白山學報』第9號, 白山學會, 1970. 12, p.141.

그런 한편 관할지역내에는 권유위원들을 파견하여 한인들에게 귀화하도록 설득하였다.54)

한편 정의부가 중심이 되어 조직한 한교구축문제대책강구회가 중국의 탄압에 대해 대내외적으로 노력하고 있을 때 奉天朝鮮人大會·奉天相扶會·新民縣朝鮮人住民會·鐵嶺朝鮮人會·海龍民會·營口高麗青年會 등의 대표들인 崔士霖·李春源·金富成·尹鴻東·李鴻周 등 10여 명이 奉天에서 재만한인의 구축문제를 해결코자하여 1928년 1월 초에 滿洲朝鮮人大會를 개최하였다.55) 약 300명의 한인들이 운집한 가운데 개최된 이 대회에서 대표들은 '생활상 편의를 도모하기 위해 중국에 입적하는 동포들을 적극적으로 후원한다'는 결의사항을 채택하였다. 그리고 이 대회를 상설기구로 설립한다는 결정과 함께 다음과 같은 대회강령 및 의결사항을 결의하였다.

대회강령은 ① 우리는 自存自立하기 위하여 대동단결하자. ② 被逐問題를 긴급히 해결하기 위해 노력하자. ③ 상설 기관을 설치하여 우리의 자립을 달성하자 등이었다. 의결사항은 ① 중앙에는 13명으로 구성된 최고기관인 중앙집행위원회를 두고 그 밑에 집행기관으로 중앙부·서무부·교섭부·조사부를 설치한다. ② 한인이 많이 살고 있는 지방에는 지방부를 둔다. ③ 의결기관으로는 중앙에는 중앙의회를 두고 지방에는 지방의회를 둔다 등이었다. 그와 함께 이 같은 조직체를 운영하기 위한 경비 마련을 위해 각지의 대표들은 지역별로 모금운동을 벌여 일정 금액을 大會에 납부한다는 사항도 결의하였다.56)

하지만 만주조선인대회는 1920년대 중반 삼시협정 체결 이후 한층 강화된 중일의 탄압을 저지키 위해서만 조직된 단체로 규정하기에는 의심

---

53) 《동아일보》, 1928. 1. 20.
54) 《동아일보》, 1928. 3. 26 ; 3. 28.
55) 《동아일보》, 1928. 1. 12 ; 1. 14 ; 1. 16.
56) 《동아일보》, 1928. 1. 12 ; 1. 14 ; 1. 16.

이 간다. 그 이유는 그들이 발표한 3개항의 강령 중 2개항이 이주한인의 자존과 자립을 강조한 대목으로 이를 위해 대동단결할 수 있는 상설기구를 조직하자는 강령을 선언하고 있다. 이는 새로운 조직체의 설립을 목적으로 한 강령이지 하나의 목적 달성을 위한 행동에 대한 강령이 아니다. 또한 나머지 하나의 강령도 중·일의 탄압에 대해 구체적이고 적극적으로 해결하겠다는 의지가 담긴 항목은 아니었다.

정의부측은 이러한 만주조선인대회를 이주한인들의 어려운 상황을 이용하여 다른 목적을 취하려는 단체로 규정하고 대회자체를 부정함과 함께 성토문을 작성하여 해체할 것을 종용하였다.57) 설혹 만주조선인대회가 중국의 이주한인 탄압에 대한 문제를 해결하기 위해 결성되었다 할지라도 이같은 단체가 난립한다면 다음과 같은 몇가지 이유 때문에 문제를 근본적으로 해결하기가 곤란하다고 정의부측은 파악하였다. 삼시협정 체결 이후 중국측은 이주한인들의 조그만 집회에도 신경을 쓰며 탄압의 실마리를 잡으려 하고 있는 실정이었다. 게다가 1916년 이후 張作霖이 실권을 잡고 동삼성을 지배해 오고 있었지만 지방의 각 현은 통제가 잘되지 않는 실정이었다. 各 縣長들의 출신성분은 장작림의 권력 밑에서 성장한 측도 있었지만, 마적의 무리를 이끌고 일반주민을 괴롭히는 입장에 있다가 스스로 장작림의 수하로 들어가 현장이 된 경우도 있었다. 후자의 무리들은 東三省巡撫使인 장작림의 명령보다는 개인적인 이익을 위해 행동하는 경우가 많았다. 또한 그들 중에는 이주한인이 당하는 피해뿐 아니라 일제에 의해 중국이 침탈당하는 점에 조차 관심이 없는 자들이 있었다. 때문에 한국측에서 교섭을 벌이자면 이같은 모든 면을 생각하고 대처할 필요가 있었다.

이러한 이유 때문에 정의부에서는 중국측에 많은 知人을 가지고 있고 상황에 따라 외교적 교섭을 효과적으로 벌일 수 있는 崔東旿·吳仁華·

---

57) 《동아일보》, 1928. 3. 7.

崔天澤 등을 대표로 선출하여 일을 추진해 갔던 것이다. 만주조선인대회와 같이 대규모 군중 집회를 개최하고 군중심리를 이용하여 섣불리 대처하였다가는 오히려 역효과가 날 수도 있는 것이었다. 또한 이런 대규모 집회가 있고난 후에는 다른 지역의 한인들도 단체를 만들어 그들 나름의 대처를 한다고 나설 수 있고, 친일의 무리들이 명분만을 내세운 친일단체를 만들어 방해할 수도 있는 일이었다.

실지 만주조선인대회가 있기 전인 1927년 12월 중순에는 長春의 한인들이 전만주 한인대회 개최를 논의한 적이 있으며, 같은 해 12월 하순에는 奉天에서 조선인청년회 주도로 봉천주민대회를 개최하여 중국측의 한인 구축에 반대하는 결의를 하기도 하였다.58) 또한 1928년 말부터는 친일파들의 발호가 있기도 하였다. 일제에 귀순하여 변절한 李東成·李己述 등은 1928년 10월 자치기관이라는 명목으로 鮮民府라는 친일기관을 조직하여 활동하였다.59) 심지어 開原縣과 淸原縣에 거주하는 친일의 무리들은 朴仁經을 회장으로 한 開淸鮮人濟民會라는 친일단체를 조직하여 그들 스스로가 무기를 가지고 독립군의 국내진입을 저지하기까지 하였다.60)

그러나 이들 세력의 방해에도 불구하고 정의부는 1928년 4월 18일 중국의 한인 구축문제에 대한 것 뿐 아니라 이주한인들의 사회·경제·교육에 관한 전반적인 해결을 위한 기구인 한교구축문제대책강구회를 더욱 발전시켜 韓族問題聯合講究會를 조직하였다.61) 聯合講究會는 일단 현실을 직시하고 문제를 풀어간다는 입장에서 현재 동삼성에 이주해 있는 한인이 중국측으로부터 탄압을 받는 동시에 쫓겨 나고 있는 현실은 일단 인정하였다. 따라서 이러한 입장에서 중국측과 교섭을 시작하여 이주한인이 중국 내에서 얻을 수 있는 최대의 권리를 근본적으로 확보하자는 결

---

58) 《동아일보》, 1927. 12. 15, 12. 20.
59) 「昭和4년 9月 21日, 한족동향회 내경에 대하여」, 독립운동사편찬위원회, 앞의 자료집 10, pp.415-416.
60) 「在滿不良鮮人狀況」, 國史編纂委員會, 앞의 책 5, p.692.
61) 《동아일보》, 1928. 5. 19.

론을 내렸다. 연합강구회는 귀화문제를 시작으로 韓人의 公民權 취득문제, 饑饉救濟問題, 合法的인 機關의 組織問題 등 이주한인들이 만주에서 생활하기 위해 기본적으로 획득해야할 문제들을 종합적으로 다루기 시작하였다.62)

연합강구회는 1928년 9월 관할지역 각 지방대표 21명을 吉林省城에 소집하여 회의를 한 결과 이를 상설적인 한인 자치기관으로 전환할 것을 결정하였다. 그리하여 연합강구회는 다시 歸化韓族同鄕會라는 이름으로 변경되어 이후부터 한인의 귀화를 상설적이고 체계적으로 다루게 되었다.63) 즉 귀화한족동향회는 현재 이주해 있는 한인의 귀화문제 뿐만 아니라 계속 본국에서 이주해 오는 한인들의 귀화에 관한 행정적인 제반 절차 및 수속을 대행해 주는 역할을 하였다. 그리고 강구회 당시 계획한 중앙정부와의 교섭을 위해 1929년 3월 동향회의 幹事長인 崔東旿를 南京에 있는 중앙정부에 파견하였다. 최동오는 중앙정부의 실권자와 교섭하여 한인의 귀화비용을 경감해 준다는 약속을 받아내고 그해 10월 20일 돌아왔다.64)

정의부측의 이같은 노력에 의해 귀화한인의 수는 점차 늘어갔다. 따라서 1929년 9월 현재 재만한인 중 귀화한 한인의 수는 다음과 같았다.65)

---

62) ≪동아일보≫, 1928. 5. 19.
63) 「歸化韓族同鄕會」, 국사편찬위원회, 앞의 책 5, 1968. 12, p.747.
64) 위의 자료.
65) 「在滿鮮人歸化槪數一覽表(昭和 4年 9月末 現在)」, 국사편찬위원회, 위의 책 5, pp. 708-709.

<표19> 귀화한인 수(1929. 9)

領事館管區別	戶數	人員	備考
奉天	3	2	귀화증 소지자는 吉林省 其他의 지방에서 발급한 歸化證明이다
通化	46	109	
安東	1	3	
鐵嶺	27	108	
海龍	15	87	모두 柳河縣 居住者다
長春	37	223	
吉林	559	2,395	在住鮮人 總數의 1割 4分을 占하고 磐石縣 內에 가장 많음
間島	3,168	19,367	和龍縣 內에 가장 많음
局子街	977	2,598	
頭道溝	1,023	4,100	吉林縣 140戶 和龍縣 885戶의 비례이다
百草溝	703	4,191	
琿春	2,222	13,806	
하얼빈	1,572	6,288	
齊齊哈爾	583	2,333	
滿洲里	1	4	
合計	10,979	33,723	

備考 本表 中에는 歸化證 所持者를 포함한다.
奉天·鐵嶺·吉林·頭道溝·하일빈·齊齊哈爾·滿洲里 등의 數字 中 호수 또는 인원 중 한가지만 判明된 것에 대하여는 1戶當 인원을 4인으로 계산하였다.

위 표의 통계는 비고에 보이듯 어림잡은 숫자가 있어 정확한 것이라고 할 수는 없다. 하지만 귀화한인의 숫자는 중국관청에 기록되는 것이므로 비교적 큰 오차는 없으리라 판단된다. 따라서 이 시기 재만 한인의 인구는 약 80만으로 추정66)되고 있으므로 그에 비한다면 귀화한인 33,723명은 아주 작은 수에 불과하다. 그러나 재만한인 80만 명 대다수는 망국한 조국의 국권회복을 꿈꾸며 일시적 삶을 연명하기 위해 이주한 사람들이었다. 때문에 중국으로의 귀화는 생각치도 않았고 귀화 자체를 또 다시 조국을 잃는 것으로 생각하는 사람들이었으므로 이 숫자가 결코 작은 것은 아니다.

한편 정의부의 지휘에 따라 재만한인들이 중국측의 탄압에 대응하는 방편으로 귀화운동을 전개하고 있을 때, 이를 지켜본 국내를 비롯한 북경·상해·일본 등의 동포들은 동포애를 발휘하여 재만동포 옹호운동에 적극 나섰다. 1925년 6월 삼시협정이 발표되고 중국측의 탄압이 극심해지자 北京의 한인 독립운동자들이 발행한 신문인 ≪앞잡이≫는 1925년 9월 11일자에 '南滿 移住同胞에게 告함'이라는 기사를 써서 남만의 한인들에게 중국의 탄압을 그대로 받지 말고 현명하게 대처할 것을 당부하고 있다.67) 이 기사의 내용은 '노령이나 미주, 심지어는 중국의 타지역에 이주한 동포들도 새로운 정착지에서 영원히 안주할 계획으로 그 나라 법률을 지키며 생활을 보장받고 있는데 유독 남만의 동포들만이 그렇지 못하고 탄압을 받고 있으니 이는 자신의 생활을 생각지 않은 남만동포들 본인의 책임 때문인 것이다. 따라서 이후 빠른 시기에 중국에 입적하여 중국의 공민권을 얻고 중국의 국법을 지켜 안주하기에 힘쓰라'는 훈시였다. 이 기사는 남만의 상황을 파악하지 못한 극히 안이한 내용이다. 일제가 1920년대 중반 이후 한국 독립군들의 활동이 가장 활발히 전개되고 있는 남만지역 이주한인들을 집중 탄압하고 있는 실정을 충분히 파악하지 못하고 하는 말이었다. 하지만 ≪앞잡이≫의 이러한 기사는 삼시협정 후 남만의

---

66) 李勳求, 『滿洲와 朝鮮人』, 平壤崇實專門學校經濟學硏究室, 1932. 9, p.90.
67) 「高警第3587號 大正14年 10月 8日, 不穩新聞 ≪導報≫ノ記事ニ關スル件」, 아연필 100-4-032, pp.43-60.

한인들이 얼마나 심각하게 탄압을 받고 있는가 하는 사실을 알려주는 기사이고, 북경의 한인들도 그 심각성을 함께 느끼고 있음을 보여주는 내용이라 하겠다.

1927년 12월에는 상해의 한인 독립운동 기관들인 唯一獨立黨上海促成會·中國本部 韓人靑年同盟上海支部·義烈團 上海地方部·老兵會·華東韓人學生聯合會·上海韓人學友會·上海韓人愛國婦人會 등이 대표연합회를 개최하고 재만동포 보호를 위한 운동을 전개하였다.68) 이 기관들은 연합하여 ① 북경의 중앙정부와 길림 및 봉천성 당국에 在上海 한인 각 단체의 명의로 항의문을 발송할 것 ② 상해 거류한인에게 선포문을 작성 배포하여 재만동포 구축 진상을 알릴 것 ③ 상해 한인교민단에서 교민대회를 개최하여 민중적으로 재만동포 구제책을 강구할 것. ④ 일반 중국민중의 오해를 없애기 위해 중국 각 통신사에 성명서를 보낼 것. 등을 결의하였다.

중국 관내지역의 남만동포 구제운동과 함께 일본지역에서도 재일한인들을 중심으로 구제 및 대책운동이 일어났다. 1927년 12월초 東京에서는 新幹會 동경지회와 재일조선노동총동맹이 공동위원회를 결성하여 중국측의 재만한인 탄압에 대한 항의서를 중국정부와 봉천성장에게 제출할 것을 결의하였다.69) 그리고 京都의 재일한인들은 新幹會 支會館에서 朝鮮人團體 協議會를 결성하여 '북경정부 및 봉천·길림성 당국에 항의하는 한편 성명서를 발표할 것', 12월 24일에 '在滿 同胞 逐出 反對 在京都 朝鮮人大會 및 演說會를 개최할 것' 등을 결의하였다.70)

그러나 핍박받는 재만한인 동포에 대한 구제 운동을 당사자들을 제외하고 그 어디보다 활발히 전개한 곳은 역시 國內였다. 국내에서는 재만동포들에 대한 탄압소식이 들리고, 쫓겨난 재만동포들이 국내로 들어와 그

---

68) 《동아일보》, 1927. 12. 30.
69) 《동아일보》, 1927. 12. 2.
70) 《동아일보》, 1927. 12. 24.

실상을 본격적으로 폭로하자 1927년 12월 초부터 전국적으로 재만동포옹호동맹이 결성되어 활동을 개시하였다.

최초로 재만동포 탄압문제에 대한 토의가 시작된 곳은 1927년 12월 6일 전북 이리시 에서였다.71) 이 회의는 중국측의 재만동포 구축문제를 성토하는 입장에서 시작되었다. 그러나 이후부터 전개된 전국 각지의 모임은 핍박받고 있는 재만동포를 적극적으로 옹호하고 보호하자는 운동이었다. 따라서 모임의 명칭도 '在滿同胞擁護同盟'이었다.

이리에 이어 같은 달 9일 서울에서 각 방면의 유지들과 사회단체 인사 100여 명이 朝鮮敎育協會에 회합하여 재만동포 구제운동을 논의하였다. 安在鴻과 申錫雨·宋乃浩 등의 주도로 이루어진 이 회합에서 참석자들은 규약을 제정하고 상설기구인 '재만동포옹호동맹'을 창설하였다. 동맹의 위원장에는 安在鴻이 선임되고, 상무위원에는 朴東完외 11명, 위원에는 李樂永외 29명이 임명되었다.72) 재만동포옹호동맹은 창설 다음 날인 10일 제1회 집행위원회를 개최하여 ① 전조선 각계 각층의 인사는 본 동맹에 가입할 것을 촉구함. ② 본 동맹의 목적을 실현하는데 있어서는 韓·中 양 민족의 友誼가 절대적으로 필요하므로 일시적 흥분으로 조선 내 거류 중국인의 생명·재산에 위험을 미치는 일은 삼가할 것. ③ 적당한 人員을 시급히 파견하여 滿洲에서 驅逐되는 동포의 상황조사 및 필요한 대책을 실행할 것. ④ 대표위원인 申錫雨·李灌鎔·劉英俊이 서울에 있는 領事館·國民黨支部·華商總會 등을 방문하여 이 문제에 관한 우리의 태도를 통고할 것 등의 내용을 담은 성명서를 발표하였다.73) 집행위원들의 이러한 활동으로 같은 달 18일까지 모두 99개의 단체가 본 동맹에 가입한다는 신청서를 접수하였다.74)

---

71) 朴永錫,「日帝下의 在滿韓人 迫害問題 — '在滿同胞擁護同盟'의 活動을 中心으로 —」,『아세아연구』제15권 제4호, 고려대학교 출판부, 1972. 12, p.226.
72) 朴永錫, 위의 논문, pp.226-227.
73) 《동아일보》, 1927. 12. 12.
74) 《동아일보》, 1927. 12. 18.

서울에서 재만동포옹호동맹이 상설기구로 발족하여 활동을 시작한데 이어 전국의 각 청년단체 및 농민·노동자 단체들도 지역별로 재만동포옹호동맹을 결성하였다. 충남 천안·전북 전주·충북 괴산·함북 청진·회령·옹진·이원·평북 의주·평남 진남포·함남 안변·경기도 개성·강원도 고성·평양 등지에서 재만동포옹호동맹이 구축되어 활동을 시작하였다.75) 이들 지방의 재만동포옹호동맹은 서울의 동맹을 지원하는 입장에서 활동을 펼치기도 하고, 독자적으로 중국 당국에 항의하는 활동을 펼치기도 하였다. 그런가하면 지역별로 재만동포돕기 성금을 모금해 만주로 대표를 파견하여 전달하는 경제적 지원활동도 펼쳤다.76)

그러나 재만동포옹호동맹의 활동은 1927년 12월 하순부터 日帝가 전격적으로 집회 및 활동을 금지시키므로 인해 약화되기 시작하였다.77) 일제는 각 동맹이 개최하려 한 집회를 내용이 어떤 것인지를 불문하고 이유 없이 상부의 명령이라 하여 금지시켰다.

일제가 집회 및 활동을 금지시킨 이유는 분명하다. 재만동포옹호운동이 국내에서 일어나자 일제는 처음에는 한·중 양 민족이 극한 민족적 감정을 갖도록 방치하였다. 하지만 각 동맹들은 활동의 일환으로 중국측에 강력한 항의서신을 보내는 한편 역으로 한국 내에 거주하는 중국인들에 대한 축출운동을 전개하였다.78) 이에 당황한 중국측은 재만한인을 탄압하지 않겠다는 미봉적인 약속만 하였다. 그러나 한국의 각 동맹은 거듭

---

75) 《동아일보》, 1927. 12. 13 ; 12. 19 ; 12. 20 ; 12. 20 ; 12. 21 ; 12. 22 ; 12. 23 ; 12. 24 ; 12. 28.
76) 朴永錫, 앞의 논문, p.228.
 《동아일보》, 1927. 12. 24 ; 1928. 2. 7 ; 2. 16. 재만동포를 돕기위한 성금모금에는 어린이들까지 참여한 사실이 당시의 언론에 보도되고 있다. 즉 《동아일보》 1927년 12월 24일자에는 강원도 高城郡 長箭港의 無産夜學 어린이들이 1인당 1전 2전씩을 모아 합계 1원 20전을 동포돕기 성금으로 내놓은 사실을 기록하고 있다.
77) 《동아일보》, 1927. 12. 21.
78) 《동아일보》, 1927. 12. 13.

항의서를 보냈고 급기야 중국측도 미봉적인 약속대신 재만한인을 탄압하게된 근본적인 원인을 밝히지 않으면 안될 지경에 이르게 되었다. 그리하여 만일 중국측이 재만한인에 대한 탄압이 자신들만의 결정에 의한 것이 아니라 日本과의 협약에 의해 시작된 것임을 공식적으로 한국의 각 동맹에게 밝힐 경우 이는 오히려 국내의 한국인들에게 反中감정보다는 보다 큰 反日감정을 불러일으키게 할 수 있었던 것이다. 이같이 판단한 일제는 전국의 재만동포옹호동맹의 활동을 일절 금지시켰다. 때문에 이후 국내에서는 비밀히 또는 개별적으로 탄압받는 재만동포들을 후원하는 활동은 있을 수 있었으나 단체를 조직하여 공개적인 후원은 전개하지 못했다.

이와 같이 만주내의 자구 노력과 국내외 동포들의 지원에 힘입어 재만한인들은 중국측의 탄압을 점차 무마시켜 갔다. 그리고 1920년대 후반으로 가면서 일제가 만주침략을 노골화함으로 중국측에서도 官民이 항일의식을 가지게 되어 그와 비례적으로 韓人탄압은 점차 약화되어 갔다.

Ⅷ. 民族唯一黨運動과 正義府의 해체

1. 民族唯一黨運動

1) 民族統一戰線運動의 擡頭

　1920년대 중반 이후 한국독립운동계는 또 다시 항일민족전선을 통일해야 한다는 움직임이 일어났다. 민족운동가들은 1921년 4월 북경의 軍事統一會議와 23년 國民代表會議 등의 실패로 민족전선 통일에 부정적인 사고를 가지고 있었다. 그러나 효율적인 항일을 위해 국내외 모든 민족운동 세력을 통일하는 것은 민족운동가들의 숙원 사업이었다. 이 일을 선도한 인물은 일찍부터 민족운동계의 통합을 호소하였던 安昌浩였다. 그는 1926년 8, 9월 北京에서 사회주의자인 元世勳을 만나 이념과 노선을 초월한 민족의 대동단결을 촉구하였다. 이들은 같은 해 10월 10일부터 3차에 걸친 회합을 갖고 '大獨立黨組織北京促成會'를 조직하였다.[1] 이렇게 시작된

---

[1] 金喜坤,『中國關內 韓國獨立運動團體硏究』, 지식산업사, 1995. 2, p.245.
　이들 두 사람이 북경에서 합의를 보기 이전 임시정부 국무령인 洪震도 민족의 대동단결을 위한 大黨 결성의 필요성을 역설한 바 있다. 홍진은 1926년 7월 8일 임시정부 국무령 취임식에서 다음과 같은 3대 강령을 제시하였다.

전 민족 단결을 위한 민족유일당 조직운동은 북경에 이어 上海・武漢・南京・廣東 등으로 퍼져갔고, 통합운동이 가장 절실한 만주로까지 빠른 속도로 이어졌다.

1927년 초 吉林에 도착한 안창호는 그 해 2월 在滿韓人 약 5백명이 운집한 吉林城 東大門 밖 大東公司에서 민족의 대동단결을 역설하였다.2) 이어 안창호는 정의부를 비롯한 만주 각 지의 독립운동 지도자들과 협의한 끝에 이를 본격적으로 실현하기 위한 회의를 개최키로 하였다. 전민족 유일당을 구축하려면 먼저 전만주의 유일당을 구축할 필요가 있었던 것이다. 따라서 吉林縣 新安屯의 吉興學校에서 民族唯一黨 건립을 위한 全滿 독립운동단체 통일회의가 1927년 4월 15일부터 18일까지 4일간 총 52명이 참가한 가운데 개최되었다.3)

회의에 참가한 단체 및 대표자들은 다음과 같다.4)

正義府 : 金東三・吳東振・高豁信・李光民・金元植・玄正卿・玄益喆・金學善・金履大・李旭・李俊・崔承一・崔一洽 外 4명
正義府 軍隊側 : 文學彬・梁世鳳・金錫夏・李雄 外 8명
南滿靑年總同盟 : 朴秉熙 外 十數名
韓族勞動黨 : 金應燮
中東線 方面(寧古塔) : 馬龍德
기타 安昌浩・崔東旭・李一世・李尙德・朴治山・尹平・金東勳 外 數名이 참가함.

---

① 비타협적 自主獨立의 新運動을 추진할 것
② 全民族을 망라하여 공고한 黨體를 조직할 것
③ 全世界 피압박 민족과 연맹하여 協同戰線을 조직하는 동시에 연락이 가능한 友邦과 제휴할 것

2) 蔡根植, 『武裝獨立運動秘史』, 大韓民國公報處(民族文化社 頒布), 1985, pp.141 – 142.
3) 「朝保秘第919號, 昭和2年 5月 3日, 在滿鮮人團體統一會議開催ニ關スル件」, 아연필100 – 4 – 035, p.701.
4) 위의 자료, pp.703 – 704.

만주 전독립운동단체의 통일을 목적으로 한 회의였으나 대개가 반석과 길림에 본부를 둔 남만지역을 무대로 활동한 단체들의 대표가 참가하였다. 하지만 이들 단체들은 서로가 다른 노선을 지향하고 있었다. 따라서 자연 회의는 민족주의계의 정의부와 사회주의계통의 남만청총 및 한족노동당이 민족통일전선을 이루기 위한 것으로 되고 말았다. 이는 안창호가 북경에서 사회주의자인 원세훈과 이념 및 노선의 합일점을 찾아 민족의 대동단결을 구하고자 노력했던 것과 같은 맥락에서 시도되었던 것이다.

대표들은 會議 의장에 李沰, 서기에 高豁信과 崔東旭을 선임한 후 전만 독립운동계의 통일을 위한 협의를 시작하였다. 이들은 먼저 민족운동 통일기관의 명칭을 朝鮮革命黨으로 하자는 안건을 상정한 후[5] 강령과 서약문 草案을 다음과 같이 제정하였다.[6]

  ㅇ 綱領
  - 帝國主義 日本을 파괴할 것
  - 미래의 운동은 私有財産制를 폐지하고, 土地國有化를 기할 것
  - 각 약소국 피압박 민족과 악수하여 통일운동 전선에 설 것

  ㅇ 誓約文
  朝鮮의 절대 독립을 이루고 民族이 평등을 향유하려면 오직 민족적 대동단결을 이루어야 하므로 우리들은 심혈을 기울여 민족적 혁명당을 조직하기 위해 黨 조직의 기본인 다음의 조건을 수립하여 절대적으로 행할 것을 서약한다.
  - 本同盟會에서 제정한 綱領에 절대 복종한다.
  - 本同盟會에서 의결한 일체의 사항을 적극적으로 행한다.
  - 종래 黨的 관계에 있는 者는 그 당을 해체하거나 變體해서라도 本

---

[5] 1929년 12월 20일에 성립되는 朝鮮革命黨의 명칭은 이 회의에서부터 거론된 것으로 보인다.
[6] 「朝保秘第919號, 昭和2年 5月 3日, 在滿鮮人團體統一會議開催ニ關スル件」, 앞의 자료, pp.701-703.

同盟에서 조직한 당에 집중시키도록 노력한다.
- 본동맹 또는 본동맹에서 조직한 당으로부터 지정한 기간 내에 기존 당의 해체가 불가능할 때에는 당연히 그 당과 一切의 관계를 단절한다.

이상과 같은 강령과 서약문의 초안에 대해 각 대표들은 이념을 합일시킨 최종안을 만들기 위해 집중 토의를 벌였다. 그러나 회의가 개최되기 이전까지 민족주의나 사회주의 중 한가지 이념에 집착해 있던 대표들은 결국 합일점을 도출하지 못하고 회의를 종료하였다. 18일 회의가 끝난 후 대표들은 전만주의 통일전선 구축을 위해서는 서로간의 이념과 노선을 합일시킬 더욱 차분한 준비기간이 필요할 것으로 판단하였다.

대표들은 그 같은 준비를 하기 위해 時事研究會라는 기관을 조직하고 李沰·崔東旭·朴秉熙·李一世·金應燮 등 5인을 대표위원으로 선출하여 이들의 책임하에 방안을 강구토록 하였다. 시사연구회의 활동범위와 운영에 대한 지침은 다음과 같다.[7]

- 본회의 목적은 全民族唯一黨 수립의 방침 및 운동의 발전책을 연구함.
- 본회의 조직범위는 滿洲로함.
- 본회의 회원자격은 본 회의 목적에 찬성하는 각 운동 단체의 대표 또는 개인으로 함.
- 중앙기관 및 支部를 설치함.
- 中央에 中央委員 5명 이상 支部에 支部委員 3명 이상을 둠.
- 본회의 經費는 참가단체에서 부담함.

즉 시사연구회는 만주 내에서 민족유일당 수립에 찬성하는 단체 또는 개인 모두를 수용해 중앙과 지부를 조직하여 그 방침을 연구하는 단체였

---

7) 위의 자료, pp.706-707.

던 것이다.

한편 시사연구회가 결성되기 전 1926년 5월 북만의 寧古塔에 설치되어 만주내 한인 사회주의자들을 총괄하던 朝鮮共産黨 滿洲總局에서도 1927년 1월에 민족유일당 운동과 관련한 활동지침을 다음과 같이 발표하여 참여를 표명하였다.8)

① 통일적 민족유일당을 전제로 하고, 개인 본위로서 전만주의 정예분자를 망라하여 전만 단일기관으로 할 것. 국내외를 통하여 민족유일당이 성립되는 날에는 무조건 이에 참가할 것. 그 조직 방법은 당조직 방법에 준거하여 비밀 조직으로 할 것.
② 앞 항의 민족유일당을 신중히 조직하기 위하여 민족기관 조직위원회를 총국지도 아래에 설치할 것.

조선공산당 만주총국의 지침에 따라 滿洲에서의 민족유일당 운동은 사회주의계통도 적극 참여할 수 있는 여건이 마련되었다. 더구나 1927년 6월 29일 조선공산당 중앙에서는 만주총국에 '협동전선적 단일당을 조직하는 출발점은 時事硏究會로 하라.'는 지령을 내렸다.9) 따라서 시사연구회는 만주내의 민족주의자들은 물론이고 사회주의계통에게도 민족유일당 결성을 촉구할 수 있게되었다.

정의부에서도 1927년 8월에 제4회 中央議會를 개최하고 민족유일당 결성을 위한 다음과 같은 결의문을 작성하였다.10)

---

8) 京城地方法院檢事局, 「崔元澤等第一次間島共産黨事件押收文書譯文綴」, p.81.(金昌順・金俊燁, 『韓國共産主義運動史』 4, 청계연구소, 1986. 7, p.343.에서 재인용)
9) 京城地方法院檢事局, 앞의 자료, p.77.(金昌順・金俊燁, 앞의 책 4, pp.345-346. 에서 재인용)
10) 「昭和3年 12月 3日, 선비단 정의부 상황의 건」, 『독립운동사자료집』10, 독립운동사편찬위원회, 1973. 12, p.405.

① 만주 운동선의 통일을 위하여 신민부·참의부와의 연합을 적극적으로 도모한다.
② 전민족운동 통일을 위하여 유일당 촉성을 준비한다.

만주내의 이러한 분위기 속에서 민족유일당 결성을 연구하고 준비한 시사연구회의 대표위원 5인은 1927년 12월 중 盤石縣에서 '南滿革命同志聯席會議'를 개최하기로 결정하고 각지의 항일단체에 이 사실을 통고하였다.11) 그러나 이 회의는 정의부의 경우 의용군 사령관인 吳東振이 같은 해 12월 일경에 피체되어 혼란스러웠고, 각 단체들의 준비가 부실하여 개최되지 못한 것으로 판단된다. 하지만 이와 같은 분위기 속에서도 시사연구회는 민족유일당 성립을 위한 준비 작업을 꾸준히 추진하였다.

2) 만주지역의 민족유일당운동 전개

시사연구회의 전만주 민족유일당 성립을 위한 준비가 한창 이루어지고 있을 무렵인 1928년 1월 洪震과 鄭遠이 상해에서 만주의 통일운동을 촉진시키기 위해 파견되었다. 이들은 남만 각지를 순방하면서 민족유일당 성립의 필요성을 역설하였다.12) 그런가하면 정의부의 중앙집행위원인 김동삼과 김원식 등 2인도 같은 해 4월 新民府를 방문하여 민족의 대동단결을 역설하였다.13)

이와 같이 남북 만주에 산재한 한인 민족운동자들간에 민족유일당 조직을 위한 분위기가 고조되어 갔다. 따라서 이들은 협의하여 1928년 5월 12일부터 樺甸縣 城興學校에서 민족유일당 조직을 위한 회의를 개최하였다.14) 참가 단체 및 대표자는 민족주의계 및 사회주의계통의 단체를 합하

---

11) 경상북도 경찰부, 『高等警察要史』, 1934, p.125.
12) 경상북도 경찰부, 위의 책, p.125.
13) 蔡根植, 앞의 책, p.147.
14) 「昭和 3年 6月 29日附 朝鮮總督府警務局長發信 外務省亞細亞局長宛, 全民族

여 18개 단체 39명이었다. 그러나 이 회의에는 참의부 및 신민부측의 인사는 참여하지 못하였다. 참의부의 경우는 대표자를 선출하여 파견하였으나 중국측의 경비가 삼엄하여 중도에 포기하였고, 신민부는 대표로 선출된 申肅이 회의가 종료된 후에야 도착하여 참석치 못하고 말았다.15)

5월 12일부터 26일까지 15일간 대표들은 화전현과 반석현 내에서 세 장소를 옮겨가며 민족유일당 결성을 위한 회의를 진행하였다. 대표들은 우선 李貫一(일명 : 李奎東)·池靑天·李義太·李光民·李道 등 5명을 회의 진행위원으로 선출하였다. 대표들은 먼저 世界의 情勢와 일본제국주의를 타도하기 위한 방안을 모색키위한 연설회를 열었다. 그리하여 각지에서 수집된 종합적인 정보를 바탕으로 민족유일당 성립을 위한 본격적인 논의를 시작하였다.

그리하여 민족유일당 결성의 필요성을 공감한 대표들은 그를 실천에 옮길 집행위원 21명을 선출하였다.16) 하지만 이어 민족유일당을 결성하기 위한 방법론에 대한 토의에서 각 대표들은 異見을 나타냈다. 자신들이 이미 속해 있는 단체의 형편에 따라 통일 방법을 달리했기 때문이다. 제기된 통일 방법론은 團體本位組織論·個人本位組織論·團體中心組織論 등 세가지였다. 단체본위조직론은 장차 성립될 유일당은 기존의 작은 단체를 연합하는 방식으로 조직되어야 한다는 논리였다. 그리고 개인본위조

唯一黨組織會議開催의 件」, 『韓國獨立運動史』4, 國史編纂委員會, 1968. 12, p.861. 이 자료에는 회의 개최시기를 양력으로는 5월 20일, 음력으로는 3월 23일로 기록하고 있다. 하지만 다른자료(경상북도 경찰부, 『高等警察要史』, p.125.)에는 개최일을 양력 5월 12일로 기록하고 있는데, 음력 3월 23일에 맞는 양력일은 5월 12일이다. 따라서 이 자료의 양력 표기일은 誤字인 것으로 판단된다.

15) 위의 자료, p.862.
16) 위의 자료, p.861. 대표들 중 집행위원으로 선출된 사람들의 명단은 다음과 같다.
  - 金東三·玄正卿·玄益喆·高豁信·金履大·李雄·金尙德·崔東旭·李義太·金萬善·李道一·李鐵·黃基贊·金仁·尹平·崔鳳·李東林·李靑雨·金洪海·韓相善·朴靑

직론은 기존 군소 단체는 대부분 지방적 또는 파벌적으로 결합된 단체이
므로 이 단체들을 완전히 무시하고 철저하게 개인위주로 유일당을 구성
해야 한다는 논리였다. 마지막의 단체중심조직론은 기성 단체 중 가장 권
위가 있는 유력한 단체를 중심으로 군소 단체가 종속되어 결합한 다음
점차 그 세력을 확충해 나가야 한다는 논리였다.17)

통일 방법론에서 대표들간의 이러한 의견 차이는 좁혀지지 않아, 민족
유일당 성립을 위한 15일간의 회의는 결국 큰 성과를 거두지 못한 채 끝
나고 말았다. 단체중심조직론은 일단 배제된 채, 각 대표들간에는 단체본
위조직론과 개인본위조직론 등 두 가지 案 중 한가지를 지지하며 분열되
었다. 따라서 단체본위조직론을 주장한 단체와 대표들은 全民族唯一黨協
議會를 결성하게 되었고, 개인본위조직론을 주장한 측은 全民族唯一黨促
成會를 결성하였다. 두 계열로 나뉘어진 단체와 대표들을 보면 다음과 같
다.18)

---

17)「昭和4年 4月 22日附 在支朝鮮人의 民族運動과 共産主義 運動과의 關係」, 국
사편찬위원회, 위의 책 4, p.874. ;「昭和3年 12月 3日, 선인 정의부 상황의
건」, 독립운동사편찬위원회, 앞의 자료집 10, pp.403-404.
18)「昭和3年 6月 29日附 朝鮮總督府警務局長發信 外務省亞細亞局長宛, 全民族唯
一黨組織會議開催의 件」, 國史編纂委員會, 위의 책 4, pp.861-862.

<표20> 전민족유일당촉성회 가담 단체와 대표자 명단

단체명	근거지	대표자	단체명	근거지	대표자
北滿靑年總同盟	中東線	黃基贊·李明道	麗族公議會	黑龍江省	李光民
南滿靑年總同盟	磐石縣	李鐵·金萬全	哈長靑年會	哈長線	尹丁雨·金文
東滿靑年總同盟	間島	李義太	在滿農民同盟	磐石縣	朴東初·李道日·金應燮
淞江靑年總同盟	黑龍江省	孫景鎬			

<표21> 전민족유일당협의회 가담 단체와 대표자 명단

단체명	근거지	대표자	단체명	근거지	대표자
樂山일꾼組合	伊通縣孤楡樹	李宗洛·朴光	南滿靑年聯盟	興京縣	尹平·崔鳳
拉法靑年會	額穆縣	韓相善	農友會	懷德縣	金世光
다물團	興京縣	李靑雨·李東林	撫本靑年會	撫順縣	金洪海·朴永世
正義府	樺甸縣	李靑雨·李貫一·李鍾乾·高豁信·梁世鳳·金文擧·裵洛山·康濟河·全中波·李雄·李世昌·吳世鎭	北滿朝鮮人靑總	中東線	金仁
新光靑年會	柳河縣	安允植·張成德	東滿朝鮮人靑總	間島	金武

비록 참의부와 신민부는 빠졌지만 間島를 포함한 남북만의 독립운동 단체들이 두루 참여한 회의에서 대표들은 합일을 보지 못하고 결국 이와 같이 두 파로 갈라서게 되었다. 사회주의 진영은 1927년 1월 조선공산당 만주총국이 민족유일당운동에 대한 그들의 입장을 밝힌 '당만총지령 제4호'에 의거 개인본위 조직인 촉성회측에 가담한 것으로 보인다.[19] 양파로 나뉘어지게된 후 촉성회측 단체들은 협의회측을 거부하는 이유에 내해, 협의회측이 주장하는 단체본위로 유일당을 성립시킬 경우 중앙집권적이지 못하여 성공적인 혁명을 이룰 수 없기 때문이라 하고 있다. 촉성회측

---

[19] 京城地方法院檢事局, 「崔元澤等第一次間島共産黨事件押收文書譯文綴」, p.81. (金昌順·金俊燁, 앞의 책 4, p.343.에서 재인용)

의 주장은 민족유일당이 조국광복을 위한 힘을 발휘하려면 중앙집권화한 하나의 체제로 구축되어야 하는데 단체가 연합하여 黨을 구성하면 그 같은 체제를 구축할 수 없다는 것이었다.[20] 촉성회측의 논리에 대해서는 협의회측을 지지하는 정의부 간부 중에도 동조자가 있었다. 池靑天·裵活山 등이 협의회의 논리를 부정하고 촉성회측에 가담한 인물들이었다.[21]

한편 나뉘어진 이들 두 파는 이후 나름대로 유일당운동을 강구하게 되었다. 促成會는 먼저 일본 제국주의를 박멸하고 정치적·경제적으로 평등한 생활이 이루어질 수 있는 국가를 건설하기 위한 민족유일당을 설립하자는 취지를 발표하였다.[22] 그리고 1928년 5월 26일 개최된 在中韓人靑年同盟 창립대회를 통해 단체본위에 의존하여 協議機關의 명목 하에 民族唯一協同戰線黨을 조직하는 것에 반대하며 民族唯一黨在滿促成同盟과 각 지역 促成會를 지지할 것을 결의하였다.[23]

또 정의부를 중심으로 한 協議會에서는 ① 민족유일당 조직을 준비한다 ② 革命先烈의 유업인 朝鮮革命 완성을 위하여 적극적으로 분투 노력한다 ③ 全民族 각층에 공통된 정치적 불평을 추출하여 민족유일당으로 총 집중한다 등의 주장을 펼쳤다.[24] 이어 협의회는 군사·교육·노동·농민·청년·여성과 관련된 문제의 해결 방안을 강구하였다. 그리고 민족유일당의 기관지로 月刊인 《前衛》를 발간하는 문제와 처음 선출하였던 집행위원 중 黃基贊·李義太·金萬善·李東(道?)一 등은 促成會에 가입하였으므로 위원직을 취소하고, 金尙德은 자신이 辭意를 표함으로 이들을 대신하여 새로 李雨伯·金海成·陳爐·吳天甲을 집행위원으로 補選

---

20) 「昭和3年 9月 18日 朝鮮總督府 警務局長發信 外務省亞細亞局長宛, 全民族唯一黨組織에 關한 件」, 국사편찬위원회, 앞의 책 4, p.865.
21) 위의 자료, p.865.
22) 「昭和4年 4月 22日附 在支朝鮮人의 民族運動과 共産運動과의 關係」, 위의 책 4, p.876.
23) 黃敏湖, 「滿洲地域 民族唯一黨運動에 관한 硏究 - 唯一黨促成會議를 中心으로 -」, 崇實大學校 史學會, 앞의 책 5, p.181.
24) 「昭和3年 12月 3日, 선인 정의부 상황의 건」, 『독립운동사자료집』 10, p.406.

하였다.25) 또한 협의회가 이후 일을 추진하면서 지출해야 할 예산을 편성하고, 1928년 6월에는 18條에 달하는 協議會 規約까지를 정하여 발표하였다.26)

規約의 내용 중 특기할 만한 것을 보면 다음과 같다. 협의회의 의무는 민족유일당 조직의 籌備와 분립단체의 통일 및 분산된 혁명역량의 총집중에 있으며, 대중적 정치투쟁을 전개하고 지도한다. 협의회에는 代表大會를 결성하고 이미 선출한 집행위원으로 執行委員會를 구성하며, 집행위원 중 약간의 인사를 互選하여 常務執行委員會를 조직해 庶務・籌備・宣傳・經理 등의 부서를 만들어 사무를 집행한다. 그리고 協議會는 민족유일당이 조직될 때가지 존속시킨다는 것이었다.27)

협의회가 구성되고 난 후 정의부는 1928년 8월 24일부터 9월 4일까지 12일간 제5회 中央議會를 개최하여 정의부는 협의회를 지지한다는 사실을 공식 표면화 하였다. 中央議會의 결의가 있자 촉성회를 지지하는 입장인 지청천 등 5명의 간부들은 회의 도중 퇴장하여 불만을 보였고, 이후 이들은 촉성회측에 가담하여 활동하게 되었다.28)

지금까지 살펴본 대로 전만주 지역을 대상으로 민족유일당을 조직하기 위한 운동은 참가단체들의 의견이 합일되지 않아 결국 성공하지 못하였다. 하지만 이 운동에서 합일점을 찾지 못했다하여 만주지역 독립운동 단체들이 민족 통일전선 구축을 포기한 것은 아니다. 더욱 꾸준히 그 방안을 모색하였고 이후부터는 1925년부터 이룩하고자 노력하였던 정의・참의・신민부 등 3부를 통합시키려는 운동이 본격적으로 일어나게 되었다.

---

25) 「昭和3年 9月 18日 朝鮮總督府 警務局長發信 外務省亞細亞局長宛, 全民族唯一黨組織에 關한 件」, 국사편찬위원회, 앞의 책 4, pp.866-868.
26) 국사편찬위원회, 위의 책 4, pp.869-870.
27) 국사편찬위원회, 위의 책 4, pp.869-870.
28) 「昭和3年 10月 20日 朝鮮總督府 警務局長發信 外務大臣宛, 正義府中央議會開催狀況에 關한 件」, 국사편찬위원회, 위의 책 4, p.870.

2. 3府 統合運動과 正義府 해체

1) 3府 統合運動

민족유일당을 성립시키기 위한 운동이 협의회와 촉성회 등 두 파로 나뉘어지게 되자 협의회를 실질적으로 이끌었던 正義府는 통일에 대한 새로운 방향을 모색하였다. 정의부는 유일당운동에 참가하지 못했던 參議部와 新民府를 결속하여 3府 統一을 이루고자 하였던 것이다.

정의부는 1928년 9월 참의부와 신민부측에 연락을 취하여 吉林에서 3府 統一會議를 개최하였다.29) 그러나 이 회의는 처음부터 3府 대표들간에 여러 면에서 의견이 충돌되어 난관에 부딪쳤다. 즉 民族唯一黨運動 당시부터 團體本位組織論을 주장해 온 정의부측은 참의·신민 兩府와 가진 회의에서도 이를 계속 주장했던 것이다. 그러나 참의·신민부 兩府 대표들의 의견은 달랐다. 이들 두 단체도 정의부와 마찬가지로 남북만에서 군정부로서의 역할을 담당하긴 하였다. 하지만 세력은 정의부에 미치지 못하였다. 따라서 정의부의 주장대로 團體本位組織論으로 3부를 통합한다면 그 주도권은 정의부측으로 넘어갈 것이 당연하였다.

이런 이유로 참의부와 신민부측 대표들은 정의부의 주장을 반대하는 입장에서 다음과 같은 의견을 내놓았다.30)

① 新民府·參議部·正義府를 완전히 해체할 것.
② 過程組織으로서 잠시 그 殘務를 정리 청산할 것.
③ 促成會 대 協議會의 분규를 타파하고 全滿 일반의 大黨籌備를 실현

---

29) 「昭和4年 4月 22日 在支朝鮮人의 民族運動과 共産運動과의 關係」, 국사편찬위원회, 앞의 책 4, p.876.
30) 위의 자료, p.876.

할 것.
④ 移住民의 歸化를 장려하고 특수한 自治權을 획득할 것.

참의·신민부의 주장은 결국 促成會側의 의견대로 기존의 단체를 모두 해체한 채 구성원의 요소를 개인으로 하여 民族의 大黨을 조직하자는 것이다. 결국 두 단체의 주장은 정의부측의 주장과는 전면 반대되는 것이었다. 3부 통합운동은 그를 이루기 위한 첫 번째 조건에서 이 같이 제동이 걸렸다. 그러나 이 의견이 제기되고 정식으로 대표회의가 개최되기도 전에 회의에 참가한 參議部와 新民府側의 대표들에 대해 각 단체 내부에서 문제가 발생하여 통합운동은 더욱 복잡하게 되었다.

즉 신민부에서는 代表權抗爭問題, 참의부에서는 代表召還問題가 일어나게 된 것이다.31) 代表權抗爭問題란 신민부 내부에 형성되있던 民政派와 軍政派간의 대립에서 연유된 문제였다. 신민부는 1927년 2월 日警과 中國軍 1개 중대의 습격을 받아 중앙집행위원장인 金赫과 경리부위원장인 兪政根 및 본부 직원 수명이 피체되는 곤경을 당한 일이 있었다. 이 사건이 있고 난후 신민부 내부에서는 이후 노선에 대해 의견이 분분하였는데, 軍事部委員長인 金佐鎭을 비롯해 黃學秀·鄭信·白鍾烈·吳祥世·金宗鎭 등은 이 같은 큰 희생을 계기로 보다 적극적인 무장투쟁을 수행할 것을 주장하였다. 그런가하면 民事部委員長인 崔灝를 비롯한 金敦·李一世·文宇天·獨孤岳·崔學文 등은 신민부의 노선을 교육과 산업에 우선을 두고 시행할 것을 주장하였다. 이와 같은 신민부 내부의 갈등은 1927년 12월 25일 석두하자에서 개최된 총회에서 극에 달해 이들 두 부류는 결국 軍政派와 民政派라는 두 파벌을 만들어 갈라서게 되었다. 이후 두 파벌은 각기 자신들의 조직이 신민부 본체임을 주장하며, 軍政派는 寧安縣의 密江 新安鎭에 본부를 두고 활동하였고 民政派는 同賓縣 小亮子河 農坪에 본부를 두고 활동하였다.32)

---

31) 위의 자료, pp.876-877.

이러한 갈등 속에서 3府 통합회의에 참가한 신민부 대표는 민정파에 속한 金墩이었다. 따라서 군정파에서는 金墩의 대표성을 부인하고 통일회의에 異議를 제기하였다.33) 신민부 군정파의 문제 제기에 따라 총체적인 대표권을 인정받지 못한 대표가 참석한 통합회의는 의미가 있을 수 없었다. 정의부에서는 이 문제에 대해 다음과 같은 타협안을 내어 신민부 내부에서 자체적으로 해결해 줄 것을 요구하였다.34)

① 代表問題를 무조건 타협할 것
② 타협이 불능할 때는 쌍방이 함께 출석할 것
③ 위 두 항을 실행하기 곤란할 때는 심사기관에서 정할 것

정의부의 타협안에 대해 신민부의 민정파는 ①, ②항에는 반대하지만 ③항은 찬성한다고 하였다. 그러나 군정파의 경우는 이들 타협안 전부를 반대하여 결국 해결의 단서를 찾지 못하였다.

한편 참의부 대표에 대해 제기된 대표소환문제란 다음과 같다. 이 문제는 참의부 본부에서 제기한 것으로 회의에 참석한 참의부 대표 중 한 사람인 金篠廈는 反動 敵探이니 그에게 사형 판결을 내리고 그 집행권한을 정의부에 위탁한다는 것이었다. 그와 함께 회의에 참가한 다른 대표들에게는 본부로 소환 명령을 내려 대표권을 무시해 버렸다.35) 따라서 참의부로부터 金篠廈 처분권에 대한 권한을 위임 받은 정의부측에서는 참의부 내분에 대한 진위를 가리고자 대표 중 한 사람인 金承學(일명 : 金希山)에게 질의를 하였다. 이에 김승학은 오히려 본부에 있는 者들이 김소하를

---

32) 신민부의 軍政・民政 兩派의 대립에 대해서는, 朴桓,『滿洲韓人民族運動史硏究』, 一潮閣, 1991. 9, pp.176-183. 참조
33)「昭和4年 4月 22日, 在支朝鮮人의 民族運動과 共産運動과의 關係」, 국사편찬위원회, 앞의 책 4, pp.876-877.
34) 위의 자료, p.877.
35) 위와 같음.

모함하는 것이라 진술하였다. 게다가 이러한 일이 벌어지자 김소하는 자진하여 대표권을 포기해 버렸다. 김소하의 의사표명이 있자 3부의 대표들은 그를 뺀 나머지 참의부 대표들과 회의를 진행하기로 결정하였다.36)

이로써 참의부측의 대표소환문제는 일단락되었다. 그러나 신민부의 代表權抗爭問題는 여러 안이 제기 되었지만 결국 해결되지 못하였다. 따라서 정의부측은 협의회를, 참의·신민부측은 촉성회측을 지지하여 서로 대립되는 점이 있었으나 이를 극복하고 3부 통합을 달성키 위해 개최하려 했던 통합회의는 본회의를 개최하지도 못한 채 결렬되고 말았다. 3부의 대표들은 1928년 11월초 통합회의가 결렬되었음을 발표한 후 해산하고 말았다.37)

2) 革新議會 및 國民府의 성립과 正義府의 해체

1927년 초부터 일기 시작했던 재만 한국 민족운동계의 민족유일당운동은 우여곡절 끝에 3부 통합운동에까지 이르렀지만 만족할 만한 성과를 거두지 못하였다. 단지 1928년 5월 樺甸縣과 磐石縣 등을 오가며 개최된 회의의 결과로 나온 단체본위조직론을 주장하는 全民族唯一黨協議會와 개인본위조직론을 주장하는 全民族唯一黨促成會 등 두 파가 생겨나는 결과만 초래하였다.

따라서 재만 민족운동계는 1928년 11월, 3부 통합운동이 결렬되고 나자 이 두 파를 중심으로 헤쳐 모이는 양상을 갖게 되었다. 즉 재만 민족운동계의 인사들은 지금까지 자신들이 속해 있던 단체에 미련을 버리고 이 두 계열 중 어느 하나를 택해 소속되기 시작하였던 것이다. 소속 단체를 부정하고 개인별로 가담하여 중앙집권적 체제의 유일당을 만들기를

---

36) 「昭和4年 11月 26日 朝鮮總督府警務局長發信 外務省亞細亞局長앞, 國民府第1回 中央議會開會의 件」, 국사편찬위원회, 앞의 책 5, p.727.
37) 위의 자료, p.728.

원하는 인사들은 촉성회에 가담하였고, 기존의 단체를 유지하며 유일당을 조직하기를 원하는 인사들은 협의회에 가담하였다. 하지만 이러한 움직임은 두 계열로 갈라지면서 기존의 단체가 완전히 분해 해체되는 결과를 가져와 결국 전만주의 유일당은 성립시키지 못한 채 촉성회측의 주장대로 개인이 주체가 되어 새로운 세력을 형성하는 형세가 되고 말았다.

정의・참의・신민부 등 3부가 통합을 절실히 바라면서도 이 같이 통합되지 못하고 두 파로 갈라지게 된데에는 여러 가지 이유와 원인이 있었다. 그 중에서도 두드러진 점은 유일당 결성 방법의 차이라기보다는 각 부 내부 구성원들이 이전부터 가지고 있던 상호간 갈등과 대립이 통일운동을 계기로 표출되었다는 것이다. 그리하여 통일보다는 분열의 양상으로 나타나게 된 것이다.

즉 新民府의 경우 民政과 軍政 양파의 분쟁이 3府 통일회의를 결렬시키는 큰 원인이었다. 신민부 내의 내분은 통일회의가 결렬된 후에도 계속되었음은 물론이고 오히려 더욱 치열해졌다. 3부 통일회의가 결렬되었다는 정식 통고가 있기 전인 1928년 10월 20일 賓州에서는 신민부의 관할 한인 4, 50명이 회합하여 회의를 하고 있었다. 이 회의는 한인의 자위를 강구한 것이었다. 그런데 金佐鎭이 이끄는 군정파에서는 이 회의를 민정파가 그들을 음해하기 위해 주최한 비밀회의로 오해하였다. 따라서 군정파에서는 회의장소에 武裝隊를 파견해 회의 책임자인 黃赫 등 수명을 사살하고 다수의 한인들에게 중경상을 입혔다.38)

이와 같은 불화가 있자 1928년 11월 하순 寧安縣에서는 민정파를 지지하는 신민부 관할의 6개 縣 16지역의 한인들이 회합하여 北滿住民大會를 개최하고 빈주에서 있었던 군정파의 행위를 성토하였다. 그리고 군정파의 지도자인 金佐鎭에게 모든 책임을 물으며 그를 사형에 처한다는 선고를 내리기까지 하였다.39) 3부 통일회의 이전부터 있었던 신민부 내부의 갈등

---

41) 「昭和4年 4月 22日, 在支朝鮮人의 民族運動과 共産運動과의 關係」, 국사편찬위원회, 앞의 책 4, pp.877-878.

은 이 같이 악화되어 한 단체내에서 서로간에 적대시하는 관계로까지 변하게 되었던 것이다.

그런가하면 정의부의 경우는 앞에서 살폈다싶이 1928년 5월 민족유일당 회의가 개최되면서 간부간에 협의회 및 촉성회 등으로 나뉘어지는 모습을 보였다. 이후 정의부는 두 파의 분열이 더욱 극심해져 완전히 대립되는 국면을 맞게 되었다. 촉성회를 지지하는 인사들인 金東三・李鍾乾・金尙德 등은 정의부 협의회측과 완전히 관계를 끊고 1928년 11월 중순 반석현에서 민족유일당 명의로 同盟規約을 발표하고 동맹원의 모집에 노력하였다.40) 이어 이들은 계속해서 같은 해 12월 자신들과 뜻을 같이하는 朴根植・金萬全・孫一武・孫好儀 등과 韓僑同鄉會・高麗同鄉會 등을 조직하여 반석현과 화전현 등에서 군자금을 모집하는 한편 촉성회에 뜻을 같이 하는 동지를 모집하는데 전력하였다.41)

정의부내 촉성회측 인사들의 행동에 대해 협의회를 지지하는 인사들은 심한 불만을 보여 이들을 반동분자라 공격하며 분열된 실상을 보이게 되었다. 그러나 정의부 또한 이같이 내부의 인사들이 분열되게 된 것은 전민족유일당운동을 계기로 급속히 일어난 것은 아니었다. 이미 1925년 후반 臨政과 새로운 관계를 모색하는 과정에서 중앙집행위원회와 중앙의회 간에 서로를 불신하고 해산시키는 등 갈등을 보인 적이 있었다. 또 이 두 최고기관의 대립 결과로 1926년 1월 성립된 軍民代表會 이후부터는 간부들간에 민정활동과 군정활동 양자 중 어느 것에 더 치중하느냐 하는 문제로 갈등이 있어 오기도 했다. 따라서 정의부도 어떤 면에서는 그 정도의 차이는 있었지만 신민부와 마찬가지로 이전부터 독립운동 노선의 차이에서 생겨났던 구성원 상호간의 인간적인 갈등이 동일회의를 계기로

---

39) 위의 자료, p.877.
40) 慶尙北道警察部, 『高等警察要史』, p.127.
41) 「朝保秘第1329號 昭和4年 7月 4日, 正義府現幹部系檄文配布ニ關スル件」, 朝鮮總督府警務局, pp.4-5.

노골화된 것으로 판단된다.

參議部의 경우 또한 통일에 대한 방법론 때문에 일시적으로 내부적 분열이 일어난 것이 아니다. 정의·신민부와 마찬가지로 참의부도 軍政府로서 재만한인을 기반으로 자치활동과 항일무장투쟁을 전개한 단체임은 분명하다. 그러나 참의부는 성립 초기 다른 두 군정부 보다는 무장활동에 적극적이었다. 때문에 참의부는 일제 무장대의 주 공격 대상이 되었으며, 1925년 2월 27일에는 輯安縣 古馬嶺에서 참의장 崔錫淳 이하 간부들이 회의를 하던 도중에 일제 초산경찰대의 기습공격을 받고 극심한 피해를 입었다.42) 일제의 기습을 받은 후 참의부는 그 원인이 2중대장 홍석호가 일제에 밀고했기 때문이라 하여 서로간 살생하는 분란이 일어났다. 그리고 1925년 6월 中·日간에 삼시협정이 체결된 후에는 무장투쟁위주의 참의부가 특히 표적이 되어 더욱 심한 탄압을 받아야 했다. 이러한 이유로 참의부 내부에서는 자치활동에 치중하면서 점진적인 무장활동을 전개하자는 측들이 생겨나게 되었다. 이들 새로운 주장을 펼치는 측과 무장활동위주의 路線을 주장하는 측들간에는 시간이 갈수록 갈등이 생겨나게 되었다. 따라서 참의부 또한 내부적 갈등 속에서 3부 통합을 위한 회의에 참가하게 되었고, 그 과정에서 내부의 분열이 한층 노골화되었던 것이다. 참의부는 이러한 분열로 마침내 일부가 3부 통합회의가 결렬되었다는 발표가 나기도 전인 1928년 10월 기존의 재만 친일파들과 협조하여 친일단체인 鮮民府라는 단체를 조직해 이탈하기까지 하였다.43)

이와 같이 3부는 통합회의가 있기 전에 이미 내부적인 분열의 모습을 보이고 있었다. 이들 구성원들간에는 같은 단체에 속해 있으면서도 그 이념과 노선이 달랐기 때문에 언젠가는 분열될 소지를 가지고 있었던 것이다. 그리고 그들의 자치활동위주 또는 무장활동위주를 주장하는 이념과

---

42) 「大正15年 5月 在外不逞鮮人ノ槪況」, 앞의 자료, pp.86-88.
43) 「昭和4年 9月 21日, 한족동향회 내경에 대하여」, 獨立運動史編纂委員會, 앞의 자료집 10, pp.414-417.

노선의 차이는 생존과 관련된 것이었기에 분명하고 확고한 것이었다.44) 어떤 면에서는 3부 통합회의는 통합을 위한 것이라기 보다는 3부 구성원 각자가 가진 주장을 분명히 들어내게 하는 계기가 되었던 것이다.

　3부 내부 구성원들의 이 같은 성향으로 1928년 11월 3부 통합회의 결렬이 있고난 후 민족운동자들은 서로 이념이 일치하는 인사들끼리 기존 단체에 구애받지 않고 분열과 회합을 시작하였다. 그리하여 1928년 12월 하순에는 정의부의 인사 중 촉성회를 지지하는 측과 신민부의 軍政派 및 참의부의 일부가 연합하여 革新議會를 조직하였다.45) 이 단체는 새로운 정식의 기관을 조직하기 전까지 약 1년 이내 운영될 과도기적인 임시기관이었다. 과도기 기관이기는 하였지만 이 단체는 체계적인 일을 추진하기 위해 중앙 집행기관을 구성하였다. 중앙집행위원장에는 金元植이 선임되고 동위원에는 金承學・池靑天・鄭信 등이 선출되었다.46) 이러한 혁신

---

44) 그러나 3부 구성원들 중 모두가 자치활동위주, 또는 무장활동위주를 주장하기 때문에 협의회 또는 촉성회를 지지한 것이 아니다. 협의회와 촉성회는 앞에서 설명했다 싶이 민족유일당을 조직하기 위한 방법론 때문에 구분된 것이지 민족유일당을 조직한 후 노선까지를 표명한 것은 아니다. 따라서 3부 통합회의 이후 협의회 또는 촉성회를 지지하는 인사들 중에는 무장활동 또는 자치활동을 위한 노선 때문이 아니라 이 두 계열이 주장하는 통합방식 중 어느 한쪽을 적극 찬성해서 지지한 인사들도 있었을 것으로 보인다.
45) 「昭和4年 4月 22日, 在支朝鮮人의 民族運動과 共産運動과의 關係」, 국사편찬위원회, 앞의 책 4, p.878.
46) 위의 자료, p.878. 다른 한 일제측의 기록(「平北高第5136號, 昭和4年 3月 24日, 治安維持法違反者身柄引受ノ件」, p.22.)에 의하면 혁신의회의 간부 명단은 다음과 같다.
　　- 中央執行委員長 : 金元植,　軍政整理委員 : 黃夢虎(이명 : 黃學秀)
　　　民政整理委員 : 金承學,　財政整理委員 : 金東三
　　第1分會 軍政整理委員 : 朴昌植,　第1分會 民政整理委員 : 李永熙
　　第1分會 財政整理委員 : 朴希彬
　　第2分會 군정정리위원 : 池靑天,　第2분회 민정정리위원 : 李光民
　　제2분회 재정정리위원 : 李貫一
　　제3분회 군정정리위원 : 委某,　제3분회 민정정리위원 : 朴某
　　제3분회 재정정리위원 : 鄭潤
　　(군정・민정・재정 등을 정리하기 위해 3개 분회가 설치된 것과 각 분회

의회의 주요업무는 ① 大黨促成의 적극적 幇助 ② 軍事後援 및 敵勢侵入 방지 ③ 합법적 中國地方自治機關(同鄕會) 조직 ④ 殘務整理 등 이었다.47) 그리고 이들 업무를 효율적으로 처리하기 위해 기존 3부의 관할지역을 잠정적인 행정구역으로 개편하였다. 前參議部의 관할구역은 南區, 池靑天·金東三 등이 3부 통합회의 이후 정의부를 이탈하여 조직한 在野革命黨이 관할했던 지역은 中區, 前新民府의 관할지역은 北區로 정하여 혁신의회가 통할하기로 하였다.48)

이어 혁신의회는 1928년 5월 중순에 개최된 전민족유일당조직을 위한 회의시 협의회 및 촉성회 어느 쪽에도 가담하지 않고 중도적 입장인 者들이 조직한 期成會의 인사들과 통합하여 민족유일독립당재만책진회를 조직하였다. 策進會는 혁신의회의 裏面 기관 역할을 하면서 유일당의 촉성을 기하기 위한 조직체였다. 책진회의 중앙집행위원장에는 金東三, 同委員에는 金佐鎭·全盛鎬 등이었으며 활동 방침은 다음과 같았다.49)

① 一般 構成分子를 策勵하여 黨의 集成土臺에 奮鬪시킬 것.

위원들의 출신 단체들로 보아 이들 분회는 3부의 군정·민정·재정을 정리하여 새로운 단체로 이관할 업무를 행한 것으로 보여진다. 제1분회는 참의부, 제2분회는 정의부, 제3분회는 신민부에 관련된 업무를 수행한 것으로 판단된다.)
47) 「昭和4年 4月 22日, 在支朝鮮人의 民族運動과 共産運動과의 關係」, 국사편찬위원회, 앞의 책 4, p.878.
48) 丁原鈺,「在滿 抗日獨立運動團體의 全民族唯一黨運動」,『白山學報』제19호, 白山學會, 1975. 12, p.208.
49) 「昭和4年 4月 22日, 在支朝鮮人의 民族運動과 共産運動과의 關係」, 국사편찬위원회, 앞의 책 4, p.878. 다른 일제측의 기록(「昭和4年 3月 24日 平北高第5136號, 治安維持法違反者身柄引受ノ件」, p.21.)에 의하면, 책진회의 간부 명단은 다음과 같다.
 ― 중앙집행위원장 : 金東三,
  중앙집행위원 : 金承學·金佐鎭·李白山(池靑天)·朴昌植·黃夢虎(黃學秀)·金是也(金宗鎭)·鄭潤·金篠夏·李貫一·金東山·金萬善·金尙德·李光民·全盛鎬·金元植·李某

② 조선의 혁명에 대한 理論을 전개하여 滿洲運動의 內在的 矛盾을 정리하고 大黨 촉성의 준비에 노력할 것.
③ 大黨이 아직 성립하기 전 過渡期에 있어서 악독한 魔手의 침입을 방지하는 한편 소위 滿蒙侵掠 積極政策을 排除할 것.

촉성회측의 주도로 임시기관이긴 하지만 革新議會가 조직됨에 따라 3부가 주도해 온 만주지역 한인 민족운동계의 활동구도는 일단 깨어지기 시작하였다. 따라서 혁신의회에 가담하지 않고 3부에 남은 세력과 그들을 지지하는 세력들도 새로운 통합체를 구성하기 위해 심혈을 기울였다. 이 일을 가장 주도적으로 처리한 세력은 정의부 계통의 인사들이었다. 정의부는 민족유일당 회의 이후인 1928년 8월 24일부터 개최된 제5회 중앙의회에서 단체의 명의로 협의회를 지지한다는 결정을 내린 바가 있었다. 협의회를 지지한 세력은 정의부 주도세력과 신민부의 민정파계통 그리고 참의부에서는 沈龍俊·崔在京·李永熙·朴大浩 등이 통솔하는 한 세력이었다.50)

협의회측 인사들은 3부 통합회의가 개최될 무렵인 1928년 9월에 이미 정의부의 주도로 민족유일당을 추진하기 위해 조직했던 '民族唯一黨組織同盟'을 기반으로 통일운동을 펼쳐나갔다. 협의회측은 촉성회가 1928년 12월에 혁신의회를 성립시키자 민족유일당조직동맹 주최로 그 동안 협의회에 동조한 참의부 및 신민부의 인사들과 1929년 1월 26일 吉林에서 중앙집행위원회를 개최하였다.51) 이 회의에서 민족유일당조직동맹은 대표로 현익철과 김이대를 선출하고, 주석단으로는 高豁信·金履大·黃起龍(본명 : 金燦)을 선임하였다. 그리고 8개의 집행부서를 조직하고 위원을 임명하였는데 명단을 보면, 정치부위원 玄正卿, 조직부위원 金履大, 선전부위원 辛日鎔, 군사부위원 李基德, 경리부위원 高豁信, 노동부위원 崔芝

---

50) 「昭和4年 9月 21日, 한족동향회 내경에 대하여」, 독립운동사편찬위원회, 앞의 자료집 10, p.415.
51) 이 중앙집행위원회의는 제2회였다.

文, 청년부 및 부인부위원 黃起龍 등이었다.52)

이어 민족유일당조직동맹은 제1회 집행위원회의에서 작성했던 강령과 규약을 개정하고, 당면 정책을 결정하였다. 그에 의하면 이 동맹은 재만 한인의 자치를 발전시키기 위해 중국 당국이 인정하는 합법적 기관을 설치하여 한인의 공민권획득, 한인을 위한 특수교육기관 설치, 자치행정 등을 실천하도록 한다는 것이었다. 조직은 區·縣·省·中央의 4단계로 하고 민주주의적 중앙집권제로 한다는 방침을 정하였다. 또한 1928년 9월에 이미 조직된 '東省歸化韓族同鄕會'를 기본조직으로 해 이 자치기관을 발전시켜 완성한다는 것이었다.53)

이와 같이하여 협의회 최초 조직인 민족유일당조직동맹의 통일전선 구축을 위한 진용이 갖추어졌다. 그런데 이들 간부 중 辛日鎔·黃起龍과 같은 사회주의자들이 함께 임명된 것은 주목되는 바이다.54) 구성 간부의 이러한 성분 때문에 이 동맹은 무산 대중을 결집시키는 방식과 같은 이 시기 공산주의 단체의 방침을 취하기도 했다. 이 동맹이 朝鮮革命黨으로

---

52) 「朝保秘第844號 昭和4年 4月 26日, 民族唯一黨組織同盟ノ委員會議ニ關スル件」, pp. 1-3.
53) 위의 자료, p.6.
54) 辛日鎔은 국내에서 조선일보 기자를 하다가 筆禍事件으로 사표를 내고 1925년 11월 상해로 건너갔다. 상해에서 그는 1926년 2월 4일부터 1주일간 留滬韓人學友會에서 막스사상 講座를 개최하여 강연한 바 있으며, 만주로 온 뒤에는 신민부 중앙간부와 민족유일당조직동맹 선전부위원(1928,9년), 조선공산당 재건설준비위 만주부 중앙위원(1929년) 등을 역임하였다.(「高警第882號 大正15年 3月 15日, 上海ニ於ケル辛日鎔ノマルクス講座開始ニ關スル件」, 아연필 100-4-033, pp.759-774. 및 張世胤,「在滿 朝鮮革命黨의 成立과 주요 구성원의 성격」,『한국독립운동사연구』제10집, 독립기념관 한국독립운동사연구소, 1996. 12, pp.114-115. 참조)

황기룡은 본명이 金洛俊이고 이명이 金燦이다. 그는 1923년 고려공산청년회 중앙간부, 1925년 조선공산당 선전부장 및 고려공산청년회 중앙위원, 1926년 조선공산당 임시상해부 책임, 1927년 조선공산당 만주총국(화요파) 책임비서를 거쳐, 1928,9년에는 정의부 중앙집행위원과 민족유일당조직동맹 청년부 및 부인부위원에 선임되었고 이어 국민부의 중앙집행위원을 역임하였다. (張世胤, 위의 논문, p.115. 참조)

Ⅷ. 民族唯一黨運動과 正義府의 해체 363

발전한 뒤 당과 정치의 업무를 담당한 國民府와 軍事의 업무를 담당한 朝鮮革命軍의 진로를 둘러싸고 내부 갈등을 일으켰던 것은 지도부의 이러한 성분 때문이기도 하였다.55)

민족유일당조직동맹을 3부 합동에 의해 강화한 후 협의회측은 1929년 3월 하순 길림에서 3부 대표자회의를 개최하였다. 이 회의에는 정의부의 대표로는 이동림・현익철・고이허・고활신・최동욱・이탁, 참의부 대표로는 沈龍俊・林炳武・劉光屹, 그리고 신민부의 대표로는 李敎元 등이 참여하였다.56) 이들 대표들은 며칠에 걸친 회의를 한 결과 통일된 새로운 조직체를 결성하자는데 합의하였다. 그리하여 동년 4월 1일 삼부통일회의 명의로 선언문을 발표하고 國民府를 성립시켰다.57) 그러나 이 새로운 통합체인 국민부는 4월 1일자로 강령과 헌장을 제정하고 성립을 정식으로 선포하였지만, 3부의 명칭은 계속유지하다가 국민부의 집행위원회가 성립될 때에 취소하기로 하였다.58) 국민부의 성립으로 3부통일회는 해체되고 이후부터 중앙집행위원회가 조직될 때까지는 이동림・이교원・심용준・현익철・고이허 등 5인을 대표위원으로 선정하여 통일을 위한 잔무를 처

---

55) 張世胤, 『在滿 朝鮮革命黨의 民族解放運動 研究』, 成均館大學校大學院 博士學位 請求論文, 1996, pp.60-61.
56) 慶尙北道警察部, 앞의 책, p.128. ;「昭和4年 11月 26日附, 國民府 第1回 中央議會開會의 件」, 국사편찬위원회, 앞의 책 5, p.730. ;「在滿抗日運動團體」, 같은 책, p.731. ;「朝保秘第2069號 昭和 4年 11月 26日, 國民府第1回中央議會ノ顚末ニ關スル件」, p.3
57)「昭和6年 5月末, 國民府ノ狀況」, pp.3-7.
58)「三府統一會 會錄」, p.12. 따라서 張世胤은 그의 학위 논문(張世胤, 앞의 학위 청구 논문, pp.66-67.)에서 국민부의 성립 및 3부의 해체시기를 1929년 9월 20일이라고 주장하였다. 그의 견해에 의하면 三府統一會의 명의로 국민부가 조직되었다고 선언 된 것은 4월 1일이지만, 국민부의 헌장에 따르면 중앙집행위원회의 결의는 중앙의회의 승인을 얻어야 효력을 발휘할 수 있다는 것이다. 그런데 국민부의 중앙집행위원회는 그 해 5월에 개최되고 그 때까지 3부의 명칭과 기능이 그대로 남아있었으며, 제1회 중앙의회는 9월 20일에야 개최되어 국민부의 명칭을 승인하므로 그 날을 국민부의 성립일로 해야 한다는 주장이다.

리토록 하였다.59) 이어 다음과 같은 국민부 중앙집행위원 23인을 선출하였다.60)

- 국민부 중앙집행위원
  梁在(基의 오기로 보임-필자주)河・李英熙・金燉・獨孤岳・宋相夏・崔日五・金履大・黄起龍・李雄・金學善・金觀雄(冠戎의 오기로 보임-필자주)・李震卓・文學彬・金球・沈龍俊・崔敬文・李東林・玄益哲・尹相典・張志浩・李成根・高而虛・任圭煥

그리고 중앙집행위원들은 1929년 5월 28일 제1회 중앙집행위원회를 개최하여 다음과 같이 위원장을 선임하고, 각 부서를 정하여 책임자들을 선출하였다.61)

中央執行委員長 : 玄益哲
地方部執行委員 : 金履大, 軍事部執行委員 : 李雄
敎養部執行委員 : 梁起(基의 오기로 보임-필자주)河,　財務部執行委員
　　　　　　　 : 李東林
外務部擔任委員 : 金冠戎・獨孤岳・宋尙夏・沈龍俊・李辰卓・李成根・李英熙・文學彬・金燉 外 10명
警務課長 : 金球,　中央査判所長 : 李成根
中央檢理長 : 李雄

이와 같이 구성된 이들 집행위원들을 3府의 출신별로 나누어 보면 다음과 같다.62)

---

59) 위의 자료, p.12.
60) 위의 자료, p.7.
61) 「昭和6年 5月末, 國民府ノ狀況」, pp.6-7.
62) 위의 자료, p.6.

① 정의부계통 : 玄益哲 · 金履大 · 黃起龍 · 李雄 · 金學善 · 金冠戎 ·
　　　　　　　李辰卓 · 文學彬 · 金球 · 崔敬文 · 李東林 · 尹相典 ·
　　　　　　　張志浩 · 李成根 · 高而虛
② 신민부계통 : 金燉 · 獨孤岳 · 宋尙夏 · 李英熙
③ 참의부계통 : 梁起(基의 오기로 보임-필자주)河 · 黃起龍 · 崔日五 ·
　　　　　　　林圭煥

　이들 중앙집행위원들의 출신을 보면 23인 중 정의부계통이 15명으로 참의 · 신민부의 출신들보다는 단연 많은 비율을 차지하고 있다. 이로 보아 국민부는 정의부에 의해 주도적으로 성립되었음을 알 수 있다. 국민부를 성립시키기 위한 최초의 회합체였던 협의회도 정의부가 주도하였고, 또 정의부 자체에서도 중앙의회의 결의사항으로 협의회를 지지하였었다. 그 같은 정의부의 주도적인 면은 국민부가 성립될 때까지 큰 변동이 없었던 것이다. 단지 민족유일당운동 초기부터 촉성회를 지지했던 지청천 · 김동삼 · 김원식과 같은 몇몇 인물만이 촉성회에 의해 성립된 혁신의회에 가담하였다. 국민부는 정의부 인사들의 주도에 의해 성립됨에 따라 주 근거지도 자연 정의부의 관할지역인 南滿이 되었다. 반면 국민부보다 먼저 성립되어 만주 전체를 南區 · 中區 · 北區로 정하여 관할하려 했던 혁신의회는 국민부가 남만지역을 관할지역으로 정하자 北滿을 주 활동근거지로하여 조직을 재편하게 되었다.63)

　지금까지 살펴본 바대로 전만주를 총괄하기 위한 민족유일당운동은 그 근본적인 목적은 이루지 못하였다. 하지만 약 2년간에 걸친 민족 통일전

---

63) 「昭和6年 1月 19日, 昭和 5年 길림지방 조선인 사정에 대한 건」, 독립운동사편찬위원회, 앞의 자료집 10, p.470. ;「朝保秘第169號 昭和5年 2月 17日, 韓族總聯合會ノ現狀及同會規約, 保安條例並ニ地方農務協會規程ニ關スル件」, pp.1-4. 1년 이내의 한시적인 임시단체로 조직된 혁신의회는 1929년 5월 해산되고, 이후 촉성회의 업무는 民族唯一黨在滿策進會에서 시행하였다. 이어 촉성회측 인사들은 모든 업무와 인원을 北滿의 寧安 · 五常縣 등으로 옮겨갔다가, 같은 해 7월에 韓族總聯合會를 조직하였다.

선 구축을 위한 운동은 정의·참의·신민부 등 3부의 시대를 끝맺음하고 혁신의회와 국민부라는 2개의 새로운 통합단체가 조직되도록 하였다. 이후 이들 2개의 단체는 여러 변모를 거치며 재만 한인의 민족운동을 이어갔다.

IX. 結 論

 正義府는 1920년대 중후반 하얼빈 이남의 광대한 남만지역을 근거지로 해 활동한 韓民族의 軍政府였다. 정의부는 抗日을 위한 최고의 方略을 이전의 다른 在滿 獨立軍團들 같이 무장투쟁에만 두지 않았다. 그렇다고 무장투쟁을 소홀히하고 韓民族의 經濟的 復興이나 敎育振興같은 실력양성만을 고집하지도 않았다. 정의부는 나라 잃은 한국인들에게 가장 절실한 두 가지를 동시에 실천코자 하였다.

 독립군기지 개척이래 재만 독립군들은 무수한 희생을 감내하며 독립전쟁을 수행하였다. 물론 독립군들의 그 같은 노력은 일정한 성과를 거두어 한민족의 조국 광복에 대한 열의를 이어지게 하였다. 하지만 갈수록 武力을 키워 가는 軍國主義 일본을 물리치고 조국 독립을 쟁취하기에는 아직 요원하였다.

 따라서 정의부는 在滿 獨立軍團들이 유일한 민족적 지상 목표로 삼았던 무장투쟁을 줄기차게 이어는 가되 실력양성에도 노력을 기울여 抗戰의 기반을 구축코자하였던 것이다. 그리하여 비록 국토는 침략자들에게 잃었지만 민족의 역량만은 계속 축적하여 장기적인 무장투쟁을 전개할 계획이었다.

 정의부는 1920년대 중반 남만에서 큰 세력을 가진 단체들의 통합체였다. 통합에 가담한 8개 단체 중 西路軍政署・統義府・光正團・義成團 등 4개 軍團은 통합하기 전까지 상당한 武力을 보유하고 항일활동을 펼쳤다. 게다가 통의부와 광정단은 그 자체가 統合軍團이었다. 통의부의 경우는 비록 구성원 중 일부가 義軍府와 參議部 등을 조직하여 이탈한 이력을 가지고 있으나 경신참변 이후 성립된 최대의 통합군단이었다. 그리고 이미 자치와 항일을 실시한 경험을 가진 단체였다. 광정단은 長白縣의 諸軍團을 통합하여 1922년 4월에 성립된 군단이다. 장백현은 백두산 西麓의 압록강과 접해있는 지세가 험악한 지역이었다. 때문에 이 지역은 일찍부터 한국 독립군들이 근거지를 구축하고 수많은 국내진입전을 전개하였다. 특히 광정단에 가담한 군단 중 가장 활발한 무장투쟁력을 떨쳤던 大韓獨立軍備團의 주 활동지역이었다. 그밖에 興業團・大震團・太極團・光復團 등도 장백현에 조직적인 항전기지를 구축하고 활동했던 군단들로 이들이 통합하여 이룬 광정단은 일제가 무시할 수 없는 항일세력이었던 것이다.

다음 서로군정서는 1911년 성립된 耕學社를 비롯해 扶民團・韓族會 등이 조성한 남만 韓人社會를 바탕으로 조직된 군단이었기 때문에 그 기반이 굳건하였다. 그런가 하면 의성단의 경우는 다른 독립군단들 보다 늦게 성립되었지만 항일정신이 투철한 團長 片康烈의 지휘 아래 吉林・長春・하얼빈 등 대도시를 중심으로 항일전을 활발히 펼친 이력을 가진 군단이었다.

이와 같은 무력 군단들 외에 固本契・吉林住民會・卡倫自治會・勞動親睦會 등은 이주 한인사회를 이끌어 왔던 자치단체들이었다. 이들 단체들은 비록 항전을 위한 무력은 보유하지 못했지만 이주한인들을 위해 경제부흥이나 교육 진흥을 위한 방법론을 제시해 주고 이끌 수 있는 지도력이 있는 단체들이었다.

正義府는 독립전쟁을 조국 독립을 위한 최선책으로 한 민족운동자들의 총의가 모아져 성립된 統合 軍政府였다. 본문에서 설명했다시피 정의부 성립 이전인 1921년 北京에서는 朴容萬・申肅 등에 의해 軍事統一會議가 결성되어 한민족의 항일 무력을 통일해야 된다는 움직임이 있었다. 또 1923년초에는 上海에서 國民代表會議가 개최되어 민족의 대결집을 도모하였다. 이들 운동은 민족운동자들간에 상호 의견 불일치로 큰 성과를 거두지는 못하였다. 하지만 이 운동들에서 주도적인 위치에 있었던 在滿 獨立運動系 대표들과 그를 지지하는 인물들은 만주지역 무장세력만이라도 통일을 이루기 위해 1923년 9월부터 小綏分軍事聯合會議·樺甸縣會議·額穆縣黑石屯會議 등을 개최하였다. 그리고 1924년 3월에는 이들 회의를 구체화 시켜 全滿統一會議籌備會를 발족하여 노력한 결과 같은 해 11월 24일 정의부를 성립시켰다. 정의부가 성립되기까지 이 같은 과정은 이 단체가 국내외 민족운동가들의 발의가 결실을 맺어 탄생했음을 말해주는 것이다.

정의부는 그 규모면 에서는 미치지 못했지만 한 국가에 버금가는 기구와 기능을 가진 조직을 갖추었다. 정의부의 중앙 및 지방조직은 체계·조직 및 인물의 구성에서 다음과 같은 특징을 보이며 남만의 한인사회를 관할하는 자치활동과 조국 독립을 위한 항일활동을 펼쳤던 것이다.

첫째, 立法·司法·行政의 체계를 갖춘 3권 분립의 조직이었다. 입법의 기능을 가진 中央議會에서 법률을 제정하면 행정부에 해당하는 中央行政委員會와 그 소속의 民事·軍事·法務·學務·財務·交通·生計·外務 등 8개 부서는 이를 공포·집행하였으며, 사법부에 해당하는 査判所에서는 관할 府民의 준법사항을 심판하였다. 이 같은 3권 분립 체계는 관할 각 지방에도 설치되어 중앙과 지방이 연계되어 조직의 기능이 펼쳐지도록 하였다.

둘째, 중앙 행정조직은 한 국가의 체계에 비견될 만큼 방대했고 다양한 기능을 수행하였다. 중앙행정위원장·비서장 및 약간의 비서로 구성된 幹政院은 비서실 기능을 가진 기관이었다. 그리고 중앙행정위원회 위원들이 책임자가 되어 이끈 8개 부서는 각각 다음과 같은 업무를 담당하였다. 민사부는 지방자치·경찰·위생·종교·결사에 관한 업무를 관장하였고, 군사부는 義勇軍司令部와 軍行政을 집행할 軍事·參謀·訓育·軍法·軍需 등의 課를 두고 항일 무장투쟁을 주도하고 실천하였다. 법무부는 司法府에 해당하는 사판소를 관할하며 民事·刑事에 관한 모든 사법사무를 주관하였고, 학무부는 교육과 편집 등 2개 課를 설치하여 관할 부민의 교양 및 교육진흥의 업무를 실천하였다. 재무부는 정의부내 일체의 금전출납 및 자금운용과 관련된 재정사무를 관장하였으며, 교통부는 정보와 통신업무를 처리하였다. 實業·殖産·勞動 등 3개 課를 둔 생계부는 노동·농업·공업·상업 등 관할 부민의 생계와 관련된 일체의 업무를 주관하여 산업을 부흥시키기 위해 노력하였고, 交涉과 宜講 등 2개 課가 속해있는 외무부는 조국의 독립과 재만 한인의 생존을 지원하는 외국인과 교섭을 추진하거나 정의부가 추구하는 理念과 路線을 대외적으로 선전하는 기능을 수행하였다. 이 같은 정의부 행정체계는 하얼빈 以南의 한인을 관할하기 위한 자치기능 수행을 목적으로 한, 실로 방대하고 세밀한 업무분장이었다. 이러한 조직체계와 기능이 정의부를 단순한 독립운동체가 아닌 軍政府的인 기능을 가진 단체로 규정할 수 있는 일면인 것이다.

셋째, 정의부 중앙조직의 구성원들은 가장 민주적이고 합리적으로 선출된 대표들이었다. 입법기관인 중앙의회 의원의 선출은 지방조직 단위인 '地方'이나 '獨立區'에서 戶數의 비율에 의해 선출되는 민주적인 방식을 취하였다. 또 중앙행정위원회의 위원들은 오래 동안 독립운동에 종사하여 재만 한인사회에서 신망을 받는 者 가운데 중앙의회의 선거에 의해 선출되었다. 그리고 선출된 위원들은 위원들 간에 8개 부서의 적임자 및 위원장을 상호 투표하여 선출 임명하였다. 이 같은 방식은 민주주의가 발달되었다고 하는 오늘날에도 실행하기 힘든 것으로 일정 업무에 가장 적임자를 선출할 수 있는 합리적인 방법인 것이다.

정의부는 國外 自立社會 건설을 위한 民政과 굳건한 독립군기지 구축 및 對日 무장투쟁 전개를 위한 軍政을 실시한 軍政府였다. 정의부의 지도층은 정의부 성립 이전까지 전개된 항일 무장투쟁에 대해 조국 독립을 위해 큰 성과도 있었지만 그에 못지않은 희생이 따랐던 것으로 판단하였다. 그 희생은 독립군에게 뿐만 아니라 이주 한인사회에도 미쳐 무장투쟁의 기반이 크게 흔들리고 있는 것으로 보았다. 따라서 자신들이 실천해야 할 1차 적인 임무를 한인사회를 복원시키는데 두었다. 지도층의 이 같은 판단에 의해 채택된 것이 民政活動이었다.

정의부는 民政의 실현을 위한 各論을 産業復興과 敎育優先政策 및 共和主義의 실천에서 찾고자 하였다. 산업부흥 및 교육우선 정책은 민족의 실력을 양성하자는 노선이다. 經濟的으로나 知的으로 민족의 실력이 양성되어야만이 망국한 한민족이 소멸되지 않고 궁극적으로 조국의 광복을 실현할 수 있는 것이다. 또한 민족의 실력을 양성하자면 각 개인은 존중되어져야 하고 전체는 화합되어야 한다. 그래야 만이 올바른 창의력이 생기고 경제적 성취 욕구가 생기는 것이다. 신분의 차이가 있어 어느 한쪽이 무시당할 경우 한민족의 실력양성은 기대할 수 없다. 따라서 정의부는 이 같은 점을 고려하여 主權在民사상에 바탕을 둔 共和主義를 채택하였던 것이다. 즉 정의부는 관할 府民이 모두 평등한 권리를 가지록 하고, 상태에서 충분한 창의력을 발휘시켜 실력을 양성코자 하였던 것이다. 그리하여 관할 지역인 南滿이 성공적으로 되면 이를 國內外 全民族의 실력을 양성하는 기반으로 삼고자 하였던 것이다.

정의부의 軍政은 이러한 民政 具現의 연속성에 있다. 군정의 세부적 실천 주제는 獨立軍基地化와 武裝鬪爭論이었다. 관할 지역인 남만의 한인을 대상으로 산업과 교육을 발달시키면 민족의 실력이 양성되고, 그 힘이 조국의 독립을 위한 근본이 되는 것이다. 따라서 정의부는 國外 自立社會를 건설한다하여 抗日은 뒷전으로 한 것이 아니라 그를 기반으로 한 독립군 기지화를 추구하였다. 이를 실천하기 위해 정의부는 성립 초기 관할 각 지역에 의용군을 분산 배치하고 屯田兵制를 실시하기도 하였던 것이다. 그러나 초기의 이같은 군정에 대한 노선은 1926년 1월 軍民代表會가 결성되고 난 후부터 武裝鬪爭의 강화로 변했다. 삼시협정이 있고 난 뒤 在

滿獨立軍에 대한 中·日의 적극적 탄압이 이루어져 이를 방어하기 위해서도 무장투쟁을 강화할 필요가 있었던 것이다. 따라서 정의부 존속기간 전체를 살펴보면 이 단체의 군정 노선은 독립군기지화와 무장투쟁의 강화였다고 할 수 있는 것이다.

이와 같은 정의부의 민정과 군정 노선은 다음과 같은 활동으로 실천되었다. 성립 초기 산업부흥활동은 梁起鐸·孫貞道 등이 '理想的 農村建設' 계획 또는 滿洲農業社의 설립을 추진하여 이룩하고자 하였다. 국외 자립사회를 건설하려는 목적에서 立案된 이들 계획은 자금마련의 어려움 때문에 실천되지 못하거나 큰 성과를 얻지 못했다. 하지만 이후 정의부의 산업 부흥활동은 이들 계획에 기초를 두고 실행되었다. 즉 정의부 지도층은 관할 부민을 지도하여 공동체적인 영농시설을 조성하기 위해 다양한 시책을 실시하였다. 먼저 공동기금 마련을 위해 정의부는 관할 지역 한인들에게 의무금과 생산활동을 통해 얻어진 소득에 대한 소득세를 징수하였다. 이 기금 중 일정액은 빈한한 府民들에게 싼 이자로 대부해 주거나 農具를 구입하여 공동으로 사용토록 하였다. 또 나머지 기금으로는 有限農業公司·興農實業社·農民互助社와 같은 개발회사를 설립하여 이 회사의 주관 하에 황무지를 구입 부민들이 공동 노력하여 농토로 개발했다.

산업부흥활동과 더불어 정의부는 관할 한인사회에 兌換券을 유통시켜 신용사회를 건설해 갔다. 1926년 1월부터 1927년 3월 30일까지 두 차례에 걸쳐 발행된 兌換券은 관할지역에서 정의부 府員이나 府의 업무를 수행하는 사람에 한해 식량 구입 또는 지방출장시 숙박비나 식대로 지불할 수 있었다.

정의부의 민정활동은 이주한인 자제들을 위한 교육의 실시에서도 적극적으로 나타났다. 정의부는 교육을 1차 적으로 普通·職業·師範 등 세 가지로 구분하였다. 보통교육은 다시 소학·중학·여자고등으로 구분되었고, 직업교육도 농업·공업·상업으로 나뉘었으며, 사범교육은 하급 교육기관의 교원을 양성할 최상급의 학교였다. 이 같이 체계적이고 전문적인 교육기관의 구성은 정의부가 軍政府의 구실을 충실히 할 수 있는 밑거름이 되었다.
 이러한 정의부의 민정활동은 항일을 위한 군정활동의 초석이 되었다. 국권을 회복할 수 있는 굳건한 독립군기지 구축은 튼튼한 경제와 안정된 한인사회의 바탕 위에서 가능한 것이었다. 또한 굳건한 독립군기지가 구축되어야 만이 강력한 武力을 보유한 침략자 일제를 상대로 독립전쟁을 펼칠 수 있었던 것이다. 때문에 정의부는 민정활동으로 한인사회의 기본 바탕을 안정시키고 그 기반 위에 의용군을 편성하여 武力의 기반을 다져나갔던 것이다.
 그리고 《正義府公報》, 《中央通信》, 《大東民報》, 《戰友》, 《新華民報》 등과 같은 언론매체를 발간하여 그들의 항일활동을 선전하고 府民들에게 항일의식을 고취시켰다. 관할 부민들에게 항일과 민족의식을 고취시키며 배일사상을 갖도록하는 것 또한 확고한 독립군기지를 구축할 수 있는 밑거름이었던 것이다.
 이와 같은 기반 하에서 정의부는 武力을 축적하여 무장투쟁을 전개하였다. 정의부의 무장활동은 지금까지 밝혀진 바와는 달리 활발히 전개되었다. 특히 1926년 1월 군민대표회가 성립된 이후부터는 적극적으로 무력이 준비되었고, 활발한 무장활동이 전개되었다. 1926년 2월 의용군 지휘관들은 과거에 군사계통의 경험이 있는 者, 남북만주에서 민족학교 또는 군사학교를 졸업한 者, 독립군 분대장 이상을 역임한 者 등으로 선발 기준을 정해 독립군 보충 계획안을 마련하였다. 그리고 관할 각 縣과 국내에 선발위원을 파견하여 많은 독립군 요원을 모집하였다. 같은 해 3월에는 新民府와 합동으로 額穆縣 森林 중에 무관학교를 설립해 독립군들에게 체계적인 군사교육을 실시하였다. 그와 함께 중국 및 러시아측과 연계해 많은 무기를 구입해 들였다. 이러한 준비를 통해 무장력을 키운 정의부 의용군은 만주내 에서는 保安隊나 募捐隊 및 暗殺隊와 같은 地域隊를 편성하여 조직적인 항전을 전개하였고, 通信員들의 도움을 받아 국내에 진입한 遊擊隊는 전국 곳곳에서 위험을 무릅쓰고 군자금 모집이나 일제의 침략기관을 파괴하는 활동을 펼쳤다.

한편 정의부는 大韓民國臨時政府 및 參議部나 新民府, 그리고 주변의 여러 단체와 대외적인 관계를 가지며 활동을 펼쳤다. 정의부는 성립 초기 臨時政府와의 관계가 극히 좋지 않았다. 그 이유는 統義府에서 參議部가 이탈하는 과정에서 臨政이 이탈세력을 지원하여 서로간에 감정적 대립이 생겼고, 통의부와 함께 정의부로의 통합에 가담한 다른 단체들도 이에 동조하여 반감을 가졌던 것이다.

이 같이 불편한 관계에 있던 임정과의 관계는 1925년 5월경 임정의 내무총장 李裕弼과 법무총장 吳永善이 남만에 파견되면서 새로운 관계를 모색하기 시작하였다. 이들 파견원들과 협의한 정의부 중앙행정위원회 소속 인사들은 李相龍을 임정의 國務領으로 천거하고, 만주의 독립운동 인물들이 임정에 참여하기로 타협하였다. 그러나 이 타협에 따라 이상룡이 임정의 국무령으로 취임하기 위해 떠나고 난 뒤 정의부 중앙조직 내 양대 기구인 중앙행정위원회와 중앙의회는 일을 처리하는 과정에서 서로 반목하게 되었다. 따라서 중앙행정위원회는 중앙의회에 의해 불신임되고 중앙의회는 중앙행정위원회에 의해 해산되는 결과를 초래하였다. 이 같은 분란은 관할 각 지방과 의용군 대표들이 조직한 軍民代表會에 의해 일단 수습되었다. 그러나 국무령으로 취임한 이상룡은 이듬해 1926년 2월까지 내각을 구성하지도 못하고 남만으로 돌아오고 말았다.

임정과의 관계 모색은 표면적으로는 정의부 중앙조직의 분란만 야기하였고, 그다지 효율적인 성과를 얻지 못했다. 하지만 이 같은 노력은 이후 정의부의 路線을 보다 적극적인 항일활동으로 향하게 하는 계기가 되었다. 정의부의 인사들은 독립운동계 거물들이 상해 임정에 참여해 활동하고 있기는 하지만 항일의 본거지는 국내와 근접해 있는 만주가 가장 적당한 것으로 판단하였다. 그리고 민정활동도 시급한 문제이기는 하지만, 재만 독립운동 단체로서 확실한 구실을 하려면 굳건한 항일전선 구축 또한 절실하다는 것을 깨닫게 되었다.

참의·신민부와의 관계는 항일의 측면에서 상호 협조하였다. 정의부와 참의부는 위에서 말한 바대로 참의부가 통의부에서 이탈하는 과정에서 있었던 마찰로 서로 좋지 못하였다. 하지만 1925년 2월 古馬嶺에서 참의부 대원들이 日帝의 초산경찰대에 습격을 받아 큰 타격을 입자 정의부측에서 통합을 권유하면서 양측은 교류관계를 가지게 되었다. 이 접촉에서 두 단체는 임정과의 관계 때문에 통합하지는 못하였지만 이후 무기구입이나 무장활동과 같은 군사활동에서 서로 협조하는 관계가 되었다.

정의부와 新民府와의 공식적인 접촉은 臨政의 두 파견원이 만주에 오면서 시작되었다. 임정의 대표와 두 단체의 대표들은 임정을 기반으로 서로 협력할 것을 약속했고, 그 세부적인 계획을 협의하기 위해 1925년 8월 池靑天이 신민부에 파견되었다. 지청천은 신민부의 대표들을 만나 兩府의 군사와 재정상 통일 및 향후 임정에 대한 문제 등을 논의하여 합의하였다. 이 합의 사항은 이후 정의부의 내분 때문에 지켜지지 않았다. 그러나 양부는 이후 軍事上으로는 상호 협력하여 대일 항전을 전개해 나갔다.

정의부의 對外 관계는 이같이 대규모 단체들하고만 있은 것은 아니었다. 정의부가 성립되어 활동하고 있을 시기 그 주변에는 여러 항일 단체가 존재하였다. 그들 단체는 정의부 보다 먼저 성립된 것도 있고, 이후에 성립된 것도 있었다. 同友會·다물靑年黨·韓族勞動黨은 정의부 이전에 성립된 단체였고, 高麗革命黨·南滿靑年聯盟·南滿靑年總同盟은 이후에 성립된 단체였다. 이들 단체들은 정의부와 직간접의 관계를 가지며 활동을 펼쳤다. 1923년 성립되었으나 뚜렷한 활동을 전개하지 못하고 있던 다물청년당의 경우는 1925년 5월 정의부 간부들이 대거 참여하여 同黨을 활성화 시켰다. 그리하여 동당은 1926년 7월말까지 黨員이 500여 명에 이르게 되었고, 정의부 관할 府民들에게 혁명의식을 고취시키는 사업을 펼쳤다.

高麗革命黨의 경우는 1926년 4월 5일 정의부측의 인사가 주동이 되어

天道敎系統과 衡平社측, 그리고 러시아지역에서 무장투쟁을 펼치던 인사들이 연합하여 성립시킨 단체였다. 이 단체는 1926년 8월까지 만주 내에 11개의 세포단체를 조직하고 무장투쟁위주의 활동을 전개하였다.

1924년 2월 吉林에서 성립된 同友會는 재만한인의 교육진흥, 산업 및 저축 장려운동을 펼치는 한편, ≪同友≫라는 잡지를 발간하여 조국의 독립을 쟁취하기 위한 항일 이념 선전활동을 펼쳤다. 또 1926년 12월 6일 興京縣에서 9개 청년회를 연합시켜 성립한 南滿靑年聯盟은 강습·강연·도서 등을 통해 한인들을 啓蒙하고 문맹퇴치 활동을 펼쳤다.

하지만 사회주의 계열 단체인 韓族勞動黨과 南滿靑年總同盟의 경우, 한족노동당에는 정의부측 인사들의 참여가 있었으나 南滿靑總은 정의부측 인사들의 참여가 없었던 것으로 나타나고 있다. 창립 초기 민족주의를 지향하며 출발한 한족노동당은 1926년부터는 사회주의로 전환하였다. 남만청총의 경우는 시작부터 사회주의 노선을 견지하여 성립 초기 정의부와 약간의 마찰까지 보였다. 그러나 존속 기간 내 남만청총 또한 정의부측과 큰 충돌은 보이지 않았다. 한족노동당과 남만청총의 활동방향 또한 재만 한인을 대상으로 한 계몽운동이었다.

한편 정의부가 활동하던 시기 남만지역의 정세는 다음과 같았다. 1920년 10월부터 일제에 의해 전개된 庚申慘變은 한인뿐만 아니라 中國人들에게까지 큰 피해를 입혔다. 따라서 중국측은 한국인들이 만주에 거주하기 때문에 그들이 피해를 입었다고 판단하여 이후 移住韓人들을 기피하고 멸시하였다. 이 같은 중국인들의 태도를 감지한 日帝는 이를 이용하여 排日韓人 및 독립군들을 적극적으로 탄압하고자 하였다. 일제는 중국측을 회유 또는 강압해 여러 가지 협약을 맺어 중국의 무력으로 한국 독립군들을 탄압하도록 하였다. 그리고는 급기야 1925년 6월 양국간에 소위 삼시협정이라는 한국 독립군 단속 협정을 맺었다. 이 협정은 국가간의 협정이라고는 하나 중국측이 한국 독립군들을 강도 높게 탄압하여 그 결과를 日帝에 보고토록 한 명령서나 마찬가지였다. 이 협정으로 이후 많은 재만 독립군 지도자들이 중국측에 피체된 후 일제에 인도되어 고초를 당하였다. 또한 수많은 일반 이주한인들이 독립군 검거라는 명목으로 탄압받고 만주에서 쫓겨 나는 고통을 당하였다.

하지만 이 같은 中·日의 탄압에 대해 재만독립군 및 그 지도자들도 일방적으로 굴복하고 당하지만은 않았다. 재만독립군들은 강도 높은 탄압에 대해 武力으로 맞서는가 하면 때로는 중국측을 설득하고 이해시키는 협상을 펼치기도 하였다. 특히 독립군기지 개척이래 移住 韓人社會를 이끌어 온 지도자로 활동하면서 중국측의 人士와 많은 知面을 갖고 있는 정의부 지도층은 韓僑驅逐問題對策講究會를 조직하여 활발한 외교적 활동을 펼쳤다. 그리하여 재만 독립군기지는 물론이고 그 바탕이 되는 한인 사회를 굳건히 지켰다.

재만 독립운동계의 民族唯一黨運動과 정의부의 해체는 다음과 같이 이루어졌다. 일제하 항일을 위한 民族統一戰線의 구축은 재만 독립운동계뿐만 아니라 국내외 전민족운동계의 오랜 숙원이었다. 따라서 민족운동자들은 1921년 軍事統一會議나 1923년 國民代表會議를 개최하여 통일을 도모하였다. 이들 회의에는 국내외의 대표들이 대거 참여하여 열띤 논의를 벌였으나 큰 성과를 거두지 못했다. 그러나 민족운동가들은 통일에 대한 염원을 포기하지 않았다. 1926년 중반부터 또 다시 北京에서는 安昌浩의 주도로 민족운동계의 통일을 촉구하는 운동이 일어났고 이는 1927년 초 만주로까지 이어졌다.

재만 독립운동계는 1927년 4월 15일부터 18일까지 정의부의 주도로 吉林縣 新安屯에서 民族唯一黨 건립을 위한 통일회의를 개최하였다. 사회주의 계통의 단체들까지 참여한 이 회의에서 대표들은 민족의 대동단결을 위한 綱領과 誓約文을 제정하였다. 그리고 時事硏究會라는 단체를 조직하여 이 단체로 하여금 민족유일당을 성립시킬 수 있는 궁극적 방안을 강구토록 하였다. 이와 같은 초기의 움직임 이후 시사연구회의 검토방안을 토대로 1928년 5월 樺甸縣에서 18개 단체 대표 39명이 참가하여 민족유일당 성립을 위한 본격적인 회합을 가졌다. 15일간에 걸친 이 회합에서 대표들은 의견일치를 위해 노력하였다. 그러나 각 대표들은 통일 방법에 차이를 보여 한 목소리를 내지 못하고, 團體本位組織論을 주장한 측은 全民族唯一黨協議會를, 個人本位組織論을 주장한 측은 全民族唯一黨促成會를 결성하여 두 계열로 나뉘어지고 말았다. 정의부는 지청천·김동삼·이종건 등 몇 명을 제외하고는 協議會를 지지하여 그를 주도한 단체가 되었다.

이후 이들 두 계열은 결국 화합하지 못하고 갈라서게 되었고, 정의부는 3府만이라도 통일을 이루고자 참의·신민 兩府에 연락을 취해 1928년 9월 吉林에서 3府 統一會議를 개최하였다. 그러나 이 회의 또한 통합 방법론에 대한 이견과 참의·신민 두 단체가 그들 내부의 문제로 代表들에 대한 자격시비를 일으켜 무산되고 말았다.

在滿 獨立運動系의 민족유일당운동은 처음 목적하였던 바를 이루지 못하고 이 같이 주장이 다른 협의회와 촉성회라는 두 계열만 만들었다. 따라서 3부 통일회의가 결렬되고 난 뒤 각 단체나 개인들은 자신들의 路線에 합당한 계열에 가담하게 되었다. 그리하여 계열별로 통합체를 이루게 되었다. 促成會측은 1928년 12월 하순 革新議會를 조직하였고, 협의회측은 1929년 4월 1일 國民府를 성립시켰다. 이 두 단체의 성립으로 정의부는 해체되었다. 하지만 국민부에서는 제1회 중앙집행위원회가 개최되는 1929년 5월 28일까지 기존 각 단체의 명칭을 계속 사용함에 따라 정의부의 명칭은 이 시기까지 존속하였다.

이와 같이 1924년 11월 24일 성립된 정의부는 1928년 12월 하순 혁신의회와 1929년 4월 1일 국민부가 성립되기 전까지 남만지역의 통합 獨立軍政府로 활동하였다. 그 활동 범위와 방향은 다른 재만 독립운동 단체들과는 차이가 있는 것이었다. 비록 남의 나라에서 소수의 민족 구성원만을 대상으로 한 것이긴 하였지만 共和主義 정치사상을 바탕으로 자치와 항일활동을 겸해서 실시한 獨立運動體였던 것이다.

하지만 정의부는 그 성립을 위한 통합과 민족유일당운동의 추진과정에서 다음과 같은 비판적인 일면을 갖는다. 첫째 정의부 성립 당시 전만주는 아니라도 남만지역 독립운동 단체의 통일은 이루었어야 하는데 그러지 못했다. 정의부를 성립시킨 주도층들은 통합 후 분열을 우려한 나머지 이념과 노선의 일치에 지나치게 집착하였다. 때문에 1924년 10월 18일부터 있은 全滿統一會 본회의 도중 임시정부를 옹호하려는 입장이었던 大韓獨立團이 중도탈퇴하였다. 統義府에서 이탈하여 성립한 관계로 양 단체 간의 감정이 있긴 하였지만 參議部의 경우도 臨政의 직계 무장 軍團이라 하여 성립과정에 참여시키지 않았다. 그리고 그 시기까지 만주지역에 큰 세력을 구축하지 못하긴 하였지만 사회주의자들 또한 이념의 차이 때문에 성립 후 분열의 소지가 있다하여 참여시키지 않았다. 그런가 하면 이념이나 노선의 문제가 아니면서도 臨江縣의 白山武士團이나 寬甸縣의 光韓團 등과 같은 군소 단체 모두를 포괄하지 못하였다.

둘째 民族唯一黨運動 추진과정에서 정의부 자체의 힘을 너무 내세워 통합을 이루지 못하게 한 점이다. 정의부는 1928년 5월 12일부터 개최된 민족유일당 조직을 위한 회의에서 단체를 기본 단위로 해 연합하여 통일을 이루는 방식인 團體本位組織論을 주장하였다. 그리고 이 주장은 個人本位組織論者들의 모임인 促成會가 革新議會를 조직하고, 그들이 國民府를 성립시킬 때까지 변하지 않아 하나의 통합체를 이루지 못하도록 하였다. 어떤 면에서 단체본위조직론은 통합체를 이루자는 주장이 아니다. 민족운동을 위한 완전한 통합체를 이루자면 기존의 단체를 전면 해체하고 개인이 위주가 된 새로운 단체를 조직해야 될 것이었다. 하지만 정의부는 간부들 중 지청천이나 김동삼·이종건 같은 인물들의 반대가 있었지만 전체의 입장에서는 협의회를 주장하였다. 이 같은 면은 정의부가 새로운 통일체에서 단체의 힘으로 주도권을 가지기 위해 취한 주장으로 全滿 민족운동세력의 통일을 방해한 요인이 되었다.

그러나 이 같은 비판적인 면이 있음에도 불구하고 정의부의 활동은 韓

民族史에 큰 의의를 갖는다. 정의부는 민정과 군정활동을 효과적으로 펼치며 단체를 이끌어가 한민족의 재만 민족운동이 1930년대 이후까지 중단없이 전개되도록 하였다. 활동 기간 중 1925년 후반부터 26년 초까지 중앙조직내에 분란이 야기되어 일시 조직이 흔들리는 경우도 있었다. 그러나 정의부 지도층들은 이 같은 위태로움을 빠른 시일 내에 떨쳐버리고 조직을 재정비하여 전반적으로 국내외 어느 독립운동 단체들보다도 모범적으로 운영하였다. 正義府는 다른 在滿 獨立軍團들과 마찬가지로 조국의 독립을 염원한 단체였지만 성급한 항일 무장투쟁만을 고집하지 않았고, 수많은 이주한인들이 기아로 쓰러졌지만 이를 해결한다는 명목으로 경제부흥만을 지향하지도 않았다. 정의부 지도층들은 일제하 조국과 민족 개개의 현실을 직시하고 그 곤경을 탈출할 수 있는 가장 적절한 여러 방안을 강구하여 그를 실현코자했던 것이다. 비록 망명국에서 펼쳐진 노력이었지만 정의부의 이 같은 활동에 대한 평가는 韓民族의 역량을 자주적으로 성숙시키려 했다는 것이다. 정의부의 이러한 활동은 그 지도층들이 조국광복에 대한 확고한 신념을 가졌음은 물론이고, 耕學社 이후 줄기차게 이어져온 재만 민족운동의 전통을 이어 받았기에 가능한 것이었다.

본 논저에서는 지역적으로 정의부와 그 주변에 대한 연구에 치중한 나머지 같은 시기 활동한 參議部 및 新民府의 이념이나 활동, 북간도가 포함된 東滿, 그리고 北滿에 근거지를 가진 독립운동단체들에 대해서는 규명하지 못하였다. 이는 앞으로 연구해야될 과제로 생각된다. 또한 정의부에 대해서도 中央 및 地方조직에서 주도적으로 활동한 인물들의 치밀한 분석을 하지 못하였다. 이에 대해서는 아직도 사실규명 자체가 안된 在滿 獨立軍史 및 移住 韓人史가 많이 남아 있어 이들과 함께 이후의 연구과제로 남긴다.

附錄 1 : 각종 선언문 · 선서문 및 정의부헌장

全滿統一會 發起文

우리는 茲에 과거의 사실을 溯究하고, 현재의 局勢를 관찰하며 미래의 행복을 기도하여 우리민족의 대동단결을 전제로한 全滿統一을 發起한다. 在天租靈이 이를 臨鑑하고 全國 輿論으로 이를 촉성하는 것과 함께 光復大業을 완성하여 呻吟하는 동포는 다 이로써 구출하려는 것이다.

嗚呼 우리가 국치 이래 15년에 걸친 생애의 통한은 하늘에 닿았고, 궁극적으로 독립선언 6개년이 되기까지 鐵血精神은 천지를 뚫음으로서 혹은 尺劒으로서 元兇을 刺殺하고 혹은 폭탄으로 敵陣을 파괴하고 수백의 孤軍으로서 전의 全師와 奮鬪하고 幾十의 결사대로서 敵의 巢窟을 타파한 것을 본 우리 민족의 의열과 용감성에 倭敵은 낙담하고 列國 역시 주목하기에 이르러 壯絶扶絶의 일이 되었다.

이로서 敵勢는 의연 긴장하여 삼천리의 神州를 犬羊과 같이 다루고 있는데, 우리는 각 방면에 산재하여 수십만의 軍人은 方向을 定하지 못한채 疾走光陰의 寸土도 광복하지 못하고 鴻基를 전개하지 못해 금년은 지난

해와 같이 混沌해서 前途가 밝지 못하다.

그 근본원인을 講究하면 과거의 사업은 개인적이고 단체적이지 못하였고, 局部的이었지 大同的이지 못했다. 그 많은 義節을 떨쳐 全地球를 진동하고 있으니 우리들의 목적을 관철하여 대사업을 완성하기를 관망하려면 次第에 이루고자 한 統一은 民族自決이 독립전쟁의 기본 요소가 된다는 것은 묻지 않아도 周知하는 바다. 때문에 지금부터 뜻이 있는 여러 인사들은 統一의 斡旋에 노력함과 동시에 지역 및 경계가 다르더라도 동서남북에서 각각 작은 부분을 合倂하여 대 단체를 조직하지 않으면 안된다. 먼지가 쌓여 泰山을 이루고, 작은 물줄기가 합해 河川을 만든다. 따라서 우리는 통일이라는 결정체를 위해 금일 내외각지 전민족의 대동단결은 불가능할지라도 全滿統一을 실현하는 것은 어찌 어려운 일이겠는가.

본 대표자들은 籌備會의 결성 및 全滿軍民의 響應心으로 각 自團의 委任을 받아 지금 全滿統一發起會를 성립하여 큰소리로 일반 동포에게 알린다.

우리들의 실무지대는 여기 이고, 미래의 낙원은 여기에 근거를 두고 해야 할 것이라면 조금도 주저하거나 방황하지 말고 정성과 힘을 다해 대사업을 함께 해 나가자.

　　　　기원 4257년 7월

발기인

군정서 대표 李震山·李光民,　　길림주민회 대표 李旭
대한광정단 대표 金虎·尹德甫,　　대한독립군 대표 李章寧
대한독립군단 대표 尹覺·朴性僑　대한통의부 대표 李鍾乾·金基甸
노동친목회 대표 崔明洙·張相友　의성단 대표 承震

　－ 본 발기문은 1924년 7월 10일부터 개최된 全滿統一會議 籌備會에서 채택된 것이다.
　　출처:「大正13年 8月 13日, 全滿統一發起文入手ニ關スル件」

全滿統一會 宣言書

우리는 民衆意思에 基因하야 在來의 대소 단체를 各自 희생하고 일치한 정신과 嚴正한 宣誓下에서 全滿 통일기관으로 正義府를 組織한 것을 一般同胞에게 宣言하노라.

우리는 3·1 운동부터 今日에 至하기까지 國土를 光復코저 幾千百勇士의 生命을 犧牲하며 幾百萬金의 재산을 耗費하야 破壞 宣傳 警醒 등의 革命事業을 벌여 成敗가 多大하얏도다. 그러나 從前 우리의 過程을 溯究하면 混亂이었고, 慘憺이었도다. 東西에서 색다른 깃발이 나붓기고 音다른 鍾聲이 들렸도다. 따라서 思想界는 分野되고 社會相은 暗黑이엿도다. 排擠衝突은 彼此의 是非를 顚倒케하고 懷疑 憎惡는 상호의 情誼를 疎隔케 하얏도다.

그리하야 人心은 渙散하고 사업은 萎靡한지라. 此를 覺悟한 民衆은 決河의 勢로 前唱後和하야 全滿統一을 絶叫하게 되얏도다. 於是에 籌備會로 發起會, 發起會로 統一會 이같이 近 1년의 시일을 費하야 오랜동안 憧憬하고 理想하든 정신기관이 이에 출현되니 비로소 慘憺의 悲雲이 捲去하고 生命의 曙光이 照來하얏도다.

금일 우리는 時局에 着眼하고 實生活에 立脚하야 인류평등의 정의를 闡明하며 民族生榮의 정신을 主唱하고 광복사업의 근본문제인 經濟基礎를 鞏固키 위하야 産業振興을 是圖하며 民族發展의 唯一要素인 지식정도를 향상키 위하야 교육보급을 실시하야 內로 동포의 요구에 응하고 外로 시대의 사조에 順하야 合一의 精神과 일치의 步調로 대동통일을 期圖함과 동시에 吾人의 최대 목적인 光復事業을 克成하기로 誓約하고 並히 此 旨를 一般兄弟姊妹에게 告하노라.

기원 4257년 11월 24일
전만통일회
高豁信·金東三·金虎·金定濟·金冠戎·金景達·李震山·李

光民・李昌範・李春和・孟喆鎬・朴正祚・朴錫龜・方允豊・白南俊・承震・辛亨奎・尹德甫・尹河振・鄭欽・崔明洙・洪起龍

- 본 선언서는 전만통일회 본 회의에서 각 단체의 대표들이 통합에 최종 합의를 한후 발표한 것이다. 전만통일회 본 회의는 1924년 10월 18일부터 개최되었고 이 선언서가 발표된 11월 24일이 정의부 성립일이 되었다.
  출처 :「大正13年 12月 30日, 不逞鮮人等 開催 全滿統一宣言書 其ノ他ニ關スル件」

全滿統一會 決議文

時局問題

一. 本統一會는 ○○○○에 對하야 간섭치 아니하기로함.
二. ○○○○에 對하야 중대한 事件이므로 더 硏究하기 爲하야 당분간 留案하기로 함.

事業의 方針

ㄱ. ○事

一. ○○○○이나 ○○○○을 위하야 特收入되는 金錢은 全數히 ○○上으로 使用하기로 함.
二. ○○○을 實施하기로 함.
三. ○○○로 ○○○○을 實行하기로 함.
四. ○○○을 設置하야 ○○을 맡기고 時期에 따라 資格者를 선택하고 組織하야 ○○의 출동과 ○의 ○○○○에 맡김.
五. ○○○을 編成하야 ○○○을 實行하기로 함.
六. 현재 ○○은 ○○○○과 ○○○에 編入케 함.
七. ○○書籍을 編纂印刷하기로 함.
八. ○○年限은 2個年으로 함.

ㄴ. 敎育

一. 學制를 相當히 定하고 初等・小學에 限하야 國民敎育을 實施하기로 함.
二. 本年度 예산 내에 相當한 編輯費를 調定하고 편집의 適材를 선택 網羅하야 急速한 期限에 책임적으로 각종 敎科를 편찬케 함.
三. 從來로의 文具的 교육을 一變하야 實地生活에 적당한 職工等 諸科를 主要로 하야 時代敎育과 並進케 함.
四. 中學은 學務部에서 高等小學은 지방에서 직접 經營케 하고 初等小學은 당분간 地方 및 區에 一任하야 國民敎育을 普及케 하기로 함.
五. 中央에서 師範學校・職業學校・女子高等學校 각 1개교를 設置키로 함.
六. 勞動講習・通俗講演 等에 특별주력하야 國民常識을 啓蒙하기로 함.
七. 남녀 敎育會를 贊成 또는 설립케 하고 직접 간접으로 교육을 裨益케 하기로 함.

ㄷ. 財政

一. 義務金을 遂戶 징수하기로 함.(但 戶의 標準은 家庭을 구성한 者나 단독생활자라도 일정한 주소에서 3개월 이상 定業을 가진 者는 戶로 인정함)
二. 取得稅를 징수하되 5백원 이상은 4분지 1, 천원 이상은 3분지 1, 5천원 이상은 25분지 1(15분지 1 ?), 만원 이상은 20분지 1로 함.

ㄹ. 生計

一. 사람마다 노동을 힘쓰게 할 것.
二. 토지매수와 租押에 對한 것은 所管 ○○ 機關의 指導下에서 行케함.
三. 義捐을 폐지할 것.
四. 각 지방 상당한 지점에 購買 및 販賣組合을 설치케 할 것.
五. 農制를 실시하야 그 耶穫物로 共同農地를 경영케 할 것. 水農地에는 稻種 1標準升, 旱農地에는 豆種1標準升式 出하고 勞動力은 農員에 準함.
六. 殖産組合을 설립케 할 것.
七. 副業獎勵會를 설립케 할 것.
八. 節儉貯蓄을 장려할 것.
九. 農業講演團을 조직할 것.

十. 農業實習을 시행할 것.
　ㅁ. 自治
一. 訓制를 실행할 것.
二. 時宜에 因하야 地方自治機關의 ○○는 ○○○○○을 取하기를 許하기로함.
三. 禮俗을 一切하게 하기로함.
四. 患難相救의 規模를 실행하기로함.
五. 人民의 團衆生活을 務圖하기로함.
六. 婚喪組合을 설치케 하기로함.
七. ○○○○을 另設하기로함.
八. 公共法規를 실행하기로함.
　　　　機關 名稱
機關名稱은 正義府라함.
　　　　年號
年號는 開國紀元을 쓰기로함.
　　　　制度
제도는 議會機關으로 區議會·地方議會·中央議會를 置함.
　　　　憲章
憲章은 共히 6章 88條로 通過함.(憲章은 另有함)
　　　　人選
　李沰·吳東振·李靑天·玄正卿·李震山·金容大·金履大·金衡植·金虎를 中央行政委員으로 선정함.
新選 中央行政委員 金虎 辭免 請願은 此를 접수함.
尹秉庸을 中央行政委員으로 補選함.
　　　　各團 名義 取消聲明
　聲明書를 작성하야 各團 대표가 연서하야 各該 本團에 송치 公佈하되 署名捺印은 기타 사건 완료 후 行하기로함.
　　　　中央位置
中央位置는 中央行政委員會에 專委하기로함.
　　　　各團 事務引繼 期限
本會 閉會일부터 만 2개월 이내로 함.
　　　　기타 사건

一. 新選 行政委員은 가급적 本年 12月 末日 內에 指定場所로 會集케 함.
二. 臨時行政委員會를 設하고 委員 3人을 置하야 정식 중앙행정위원회가 성립되기전 임시로 政務를 執行케 함.
三. 尹秉庸·李震山·金冠戎을 임시행정집행위원으로 선정함.
四. 臨時行政委員會 事務章程은 共히 3條로 通過함.
五. 一切公費는 奉小洋을 標準貨로함.
六. 本會에 참가한 各 團 各 地方은 正義府 유지를 위하야 명년도 의무금 징수는 一切 不許하기로함.
七. 4258年度 收支 總豫算은 ○○○○○,○○○○,○○○ 錢으로 통과함.(豫算表 另有)
八. ○○ 供給하기 爲하야 每戶에 草鞋 3双式 徵收하기로함.
九. 臨時行政執行委員會 經費는 每戶에 3錢式 徵收하되 各團 대표가 책임적으로 最速期限內에 送交하기로함.
十. ○○○○○○에 對하야 ○○○○○○○○○○○ 함.
十一. 獨立新聞이 偏破記事로 大韓統義府를 通敵의 嫌疑로 攻擊한 이유로 各團代表의 連書로 獨立新聞社에 對하야 반성을 警告하고 일반 사회에 對하야 聲明書를 發하고 그 反省을 催促케 爲하야 반성의 實証을 알아내기 前에는 독립신문 購覽을 금지하기로 함.
十二. 正義府 창립 기념일은 本會 宣誓日 즉 11월 24일로 定함.

- 본 결의문은 각 단체가 통합을 결정한 후 새로운 통합체인 '정의부'가 향후 실행해야 할 사업 방침, 교육, 재정, 생계, 자치 등 대표들의 합의사항을 밝힌 것이다.
출처:「大正13年 12月 30日, 不逞鮮人等開催ノ全滿統一會宣言其ノ他ニ關スル件」

滿洲農業社 趣旨書

우리들은 소규모의 滿洲農業社를 조직하여 그를 일반에 반드시 알림으로서 우리들에게 날로 殺到하는 참담함을 막고 우리 운동의 實務地가 점점 위축되는 苦悶으로부터 탈출하기 위해 언제나 번민하지만 말고 勞心焦思하는 동지를 간절히 구한다. 세계적인 博愛도 배부른 후의 일이며, 인류적 正義도 同族에서부터 시작해야 된다. 먼저 동족의 情況을 알아보면 內地의 동족은 경제의 곤란이 말로 다할 수 없을 정도로 심하고 몇 명의 富豪 외에는 몇 斗落의 돌밭은 債務의 담보품이고, 몇칸의 茅屋은 납세의 차압물이 되어 있어 이것도 저것도 할 수 없는 함정에 빠져있다. 이같이 자멸할 수밖에 없는 상황에 빠져 있는 이들은 하나의 남은 희망으로 '海外의 同族은 어떨까 -'하고 있는 실정이다. 그 重任을 적극적 또는 소극적으로 지고 있는 만주의 동포 또한 어쩔 수 없는 삶을 영위하며, 금년에는 동쪽 계곡에서 돌밭을 경작하고, 명년에는 서쪽계곡에서 들판을 개간하지만 지주에게 돌려주어야할 소작료도 부족하여 空腹을 채울 방도도 없고, 헐벗은 몸둥아리를 가릴 계책도 없이 노인은 병상에서 고국을 그리고 있고, 어린아이는 기아를 호소하고 있다. 인정이 있는 사람이라면 누구나 동정의 눈물을 흘리지 않을 수 없다. 그러나 그 현상을 보고 고민해봤자 歎息만 나올 뿐으로 누구나 장래를 생각할 여지가 없어 참담할 뿐이다. 하지만 탄식만한들 어찌 우리들에게 위안이 올 것이며, 통곡한들 어찌 우리들에게 행복이 주어질 것인가? 대중의 힘을 모으면 능히 산도 옮길 수 있고, 至誠이면 돌도 능히 뚫을 수 있다. 이에 뜻을 定하여 規則을 草案한다. 유독히 만주는 비옥한 토지가 풍부한데다 사람은 부족하니 개척하기가 有望한 최적지이므로 滿洲農業社를 조직한다. 이는 미주・內地・만주를 논하지 않는 선각자나 선배들이 한마음으로 만든 結晶體인 바로 만주에서 농업을 경영하여 同族의 참담한 現象을 점차 구제하면 우리 동족은 낙원에서 노래를 부르며 더나아가 세계의 사업을 경영하기에 이를 것이다. 이것은 진실로 민족적 사업인 것이며 정당한 世界的主義 이다. 兄弟姉妹여 동족을 사랑한다면 장래의 행복을 희망한다면 힘과 誠을 합하자.

紀元 4257年 甲子 12月　日
발기인　梁起鐸·孫貞道·裵亨湜·郭鍾毓·崔日·吳德林·高豁信
　·全以德·崔萬榮

　－ 주의 : ① 本社에 入社를 희망하는 諸位는 주소와 이름을 명기
　　　　　　한 書面과 신청 株式數의 4분의 1에 상당하는 금액
　　　　　　을 제출할 것.
　　　　　② 受信 및 收金 장소는 중국 하얼빈 道裡 16道街 27號
裵亨湜. 중국 吉林省城裡 尙宜街 기독교회내 孫貞道 등 두장소로
정함.
　　　　　③ 本社의 金額은 金貨로 함.

　－ 만주농업사는 정의부 성립 직후인 1924년 12월 梁起鐸·孫貞
道·裵亨湜 등 9명이 발기인이 되어 조직한 농업을 위한 한인들의
주식회사이다. 발기인들은 해외 각지의 모든 한인을 참여시켜 총
10만원의 출자액을 조성해 대규모 농업회사를 설립하려고 계획하
였다. 그러나 이 회사는 출자 자본금을 형성하지 못해 구체적인 사
업을 펼치지 못했다.
출처 :「滿洲農業社趣旨書」,『不逞團關係雜件 朝鮮人ノ部』(日本 外務
　　　省 外交史料館 소장)

滿洲農業社 規則

제1장 總則

제1조 本社는 만주농업사라 칭함.
　제2조 본사는 만주에서 토지를 매수하여 농업을 장려하는 것을 목적으
로 함.

제3조 본사의 사무소는 필요하다고 인정되는 地點에 둠.

제2장 社員과 社員의 권리 및 의무

제4조 본사의 사원은 韓人으로서 본 규칙에 정한 株金 1株 이상 出資한 者로 함.
제5조 본사 사원은 다음의 권리를 享有함.
  1. 선거 및 피선거권
  2. 본사에서 경영하는 사업의 純益 배당을 받을 權利
제6조 본사 사원은 다음의 의무를 가짐.
  1. 본사의 社則에 복종할 의무.
  2. 본사에서 경영하는 사업의 損額 배당을 담당할 의무.

제3장 會議

제7조 회의는 任員會·常任委員會·定期總會 등 3종류로 나눔.
제8조 임원회는 社長·理事·財務·農監으로, 常任委員會는 常任委員長 및 常任委員으로, 總會는 본사 社員으로 조직함.
제9조 임원회 회의는 3·6·9·12月의 제1월요일로 정함. 단 필요하다고 인정할 때에는 임시임원회를 소집하는 것으로 함.
제10조 상임위원회는 부정기적인 것으로 총회가 폐회된 때부터 다음 총회가 열리기 까지의 기간에 존립함.
제11조 정기총회는 매년 4월 제1월요일로 정함.
  단 임원회에서 필요하다고 인정한 때, 또는 사원 20인 이상이 연서로 요구할 때는 임시총회를 소집할 수 있음.
제12조 임원회는 다음 사항을 의결 집행함.
  1. 총회에서 결정한 사항의 實行策

2. 豫決算案의 作成
  3. 其他 본사에 관한 사항
   단 중요 사항은 상임위원회의 同意를 要함.
제13조 상임위원회는 다음에 관한 사항을 집행 함.
  1. 본사에 관한 諸般文簿 및 財政을 검사할 일.
  2. 본사 임원회에서 의결 집행한 중요사항에 동의할 일.
  3. 총회를 소집하는 일.
제14조 총회에서는 다음 사항을 의결함.
  1. 規則案을 訂正 또는 變更하는 일.
  2. 임원을 선거 또는 탄핵하는 일.
  3. 사원에 대한 처분을 행하는 일.
  4. 豫決算案을 議決하는 일.
  5. 事業經營에 관한 일.
  6. 본사 任員會가 의결한 규칙 및 例規 등을 심의할 일.
 제15조 임원회・상임위원회・총회는 어느 것이든지 총원 3분의 2이상의 출석으로 開會함.
   단 總會 때에는 본사 사원은 書面으로 提議 또는 투표할 수 있고, 총회에서는 이를 출석 인원으로 인정함.

제4장 任員 및 임원의 權限

 제16조 본사는 社長 1인 理事 1인 財務 1인 農監 若干人 常任委員長 1인 常任委員 7인을 둠.
   단 상임위원장 및 위원은 名譽職으로 함.
 제17조 사장은 다음의 권한을 가짐.
  1. 본사를 대표하고 사무를 統轄함.
  2. 임원회를 소집 함.

3. 임원회와 총회의 의결사항을 社員에 선포함.

제18조 理事는 社長을 輔佐하고 본사에 관한 서무와 諸般 文簿를 掌理하고 社長 事故時에는 그 職務를 임시 대리함.

제19조 財務는 理事의 指揮를 받고 會計事務를 장리함.

제20조 상임위원장은 다음의 권한을 가짐.

1. 상임위원회를 대표하는 권한
2. 상임위원회 및 총회를 소집하는 권한

　단 총회를 소집할 때는 相當 記入할 바를 구체적으로 표시한 書面으로 2개월 전에 일반 사원에게 통지할 것을 要함.

제21조 농감은 이사의 지휘를 받고 農作에 관한 一切의 사무를 감독함.

제22조 임원의 임기는 만 2개년으로 함.

　단 유임할 수 있음.

제5장 財政

제23조 本社의 자본 총액은 10萬圓으로 그를 2千株로 나누어 1株의 금액을 50원으로 정함.

제24조 出資 방법은 4회 4년째에 완료하는 것으로 하고 매회 납입액은 신청株金의 4분의 1로 함.

　매년 납입기는 2월 1일로 정함.

제25조 본사의 회계연도는 매년 3월 1일에 시작하여 다음해 2월 말일에 종료함.

제26조 사원이 그 株券을 양도하거나 혹은 상속하는 등 이동이 있을 때에는 사장의 승낙을 받아 名義의 書類를 轉換할 수 있음.

　단 서류 전환료는 1원 50전이 필요함.

제27조 사원이 주권을 분실할 때에는 본사 임원회에서 승낙하는 2인 이상의 보증인 연서로 재교부를 청함. 단 재교부료 50전을 要함.

제28조 사원이 그 신청 株金의 납입을 태만히 하여 期日부터 15일을 경과할 때는 납입금액의 1천 5백분의 1에 상당하는 과태료를 日數에 따라 징수하고 3월 이상이 되어도 납입하지 않는 자는 임원회 결의에서 失權을 宣告하여 총회의 追認을 구함.

단 경과일 계산은 현금이 본사에 도착하는 날로 함. 사원이 확실히 송금했음에도 불구하고 中途故障으로 인해 기일이 경과되었다고 인정될 때에는 期限을 무시 함.

제29조 權限을 박탈당한 사원에 대해서는 그 현재의 금액에서 5분의 1을 남기고 잔액은 還付 함.

ㅇ 附則

제30조 본사의 규칙을 訂正 또는 변경할 때에는 총회에서 출석 인원 3분의 2이상의 결의로서 行함.

- 滿洲農業社 規則은 만주농업사의 운영방침이다. 만주농업사는 정의부 관할지역에 한인을 바탕으로 이 규칙에 의해 운영될 계획이었으나 자금모집에 실패해 추진되지 못하였다. 하지만 이 규칙은 이후 정의부 民政활동의 基本案이 되었다.

출처 :「滿洲農業社規則」,『不逞團關係雜件 朝鮮人ノ部』(日本 外務省 外交史料館 소장)

正義府憲章

제1장 總綱

제1조 本府는 正義府라 命名한다.

제2조 본부는 滿洲에 僑居하는 일반 韓族으로 조직함. 단 만주이외에 거주하는 사람이라도 본부에 納籍할 때는 본부의 인민으로 인정한다.

제3조 본부는 인류 평등·민족 생영의 정신으로 生聚敎訓에 진력하고 적극 또는 소극 운동에 進展하여 광복대업을 克成하는 것을 목적으로 한다.

제4조 본부의 일체 주권은 본부 범위내의 全體人民에게 있고 그 행사권은 政務會에 위임한다.

제5조 본부는 기관을 區·地方·中央으로 나눈다.

제6조 區의 境域은 百戶 이상, 地方 境域은 千戶 이상으로 정하고 地理關係와 住戶의 세밀하고 희박함에 따라 신축할 수 있다.

제7조 본부는 행정상 편의를 위하고 지리관계상 地方境域에 劃入하기 어려울 때는 獨立區를 설치하여 中央機關의 直轄로 한다.

제2장 人民의 義務와 權利

제8조 본부의 인민은 다음 各項의 의무가 있다.
 一. 兵役 의무
  단 년령은 19세 이상 40세 이하로 정함.
 一. 일반 義務金을 납부할 의무.
 一. 자녀를 교육시킬 의무.

一. 헌장 및 기타의 명령을 준수할 의무.
제9조 본부 인민은 헌장 법규 범위내에서 다음 각항의 權利가 있다.
　一. 거주를 의사에 따라 이전할 권리.
　一. 신체·생명·명예·재산의 침해를 받지 않고 그를 저지하고 보호 받을 권리.
　一. 住所安全의 침해를 받지 않을 권리.
　一. 법규에 의하지 않고 체포·구금·신문·처벌을 받지 않을 권리.
　一. 信敎·結社·集會의 자유에 구속을 받지 않을 권리.
　一. 선거 및 피선거 권리.
　一. 언어·문서·출판·도서 및 기타의 방법에서 誤表한 의견에 대해 방해받지 않을 권리.
　一. 書信 및 通信에 대해 침해받지 않을 권리.
　一. 文書로서 중앙의회에 청원하고 행정기관의 裁決·處分·私權 설정으로 인해 손해를 받았을 때는 普通訴訟을 할 수 있고 계속해 高等査判所 및 中央審判院에 고소할 권리.

제 3장 立法機關

제10조 區議會는 해당 區에 거주하는 전체 인민으로 조직한다. 단 인구가 과다하여 집회에 불편이 있을 때는 호구비례로 의원을 선거한다.
제11조 지방의회는 구의회에서 선거한 의원으로 조직함. 선거비례는 50호에 1인으로 함. 단 과반수의 0일 때, 또는 50호 미만의 區에서도 1인을 선출한다.
제12조 중앙의회는 지방의회 및 독립구의 의회에서 선거한 의원과 중앙의회에서 선거한 의원으로 조직한다.
선거비례는 8百戶에 1人으로 함. 단 과반수의 0일 때 또는 百戶 미만의 지방과 獨立區는 1人을 선거함. 중앙의회에서 선거하는 의원수는 지방 및 독립구에서 선거하는 총의원의 4분의 1 비례로 한다.

제13조 區議員의 자격은 해당 구에서 3개월 이상 거주하고 公益心이 있는 년령 만 20세 이상인 者이어야 하고, 지방의원은 해당지방에서 6개월 이상을 거주하고 보통의 상식이 있는 公費負擔의 의무를 이행한 년령 만 23세 이상인 者이어야 하며, 中央議會는 본부 범위내(정의부 관할지역)에서 만 1개년 이상 거주하고 상식이 있는 년령 만 25세 이상인 者로 한다. 단 현역군인은 의원이 될 수 없다.

제14조 의원의 임기는 만 2개년으로 하고 중앙의회는 총의원의 반수를 해마다 바꾸어 개선한다. 단 새로운 선거는 임기 만료전 1개월 이내에 행하고 새로 선출된 의원의 임기는 舊議員의 임기 만료일로부터 起算하고 舊議員이 해산 되었을 때에는 새로 선출된 의원은 새로 선출된 날로부터 起算한다.

의원의 선거 방법은 중앙행정위원회에서 정한다.

제15조 의원은 본부 전체 이익을 위해 본인의 양심적 행동에 따르게 되며, 다른 위임 구속을 받지 않는다.

제16조 定期議會 : 區議會는 매년 9월 제2수요일 區行政委員會 소재지에서, 지방의회는 매년 10월 제1수요일 지방행정위원회 소재지에서, 중앙의회는 매년 11월 제4수요일 중앙행정위원회 소재지에서 회집한다.

단 時宜에 따라 행정 당국의 요구가 있을 때는 지정한 곳에 회집한다. 임시의회는 의원 3분의 1이상의 요구가 있어야 하며 구의회는 임시행정위원회, 지방의회는 지방행정위원회, 중앙의회는 중앙행정위원회의 요구가 있을 때에 의장은 임시소집 한다.

의회는 개회 기간 또는 재개회 기간을 스스로 정한다.

제17조 區議會는 다음 사항을 의결한다.

一. 區內 일체의 규칙안 및 규칙.

二. 區費 예산.

三. 區行政委員 선거

四. 행정위원회 요구 승인에 관한 사항.

五. 區 자치 행정에 관한 사항.

六. 區 행정 감독에 관한 사항.

제18조 地方議會는 다음 사항을 의결한다.

一. 지방의 일체 규칙.

二. 地方費 예산에 관한 동의.

三. 공공단체에 대한 부담금 및 지방비 추가 부과에 대한 사항.

四. 지방행정위원 선거.

五. 지방자치 행정 준칙에 관한 사항.

六. 행정위원회의 요구 승인에 관한 사항.

七. 지방행정 감독에 관한 사항.

제19조 中央議會는 다음 사항을 의결한다.

一. 憲章 改訂 및 기타 일체 법규.

二. 本府 예산.

三. 一切 公費 賦課 準則.

四. 중앙행정위원 선정.

五. 중앙행정위원회가 요구하는 일체 承認에 관한 사항.

六. 전권위원 위임 동의.

七. 인민 청원 및 헌의 사항.

八. 행정감독에 관한 사항.

제20조 區議會·區行政委員會의 전체 또는 구행정위원의 失職 혹은 違法이 있을 때는 失職(직체에 대한 실책)에 대해 불신임을 표하고, 違法에 대해 중앙심판원에 기소하여 그 불신임안 및 기소안은 총의원 3분의 2 이상의 출석에 출석원 3분의 2 이상의 가결로 한다.

단 불신임안 또는 기소 건의안은 7인 이상의 연서로 제출하도록 함.

구행정위원회 전체에 대한 불신임안 및 기소 안이 가결 될 때는 구의회 간부가 그 직무를 임시 대행함.

단 본규정은 지방의회에 적용함.

제21조 지방의회는 지방행정위원회 전체 또는 지방행정위원의 失職 및 違法에 대해 제20조에 準用함. 단 불신임 의안 및 기소 건의안은 7인 이상의 연서가 있어야만 제출할 수 있다.

제22조 중앙의회는 중앙행정위원회 전체 및 중앙행정위원의 失職 또는 違法에 대해 제20조에 準用함. 단 불신임 의안 및 기소 건의안은 15인 이상의 연서가 있어야만 제출할 수 있음. 중앙행정위원회 전체에 대한 불신임안 및 기소안을 가결할 때는 상무위원회가 그 직무를 임시대행한다.

제23조 議會는 議長・副議長 및 秘書長・秘書를 자체에서 선출하여 審理委員會 및 常任委員會를 자체에 설립한다.

단 區議會에서는 의장 및 비서를 둠.

제24조 의회 및 그 각 위원회의 議事는 공개함. 의원 또는 위원 3분의 2 이상의 의결 또는 행정 당국의 요구에 응해서 비밀로 할 수 있다.

제25조 常任委員會는 의회가 개회할 때, 의회가 滿任할 때, 또는 의회가 해산해서 새로운 의회가 소집할 때 같이 개회한다.

제26조 의회는 의회 자체의 의결이 있을 때 또는 中央議會는 中央行政委員會, 地方議會는 地方行政委員會, 區議會는 區行政委員會의 의결이 있을때는 당연히 해산함. 단 의회가 해산을 스스로 행할 때는 출석원 과반수의 의결로 한다.

제27조 행정위원회의 의결로서 의회를 해산할 때는 동일한 원인의 사건으로 두 번 하지 못한다.

새로운 선거에 대해 區議會는 10일 이내에 地方議會는 20일 이내에 중앙의회는 60일 이내에 행함.

제28조 區議會의 의결사항은 區行政委員會에, 지방의회의 의결사항은 지방행정위원회에, 중앙의회의 의결사항은 중앙행정위원회에 諮達하고 그를 공포 시행한다.

단 자달은 폐회 후 5일 이내에 하는 것을 要함.

제29조 議員의 議會內 언론 및 그 職務 執行上 발언에 대해서는 언제라도 의회 밖에서 책임을 지지 않는 것으로 한다.

제30조 의원은 의회 및 그 委員會의 공개 의사 사항에 대해서는 진실한 보고를 해야하고 그 책임을 지도록 한다.

제31조 의회의 표결은 모두 무기명 투표로 하고 헌장에 특별규정이 없는 사항은 출석 인원의 과반수로서 결정한다.

단 행정위원 선거는 총원 3분의 2 이상 출석, 출석 인원 3분의 2 이상의 표로 함.

그러나 5차 이상으로 결정이 나지 않을 때는 최다수로 정함.

제32조 時勢의 故障으로 새로 선거가 행해 질 때와 새로 선출된 의회가 개회할 수 없을 때는 前議會가 그 직무를 계속해서 행함. 의회가 해산되어 새로 선출된 의회가 소집되기까지 사이에는 最終會期 의장이 그 직무를 계속해서 행한다.

제33조 區議會는 區行政委員會, 地方義會 및 그 위원회는 지방행정위원, 중앙의회 및 그 위원회는 중앙행정위원의 출석을 요구할 수 있다.

區行政委員 · 地方行政委員 · 中央行政委員 및 그 行政委員會의 委員은 언제라도 질문은 물론 의회 및 위원회에 출석하여 의사일정 內外事를 불문하고 발언해야 한다.

단 區行政委員 · 中央行政委員 및 그 行政委員會의 위원은 반드시 議長에게 복종해야 함.

제34조 행정기관에 대한 일체 회계 검사는 常任委員會에서 이를 행한다.

단 區는 의회 간부가 이를 행함.

제35조 의원은 동시에 행정위원 · 사법 직원 및 그 일체 중앙 직원이 될 수 없다.

제36조 議員은 反動 外患의 범죄 및 현행 또는 현행에 준하는 범죄가 없으면 회기 중에 의회의 허가 없이 체포할 수 없다.

제4장 行政機關

제37조 區에는 區行政委員會를 두고 區內 일체의 행정사무를 처리한다.

제38조 구행정위원회는 구행정위원 3인으로 조직한다.

제39조 구행정위원회는 구행정위원의 호선으로 구장·서계·검독의 사무를 분장한다.

제40조 구행정위원회는 구자치에 관한 법규를 집행하고 기타 구자치 진전에 대한 사무를 처리하며 지방행정위원회 및 구의회에 대해 책임을 진다.

제41조 구행정위원회는 구의회에서 의결한 규칙·기타의 사항을 의회의 통지를 받은 후 5일 이내 지방행정위원회에 보고하여 승인을 요구한다.

단 規則이 아닌 사항으로 區行政委員會에 관계 있는 것은 승인을 요구하지 않는다. 승인을 요구할 때는 반드시 議會의 의결을 경과했다는 명기가 있어야 되고 만약 그 의결이 불가로 인정될 때는 의견서를 첨부함.

제42조 區行政委員會는 區議會에서 의결한 규칙 기타의 사항을 前條에 의해 공포 또는 시행한다.

단 승인을 얻지 못했을 때는 7일 이내에 그 사유를 의회에 통지함. 지방행정위원회에 승인을 요구할 때는 승인을 얻은 후 이를 공포할 때는 區行政委員會의 連署가 있어야함.

제43조 規則은 승인을 얻은 후 15일 이내, 기타의 사항은 5일 이내에 공포하고 區議會의 의결을 경과한 일과 지방행정위원회의 승인을 얻은 것을 明記한다.

제44조 區行政委員은 區議會에 자치에 관한 규칙안을 제출하여 구의 예결산 및 예산액의 추가 또는 예산외의 지출에 대해 승인을 요구한다.

제45조 區行政委員은 民事部의 승인을 要한다.

단 특별한 時宜에 따라서는 지방행정위원회의 천보에 의해 민사부 위원장이 임명하도록함.

제46조 區行政委員會는 매 회계연도 종료전 50일 이내에 翌年度 예산 및 總收支에 대한 결산을 지방행정위원회에 보고한다.

제47조 區行政委員會 전체 또는 구행정위원은 구의회에서 불신임안 의결이 없어도 지방행정위원회의 정직 또는 민사부의 면직 명령이 있을 때는 곧 퇴직함. 단 인계수속이 완료되기 전에는 직을 떠날 수 없다.

단 중앙심판원의 판결이 있을 때는 査判章程에 따름.

제48조 地方에는 地方行政委員會를 두고 지방의 일체 행정 사무를 처리한다.

제49조 地方行政委員會는 지방행정위원 3명으로 조직한다.

제50조 지방행정위원회는 지방행정위원의 互選에 의해 總管·財務·檢務監의 사무를 분장한다.

제51조 地方 및 獨立區 행정위원은 중앙행정위원회의 승인을 要함.

단 時宜에 따라서는 중앙행정위원회에서 임명하도록함.

제52조 地方行政委員會는 지방자치에 관한 법규를 집행하며 기타 自治進展에 대해 事務를 처리하고 중앙행정위원회 및 지방의회에 대해 책임을 진다.

제53조 地方行政委員會는 지방의회에서 의결한 법규 기타의 사항을 의회의 통지를 받은 후 5일 이내에 제47조에 의해 중앙행정위원회의 승인을 얻은 후 이를 공포 또는 시행하여 제42조 제2항에 의해 行한다.

단 승인을 받지 못했을 때는 7일 이내에 그 사유를 의회에 통지함.

제54조 지방행정위원회는 매회계년도 종료전 40일 이내에 이년도 예산과 총수지에 대한 결산을 중앙소관 기관에 보고한다.

제55조 지방행정위원회는 그 행정위원 및 구행정위원이 失職 또는 違法이 있다고 인정될 때는 곧 그 직무 정지를 명령하고 지체없이 그 사유를 民事部에 보고한다.

제56조 지방행정위원회는 자치에 관한 법규안을 지방의회에 제출하여

예산액의 초과 또는 예산외의 지출에 대해 승인을 요구한다.

제57조 지방행정위원회 전체 또는 지방행정위원은 지방의회에서 불신임안이 의결되지 않더라도 중앙행정위원회의 免職이 있을 때는 곧 퇴직한다.

단 인계수속 완료 전에는 職을 떠날 수 없고 중앙심판원의 판결이 있을 때는 査判章程에 따름.

제58조 地方行政委員會는 區行政委員會로부터 區議會가 의결한 法規·기타의 사항에 대해 승인 요구가 있을 때는 7일 이내에 그 승인·불승인에 答報한다.

제59조 중앙에 중앙행정위원회를 두고 일체의 행정 사무를 집행하며 중앙의회에 대해 책임을 진다.

제60조 중앙행정위원회는 중앙행정위원 9인으로 조직한다.

제61조 중앙행정위원회는 위원장 1인을 선거하여 사무의 통일을 보지하고 행정사무를 民事·軍事·法務·學務·財務·交通·生計·外務 등 각 部로 나누어 서로 분담한다.

행정위원이 각부의 위원일 때는 해당부 위원회의 위원장이 됨. 각 部는 해당부 위원으로 위원회를 조직함.

제62조 중앙행정위원회는 전시에 大本營이 되고 중앙행정위원장은 軍隊에 대해 최고 명령권을 가진다.

중앙행정위원장은 대내에는 위원회를 대표하고, 대외에는 本府를 대표함.

제63조 중앙행정위원회는 다음 사항을 의결한다.

一. 法規·命令·職制에 관한 사항.
二. 예산·결산·예산액의 초과 및 예산외의 지출에 관한 사항.
三. 중앙 및 지방 직원 임면·승전에 관한 사항.
四. 軍人 徵募·訓育 및 동원에 관한 사항.
五. 중앙의회로부터 발송된 인민 청원에 관한 사항.

六. 賞恤・特宥・減刑・復權에 관한 사항.

七. 임시중앙의회 소집 요구에 관한 사항.

八. 기타 행정 및 군무에 관한 중요 사항.

九. 宣戰 戒嚴에 관한 사항.

十. 각 부에 속하지 않은 사항.

제64조 中央行政委員會는 법규를 집행하고 명령을 발포한다.

단 법규에 있는 권한을 특정 행정위원에 위임하는 것은 그 한도에서 함.

제65조 중앙행정위원회의 일체 명령 및 처분은 전체 중앙행정위원의 연서로 한다.

단 이 권한을 특정 행정위원에게 위임하는 것은 해당 행정위원의 서명을 받아야 함.

제66조 중앙행정위원회는 중앙의회 폐회기간에 행정위원이 결원이 있을 시는 상임위원회의 동의를 받아 補缺하도록 한다.

제67조 중앙행정위원회는 중앙의회에 법규안을 제출하여 중앙의회에서 의결한 법규・기타의 사항을 공포 또는 시행함. 법규는 諮達을 받은 후 30일 이내에 기타 사항은 70일 이내에 공포함. 공포를 할 때에는 반드시 중앙의회의 의결을 경과한 사실을 명기한다.

단 법규에 없는 사항은 일반인민의 周知를 要하는 것에 한함.

제68조 中央行政委員會는 특별한 時宜에 의해 지방 및 獨立區 행정위원을 임명하고 그 사유를 지방 및 독립구 議會에 통지한다.

제69조 중앙행정위원회는 지방행정위원회 및 독립구 행정위원회에서 각 해당 의회가 의결한 법규 기타의 사항에 대해 승인을 요구할 때는 제58조의 기간내에 그 승인・불승인을 答復한다.

제70조 중앙행정위원회는 지방행정위원 및 독립구 행정위원이 失職 또는 違法이 있을 때는 그 職을 免職시키고, 地方議會 및 獨立區議會에 곧 그 사유를 통지한다.

제71조 중앙행정위원회는 중앙의회에서 의결한 기소안이 행정위원회 전체에 대한 것일 때는 곧 전체의 휴직을 선언하고 행정위원에 대한 것일 때는 그 행정위원의 휴직을 명령한다.

단 中央審判院의 판결이 있을 때는 査判章程에 따름.

제72조 중앙행정위원회 및 중앙행정위원은 중앙의회에서 불신임안을 가결할 때는 퇴직할 것이나 인계수속 완료 전에는 직을 떠날 수 없다.

제73조 行政委員 및 일체 임원의 임기는 모두 만 2개년으로 함. 그러나 형편에 따라 區行政委員은 1개년으로 할 수도 있다.

단 補缺 任員은 前任員의 임기를 계속함.

第5章 司法機關

제74조 사법기관은 地方査判所·高等査判所·中央審判院으로 사법권을 행사한다.

사판소 구성 및 권한과 그 소송 수속은 이를 별도로 정함.

제75조 사판 직원은 법규의 특별 규정을 제외하고는 독립적이며, 그 職務의 행사에 있어 다른 구속을 받지 않는다.

제76조 高等査判所는 보통사판을 受理하는 外에 행정재판·군사재판을 겸행하고 중앙심판원은 헌법재판·군사재판·행정재판 또는 본부 최고 사판소가 되어 사판장정에 정해진 권한내의 일체 사판사항을 掌理한다.

제77조 사판직원이 그 직무를 집행하면서 사람의 권한(인권)을 침해할 때는 府 및 그 사판 직원은 손해배상의 책임을 진다.

第6章 財政

제78조 중앙의회는 반드시 본부에 수요되는 필요경비에 대해 승인을

한다.

제79조 중앙행정위원회는 매 회계연도에 翌年度의 예산을 중앙의회에 제출하여 승인을 요구한다.

會計年度는 1개년을 원칙으로 함. 그러나 時宜에 따라 신축할 수 있음.

제80조 公費를 새로 부과하거나 변경할 때는 법규로서 그를 정한다.

제81조 재무위원장은 府의 總收支 決算 아래 중앙의회에 제출하여 중앙행정위원회의 책임 轉途를 要함. 결산은 常任委員會에서 검사확정한 후 제출하도록 한다.

제82조 예산 款項에 초과 또는 예산외의 지출이 있을 때는 추후 중앙의회에 승인을 요구한다.

제83조 時勢의 故障으로 중앙의회를 개회하지 못해 예산안이 통과하기 전에 중앙의회가 해산했을 때는 중앙행정위원회는 전년도 豫算期를 연장하여 적용한다.

단 그 연장은 최근 중앙의회에서 신예산안을 통과할 때까지로 한함.

補則

제84조 본헌장은 공포일로부터 시행한다.

제85조 본헌장 공포일로부터 本府 성립에 참가한 각 단체의 헌장 및 기타 일체의 법령은 모두 폐기한다.

제86조 본 헌장을 개정할 때는 중앙의회 총의원 3분의 2이상의 출석, 출석원 3분의 2 이상의 가결에 의한다.

제87조 중앙의회 성립 전에는 全滿統一會議가 그 권리를 대행한다.

제88조 제14조에 규정한 遞選(번갈아서 선출하는 것)방법은 중앙의회에서 抽籤法을 행하고 제1차 半數 의원의 임기는 1개년으로 한다.

— 이 正義府 憲章은 1924년 10월 18일부터 개최된 全滿統一會에서 책

정된 최초의 헌장이다. 이 헌장은 軍民代表會에 의해 1926년 1월 26일 58조로 1차 개정되었고, 같은 해 10월 24일부터 개최된 제3회 中央議會에서 또 다시 51조로 재개정되었다.

출처 : 「機密公 第369號, 在長春領事 西春彦 外務大臣男爵 原喜重郎 殿, 大正 13年 12月 9日 正義府 憲章 送付ノ件」, 日本 外務省 外交史料館 소장 432-2-1-3, 在滿洲 44冊중 40冊.

附錄 2 : 正義府 소속원 名單 및 이력

註記 : 본 명단의 이력은 정의부에서의 활동사항을 자세히 기록하는 것으로 하되, 다른 활동사항이 많은 인물에 대해서는 그 부분도 일부 소개하였다. 재만 민족운동가 중 많은 인사들은 國內 또는 臨政 등에서 활동한 경력을 갖고 있다. 그러나 그 경력을 추적할 수 있는 인물은 독립운동단체의 간부를 지낸 일부이고, 독립군 병사로 활동한 수많은 인물들이 그 성명조차 확인되지 않고 있는 실정이다. 따라서 본 명부에는 정의부에 소속되어 활동한 인물들을 가능한 범위내에서 밝혀내기 위해, 중앙조직원은 물론이고 지방조직원 및 의용군 소속원 명단까지 확인되는 인물들은 모두 기록하였다.

한편 중앙조직원이 지방조직이나 의용군조직의 직책을 수행했을 경우에는 그 활동 사항도 중앙조직원의 명단에서 함께 피력하였다.

본 명단의 이력은 愛國同志援護會의 『韓國獨立運動史』, 金承學의 『韓國獨立史』, 蔡根植의 『武裝獨立運動秘史』, 金俊燁・金昌順의 『韓國共産主義運動史』 등과 일제 첩보원의 보고문서 및 중국 각 檔案館 자료에 의거했다.

1. 정의부 중앙 조직원

姜福元 : (이명 : 姜復元) 정의부 성립시 中央審判員, 1925년 5월에는 다물靑年黨 중앙집행위원에 임명 됨.

姜英伯 : (이명 : 姜判達, 평북 昌城 출신, 1892년생) 정의부 성립시 幹政院 비서(1925년 3월 현재) 1925년에 9월에도 동직책을 맡고 있음.

康濟河 : (이명 : 康記守, 1891년생) 정의부 성립시 中央審判員. 1925년 9월에도 동직책을 맡고 있음. 1925년 11월에는 다물靑年黨의 黨員으로 활동.

高而虛 : (본명 : 崔容成, 황해도 遂安출신, 1902년생) 1929년 3월 하순 3府 대표자 회의시 정의부 대표로 참석. 國民府 성립 후에는 통일회 대표로 통일을 위한 잔무를 처리하였으며, 國民府·朝鮮革命黨 등에서 중앙집행위원을 역임하고, 1935년에는 국민부 중앙집행위원장 및 조선혁명군정부의 統領을 역임함.

高豁信 : (평남 平原 출신, 1891년생) 정의부 성립시 學務部 教育課 主任委員이었고 1925년 9월에도 동직책을 맡고 있음. 同友會 會員으로도 활동하였고 1926년에는 정의부 중앙행정위원으로 民事委員長에 선임되었으며, 같은 해 4월에는 高麗革命黨 창당을 주도하고 초대 위원에 선임됨. 1927년 4월 15일부터 18일까지 吉林縣 新安屯 吉興學校에서 개최된 전만 독립운동 단체의 통일운동회의에서는 書記로 임명됨.

郭鍾毓 : 1924년 12월 滿洲農業社의 발기인으로 참여. 1926년 4월에는 高麗革命黨 창당을 주도하고 초대위원에 선임됨. 1927년 4월에는 農民互助社의 발기인으로 참여하여 정의부의 산업부흥을 위해 활동.

權英夏 : (이명 : 權靈夏) 정의부 성립시 外務部 宜講課 委員(1925년 3월 현재), 1925년 9월에는 외교위원이 되었음. 1925년

11월에는 다물靑年黨 黨員으로 활동.

金慶達 : 정의부 성립시 軍事部 軍需課 主任委員(1925년 3월 현재), 1925년 9월에도 동직책을 맡고 있었음. 韓族勞動黨에도 참가하여 獎學部 위원과 중앙집행위원을 역임함.

金官戎 : (이명 : 金冠戎, 金官雄) 全滿統一會 이후 임시행정위원으로 활동. 성립시 학무부 編輯課 主任委員에 선임됨(1925년 3월 현재). 1925년 9월 27일 부로 중앙행정위원 및 생계위원장에 임명 됨.

金光國 : 1925년 3월 7일 현재 정의부 交通部 交通課 위원(1925년 3월 현재) 1925년 9월에도 동직책을 맡고 있음.

金光澤 : 1926년 1월 軍民代表會 이후 정의부 政務員으로 선임되어 활동.

金球 : (이명 : 金在德, 평남 출신) : 정의부 常任代議員(1928년 4월 현재).

金基全 : (이명 : 金基甸, 평북 출신, 1891년생) : 정의부 성립시 生計部 産業課 委員(1925년 3월 현재). 1925년 9월에는 생계부 生計委員이 됨.

金箕豊 : 1926년 5월 설립된 有限農業公司의 경리에 임명되었고, 1927년 4월에는 農民互助社의 발기인으로 참여하여 활동.

金東三 : (이명 : 金肯植, 경북 출신, 1878년생) 국내에서는 경북 安東에서 1907년 협동학교를 설립하여 민족교육 활동을 전개. 1911년 渡滿하여서는 西間島 독립군기지 건설에 앞장섰으며, 이후 白西農庄 庄主, 西路軍政署 참모장, 統義府 총장 등을 역임하였음. 1923년 國民代表會議시에는 의장으로 활동. 正義府에서의 활동은 성립시 중앙행정위원으로 外務委員長에 선임되었으며, 1926년에는 學務委員長에 선임되었음. 1927년 4월에는 농민호조사 발기인이되어 활동. 같은 해 4월 15일부터 18일까지 吉林縣 新安屯 吉興學校에서 개최된 전만 독립운동 단체의 통일운동회의 임시회장 및 민족유일당운동에 합의 서명, 27년 12월 吳東振 피체 이후 중앙집행

위원 및 교육위원, 28년 4월 현재 정의부 중앙집행위원 겸 敎育部 위원으로 활동함. 민족유일당 운동시에는 촉성회측에 가담하여 활동하였으며, 1931년 10월 하얼빈에서 일경에 피체되었다가 1937년 옥중에서 殉死.

金萬東 : (1889년생) 정의부 성립시 軍事部 軍事課 委員(1925년 3월 현재). 25년 9월에도 동직책을 맡고 있음.

金文七 : 1926년 1월 정의부 軍民代表會 後 政務員에 선임되어 활동.

金成鎭 : 1926년 1월 정의부 軍民代表會 後 政務員에 선임되어 활동.

金世俊 : (평북 출신, 1888년생) 정의부 성립시 軍事部 軍事課 主任 委員(1925년 3월 현재). 1925년 9월에도 동직책을 맡고 있음.

金時雨 : (평북출신) 1926년 1월 정의부 軍民代表會 後 政務員에 선임되어 활동. 常任代議員(1928년 4월 현재)

金容大 : (함남 풍산 출신, 1882년생) 1922년 4월에 성립된 光正團의 이사부 위원으로 활동하였고, 정의부에서는 성립시 中央行政委員으로 學務委員長에 임명됨 (1925년 3월 현재). 1925년 9월에도 동직책을 맡음.

金元錫 : (평북 의주 출신, 1892년생) : 정의부 法務委員長(1926년)

金元植 : (경북 출신) 정의부 성립시 幹政院 비서장(1925년 3월 현재). 1925년 9월에도 동직책을 맡고있음. 1927년 12월이후 중앙집행위원 및 내무위원, 27년 4월 15일부터 18일까지 吉林縣 新安屯 吉興學校에서 개최된 전만 독립운동 단체의 통일운동회의에 합의 서명, 28년 4월 현재 중앙집행위원과 내무 위원, 그리고 査判委員을 겸하고 있음. 1925년 11월에는 다물靑年黨의 黨員으로 활동하였으며, 같은 해 3월에는 韓族勞動黨의 중앙집행위원으로도 임명되어 활동함.

金應燮 : (경북 안동 출신) 정의부 성립시 中央審判院長(1925년 3월 현재). 1925년 9월에도 동직책을 맡고 있음. 1925년 5월에는

다물청년당의 선전위원으로 활동하였다. 또한 1924년 11월에 성립된 韓族勞動黨에서는 中央議事委員會 委員長과 中央執行委員長을 역임한 同黨의 주도인물이다. 그리고 1927년 9월에는 조선공산당 만주총국의 무임소 간부에 임명됨.

金履大 : (이명 : 金士軒, 평북 定州 출신, 1891년생) 정의부 성립시 中央行政 委員으로 財務委員長 겸 生計委員長 대리에 임명됨(1925년 3월 현재). 1925년 9월 27일부로 상해 임정 파견 관계로 중앙행정위원에서 해임 됨. 同友會 會員으로 활동하였고, 1926년 6월 다물청년당의 중앙집행위원장에 선임되었으며, 1927년 1월 1일부터 창간된 정의부기관 잡지 『戰友』의 발행준비위원이 되었다. 또한 1927년 4월 15일부터 18일까지 吉林縣 新安屯 吉興學校에서 개최된 전만 독립운동 단체의 통일운동회의(민족유일당운동)에 합의 서명. 28년 4월에는 常任代議員으로 활동함.

金逸浩 : 1926년 중 정의부 常任委員으로 활동.

金正範 : 1926년 중 정의부 常任委員으로 활동.

金定濟 : 1926년 1월 정의부 軍民代表會 성립 이후 중앙행정위원에 임명되어 8월까지 활동하다가 사임.

金濟民 : 26년 2월 다물靑年黨의 주의 강령을 선전하고 黨員 모집을 위해 선전위원으로 지방에 파견.

金濟雨 : 1926년 1월 정의부 軍民代表會 後 政務員에 선임되어 활동.

金鎭浩 : (평안도 출신) 정의부 軍民代表會 후 중앙집행위원에 선임(1926년 5월 현재).

金昌憲 : 1925년 정의부 헌병대의 대징에 임명되있고, 같은 해 5월에는 다물靑年黨의 간부로도 활동함.

金喆 : (평북 초산 출신, 1885년생) 정의부 生計委員長(1926년 현재).

金鐸 : (황해도 출신, 이명 : 金卓, 본명 : 文彬, 호 : 活石) 1926년 1월 정의부 軍民代表會 後 중앙행정위원에 임명되어 활동.

1927년 12월 吳東振 체포 이후 중앙행정위원장 및 외무위원. 27년 1월 1일부터 창간된 기관잡지 『戰友』 발행준비위원, 28년 4월 현재 중앙집행위원 겸 외무위원으로 활동함. 1925년 11월에는 다물靑年黨의 黨員으로 활동.

金學善 : (평북 宣川 출신, 1882년생) 1926년 1월 정의부 軍民代表會 後 중앙행정위원에 임명됨. 1927년 4월 15일부터 18일까지 吉林縣 新安屯 吉興學校에서 개최된 전만 독립운동 단체의 통일운동회의(민족유일당운동)에 합의 서명,

金衡植 : 全滿統一會에서 중앙행정위원으로 임명받았다가 1925년 3월 7일 의원 면직.

金弘稷 : (1891년생) 정의부 성립시 學務部 敎育課 委員(1925년 3월 현재). 1925년 9월까지도 동직책을 맡아 활동함.

金紅海 : 정의부 政務員으로 활동(1926년 5월 현재)

文學彬 : (평북 義州 출신, 1894년생) 정의부 성립시 의용군 제6중대장에 임명됨. 1925년 9월말 현재 제1중대(柳河縣 三源浦 소재, 무장단원 80명) 중대장, 1926년 5月 현재 제3중대(樺甸·伊通·磐石·額穆·化龍·汪淸·延吉·琿春 지방 소재) 중대장, 1927년 2월 현재 제3중대장을 역임하였으며, 27년 4월 15일부터 18일까지 吉林縣 新安屯 吉興學校에서 개최된 전만 독립운동 단체의 통일운동회의(민족유일당운동)에 정의부 군대측 대표로 합의 서명. 1925년 11월에는 다물청년당 당원으로 활동하였으며, 1927년 12월 吳東振 체포 이후 중앙집행위원 및 외무위원으로 활동하였음.

朴起白 : (이명 : 朴理根, 朴凡祚, 靜谷, 秋山, 金鍾範, 1890년생) 同友會의 회원이자 同會 발행잡지인 ≪同友≫의 주간으로 활동함. 정의부에서는 1926년 10월 중앙의회 부의장 1927년 1월 1일부터 창간된 기관 잡지 ≪戰友≫ 발행준비위원 및 이후 ≪大東民報≫의 편집도 전담함. 정의부 각종 간행물을 총괄한 인물. 1927년 4월 農民互助社의 발기인으로 참여하였고, 같은해 11월에는 韓僑驅逐問題對策講究會를 조직하여

중국측의 對韓人 탄압에 대한 외교적 활동 전개.
朴東初 : (1888년생) 정의부 巡廻行政委員(1926년 중). 1924년 11월 성립된 韓族勞動黨의 中央議事委員으로도 활동하였음.
朴錫九 : (이명 : 朴領龜, 평북출신, 1897년생) 정의부 성립시 財務部 會計課委員(1925년 3월 현재). 1925년 9월에도 동직책을 맡음.
白寬 : 1926년 1월 정의부 軍民代表會 後 정무원으로 활동.
裵天澤 : (경북출신, 1891년생) 1925년 9월 현재 정의부 외교부 외교위원으로 활동.
白南俊 : (평북 운산 출신) 光復軍總營 간부, 統義府 裁判長, 全滿統一會議 時 生計 분과위원, 1925년 8월 臨政 의정원 의원에 정의부측 인물로 선정
孫輔赫 : (25년 현재 31세) 정의부 성립시 民事部 庶務課 委員(1925년 3월 현재). 1925년 9월에도 동직책으로 활동함.
孫貞道 : (호 : 海石·文世, 평남 강서 출신, 1872년생) 1919년 3·1 운동 이후 대한민국임시정부 수립에 관여하였고, 임시의정원 의장에 당선되어 활동. 同友會 회원으로 활동하였고, 정의부에서는 1924년 12월 滿洲農業社의 발기인으로 참여. 1927년 5월 설립된 有限農業公司의 초대 이사장으로 선임되었고, 1927년 4월에는 農民互助社의 발기인으로 참여하여 활동. 1927년 11월 韓僑驅逐問題對策講究會를 조직하여 중국측의 對韓人 탄압에 대한 외교적 활동 전개.
宋德仁 : 1926년 1월 정의부 軍民代表會 後 政務員에 선임되어 활동.
宋秉浩 · 정의부 성립시 財務部 會計課 主任委員(1925년 3월 현재). 1925년 9월에도 동직책으로 활동함.
宋益 : 1926년 5월 이후 정의부 政務員으로 활동.
宋學天 : 1926년 1월 정의부 軍民代表會 後 政務員에 선임되어 활동.
承震 : (평북 출신, 1889년생) 片康烈에 이은 義成團의 단장이 되었

으며, 同友會의 會員으로 활동하였다. 정의부에서는 성립시 生計部 産業課 주임위원(1925년 3월 현재). 1925년 9월에도 동직책으로 활동. 1925년 11월에는 다물靑年黨의 선전위원으로 임명되어 활동.

安奎元 : (이명 : 安觀元) 정의부 성립시 財務部 理財課 主任委員 (1925년 3월 현재) 1925년 9월에도 동직책으로 활동함.

安道洽 : 1926년 5월 이후 정의부 政務員으로 활동.

安石朋 : 1926년 5월 이후 정의부 교통사무원으로 활동.

梁起鐸 : (호: 雩岡, 평남 평양 소천, 1871년생) 국내에서는 新民會 회원으로 활동하였으며, 渡滿하여서는 統義府 · 義成團 · 同友會 등 여러 단체에서 활동함. 그러나 이들 단체에서 양기탁은 특별한 직책을 맡지않고 원로로서 활동함. 정의부에서는 24년 3월 하순 전만 통일을 위한 籌備會 개최. 1924년 12월 滿洲農業社의 발기인으로 참여하였음. 성립 초기 재무위원으로 활동한 기록이 있으나 정의부 조직내에서도 뚜렷한 직책은 맡지않으면서 國外 自立社會 건설을 위한 經濟復興運動에 전념한 것으로 판단된다. 1926년 2월 임정의 국무령으로 선출되었으나 취임하지 않음. 1926년 4월에는 高麗革命黨의 창당을 주도하고 초대 委員長에 선임됨. 1934년에는 임시정부의 국무위원, 주석에 선임

吳基星 : (별명 : 田鍾嶽) 중국문 기관지인 《新華民報》의 총편집인,

吳大泳 : 1926년 1월 정의부 군민대표회 후 중앙행정위원에 임명되어 같은 해 8월초까지 활동하고 사임.

吳仁華 : (본명 : 尹亨植, 호 : 松坡) 1927년 11월 조직된 韓僑問題對策講究會 대표로 奉天省 당국과 협상함.

吳東振 : (평북 義州 출신, 호 : 松岩, 1889년생) 1920년에 성립된 光復軍總營의 總營長으로 활동하였고, 統義府에서는 교통부장 · 군사위원장 등을 맡아 활동함. 동우회의 회원으로 활동하였고, 정의부에서는 성립시 生計委員長(1925년 3월 현재),

1925년 9월 27일부로 財務委員長으로 전임, 26년 현재 軍事委員長겸 의용군 사령장에 임명되어 활동. 같은 해 4월에는 高麗革命黨 창당을 주도하고 초대 위원으로 선임됨. 27년 4월 15일부터 18일까지 吉林縣 新安屯 吉興學校에서 개최된 전만 독립운동 단체의 통일운동회의(민족유일당운동)에 합의 서명. 1927년 12월 19일 長春에서 日帝의 경찰에 피체됨.

王立中 : (별명 : 田澤民, 중국인) 중국문 기관지인 ≪新華民報≫의 편집인.

元有逸 : 1926년 1월 정의부 軍民代表會 後 政務員에 선임되어 활동.

尹秉庸 : (慶北 출신, 1881년생) 全滿統一會 이후 임시행정위원으로 활동. 정의부 성립시 中央行政委員으로 交通委員長에 임명되어 활동(1925년 3월 현재). 1925년 9월에도 동직책으로 활동함.

李官實 : (이명 : 李寬實, 평북출신, 1883년생) 정의부 성립시 交通部 交通課 主任委員(1925년 3월 현재). 1925년 9월에도 동직책으로 활동함. 1926년 1월 軍民代表會 後 政務員에 선임되었고, 같은 해 8월부터 중앙행정위원으로 임명되어 활동.

李光民 : (경북 안동 출신, 1895년생) 정의부 성립시 民事部 庶務課 主任委員(1925년 3월 현재). 1927년 4월 15일부터 18일까지 吉林縣 新安屯 吉興學校에서 개최된 전만 독립운동 단체의 통일운동회의(민족유일당운동)에서 합의 서명. 1924년 11월 성립된 한족노동당의 선전부 위원으로도 활동함.

李東林 : (평북 義州 출신, 1887년생) 1926년 8월부터 정의부 중앙행정위원으로 활동함. 1925년 11월 다물青年黨의 黨員으로 활동.

李丙吉 : (이명 : 李炳吉) 정의부 성립시 學務部 編輯課 委員(1925년 3월 현재). 1925년 9월에도 동직책으로 활동함.

李相龍 : (호 : 石洲, 경북 안동 출신, 1858년생) 국내에서 신민회 회원으로 활동하였고, 渡滿하여서는 西間島 독립운동기지

건설에 주도적인 역할을 함. 1911년 耕學社 초대 사장에 선임되어 활동하였고, 西路軍政署의 督辦이 되어 무장활동을 지휘함. 정의부에서는 조직의 실무를 맡지는 않았지만 중앙조직의 간부들이 많이 의존한 인물. 임정 파견원들과의 협상에 의해 1925년 9월 임정의 國務領으로 취임했다가 1926년 2월 17일 사직하고 南滿으로 다시 돌아 옴.

李完欽 : 1925년 9월 현재 정의부 민사부 서무주임으로 활동함.

李旭 : (이명 : 李奎東, 강원 출신, 1887년생) 1926년 정의부 巡廻行政委員으로 활동하였고, 27년 4월 15일부터 18일까지 吉林縣 新安屯 吉興學校에서 개최된 전만독립운동 단체의 통일운동회의(민족유일당운동)에 정의부 대표로 합의 서명. 1927년 12월 吳東振 피체 이후 정의부 중앙행정위원 및 産業部 委員으로 활동.

李仁根 : (이명 : 李寅根, 평남 안주 출신) 1925년 9월 현재 정의부 幹政院 비서로 활동하였고, 1926년 1월 軍民代表會 後 政務員으로 선임되어 활동함. 1925년 5월부터는 다물靑年黨의 당원으로도 활동.

李仁相 : 1926년 5월 중 정의부 巡廻講演員으로 吉哈지방에 파견되어 활동함.

李碩鎬 : (이명 : 石虎 · 昌億, 평북출신, 1904년생) 정의부 성립시 法務部 法務課 委員(1925년 3월 현재). 1925년 9월에도 동직책으로 활동함. 1925년 11월에는 다물靑年黨의 黨員으로 활동.

李正一 : 정의부 성립시 중앙심판원 書記(1925년 3월 현재). 1926년 1월 軍民代表會 後 政務員에 선임되어 활동.

李鍾乾 : (경상도 출신) 1927년 12월 吳東振 피체 후 정의부 중앙집행위원 및 외무위원으로 활동. 민족유일당운동시에는 정의부 기본 노선과는 틀리게 促成會側에 가담하여 후에 革新議會의 인물이 됨. 1925년 11월에는 다물靑年黨의 黨員으로 가담하여 활동함.

李鍾洛 : 1926년 5월 이후 정의부 交通事務를 맡아 활동함. 1930년 에는 朝鮮革命軍 제5대 대장으로 활동.
李俊 : 1926년 5월 이후 정의부 政務員으로 활동함. 1927년 4월 15일부터 18일까지 吉林縣 新安屯 吉興學校에서 개최된 전만 독립운동 단체의 통일운동회의(민족유일당운동)에 정의부 대표로 합의 서명.
李震山 : (이명 : 李壽永, 尹明, 함북출신) 全滿統一會 이후 임시행정위원으로 활동. 정의부 성립시 中央行政委員으로 法務委員長에 선임되었고, 外務委員長 겸직대리(1925년 3월 현재).
李采江 : 1926년 1월 정의부 軍民代表會 後 政務員에 선임되어 활동.
李沰 : (평북 定州 출신, 1875년생) 西路軍政署에서는 政務廳長을 맡아 활동하였으며, 정의부에서는 성립시 중앙행정위원장 겸 民事委員長 대리 (1925년 3월 현재)에 선임됨. 1926년 1월 8일 中央議會 해산 의결 당시 중앙행정위원. 26년 현재 巡廻行政委員, 27년 4월 15일부터 18일까지 吉林縣 新安屯 吉興學校에서 개최된 전만 독립운동 단체의 통일운동회의 결과 의장으로 선출. 전민족유일당운동(27. 4. 15-18) 결성을 위한 회의 이후 조직된 時事硏究會의 대표위원으로 선임. 국내에는 변절한 인물로 소개되어 있으나 중국 연변의 조선족 학자들은 滿洲事變 後인 1932년 산으로 피신했다가 1935년 중풍에 걸려 다시 通化縣 한인 촌락으로 나왔으며, 계속 병으로 고통을 받다 1942년에 사망했음을 주장함.
李泰傑 : 정의부 성립시 民事部 警務課 主任委員(1925년 3월 현재).
李泰馨 : (황해도 출신) 1928년 현재 정의부 內務部 警務課長. 1925년 11월에는 다물청년당의 당원으로 활동.
張天澤 : 정의부 성립시 外務部 交涉課 主任委員(1925년 3월 현재)
池靑天 : (이명 : 池大亨, 池龍基, 李靑天, 李白山, 京畿 京城 출신, 1888년생) 1919년 渡滿하여 新興武官學校의 교관으로 활동하였고, 청산리大捷 이후 露領 연해주로 건너가 활동함. 정

의부에서는 성립시 中央行政委員으로 軍事委員長과 義勇軍 司令長을 겸임(1925년 3월 현재)해 맡았고, 1925년 11월에는 다물靑年黨의 黨員이 되어 활동하였고, 1926년 4월에는 高麗革命黨 창당을 주도하고 초대위원에 선임되었다. 1927년 12월 오동진 피체 이후에는 다시 정의부의 군사위원 및 중앙집행위원·軍司令長을 겸해서 맡았고, 28년 4월 현재 중앙집행위원 및 軍事部 委員·中央査判所長·朝鮮革命軍(정의부 의용군) 司令長의 직책을 겸하여 수행함. 민족유일당 운동시에는 促成會側에 가담하여 후에 革新議會의 간부가 되었고, 1930년에는 북만을 근거로한 한국독립군의 총사령으로 활동. 1940년 9월 臨政 산하의 韓國光復軍이 성립되자 총사령관에 임명되어 활동.

崔東旿 : (호 : 義山, 평북 의주 출신, 1892년생) 정의부의 교육기관인 華成義塾의 塾長으로 활동(1926년 이후). 1927년 11월 韓僑驅逐問題對策講究會를 조직하여 중국측의 對韓人 탄압을 저지키 위한 외교적 활동 전개. 1929년 3월 歸化韓族同鄕會 幹事長으로 南京에 파견되어 중국 중앙정부와 한인 문제에 대해 교섭활동 전개. 1929년에는 朝鮮革命黨의 중앙집행위원으로 외교부장에 선임되어 활동.

崔東旭 : 1927년 4월 15일부터 18일까지 吉林縣 新安屯 吉興學校에서 개최된 전만 독립운동 단체의 통일운동회의(민족유일당운동)에서 書記로 임명, 전민족유일당운동 회의 이후 조직된 時事硏究會의 대표위원으로 선임.

崔萬榮 : 1924년 12월 滿洲農業社의 발기인으로 참여. 1926년 11월 설립된 興農實業社의 理事로 선임되어 정의부 관할 府民의 농업 및 상업발전에 노력함. 1927년 4월 農民互助社 발기인으로 참여.

崔明洙 : 정의부 성립시 檢理長(1925년 3월 현재). 1927년 12월 吳東振 피체 이후 중앙행정위원 및 외무위원으로 활동.

崔秉模 : (이명 : 崔炳模, 평북 출신, 1899년생) 정의부 성립시 財務

部 理財課 委員(1925년 3월 현재). 1926년 1월 軍民代表會後 政務員에 선임되어 활동. 1925년 11월 다물青年黨의 黨員으로 활동.

崔承一 : 1927년 4월 15일부터 18일까지 吉林縣 新安屯 吉興學校에서 개최된 전만 독립운동 단체의 통일회의(민족유일당운동)에서 정의부 대표로 합의 서명,

崔一洽 : 1927년 4월 15일부터 18일까지 吉林縣 新安屯 吉興學校에서 개최된 전만 독립운동 단체의 통일운동회의(민족유일당운동)에 정의부 대표로 합의서명,

玄益哲 : (평북 博川 출신, 호 : 默觀, 1889년생) 정의부 성립시 外務部 宜講課 主任委員(1925년 3월 현재). 1925년 9월 외교부 외교위원. 1926년 2월 다물청년당의 주의 강령을 선전하고 당원 모집을 위해 선전위원으로 지방에 파견, 26년 정의부 巡廻行政委員이 되었고, 같은 해 4월에는 高麗革命黨 창당을 주도해 초대 위원으로 선임되어 활동함. 1927년 4월 15일부터 18일까지 吉林縣 新安屯 吉興學校에서 개최된 전만 독립운동 단체의 통일운동회의(민족유일당운동)에 합의 서명. 1927년 12월 吳東振 피체 이후 중앙행정위원 및 재무위원, 28년 4월 현재 중앙행정위원 및 財務部 위원 겸 査判委員. 1929년 4월 성립된 國民府에서는 중앙집행위원장을 역임하였고, 1930년에는 조선혁명당 중앙집행위원장에 선임되어 활동하였다. 1931년 南京으로 건너가 활동하다가 1938년 長沙에서 피격 당해 사망함.

玄正卿 : (이명 : 玄炳瑾, 호 : 夏竹, 평북 渭山 출생, 1881년생) 同友會 회원으로 활동하였고, 정의부 성립시 중앙행정위원으로 民事委員長에 선임. 25년 9월 현재 중앙행정위원. 1926년 1월 8일 정의부 중앙의회 해산 의결 당시 중앙행정위원으로 활동하였으며 같은 해 4월에는 高麗革命黨 창당을 주도하고 초대 위원에 선임됨. 1927년 4월 15일부터 18일까지 吉林縣 新安屯 吉興學校에서 개최된 전만 독립운동 단체의 통일운

동회의시(민족유일당운동) 합의 서명, 1927년 12월 吳東振 」피체 이후 중앙집행위원장으로 활동함.
洪益善 : 정의부 성립시 軍事部 軍需課 委員(1925년 3월 현재). 같은 해 9월까지도 동직책으로 활동.
黃起龍 : (이명 : 金燦, 金洛俊, 함북 명천출신, 1894년생) 1928년 정의부의 간부로 민족유일당 조직동맹의 청년부 및 부인부위원으로 활동. 1929년에는 國民府의 중앙집행위원으로 활동.
黃學秀 : (이명 : 李國賢, 호 : 夢乎, 충북 제천 출신, 1879년생) 1919년 상해로 망명하여 임시정부 임시의정원의 충청도 의원, 군무위원회 위원 등으로 활동. 정의부에서는 성립시 法務部 法務課 主任委員(1925년 3월 현재), 1925년 9월에는 군사부 군사위원이 되어 활동. 1929년 이후 革新議會에 참여하여 군사위원장으로 활동. 1940년 임시정부 산하의 한국광복군 성립후에는 광복군사령부 부관장, 총사령 대리 등으로 활동하였음.

2. 정의부 지방 조직원

姜鐵 : 興西(興京縣 北理溝 소재) 總管(1925년 9월말 현재)
權泰亨 : 桓興(興京縣 紅廟子 소재) 총관 書記(1925년 9월말 현재)
金敬根 : 白山(長白縣 8道溝 소재) 총관 書記(1925년 9월말 현재)
金京河 : (평북 출신, 1897년생) 桓安(桓仁縣 馬圈子 소재) 총관 檢務員(1925년 9월말 현재)
金官星 : 桓興(興京縣 紅廟子 소재) 총관 檢務員(1925년 9월말 현재)
金九 : (평남 平壤 출신, 1901년생) 額穆(額穆縣 지방) 總管(1926년 현재)
金大成 : 京原(開原縣 北石砬子 소재) 총관 書記(1925년 9월말 현재)

附錄 2 : 正義府 소속원 名單 및 이력 421

金斗七 : 桓仁(桓仁縣 지방) 總管(1926년 현재)
金東憲 : 桓興(興京縣 紅廟子 소재) 總管(1925년 9월말 현재)
金某 : 臨長(臨江縣 東溝 소재) 檢務員(1925년 9월말 현재)
金秉亨 : (평북 출신, 1894년생) 寬東(寬甸縣 下漏河 소재) 總管
　　　 (1925년 9월말 현재)
金相浩 : 撫本(本溪湖 소재)총관 檢務員(1925년 9월말 현재)
金成大 : (1880년생) 通化(通化縣 2道溝 소재) 총관 書記(1925년 9월
　　　 말 현재)
金ㅇ光 : 通化(通化縣 2道溝 소재) 總管(1925년 9월말 현재)
金永模 : 白山(長白縣 8道溝 소재) 총관 檢務員(1925년 9월말 현재)
金元海 : 寬西(安東·寬甸 半部 지방) 總管(1926년 현재)
金義山 : (경북 大邱 출신, 1902년생) 八字(懷德縣 지방) 總管(1926
　　　 현재)
金正武 : 白山(長白縣 8道溝 소재) 總管(1925년 9월말 현재)
金仲煥 : 撫本(本溪湖 소재) 총관 書記(1925년 9월말 현재)
金泰善 : (평남 평양 출신, 1887년생) 경원(通化·興京 일부 淸原
　　　 半部지방) 總管(1926년 현재)
金興龍 : (25년 현재 35세) : 寬東(寬甸縣 下漏河 소재) 총관 書記
　　　 (1925년 9월말 현재)
東權 : 臨長(臨江縣 東溝 소재) 총관 書記(1925년 9월말 현재)
朴南坡 : (경남 密陽 출신, 1887년생) 秋燕廠(濱江·依蘭 지방) 總
　　　 管(1926년 현재)
朴順福 : 興西(興京縣 北理溝 소재) 총관 書記(1925년 9월말 현재)
朴永ㅇ : (평북출신, 1889년생) : 寬東(寬甸縣 下漏河 소재) 檢務員
　　　 (1925년 9월말 현재)
朴永山 : (경남 昌寧 출신, 1882년생) 吉磐(磐石·樺甸 지방) 總管
　　　 (1926년 현재)
朴玉山 : (평남 江西 출신, 1882년생) 吉哈(哈爾濱·吉林·長春·
　　　 伊通 일부) 總管(1926년 현재)
方彦 : 海原지방(海龍 海原 경계 소재) 總管(1925년 9월말 현재)

白成珏 : 通化(通化縣 2道溝 소재) 총관 檢務員(1925년 9월말 현재)
白溫 : 安宋(撫松縣 湯河 소재) 總管(1925년 9월말 현재)
徐東吉 : 桓安(桓仁縣 馬圈子 소재) 總管(1925년 9월말 현재)
宋一訓 : 海原지방(海龍 海原 경계 소재) 총관 書記(1925년 9월말 현재)
申泰順 : (전라도 光州 출신, 1891년생) 五常(五常·柳水 지방) 總管(1926년 현재)
申允潭 : 柳河(柳河縣 三源浦 소재) 총관 書記(1925년 9월말 현재)
安ㅇ用 : 桓仁(桓仁縣 富<?>江 소재) 총관 서기(1925년 9월말 현재)
柳丘泊 : 臨長(臨江縣 東溝 소재) 總管(1925년 9월말 현재)
李成旭 : 京原(開原縣 北石砬子 소재) 총관 檢務員(1925년 9월말 현재)
李龍奎 : (평북 출신) 寬西(寬甸縣 소재) 總管(1925년 9월말 현재)
李元八 : (경남 昌寧 출신, 1877년생) 海原(東長·西長·西安·海龍·鐵嶺·도원 일부 지방 開原 全部 지방) 總管(1926년 현재)
李益珍 : 寬東(鳳城·寬甸 半部 지방) 總管(1926년 현재)
李仁根 : (평남 안주 출신, 1901년생) 柳河(海龍·柳河·輝南 지방) 總管(1926년 현재)
李楨一 : (경북 출신, 1887년생) 桓仁(桓仁縣 富<?>江 소재) 총관 檢務員(1925년 9월말 현재)
李致五 : (함남 咸興 출신, 1900년생) 敦化(敦化縣 지방) 總管(1926년 현재)
李海用 : 寬西(寬甸縣 소재) 총관 檢務員(1925년 9월말 현재)
田泰和 : (평북 江界 출신, 1877년생) 華興(興京·通化 半部 및 桓仁 一部) 總管(1926년 현재)
鄭大成 : 桓仁(桓仁縣 富<?>江 소재) 總管(1925년 9월말 현재)
趙子重 : (이명 : 趙子沖, 평남 평양 출신, 1882년생) 撫本(本溪湖 소재) 總管(1925년 9월말 현재), 撫本(本溪·撫順·鐵嶺 半部 지방) 總管(1926년 현재)

車某 : 柳河(柳河縣 三源浦 소재) 총관 檢務員(1925년 9월말 현재)
崔君明 : 興西(興京縣 北理溝 소재) 총관 檢務員(1925년 9월말 현재)
崔基福 : 京原(開原縣 北石硊子 소재) 總管(1925년 9월말 현재)
崔永泰 : (평북출신, 1892년생) 寬西(寬甸縣 소재) 총관 書記(1925년 9월말 현재)
崔進用 : 安宋(撫松縣 湯河 소재) 총관 檢務員(1925년 9월말 현재)
韓奎錫 : 柳河(柳河縣 三源浦 소재) 總管(1925년 9월말 현재)
韓龍和 : 海原지방(海龍 海原 경계 소재) 총관 檢務員(1925년 9월말 현재)
韓之燃 : 安宋(撫松縣 湯河 소재) 총관 書記(1925년 9월말 현재)

3. 정의부 의용군 소속원

權德根 : 정의부 성립시 사령부 經理(1925년 3월 현재), 1925년 11월에는 다물청년당의 黨員이 됨.
金岡雨 : (1896년생) 1925년 9월말 현재 제5중대(寬甸縣 天雅河 소재, 무장단원 80명) 중대장.
金敬根 : 27년 2월 현재 제2중대 소대장.
金基瑞 : 27년 2월 현재 제2중대 소속의 正士.
金廣振 : 27년 2월 제1중대 소대장.
金德弼 : 27년 2월 현재 제2중대 소속의 副士.
金德(?)山 : (1886년생) 1925년 9월말 현재 제5중대(寬甸縣 天雅河 소재, 무장무장단원 80명) 제3소대장.
金文擧 : 28년 4월 현재 朝鮮革命軍(정의부 의용군) 제3중대장(대원은 17명), 27년 12월 오동진 피체 이후 정의부 의용군 제3중대장.
金保國 : (평북 출신. 1885년생) 1925년 9월말 현재 제2중대(通化縣 興描子 소재, 무장단원 60명) 제3소대장, 27년 12월 오동진

피체 이후 정의부 의용군 제5중대장, 28년 4월 현재 정의부 의용군(조선혁명군) 제5중대장.

金錫河 : (이명 : 金錫夏, 金孝晟, 평북 江界 출신, 1890년생) 1925년 9월말 현재 제3중대(寬甸縣 下漏河 소재, 무장단원 80명) 중대장, 26년 5월 현재 제5중대(寬甸・桓仁・鳳凰・安東 지방 소재) 중대장, 27년 2월 사령부 經理에 임명됨, 27년 4월 15일부터 18일까지 吉林縣 新安屯 吉興學校에서 개최된 전만 독립운동 단체의 통일운동회의(민족유일당운동)에 정의부 군대측 대표로 합의 서명, 27년 12월 오동진피체 이후 정의부 의용군 經理.

金世俊 : (1896년생) 1925년 9월말 현재 제2중대(通化縣 興描子 소재, 무장단원 60명) 제2소대장.

金信鐸 : (1878년생) 1925년 9월말 현재 헌병대(寬甸縣 下漏河 소재, 무장단원 30명) 제1분대장.

金永泉 : 27년 2월 현재 제2중대 소대장.

金ㅇ植 : (1889년생) 1925년 9월말 현재 제5중대(寬甸縣 天雅河 소재, 무장단원 80명) 제4소대장.

金ㅇ河 : (1896년생) 1925년 9월말 현재 제4중대(무장단원 80명) 제1소대장.

金乙龍 : (평남 江東 출신, 1889년생) 1926년 현재 제1중대(吉林省 內外 柳水・五常・하얼빈・長春 지방 소재) 소대장.

金昌憲 : (1898년생) 1925년 9월말 현재 제4중대(무장단원 80명) 중대장. 1925년 5월 다물청년당 당원으로 가입하여 활동.

金昌欽 : (1896년생) 1925년 9월말 현재 제1중대(柳河縣 三源浦 소재, 무장단원 80명) 제3소대장.

金亨明 : (黃海 黃州 출신, 1896년생) 1926년 현재 제3중대(樺甸・伊通・磐石・額穆・化龍・汪淸・延吉・琿春 지방 소재) 소대장.

朴泰烈 : (황해도 출신, 1896년생) 1925년 3월 7일 현재 사령부 副官. 같은 해 9월에도 동직책으로 활동.

附錄 2 : 正義府 소속원 名單 및 이력 425

白允班 : (평북 宣川 출신, 1889년생) 1926년 현재 제4중대(撫松‧興京‧淸原‧開原‧鐵嶺‧東長‧西長‧西安‧通化 지방 소재) 소대장.
孫振國 : 1927년 2월 제1중대 소속 소대장.
孫顯陽 : 1927년 2월 현재 제5중대 소속 소대장.
申浩承 : (1904년생) 1925년 9월말 현재 제4중대(무장단원 80명) 제2소대장.
ㅇ武雄 : (1900년생) 1925년 9월말 현재 제2중대(通化縣 興描子 소재, 무장단원 60명) 제1소대장.
ㅇ昌俊 : (1884년생) 1925년 9월말 현재 제5중대(寬甸縣 天雅河 소재, 무장단원 80명) 제2소대장.
安道洽 : 1927년 2월 현재 제3중대 소속 소대장.
安仁邦 : 1927년 2월 현재 제2중대 소속의 參士.
安鴻 : (경기 京城 출신, 1890년생) 1925년 9월말 현재 제2중대(通化縣 興描子 소재, 무장단원 60명) 중대장, 26년 5월 현재 제6중대(柳河‧海龍‧輝南 지방 소재) 중대장, 27년 2월 사령부 副官에 전임 됨, 27년 12월 오동진 피체 이후 정의부 의용군 副官, 28년 4월 현재 朝鮮革命軍(정의부 의용군) 副官.
梁世奉 : (이명 : 梁瑞鳳, 梁碧海, 평북 의주 출신, 1896년생) 1919년 3‧1 운동 후에는 국내에서 崔時興과 함께 天摩山隊를 조직하여 활동하였고, 1920년 渡滿 후 광복군총영에 가담하여 활동함. 정의부에서는 1926년 제1중대(吉林省內外 柳水‧五常‧哈爾濱‧長春 지방 소재) 소대장, 27년 2월 제4중대장에 임명되었, 27년 12월 오동진 피체 이후 의용군 제4중대장, 28년 4월 현재 朝鮮革命軍(정의부 의용군) 제4중대장(대원은 20명), 27년 4월 15일부터 18일까지 吉林縣 新安屯 吉興學校에서 개최된 전만 독립운동 단체의 통일회의(민족유일당운동)에 정의부 군대측 대표로 합의 서명. 1925년 11월에는 다물청년당 黨員으로 가입하여 활동. 國民府 성립 후

에는 朝鮮革命軍 총사령, 朝鮮革命黨의 중앙집행위원 등으로 활동하였으며 1934년 일본군의 밀정에게 속아 피살됨.

吳尙殷 : (평북 楚山 출신, 1894년생) 1926년 현재 제2중대(撫松·長白·臨江·金川 지방 소재) 소대장.

吳世振 : 1927년 12월 오동진 피체 이후 정의부 의용군 副官, 28년 4월 현재 朝鮮革命軍(정의부 의용군) 副官.

尹應權 : 1927년 2월 현재 정의부 副士.

尹廷龍 : 1927년 2월 현재 제4중대 소속 소대장.

李觀 : 1925년 9월말 현재 헌병대(寬甸縣 下漏河 소재, 무장단원 30명) 제2 분대장.

李奎星 : (평북 義州 출신, 1890년생) 1922년 이후에는 統義府에서 활동하였고, 정의부에서는 1925년 9월말 현재 제1중대(柳河縣 三源浦 소재, 무장단원 80명) 제2소대장, 26년 5월 현재 제4중대(撫松·興京·淸原·開原·鐵嶺·東長·西長·西安·通化 지방 소재) 중대장 역임. 1925년 11월에는 다물청년당 黨員으로 활동함. 1929년 4월 國民府 성립후에는 국민부 및 조선혁명당 중앙집행위원으로 활동함.

李東勳 : (평북 강계 출신, 1900년생) 1926년 현재 제1중대(吉林省 內外 柳水·五常·하얼빈·長春 지방 소재) 소대장. 1925년 11월에는 다물청년당 당원으로 활동.

李完福 : 1927년 2월 현재 제2중대 소속의 參士.

李永根 : (평북 楚山 출신, 1894년생) 1926년 제4중대(撫松·興京·淸原·開原·鐵嶺·東長·西長·西安·通化 지방 소재) 소대장, 27년 2월 현재 제4중대 소속 소대장. 1925년 11월에는 다물청년당 黨員으로 활동.

李雲華 : 鳳凰城 毛皮溝의 保安隊長

李雄 : (평남 順川郡 출신) 1927년 2월 현재 제1중대장, 27년 4월 15일부터 18일까지 吉林縣 新安屯 吉興學校에서 개최된 全滿 독립운동 단체의 통일회의(민족유일당운동)에 정의부 군대측 대표로 합의 서명, 27년 2월 제1중대장 임명, 27년 12

월 오동진 피체 이후 제1중대장(대원 17명), 28년 4월 현재 朝鮮革命軍(정의부 의용군) 제1중대장(대원은 17명)으로 활동.

李允煥 : (평안도 출신) 1927년 12월 오동진 피체 이후 정의부 의용군 제6중대장, 28년 4월 현재 朝鮮革命軍(정의부 의용군) 제6중대장(대원은 20명)으로 활동.

李允桓 : 1927년 2월 현재 제5중대 소속 소대장.

李昌福 : 1927년 2월 현재 제3중대 소속 副士.

李泰亨 : (평북 泰川출신, 1888년생) 1926년 현재 제1중대(吉林省內 外 柳水・五常・哈爾濱・長春 지방 소재) 중대장, 26년 5월 현재 제2중대(撫松 주둔) 중대장, 27년 2월 사령부 부관으로 전임됨.

李希錫 : 1927년 2월 제6중대 소속 소대장으로 임명 됨,

李希淵 : 1927년 2월 제5중대장으로 임명 됨,

林仁昊 : 1927년 2월 현재 제2중대 소속의 副士

張世榮 : 1927년 2월 현재 제6중대 소속 參士

張世湧 : 1927년 2월 제6중대장에 임명 됨,

張天ㅇ : 1925년 9월말 현재 헌병대(寬甸縣 下漏河 소재, 무장단원 30명) 제3분대장

張喆鎬 : (이명 : 張喆浩, 평북 창성 출신, 1894년생) 1926년 현재 제2중대(撫松 長白・臨江・金川 지방 소재) 중대장, 이후 1928년까지 제2중대장 역임.

田龍烈 : (1898년생) 1925년 9월말 현재 제4중대(무장단원 80명) 제3소대장.

鄭伊衡 : (이명 : 鄭元欽, 평북 의주 출신, 1897년생) 국내에서 교육 활동을 전개하다가 1922년 渡滿하여 統義府에 가담 활동하였고, 정의부에서는 1925년 9월말 현재 제3중대(寬甸縣 下漏河 소재, 무장단원 80명) 제2소대장, 1926년 1월 軍民代表會의 軍 대표, 26년 5월 현재 제1중대장, 1925년 11월에는 다물청년당 黨員이 되었으며, 1926년 4월 高麗革命黨 창당

을 주도하고 위원에 선임됨. 1927년에는 正統團이라는 무장대를 조직하여 하얼빈에서 활동 중 3월 11일 日警에 피체됨.

趙雄水 : (1895년생) 1925년 9월말 현재 제5중대(寬甸縣 天雅河 소재, 무장단원 80명) 제1소대장.

趙雄健 : 1927년 2월 현재 제4중대 소속 正士

趙化善 : (黃海 谷山 출신, 1899년생) 1926년 현재 제6중대(柳河·海龍·輝南지방 소재) 소대장.

朱肇興 : 1927년 2월 제3중대 소속 소대장.

朱河範 : (평북 江界 출신, 1901년생) 1925년 9월말 현재 제3중대(寬甸縣 下漏河 소재, 무장단원 80명) 제1소대장, 26년 제5중대(寬甸·桓仁·鳳凰·安東 지방 소재) 소속의 소대장. 1925년 11월 다물청년당의 黨員으로 활동.

車用睦 : (1893년생) 1925년 9월말 현재 제1중대(柳河縣 三源浦 소재, 무장단원 80명) 제1소대장.

崔觀o : (1896년생) 1925년 9월말 현재 제3중대(寬甸縣 下漏河 소재, 무장단원 80명) 제3소대장으로 활동 중 피체.

崔炳規 : 1927년 2월 현재 제3중대 소속 소대장.

崔尙燁 : (평남 安州 출신, 1902년생) 1926년 현재 제3중대(樺甸·伊通·磐石·額穆·化龍·汪淸·延吉·琿春 지방 소재) 소속의 소대장.

崔錫用 : (평북 楚山 출신, 1900년생) 1926년 현재 제6중대(柳河·海龍·輝南지방 소재) 소속의 소대장.

崔一甲 : 1927년 2월 현재 遊擊隊 대장, 27년 12월 오동진 피체 이후에도 정의부 遊擊隊長으로 활동.

黃君三 : (평북 宣川 출신, 1900년생) 1926년 현재 제2중대(撫松·長白·臨江·金川 지방 소재) 소대장.

참고문헌

1. 資料

1) 자료집

『獨立軍의 手記』, 국가보훈처, 1995.
『獨立運動史資料集』 10, 독립운동사편찬위원회, 1973.
『獨立運動史資料集』 11, 독립운동사편찬위원회, 1973.
『獨立運動史資料集』 14, 獨立運動史編纂委員會, 1973.
『雙公 鄭伊衡 回顧錄』, 國家報勳處, 1996.
『日本外交年表竝主要文書』 下, 原書房, 日本 東京, 1965.
『日本의 韓國侵略史料叢書』 26, 韓國出版文化院, 1990.
『日帝侵略下韓國36年史』 7, 국사편찬위원회, 1972
『在滿鮮人ト支那官憲』, 朝鮮總督府警務局, 1930.
『朝鮮民族運動年鑑』, 在上海日本總領事館 警察部 第2課, 東文社書店, 1932.
『韓國獨立運動史』 3, 國史編纂委員會, 1968.
『韓國獨立運動史』 4, 國史編纂委員會, 1968.
『韓國獨立運動史』 5, 國史編纂委員會, 1968.

姜德相編, 『朝鮮』4, 現代史資料 28, 東京, みすず書房, 1972.
慶尙北道警察部, 『高等警察要史』, 1934.
國會圖書館, 『韓國民族運動史料』(中國篇), 1976
金正明, 『朝鮮獨立運動』2, 原書房, 1967.
細井 肇, 『鮮滿の經營』, 自由討究社, 東京, 1921.
李濬衡, 「遺事」, 『石洲遺稿』後集, 石洲先生紀念事業會, 1996.
朝鮮總督府 警務局, 『國外ニ於ケル容疑朝鮮人名簿』, 1934.
朝鮮總督府 警務局, 『朝鮮の治安狀況』, 1927.

2) 일본측 자료

「高警第1071號 大正15年 2月 31日, 在滿天道教徒ノ赤化傾向ト同教會幹部ノ阻止手段ニ關スル件」
「高警第1153號 大正15年 4月 8日, 韓族勞動黨ノ狀況ニ關スル件」
「高警第1154號 大正15年 4月 7日, 南滿青年總同盟ノ活動狀況ニ關スル件」
「高警第1237號 大正15年 4月 12日, 韓族勞動黨ノ狀況ニ關スル件」
「高警第1278號 大正15年 4月 15日, 露字新聞紙上ニ於ケル鮮人關係ノ記事ニ關スル件」
「高警第1294號 大正15年 4月 17日, 印刷文送付ノ件」
「高警第1304號 大正15年 4月 15日, 不穩新聞《朝鮮革命》ニ關スル件」
「高警第1336號 大正15年 4月 20日, 鮮匪團新民府ト共産黨トノ提携說ニ關スル件」
「高警第1404號 大正14年 4月 27日, 正義府ノ公報發行ニ關スル件」
「高警第2394號 大正14年 8月 6日, 다물青年黨憲入手ニ關スル件」
「高警第2648號 大正14年 8月 5日, 正義府ノ職制ニ關スル件」
「高警第255號 大正14年 2月 16日, 全滿統一不逞鮮人團體統一會議後ノ狀況ニ關スル件」
「高警第280號 大正15年 1月 28日, 南滿青年總同盟組織ニ關スル件」
「高警第2886號 大正14年 8月 21日, 不穩新聞勞動報ノ記事ニ關スル件」
「高警第3083號 大正14年 9月 4日, 在滿鮮匪團正義府ノ動靜ニ關スル件」

「高警第3166號 大正14年 9月 12日, 韓族勞動黨ノ狀況ニ關スル件」
「高警第3267號 大正14年 9月 16日, 鮮匪團督辨府ノ改稱ト決議事項ニ關スル件」(公布第 1號)
「高警第3279號 大正14年 9月 17日, 不穩新聞勞動報ニ關スル件」
「高警第3300號 大正14年 9月 18日, 鮮匪團正義府公報ニ關スル件」
「高警第3303號 大正14年 9月 18日, 鮮匪團正義府ノ敎育發令發表ニ關スル件」
「高警第3406號 大正14年 9月 27日, 鮮匪團正義府ノ募捐狀況ニ關スル件」
「高警第3410號 大正14年 9月 25日, 韓族勞動黨ノ狀況ニ關スル件」
「高警第3543號 大正14年 10月 5日, 鮮匪團正義府對新民府安協進行狀況ニ關スル件」
「高警第3587號 大正14年 10月 8日, 不穩新聞≪導報≫ノ記事ニ關スル件」
「高警第3828號 大正14年 10月 29日 鮮匪團正義府農村公會通則其ノ他發表ニ關スル件」
「高警第410號 大正15年 6月 18日, 韓族勞動黨編纂ノ國語敎科書ニ關スル件」
「高警第4278號 大正14年 12月 10日, 鮮匪團正義府行政委員會規則ニ關スル件」
「高警第4405號 大正14年 12月 11日, 南滿靑年總同盟組織ニ關スル件」
「高警第455號 大正15年 2月, 鮮匪團正義府ノ內訌ニ關スル件」
「高警第4579號 大正14年 12月 26日, 不穩雜誌同友ノ記事其他ニ關スル件」
「高警第526號 大正15年 2月 15日, 不穩新聞≪農報≫ノ記事ニ關スル件」
「高警第564號 大正15年 2月 15日, 다믈靑年黨 近狀ニ關スル件」
「高警第56號 大正15年 1月 15日, 不穩新聞≪勞動報≫ノ記事ニ關スル件」
「高警第882號 大正15年 3月 15日, 上海ニ於ケル辛日鎔ノマルクス講座開始ニ關スル件」
「高警第915號 大正14年 3月 16日, 全滿不逞鮮人統一團體正義府ニ關スル件」
「高警第958號 大正15年 3月 23日, 不逞鮮人安昌浩及李鐸ノ土地經營計劃ニ關スル件」

「高麗革命黨事件の硏究 －天道敎・衡平社・正義府各員の提携」, 高等法院檢事局

「關機高發第6649號 大正13年 4月 9日, 臨時報第181號 義成團ノ情況ニ關スル件」.

「關機高秘收第1508號 大正13年 1月 30日, 臨時報第38號 吉林附近ノ鮮人情報」

「機密公62號, 大正13年 12月 15日, 不逞鮮人首領梁起鐸並其ノ水田經營設計ニ關スル件」

「機密公第369號 大正13年 12月 9日, 正義府憲章送付ノ件」

「機密第102號 大正13年 11月 29日, 義成團長片康烈逮捕ニ關スル報告ノ件」

「機密第183號 大正 14年 6月 4日, 僭稱臨時政府中心大同團結組織ニ關スル件」

「大正11年 2月 16日, 不逞鮮人南滿統一後援隊組織ノ件」

「高警第 139號 大正12年 1月 22日, 光正團團則入手ニ關スル件」

「大正13年 12月 30日, 不逞鮮人等ノ開催ノ全滿統一宣言書 其ノ他ニ關スル件」

「大正13年 12月 30日, 全滿統一會議ノ狀況」

「臨時報第71號 大正 13年 2月 15日, 大韓獨立光正團及長白縣光復支團組織表」

「大正13年 5月, 在外不逞鮮人ノ槪況」

「大正13年 5月 21日, 通譯官木藤克己 警務局長丸山鶴吉殿, 南滿統義府軍隊ノ上海假政府管下ニ歸スル宣言文及警告文送付ノ件」

「大正13年 8月 13日, 全滿統一發起文入手ニ關スル件」

「大正14年1月 15日, 不逞鮮人狀況ニ關スル件 <韓族勞動黨ノ狀況>」

「大正14年 5月, 在外不逞鮮人ノ槪況」

「大正15年 5月 在外不逞鮮人ノ槪況」

「滿洲農業社規則」,『不逞團關係雜件 朝鮮人ノ部』

「滿洲農業社事業豫算書」,『不逞團關係雜件 朝鮮人ノ部』

「滿洲農業社趣旨書」,『不逞團關係雜件 朝鮮人ノ部』

「不逞鮮人ニ關スル基礎的研究」, 朝鮮軍司令部編, 1924.

「三府統一會 會錄」
「昭和3年 4月, 在滿不逞鮮人ノ槪況」
「朝保秘第1329號 昭和4年 7月 4日, 正義府現幹部系檄文配布ニ關スル件」, 朝鮮總督府警務局
「昭和4年 9月, 在滿不逞鮮人ノ槪況」
「朝保秘第169號 昭和5年 2月 17日, 韓族總聯合會ノ現狀及同會規約, 保安條例並ニ地方農務協會規程ニ關スル件」
「昭和6年 5月末, 國民府ノ狀況」
「於滿洲正新兩府對海內外同胞檄文」,
「在滿不逞鮮人團體一覽表」(大正14年 9月 末 現在), 平安北道警察部
「朝保秘第1016號 昭和2年 5月 13日, 不穩雜誌≪戰友≫ノ記事ニ關スル件」
「朝保秘第1018號 昭和2年 5月 12日, 在滿鮮匪團ト勞農共産黨トノ策應設ニ關スル件」
「朝保秘第1078號 昭和2年 5月 19日, 在滿鮮匪團ト勞農共産黨トノ策應說ニ關スル件」
「朝保秘第1182號 大正15年 9月 30日, タムル黨ノ近情ニ關スル件」
「朝保秘第1212號 大正15年 10月 5日, 不穩雜誌≪同友≫所載'日本ノ中國ニ對スル侵略政策'ト題スル記事ニ關スル件」
「朝保秘第1329號 昭和4年 7月 4日, 正義府現幹部系檄文配布ニ關スル件」, 朝鮮總督府警務局
「朝保秘第1403號 昭和2年 6月 27日, 在外不逞者ノ不穩文書印刷ニ關スル件」
「朝保秘第1444號 大正15年 11月 10日, 大東民報ノ發刊ニ關スル件」
「朝保秘第1515號 大正15年 12月 1日, 不穩新聞≪新華民報≫ノ發刊ニ關スル件」
「朝保秘第165號 大正15年 5月 16日, 勞農官憲ノ移住鮮人取締ニ關スル件」
「朝保秘第1683號 昭和元年 12月 25日, 不穩雜誌≪同友≫名義變更ニ關スル件」
「朝保秘第169號 昭和5年 2月 17日, 韓族總聯合會ノ現狀及同會規約, 保安條例並ニ地方農務協會規程ニ關スル件」

「朝保秘第2069號 昭和4年 11月 26日, 國民府第1回中央議會ノ顚末ニ關スル件」
「朝保秘第23號 昭和2年 1月 14日, 南滿靑年聯盟組織ニ關スル件」
「朝保秘第243號 大正15年 5月 28日, 不穩新聞≪農報≫ノ記事ニ關スル件」
「朝保秘第300號 昭和2年 2月 16日, 不穩雜誌≪同友≫ノ記事ニ關スル件」
「朝保秘第374號 昭和2年 3月 18日, 不穩雜誌≪戰友≫發刊ニ關スル件」
「朝保秘第381號 昭和2年 3月 14日, 不穩雜誌≪同盟≫ノ記事ニ關スル件」
「朝保秘第417號 大正15年 6月 17日, 鮮匪團正義府ノ移轉ト中央通信發行ニ關スル件」
「朝保秘第433號 大正15年 6月 18日, 南滿靑年總同盟ノ近況ニ關スル件」
「朝保秘第44號, 大正15年 5月 11日 鮮匪團正義府ニ對スル反感ニ關スル件」
「朝保秘第44號, 大正15年 5月 3日 鮮匪團正義府內訌後ノ狀況ニ關スル件」
「朝保秘第560號 昭和2年 3月 15日, 不逞團正義府武裝團ノ內情ニ關スル件」
「朝保秘第67號 大正15年 5月 10日, 鮮匪團正義府ノ近狀ニ關スル件」
「朝保秘第844號 昭和4年 4月 26日, 民族唯一黨組織同盟ノ委員會議ニ關スル件」
「朝保秘第919號, 昭和2年 5月 3日, 在滿鮮人團體統一會議開催ニ關スル件」
「朝特報第51號 昭和8年 5月, 滿洲國ニ於ケル鮮匪對中國共産黨關係」
京城地方法院檢事局, 「崔元澤等第一次間島共産黨事件押收文書譯文綴」
朝鮮總督府, 「國境地方視察復命書」(其二, 1915.3), 『白山學報』 第10號, 1971.
「平北高第5136號, 昭和4年 3月 24日, 治安維持法違反者身柄引受ノ件」
朝鮮總督府警務局, 「在滿不逞團並社會主義團體ノ狀況」, 1928.

3) 중국측 자료

「大韓正義府」, 通化縣 檔案館 資料.
「抄件(不逞團正義府幹部員)」, 通化縣 檔案館 資料.
「抄件」, 『輯安縣 檔案館 資料』
「抄件」, 吉林 檔案館 資料
「抄件」, 新賓縣 檔案館 資料

「抄件」, 通化縣 檔案館 資料,
「韓匪變更通信日期」, 輯安縣 檔案館 資料
「鮮匪病院」, 通化縣 檔案館 資料
「安圖縣正義府之組織募捐隊」, 輯安縣 檔案館 資料
「在外鮮匪之動靜」, 通化縣 檔案館 資料.
「在鄕軍人調査班」, 新賓縣 檔案館 資料
「紀元4258年 9月 28日 民事部令 第 514號, 農村公會通則」, 輯安縣 檔案館 資料

4) 신문·잡지

≪獨立新聞≫
≪동아일보≫
≪조선일보≫
≪朝鮮總督府官報 號外≫, 1925. 4. 1.
≪開闢≫(7월호), 開闢社, 1925.
≪開闢≫(8월호), 開闢社, 1925.

2. 著書

『독립운동사』 2, 독립운동사편찬위원회, 1973.
『독립운동사』 4, 독립운동사편찬위원회, 1973.
『독립운동사』 5, 독립운동사편찬위원회. 1983.
구술 許銀 (기록 변창애),『아직도 내 귀엔 서간도 바람소리가』, 正宇社, 1995.
金承學,『韓國獨立史』, 獨立同志會, 1956.
金俊燁·金昌順,『韓國共産主義運動史』 1, 청계연구소, 1986.
_____,『韓國共産主義運動史』, 4, 청계연구소, 1986.
金喜坤,『中國關內 韓國獨立運動團體硏究』, 지식산업사, 1995.
滿鐵庶務部調査課『南滿洲鐵道株式會社第二次十年史』, 滿鐵, 1928.

朴敏泳,『舊韓末 西北邊境地域의 義兵硏究』, 韓國精神文化硏究院 韓國學大學院 博士學位論文, 1996.
朴永錫,『日帝下獨立運動史硏究 - 滿洲露領地域을 中心으로 - 』, 一潮閣, 1984.
_____,『韓民族獨立運動史硏究』, 一潮閣, 1982.
_____,『在滿韓人獨立運動史硏究』, 一潮閣, 1988.
朴桓,『滿洲韓人民族運動史硏究』, 一潮閣, 1991.
報勳硏修院,『中國 東北地域의 獨立運動史 硏究』, 1995.
成大慶 編,『한국사회주의 인명사전』<수록예정 인물정보, 노령·만주지역 C급편>
愼鏞廈,『韓國民族獨立運動史硏究』, 乙酉文化社, 1985.
辛珠柏,『滿洲地域 韓人의 民族運動 硏究(1925-1940)』, 成均館大學校大學院 博士學位請求論文, 1995.
愛國同志援護會,『韓國獨立運動史』, 1956.
牛丸潤亮·村田懋麿,『最近間島事情』, 朝鮮及朝鮮人社, 1927.
越澤 明,『植民地滿洲の都市計劃』, アジア經濟硏究所, 東京, 1978.
尹炳奭,『獨立軍史』, 지식산업사, 1990.
_____,『國外韓人社會와 民族運動』, 一潮閣, 1990.
尹炳奭·金昌順,『再發掘 韓國獨立運動史』1, 한국일보사, 1987.
尹炳奭 외,『中國東北지역 韓國獨立運動史』, 집문당, 1997.
李勳求,『滿洲와 朝鮮人』, 平壤崇實專門學校 經濟學硏究室, 1932.
張世胤,『在滿 朝鮮革命黨의 民族解放運動 硏究』, 成均館大學校大學院 博士學位請求論文, 1996.
朝鮮族簡史編寫組,『朝鮮族簡史』, 延邊人民出版社, 1986.
지복영,『역사의 수레를 끌고 밀며』, 문학과 지성사, 1995.
蔡根植,『武裝獨立運動秘史』, 大韓民國公報處(民族文化社 頒布), 1985.
최정간,『해월최시형가의 사람들』, 웅진출판, 1994.
崔衡宇,『海外朝鮮革命運動小史』제 1집, 東方文化社, 1945.
坪江汕二,『朝鮮民族獨立運動史』, 東京, 巖南堂書店, 1966(改訂增補版, 1982).
下中彌三郎,『極東國際政治史』上, 平凡社, 1957.
玄圭煥,『韓國流移民史』上卷, 1967.

黃敏湖, 『1920年代 在滿 韓人社會 民族運動 研究』, 崇實大學校大學院 博士學位請求論文, 1997.

3. 論 文

桂基華, 「三府・國民府・朝鮮革命軍의 獨立運動 回顧」, 『한국독립운동사연구』 1, 독립기념관 한국독립운동사연구소, 1987.
高承濟, 「間島移民史의 社會經濟的分析」, 『白山學報』 第5號, 1968.
＿＿＿, 「滿洲農業移民의 社會史的分析」, 『白山學報』 제10호, 1971.
權 立, 「中國居住 韓民族역사의 특점에 대하여 － 二重的 성격과 二重的 사명을 중심으로 －」, 『吳世昌敎授華甲紀念 韓國近現代史論叢』, 吳世昌敎授華甲紀念論叢刊行委員會, 1995.
＿＿＿, 「滿洲 '近代水田'의 開發과 우리 民族」, 『韓國民族獨立運動史의 諸問題』, 金昌洙敎授華甲紀念 史學論叢, 1992.
金昌洙, 「高麗革命黨의 組織과 活動」, 『汕耘史學』 제4집, 재단법인 汕耘學術文化財團, 1990.
金炳基, 「西間島 光復軍司令部의 成立과 活動」, 檀國大學校大學院 碩士學位請求論文, 1995.
김춘선, 「남만에서 조선농민을 수탈한 동아권업회사의 죄행」, 『불씨』, 中國 北京, 民族出版社, 1995.
朴杰淳, 「大韓統義府 硏究」, 『한국독립운동사연구』 4, 독립기념관 한국독립운동사연구소, 1990.
＿＿＿, 「1920年代初 國內武裝鬪爭團體의 活動과 推移 －平北 據點 天摩山隊 普合團을 중심으로－」, 『한국독립운동사연구』 3, 독립기념관 한국독립운동사연구소, 1989.
朴永錫, 「日帝下의 在滿韓人 迫害問題 － '在滿同胞擁護同盟'의 活動을 中心으로 －」, 『아세아연구』 제15권 제4호, 고려대학교 출판부, 1972.
＿＿＿, 「正義府硏究 － 民主共和政體를 중심으로 －」, 『日帝下 獨立運動史硏究』, 一潮閣, 1984.

_____,「日帝下 在滿韓人의 法的問題」,『韓國近代史論叢』, 尹炳奭敎授華甲紀念論叢, 知識產業社, 1990.
朴 桓,「신민부」,『한민족독립운동사』 4, 국사편찬위원회, 1988.
_____,「雙公 鄭伊衡 硏究」,『雙公 鄭伊衡 回顧錄』, 1996.
_____,「鄭伊衡(1897-1956) 硏究」,『干松 趙東杰先生 停年紀念論叢 2, 韓國民族運動史硏究』, 干松 趙東杰先生 停年紀念論叢刊行委員會, 1997.
변승웅,「정의부」,『한민족독립운동사』 4, 국사편찬위원회, 1988.
서굉일,「중국 · 만주의 3·1운동」,『한민족독립운동사』 3, 국사편찬위원회, 1988.
辛珠柏,「1927,28년 시기 재만한인 민족운동의 동향 - 民族唯一黨 및 '自治'問題를 中心으로 -」,『史學論叢』, 阜村 申延澈敎授 停年退任紀念, 일월서각, 1995.
_____,「1929 - 31年 時期 在滿韓人 民族運動의 動向 - 民族唯一黨 및 '自治' 問題를 中心으로 -」,『歷史學報』 제151집, 1996.
十河俊輔,「1920年代滿洲における獨立運動團體と朝鮮人社會 - 正義府を事例として -」,『朝鮮學報』, 第165輯, 朝鮮學會, 1997.
吳世昌,「在滿韓人의 社會的 實態(1919-1930) - 中國의 對韓人 政策을 中心으로-」,『白山學報』 제9호, 白山學會, 1970.
유병호,「1920년대 중기 남만주에서의 '自治'와 '共和政體' - 정의부와 참의부의 항일근거지를 중심으로-」,『역사비평』 여름호, 역사비평사, 1992.
_____,「1920년대 중기 남만지역의 反日民族運動에 대한 硏究 -參議府와 正義府의 反日根據地를 中心으로-」,『韓民族獨立運動史論叢』, 朴永錫敎授 華甲紀念論叢, 1992.
유준기,「참의부」,『한국민족운동사』 4, 국사편찬위원회, 1988.
尹炳奭,「1910年代 獨立軍의 基地設定」,『軍史』 第6號, 國防部戰史編纂委員會, 1983.
_____,「1928,9年에 正義 · 新民 · 參議府의 統合運動」,『史學硏究』 제21호, 韓國史學會, 1969.
_____,「參議 · 正義 · 新民府의 成立過程」,『白山學報』 7호, 1969.
_____,「西間島 白西農庄과 大韓光復軍政府」,『한국학연구』 3, 인하대학

교한국학연구소, 1991.

_____, 「韓人(韓民族)의 間島開拓과 民族運動」, 『韓國民族獨立運動史의 諸問題』, 金昌洙敎授 華甲紀念 史學論叢, 1992.

尹輝鐸, 「1920-30年代 滿洲 中部地域의 農村社會構成 -間島地方의 朝鮮人 農民을 中心으로-」, 『韓民族獨立運動史論叢』, 朴永錫敎授 華甲紀念論叢, 1992.

李東彦, 「一松 金東三硏究」, 『한국독립운동사연구』 7, 독립기념관 한국독립운동사연구소, 1993.

李明花, 「1920년대 滿洲地方에서의 民族敎育運動」, 『한국독립운동사연구』 2, 독립기념관 한국독립운동사연구소, 1988.

張世胤, 「在滿 朝鮮革命黨의 成立과 주요구성원의 성격」, 『한국독립운동사연구』 10, 독립기념관 한국독립운동사연구소, 1996.

_____, 「朝鮮革命軍 硏究」, 『한국독립운동사연구』 4, 독립기념관 한국독립운동사연구소, 1990.

丁原鈺, 「在滿 正義府의 抗日獨立運動」, 『한국사연구』 34호, 한국사연구회, 1981.

_____, 「在滿 抗日獨立運動團體의 全民族唯一黨運動」, 『白山學報』 제19호, 白山學會, 1975.

曺圭泰, 「1920년대 천도교연합회의 변혁운동」, 『한국근현대사연구』 제4집, 도서출판 한울, 1996.

趙凡來, 「國民府의 結成과 活動」, 『한국독립운동사연구』 2, 독립기념관 한국독립운동사연구소, 1988.

蔡永國, 「3·1운동 이후 西間島지역 獨立軍團 연구 - 大韓獨立團·大韓獨立軍備團·光復軍總營을 중심으로 -」, 『尹炳奭敎授華甲紀念 韓國近代史論叢』, 지식산업사, 1990.

_____, 「1920年代중반 南滿地域獨立軍團의 整備와 活動」, 『한국독립운동사연구』 8, 독립기념관한국독립운동사연구소, 1994.

_____, 「正義府의 지방조직과 對民정책」, 『한국독립운동연구』 9, 독립기념관 한국독립운동사연구소, 1995.

_____, 「正義府의 成立과 中央組織」, 『한국독립운동사연구』 10, 독립기념관 한국독립운동사연구소, 1996.

_____, 「1920년대 중후기 中日合同의 在滿韓人 탄압과 대응」, 『한국독립

　　　　　운동사연구』11, 독립기념관 한국독립운동사연구소, 1997.
_____,「正義府의 이념」,『韓國民族運動史硏究』, 干松 趙東杰先生 停年紀
　　　　　念論叢叢 2, 나남출판, 1997.
최정간,「비운동혁명가로 살다간 동학교주의 아들」, ≪사회평론≫, 1992.
崔洪彬,「20세기초 중국동북지방에서의 反日民族獨立運動」,『國史館論叢』
　　　　　15, 국사편찬위원회, 1990.
太田庄之助,「滿洲に於ける鮮人」,『大正14 海外旅行調査報告』, 神戶高等商
　　　　　業學校
한상도,「통의부」,『한민족독립운동사』4, 국사편찬위원회, 1988.
현천추,「봉건군벌통치하의 과중한 부담과 로략에 모대긴조선족인민들」,
　　　　　『불씨』(중국조선민족발자취총서 2), 民族出版社, 中國 北京, 1995.
洪鍾佖,「滿洲事變以前 在滿朝鮮人의 敎育에 對하여」,『明知史論』제6호,
　　　　　명지대학교 사학회, 1994.
黃敏湖,「만주지역 民族唯一黨運動과 三府統合運動」,『爭點 한국근현대
　　　　　史』제4호, 한국근대사연구소, 1994.
_____,「滿洲地域 民族唯一黨運動에 관한 硏究 － 唯一黨促成會議를 中
　　　　　心으로 －」,『崇實史學』5, 崇實大學校 史學會, 1988.
黃龍國,「'朝鮮革命軍' 歷史에 대하여」,『國史館論叢』15, 국사편찬위원회,
　　　　　1990.
_____,「朝鮮革命軍의 根據地問題에 관하여」,『韓民族獨立運動史論叢』,
　　　　　朴永錫敎授 華甲紀念論叢, 1992.
黃有福,「正義府硏究(上) －社會的 背景을 中心으로 －」,『국사관논총』제
　　　　　15집, 國史編纂委員會, 1990.

ABSTRACT

A Study on Jungeuibu(a government of independence corps in Manchuria)

This thesis is the study of Jungeuibu(正義府) acted as a government of independece corps in Manchuria in the middle and end of 1920's. And this overviews Jungeuibu from the beginning and background to disorganization of it after Minjokyooildang(民族唯一黨) movement by independence movement unions in Manchria in the late 1920's.

Jungeuibu includes four independence corps with arms such as Seorokunjunseo(西路軍政署), Tongeuibu(統義府), Kwang-jungdan(光正團), Euisungdan(義成團) and four self-governing unions such as Gobongae(固本契,) Gilimjuminhoe(吉林住民會), Jablyounjachihoe(卡倫自治會), Nodongchinyookhoe(勞動親睦會), and the represen- tatives of them held a meeting for the integration of Manchuria and got together their opinions. This is a corps government organized on November 24 in 1924. Jungeuibu did autonomous activity and protested against Japan leading Korean residents in Manchuria over the broad area from the south of Haearlbin(하얼빈) to Abrok riverside. So, Jungeuibu organized the volunteer army for it in the center and regions.

Central organization had the system of the separation of the three powers of legislation, judiciary and administration found in modern democratic nations. After the central assembly with legislative power established a law, the central admini- stration committee of the executive and eight departments of branches of it such as civil affairs, military affairs, judicial affairs, school affairs, financial affairs, traffic, livelihood and foreign affairs proclaimed and performed the law, and finally Sapanso of the judicature watched the law-abiding of the people within the jurisdiction of it. In addition, the regional organizations for each Korean's village were composed of Chongkwanbu(總管區), Jibang(地方), Baekgajang(百家長), Gu(區) and Sipgajang(十家長) and so on according to their scale and had the system of the separation of the three powers just as the central system, and so they could lead the people within the jurisdic- tion of them and service in line with the central government.

Jungeuibu with this system had the motto like this for the practice of self- governing and protest against Japan. That is, autonomy motto are the reconstruc- tion of industry, the priority of education, republicanism and the motto of protest against Japan are the foundation of independence corps and the struggle with arms. The realization of these three autonomy motto was for the foundation of farmer−labor society outside the country in the long run. Jungeuibu led the exiled Korean residents in Manchuria with republicanism. They couldn't live in their own country because they didn't want to live under Japanese's governing, Jungeuibu also extended national and practical education, and tried to found Korean's farmer−labor society outside their own country by promoting industry. And on the basis of them, Jungeuibu tried to establish the firm independence corps base and wanted to attain the liberation from Japan by developing the struggle with arms against Japan.

Thus, Jungeuibu set about to found Manjunongupsa(滿洲農業社) for the realization of self−governing through idealistic farm village construction plan and farm land construction plan. These plans couldn't be practiced or couldn't bring good results because of financial problems, but the activity of Jungeuibu for industry's revival was performed on the basis of these plans later. Jungeuibu collected income tax and duty from the people within the jurisdiction of it to equip common farming facilities. Some of funds collected in this way were lent at a low interest to the poor and were spent in buying farm appliances for common use, and others were spent in building development companies such as Yoohannongupgongsa(有限農業公司), Hengnongsilupsa(興農實業社) and Nongminhojosa(農民互

助社) which purchased waste lands and changed them into farms.

The protest against Japan was performed by developing the exploration of ways toward the alliance of the Korean Provisional Government(大韓民國臨時政府), Chameuibu(參議部), Sinminbu(新民府) and anti-Japanese press movement and the struggle with arms and so on. For the realization of self-governing motto, Jungeuibu tried to found a firm independence corps base by keeping the balance of the living of Korean's society and disposing the volunteer army. Jungeuibu also informed the people of its anti-Japanese movement and inspired the motto of anti-Japanese into the hearts of them by publishing the press media such as ≪Jungeuibugongbo(正義府公報)≫, ≪Joongangtongsin(中央通信)≫, ≪Daedong-minbo(大東民報)≫, ≪Jeonwoo(戰友)≫, and ≪Sinhwaminbo(新華民報)≫. It was the basis for the foundation of a firm independence corps base that implanted anti-Japanese thought in the people by encouraging national consciousness and the protest against Japan. On the basis of these movements, they united with the Korean Provisional Government, Chameuibu, Sinminbu, and on the other side, they tried to develop the struggle against Japan by promoting their own power. As the examples of the movement with arms of Jungeuibu, for Manchuria, the regional parties such as Boandae or Moyeondae were organized, and then they developed systematic protest movement, Yoogeokdae went into their own country collected war funds or destroyed Japanese's government building risking their lives over the country.

On the other side, many independence movement corps were organized around Manchuria during Jungeuibu was active, and then they played an active role. Dongwoohoe(同友會), Damulchungneondang(다물靑年黨), Coreahyukmyungdang(高麗革命黨), Nammanchungneonyeonmang(南滿靑年聯合會) and Hanjoknodongdang(韓族勞動黨) of them were in line with Jungeuibu, but there was a socialist organization such as Nammanchungneonchongdongmang(南滿靑年總同盟) wasn't in line with Jungeuibu, too. Although Hanjoknodongdang was in line with Jungeuibu, it was also a socialist organization. These organizations conducted the campaign for enlightenment such as the eradication of illiteracy and the national conscious— ness inspiration for the Koreans in south Manchuria or developed the struggle with arms against Japan.

Although Jungeuibu and the other organizations was in full activity, the prospects of Manchuria were dark to Korea independence corps. Because Japan appeased and oppressed China and so Japan and China both suppressed not only Korea independence corps but also Korean residents in Manchuria. Japan concluded a convention about the control of Korea independence corps of so-called Samsilhyeobjung(三矢協定) with China. And then the corps with arms of Japan and China suppressed Korea independence corps and Korean residents in Manchuria very hard under the pretext of following the convention. But independence corps and leaders in Manchuria were not suffered without resistance from the suppression of Japan and China like this. The independence corps in Manchuria fought against Japan and China by arms or tried to persuade China and tried to make themselves under- stood. Specially, the leaders of Jungeuibu organized unions such as Hankyoguchukmunjedaechaekgangguhoe(韓僑驅逐問題對策講究會), and then they expanded a diplomatic activity and protected not only independence corps base but also Korean's society.

Jungeuibu acted like this in south Manchuria of its base led Minjokyooildang movement(民族唯一黨運動) for the integration of independence movement organizations in 1927. It presented general principles and a written oath, and organized an union of Sisayeonguhoe(時事研究會) for the exploration toward the way of integration as the result of holding an integration meeting in Gilimhyeon Sinandoon(吉林縣 新安屯) for four days from April 15 to April 18 in 1927. Socialist organizations participated in the meeting, too. And on May in the next year, the leaders of eighteen organizations had a real meeting over fifteen days. But in this meeting, each leader couldn't get together their opinions, and so they was divided into two groups-Jeonminjokyooildangheobeuihoe(全民族唯一黨協議會)

supported a group-oriented system and Jeonminjokyooildang-choksunghoe(全民族唯一黨促成會) supported an individual-oriented system. Jungeuibu took part in Heobeuihoe(協成會) held Sambutongileuihoe(三府統一會) in Gilim(吉林) with the leaders of Chameuibu and Sinminbu on September in 1928 for the purpose of the integration of Chameuibu and Sinminbu when the integration plan of all Manchuria independence movement unions failed. But this meeting wasn't also continued because of the internal problem of Chameuibu and Sinminbu.

After the event, Minjokyooildang movement in Manchuria was ended that two groups, or Heobeuihoe and Choksunghoe organized their own sub-groups. That is, Choksunghoe organized Hyuksineuihoe(革新議會) on late December in 1928 and Heobeuihoe organized Gukminbu(國民府) on April 1 in 1929. Jichungcheon(池靑天), Kimdongsam(金東三) and so on of Jungeuibu's members participated in Hyuksineuihoe, but the most of them participated in Gukminbu. Because of the formation of these two groups, Jungeuibu was disorganized.

索引

ML派 262

ㄱ

가축세 39, 163
幹議會 256
幹政院 99, 112, 199, 284, 369
監禁所 114
姜景龍 277, 279
姜復元 254
姜相基 277
姜碩仁 207
姜英兩 257
姜永祐 279
姜英豪 277
姜龍煥 257
姜義德 277, 279
姜一平 257
康濟河 147, 207, 257
姜鎭乾 70
姜哲曾 69

姜和元 217
≪開闢≫ 194, 281
個人本位組織論 339, 370
改造派 81
開淸鮮人濟民會 333
검무감 128
檢務司長 147
검무원 128
결혼세 39
庚申慘變 17, 20, 25, 40, 48, 49, 51, 55, 93, 166, 215, 239, 309
耕學社 39, 50, 53, 93, 149, 368, 380
≪啓蒙≫ 253
高麗國民黨 264
高麗軍政議會 268
高麗同鄕會 357
高麗革命黨 26, 140, 175, 264, 303, 306, 307, 375
高麗革命黨 細胞聯合大會 275
고마령전투 235
固本契 79, 84, 89, 92, 147, 368

雇傭韓僑墾種稻田辦法 158
高而虛 363, 364, 365
高日信 116
高豁信 57, 59, 63, 80, 85, 103, 105,
　　　　147, 148, 228, 229, 242, 265,
　　　　266, 342, 343, 361, 363,
곡물매매세 39
公農規定 180
公農收益金 182
公農制 182
公漢用 224
공화주의 167
郭松領 208
郭宇明 188
郭鍾毓 149, 150, 188, 264, 266
郭峻 257
管理韓僑章程總則 315
寬西總管 131
관아출입세 39, 163
寬甸東路韓僑民團 58
寬甸縣 48, 59, 93, 122
寬甸縣 毛甸子 131
寬甸縣 下漏河 61
光明靑年會 277
光復軍總營 18, 48, 212, 239
光復團 44, 47, 66, 93, 368
光復團 第1決死隊 42
光復團 제1결사대장 43
光復團 第2決死隊 42
光正團 18, 47, 66, 84, 90, 91, 93, 123,
　　　　138, 147, 368
光韓團 48, 57

拐子抗靑年會 294
敎養兵 143
敎育會 50
區 129, 132, 133
區公所 185
區費規程 200
區査判所 115, 133
區議會 131
區長 129
國民軍團 77
國民黨支部 338
國民代表會議 19, 75, 76, 92, 101, 283,
　　　　341, 377
國民府 20, 28, 162, 167, 179, 370, 371
國民委員會 283
國外 自立社會 20, 28, 162, 167, 179,
　　　　370, 371
국외 자립사회 건설 165, 190
國外韓人 自立社會 164
國際共産黨 271
軍務都督府 51
軍民代表會 98, 101, 102, 103, 104,
　　　　120, 121, 132, 138, 140, 148,
　　　　149, 173, 197, 206, 230, 240,
　　　　357, 373, 374
軍備總團 42
軍事統一會議 18, 52, 56, 92, 341,
　　　　377
軍政署 78, 84, 85, 207
權德根 257
勸業公司 323
權寧夏 257

索引 | 451

權五鎰 257
權五日 296, 297
權在武 287
權鎭化 287
饑饉救濟問題 334
期成會 360
紀元年號 225
吉林 34, 73
吉林大洋 185
吉林城 東大門 밖 大東公司 274, 342
吉林城 영남반점 140
吉林住民會 78, 84, 85, 89, 91, 147, 368
吉林縣 大岔 91
吉林縣 新安屯 91
吉城 第1胞 272
吉長鐵道 324, 325
金覺龍 279
金甲國 223
金剛 257, 294, 296, 300
金剛己 329
金剛乙 151
金景達 84, 85, 147, 287, 308
金敬甫 211
金景水 257
金京柱 222
金擎天 51
金寬聲 257, 271, 276
金寬式 257
金寬玉 223
金觀雄 364
金冠戎 84, 86, 87, 147, 364, 365

金光 297
金光淳 257
金光澤 103
金光熙 264, 265, 266, 267, 270
金球 106, 364, 365
金君先 217
金奎植 283
金極俊 277
金基善 277, 279
金基涉 221
金基用 277, 279
金基全 147
金基甸 78
金箕豊 149, 150, 151, 186
金冀恒 257
金大 223
金大殷 223
金德萬 69
金德三 257
金德海 257
金道甲 279
金燉 353, 354, 364, 365
金東三 51, 58, 59, 75, 79, 80, 81, 85, 98, 105, 106, 107, 147, 188, 229, 274, 342, 346, 357, 365, 360, 378
金東贊 279
金東玄 257
金東勳 342
金斗萬 294
金斗燮 62
金龍 217

金萬東　217
金萬善　350
金萬全　357
金鳴鳳　82
金文擧　146
金文影　218
金文七　103
金炳魯　211
金炳河　69
金輔國　146
金鳳　211
金鳳國　264, 265, 266
金富成　331
金尙德　350, 357
金尙範　257
金尙浩　219
金錫河　134
金錫夏　102, 139, 140, 142, 146, 211,
　　　　221, 223, 342
金旋風　53, 231, 232
金成鎭　103
金聖天　217
金世俊　207
金篠夏　53, 232, 354
金淳政　257
金崇殿　257
金承澤　277
金承平　221
金承學　354, 359
金時雨　103, 106
金陽薰　294
金良勳　297

金汝蓮　220
金淵汝　283
金永萬　59
金榮濟　257
金玉振　257
金容大　80, 98, 107, 115, 147, 148,
　　　　166, 191
金龍淳　207
金龍俊　224
金元常　64, 81, 231
金元錫　105
金元植　106, 147, 188, 257, 284, 342,
　　　　346, 365
金元濟　294
金有成　188
金胤汝　287
金乙龍　139
金應燮　262, 283, 287, 288, 307, 342,
　　　　344
金義恒　279
金義煥　224
金履大　80, 98, 105, 106, 107, 147,
　　　　186, 188, 202, 228, 229, 242,
　　　　257, 263, 342, 361, 364, 365
金利榮　257
金益浩　103, 218
金仁京　277, 279
金仁順　208
金一秉　188
金一松　276
金一俊　103
金逸浩　105

金在宋　257
金正模　257
金正範　105
金定濟　80, 103, 148, 188, 230
金正浩　297
金濟民　257, 262
金濟雨　103
金宗鎭　353
金佐鎭　40, 229, 238, 266, 353, 356, 360
金之革　279
金震五　259
金鎭浩　188
金贊成　221
金昌林　219
金昌先　211
金昌義　59, 63
金昌天　232
金昌憲　134, 254, 255, 257
金昌煥　52, 58, 59, 99, 116
金鐵　79, 80, 283
金喆　105
金鐵山　218
金卓　257
金鐸　103, 106, 148, 202
金泰龍　277, 279
金太善　257
金泰浩　257
金河俊　277
金學九　279
金學山　257
金學善　105, 148, 342, 364, 365

金學日　224
金漢宗　294, 297
金漢湖　257
金海成　350
金海雲　53
金海樵　257
金爀　238, 240
金亨植　69
金衡植　75, 80
金虎　80, 84, 86, 188
金豪化　257
金鴻植　207
金孝涉　257
金孝晟　257
金興龍　223
金熙洙　257

ㄴ

羅仲昭　238
南宮珌　257
南滿洲鐵道株式會社　323
南滿洲學院　194
南滿鐵道　72, 324, 325
南滿靑年聯盟　276, 303, 306, 307, 375
南滿靑年總同盟　26, 288, 293, 308, 375
南滿靑年總同盟 規則　295
남만청총　343, 376
南滿統一會　53, 57
南滿韓人靑年總同盟　282
南滿韓族統一會議　53, 58

南滿革命同志聯席會議 346
南尙復 287
拉法靑年會 264
네브라스카 한인소년병학교 77
노동강습회 291
≪勞動報≫ 291
勞動親睦會 78, 84, 86, 89, 91, 147, 368
勞動會 269
老兵會 337
盧永武 188
盧昌俊 257
農務契 39
農務組合 314
農民同盟 303
農民互助社 19, 150, 153, 187, 188, 189, 190, 372
農民互助社 約束 189
≪農報≫ 287, 292
農業公司 275
農村公會 183, 184, 197
農村公會通則 183

ㄷ

다물黨 258
다물靑年黨 26, 254, 258, 259, 261, 262, 264, 303, 306, 375
≪다물通信≫ 254, 259, 260
團體本位組織論 347, 352, 378, 379
團體中心組織論 347
唐景顯 208

大黨籌備 352
大刀會 318
大獨立黨組織北京促成會 341
≪大東民報≫ 131, 175, 199, 201, 202, 281, 373
大東民報社 201, 202
大朝鮮共和國 18
大震團 41, 43, 47, 66, 93, 368
大震團 支團 42
大岔勞動靑年會 294
代表權抗爭問題 353, 355
代表召還問題 353, 355
大韓光復軍營 58, 93
大韓光復軍總營 58, 93
大韓光正團 84, 86
大韓國民團 18, 47, 66
大韓獨立軍 40, 51
大韓獨立軍團 78, 238
大韓獨立軍備團 43, 47, 93, 239, 368
大韓獨立軍政府 54
大韓獨立軍政署 238
大韓獨立團 48, 57, 58, 62, 80, 93, 379
大韓民國臨時政府 51, 64, 76, 80, 374
大韓民國臨時政府 陸軍駐滿參議部 65, 234
大韓義軍府 63
大韓正義軍營 58
大韓統軍府 57
大韓統義府 85
도살세 39, 163
獨孤岳 353, 364, 365

索引 455

獨立區 100, 128, 200, 201
독립구의회 132
독립군 기지화 171
≪獨立新聞≫ 82
독립신문사 202
督辦府 235
東滿靑年總同盟 303
≪同盟≫ 301
同盟社 301
同盟社靑年會 294, 301
東明中學校 194
東明學校 308
東省歸化韓族同鄕會 362
東洋拓殖會社 323
≪同友≫ 196, 197, 245, 247, 249, 281, 376
同友社 247
同友會 26, 196, 242, 247, 253, 303, 281, 306, 375
同友會 約章 245
東華病院 237

ㅁ

馬德昌 239
馬龍德 342
滿洲高麗共産靑年會秘書部 294
滿洲農業社 19, 150, 164, 177, 178, 179, 190
滿洲農業社 趣旨書 28, 165
滿洲農業社規則 178
滿洲朝鮮人大會 331, 332, 333

만철 324, 325, 326
滿鐵病院 74
滿鐵會社 323
말세 39
孟喆鎬 48, 80, 85
帽兒山 32
募捐隊 104, 213, 215, 216, 217, 218, 373
冒險隊 213, 218
撫松縣 41, 68
武裝鬪爭論 371
文武雙全 39
文炳武 99, 116
文ヒ 257
文宇天 353
文一 287
문턱세 39, 163
문패세 39
文學彬 81, 102, 106, 134, 140, 147, 211, 223, 257, 342, 364, 365
文學善 257
味子河 第2胞 272
민생학교 194
民選代表 86
民族唯一黨 346, 347, 351, 357, 377
民族唯一黨運動 20, 23, 26, 106, 190, 276, 341, 345, 349, 365, 377
民族唯一黨在滿促成同盟 350
민족유일당조직 303
民族唯一黨組織同盟 361, 362, 363
민족유일독립당재만책진회 360
民族唯一協同戰線黨 350

密山　51

ㅂ

朴敬鍾　275
朴慶鍾　275, 283
朴觀海　77, 241
朴敎淳　218
朴根植　283, 287, 357
朴起白　188, 242, 247, 329
朴基範　217
朴大浩　361
朴東完　338
朴東元　69
朴東初　105, 283
朴萬碩　69
朴凡祚　201, 202, 203
朴炳熙　287, 289
朴秉凞　294, 296
朴秉熙　297, 300, 342, 344
朴錫九　147
朴錫龜　85
朴錫夏　215
朴成龍　294, 297
朴成章　72
朴性鑴　247
朴世鎭　283
朴順福　257
朴崇善　257
朴永浩　103
朴容萬　18, 56, 77, 92
朴佑鎭　283

朴員玄　257
朴應伯　64, 81
朴仁經　333
朴在秀　221
朴正祚　80, 84, 85, 283
朴禎賢　293, 296, 297
朴俊植　297
朴昌德　279
朴昌茂　213
朴天用　220
朴春根　103
朴春化　218
朴治山　342
朴泰柱　220
朴泰浩　53
朴海寬　220
朴希喆　215
磐石縣　72, 91
方承奎　217
方允豊　84, 86
方殿　257

榜靑　156
培新靑年會　294
裵淵極　283
배천택　81
裵亨湜　150, 188
裵活山　350
百家長　129
白寬　103
白南俊　80, 85, 149, 228, 229, 242
白利　257

索引 457

白福玉 257
白山武士團 48
白西農庄 93
白雪峯 51
白雲閣 257
白雲鶴 69
白利泰 257
白鍾烈 353
白鎭衡 219
白瓚福 257
白贊弼 207
卞倫自治區 84
卞倫自治會 79, 89
邊昌國 257
邊昌根 58
保安隊 213, 373
보안대비 163
보안대세 39
보통교육 191
復辟主義 170
封禁令 32
鳳梧洞 17, 23, 173
奉直戰爭 218
奉天相扶會 331
奉天全省 警務局長 于珍 313
奉天朝鮮人大會 331
봉천주민대회 333
奉天票 185
부동산세 39, 163
扶民團 39, 50, 53, 368
附屬地居住者規約 324
富太河勞動靑年會 294

復活靑年會 294
북간도 150
北京條約 33
北路軍政署 40, 51, 239
북만 하루살이團 174
北滿住民大會 356
北滿靑年總同盟 303
비적토벌세 39, 163

ㅅ

寺內正毅 71
사범교육 191
四洮鐵道 324
査判所 114, 168, 369
3·13 만세시위 150
3·1堂 229
3府 統一 352
3府 統一會議 378
3府 統合運動 352
3부 통합회의 359
三讀會 111
三矢協定 20, 158 174, 197, 312, 315, 330, 332, 358
三源浦 39
三豊公社 218
三興學校 194
常務執行委員 286
상무집행위원장 296
尙陽堡 第7胞 273
상해 한인교민단 337
上海韓人愛國婦人會 337

上海韓人學友會 337
徐光勳 274
西路軍政署 18, 50, 51, 55, 58, 81, 91,
　　　　　93, 117, 138, 147, 180, 182,
　　　　　239, 308, 368
徐龍雯 207
석기만 70
石咀靑年會 294
鮮民府 333, 358
成午觀 53
成仁浩 239
成駿用 52
成泰永 188, 283
城興學校 346
소년회 299
所得稅徵收規程 181
小綏分軍事聯合會 92, 369
小綏芬軍事聯合會議 19, 76
小五家子 第5胞 272
蘇顯揚 314
孫景浩 293
孫京鎬 296
孫基正 103
孫一武 357
孫一民 77
孫貞道 149, 150, 151, 153, 177, 178,
　　　　186, 188, 218, 242, 245, 247,
　　　　329, 372
孫鎭洙 297
孫晉赫 69
孫好儀 357
松江鐵道 第6胞 273

宋基栟 257
宋乃浩 338
宋德仁 103
宋炳浩 287
宋相夏 364
宋尙夏 364, 365
宋學天 103, 257
宋寒石 271
宋漢鉉 257
宋憲 274
宋虎 52
수리세 39
水田농사 157, 160
순경비 39
巡廻講演團 175
순회행정위원 105
承震 74, 78, 80, 86, 90, 147, 242, 257,
　　　262, 275
時事硏究會 344, 377
식염세 39
食票 185
新幹會 동경지회 337
新幹會 支會館 337
辛光在 51
申明山 257, 293, 296, 297
新民府 20, 175, 196, 208, 225, 226,
　　　227, 228, 238, 346, 349, 352,
　　　366, 373, 374, 380
新民縣朝鮮人住民會 331
新民會 34, 39, 117, 169
申錫雨 338
申肅 56, 76, 77, 92, 283, 347

新安村 農場 187
申彦甲 59
申英淑 257
신용철 218
申利淳 257
辛日鎔 361, 362
申八均 51
申漢哲 219
辛亨奎 79, 84, 85
新華民 205
《新華民報》 151, 175, 199, 204, 205, 373
新活靑年會 293, 308
新興武官學校 50, 93
新興靑年會 277
실력양성주의 196
沈永浩 257
沈龍俊 232, 361, 363, 364
十家長 129, 221

ㅇ

安光善 279
安光浩 297
安奎源 188
安圖 32, 217
安道棍 257
安圖縣 興道子 41
安東八 69
安東縣 34, 93
安復元 257
安相奉 257
安蔭松 227
安義順 277, 279
安在鴻 338
安昌爕 283, 287
安昌河 103
安昌浩 75, 153, 188, 274, 341, 377
安鴻 102, 140, 142, 146
暗殺隊 213, 217, 373
《앞잡이》 336
愛琿條約 33
額穆縣黑石屯會議 19, 76, 92, 369
《野鼓》 246
梁圭烈 51, 59, 116
梁起鐸 62, 63, 70, 76, 99, 116, 149, 153, 177, 242, 245, 264, 265, 266, 275, 372
梁世鳳 102, 146, 257, 342
梁在薰 99
楊虎 294, 296
呂準 51
延吉 124, 217
연통세 39, 163
聯合講究會 333
營口高麗靑年會 331
領事館 338
例會 263
吳基星 151, 204
吳大泳 103, 148, 230
吳東奎 220
吳東振 59, 98, 105, 106, 107, 139, 145, 147, 176, 186, 188, 220, 229, 238, 241, 242, 264, 266,

274, 342, 346
吳祥世 353
吳尙殷 139
吳尙憲 188, 283
吳成煥 274
吳世振 146
吳松坡 188
吳永善 102, 226, 229, 231, 239, 374
吳仁華 149, 151, 247, 329, 332
吳在杰 283, 287
吳濟東 207
吳昌根 257
吳天甲 350
吳佩之 248
吳勳 287
玉以成 188
옥줄비 39
王立中 204
王三德 242
汪淸 124
勇進靑年會 277
元世勳 283
元有一 297
元有逸 103
原議會 257
劉光屹 363
劉德弼 257
柳東說 266, 268, 276
劉尙燁 53
柳世祐 293
劉英俊 338
柳麟錫 63

唯一獨立黨上海促成會 337
兪政根 353
柳河縣 34, 39, 48, 54, 93, 122
柳河縣 三源浦 50, 91
留學兵 143
有限農業公司 19, 150, 151, 186, 372
柳漢春 257
尹覺 78
尹德甫 70, 80, 86, 242
尹德祚 294
尹道淑 188
尹秉庸 84, 87, 98, 107, 147, 229
尹復榮 238
尹相典 364, 365
尹相哲 276
尹瑞仁 257
尹世茸 229
尹元圭 188
尹應變 276
尹俊基 257
尹平 342
尹河振 79, 84, 86
尹海 75, 76, 77, 283
尹鴻東 331
栗子溝勞農靑年會 294
乙巳條約 33
義軍府 92, 231, 368
義氣溝子 第9胞 273
義成團 18, 70, 78, 84, 86, 91, 138, 147, 368
義烈團 上海地方部 337
李旭 342

李 俊　342
李 艮　294, 296
李據正　257
李京濟　103
李京哲　257
李寬旋　257
李寬實　103
李灌鎔　338
李貫一　347
李光國　293, 296, 297
李光文　257
李光珉　207
李光民　78, 84, 147, 282, 342, 347
李光敏　105
李敎元　363
李奎東　105, 106
李奎成　134, 219
李奎星　102, 139, 140, 257
李奎豊　264, 265, 266, 275, 276

李基善　283
李己述　333
李道　347
李道亨　277, 279
李敦化　194, 196
李東求　264, 265, 266
李東洛　264, 265, 266, 270, 273
李東林　257, 364, 365
李東成　333
李東雨　188
李東郁　274

李東華　257
李東勳　139, 257
李東輝　267
李斗星　48, 277, 279
李洛道　217
이르크츠크 공산당계　272
李萬燁　221
李明春　84
李白坡　241
李範天　53
李秉傑　217
李炳其　59
李炳哲　51
李炳化　297
李尙德　342
李相龍　39, 51, 54, 76, 149, 163, 179, 228, 237, 374
理想的 農村建設　177, 179, 372
理想的 農村建設計劃　28, 150
李錫俊　283
李石扉　254
李石虎　257, 294, 296, 297
李成桂　264
李誠根　257
李成根　364, 365
李成贊　223, 224
李成澤　294, 296
李承國　223
李時說　48
李時源　277, 279
李永根　140, 257
李英瑞　257

李永植　59
李永河　131
李永熙　361
李英熙　364, 365
李雨伯　350
李友三　271
李旭　105, 147, 188
李雲漢　271
李雄　146, 220, 342, 364, 365
李雄海　57, 59
李裕弼　102, 188, 226, 229, 231, 239, 374
李允煥　146
李應瑞　175, 138
李義恭　283
李義太　347, 350
李仁根　257
李寅根　103, 254, 255
李鎰　69
李一世　342, 344, 353
李一心　264, 265, 275
李字伯　297
李章寧　77, 78, 80
李在燮　283
李正植　294
李正逸　257
李正一　103, 257
李釣均　257
李鍾乾　78, 99, 106, 147, 257, 357
李鍾岱　187
李鍾林　257, 294, 296
李種讚　283

李周竝　223
이주세　39
李俊福　220
李芝榮　72
李震山　52, 75, 78, 80, 81, 84, 85, 87, 98, 107, 147, 148
李震卓　364
李辰卓　364, 365
李滄　276
李昌範　80, 84, 85
李昌連　221
李昌河　130
李采江　103
李彩雲　257
李天民　58, 59
李春山　218
李春源　331
李春和　86
李致順　219
李鐸　188, 363
李沰　51, 105, 107, 147, 188, 229, 343, 344
李泰傑　147
李泰亨　139, 142
李太馨　257
李泰馨　106
伊通縣 孤楡樹　72
李學松　218
李海龍　103
李海林　257
李玄徹　257
李亨燮　312

李紅日　287
李鴻周　331
李勳求　194
李興一　283
李熙三　43
臨江縣　32, 51, 68
臨江縣 帽兒山　49
林圭春　207
任圭煥　364
林圭煥　365
林炳武　363
林是瑩　257
臨時議政院　226
임시행정집행위원회　86, 87, 89, 91
林正實　294
입적비　39
入籍手續費免稅請求書　330
입학졸업세　39

ㅈ

自立社會 건설　186
自新契　50
자위단비　39
自由市　51
自由市慘變　17, 268
自由靑年會　277
卡倫自治會　86, 91, 147, 368
張基瑞　257
張東一　287
壯路司令部　43
長白縣　31, 48, 59, 67, 123

張福健　257
張相友　78
張成敏　277
張崇彦　257
張榮華　297
張翼.　90
장작림　332
張志弼　274
張志浩　364, 365
張志薰　257
張鎭煥　271
張昌憲　51, 310
張喆鎬　139, 146, 211
張哲浩　217
張喆浩　221
長春　34, 73
張漢洙　257
張海源　223
張衡浩　257
齋藤實　310
在滿 同胞 逐出 反對 在京都
　　朝鮮人大會　337
재만농민동맹　293
在滿同胞擁護同盟　338, 339
在外帝國領事分館主任受特區域　314
재일조선노동총동맹　337
在中韓人靑年同盟　350
全光澤　103
典當소작관계　38
全德元　58, 62, 63, 76, 170, 242
全滿統一會　25, 28, 74, 75, 87, 89, 90,
　　　　100, 108, 120, 128, 138, 200,

225, 284, 379
전만통일회 선언서 172
全滿統一會議籌備會 19, 17, 369
全滿統一會籌備會 95
全民族唯一黨促成會 348, 355, 378
全民族唯一黨協議會 348, 355, 378
全民族唯一黨協議會派 264
全盛鎬 360
田洙日 257
全永一 188
田永恒 103
《戰友》 175, 199, 202, 203, 204, 373
《前衛》 350
田益殿 257
前進靑年會 277
全學伴 219
鄭敬泰 276
靜谷 248
鄭光生 269
正金銀行 323, 327
鄭南奎 277
政務會 168
鄭信 240, 353, 359
精神品行講演團 63
鄭遠 346
鄭元華 257
鄭元欽 264, 266
正義團 86
正義府 第1公胞 273
《正義府公報》 113, 199, 373
正義府憲章 28, 103, 108
鄭伊衡 102, 139, 266, 273, 275

鄭昌敎 287
正統團 273
鄭弘尤 257
鄭欽 84, 86
第3國際共産黨 265, 270
諸允宅 277, 279
趙光夏 297
趙貴用 274
趙來元 43
趙明基 279
趙文秀 257
曹秉元 297
曹秉哲 297
朝鮮共産黨 滿洲總局 345
朝鮮敎育協會 338
朝鮮軍參謀長 赤井小將 309
《朝鮮農民社》 281
朝鮮銀行 259, 323, 327
朝鮮人團體 協議會 337
조선인청년회 333
朝鮮總督府 警務局長 三矢宮松 313
朝鮮總督府警務局 國友警務課長 309
《朝鮮革命》 278
朝鮮革命軍 145, 363
朝鮮革命黨 20, 343, 362
曺成煥 238
曺煜 80
趙晉玉 43
趙昌周 217
趙泰一 247
趙化善 140, 210, 222, 223, 224
宗理師 鄭光生 269

駐滿陸軍參議部　81
湊城鐵道　324
駐中　芳澤日本公使　310
朱鎭壽　264, 265, 266, 275
朱河範　140, 210, 222, 224, 257
中國本部　韓人靑年同盟上海支部　337
中東線敎育會　238
中央査判所　115, 133
中央議事委員會　286
중앙의회　101, 109, 119, 120, 127, 129, 148, 227, 229
中央執行委員會　285, 286
≪中央通信≫　113, 131, 175, 199, 200, 201, 373
中央行政委員會　101, 112, 118, 120, 148, 227
地方　100, 129, 132, 133
地方公所　185
地方査判所　115, 133
지방의회　132
地方長　129
智錫甫　188
地域隊　213, 373
池龍基　257
池龍起　107
池龍洙　103
池靑天　40, 51, 77, 80, 98, 106, 134, 146, 147, 239, 262, 266, 347, 350, 359, 360, 375
직업교육　191
鎭東都督府　235

陳墟　350
進興靑年會　293
輯安縣　48, 59, 123
輯安縣의　古馬嶺　233

ㅊ

車道賢　218
차량세　39
車明軒　277, 279
車炳律　279
車善學　218
車千里　52
參議部　20, 65, 82, 92, 123, 175, 231, 232, 349, 352, 353, 358, 368, 374, 279, 380
創造派　76
蔡武錫　211
蔡相悳　57, 59
蔡永浩　207
蔡燦　51, 52, 53, 64, 81, 82, 231, 232
策進會　360
천도교연합회　268
天摩別營　212
天會鐵道　324
鐵嶺朝鮮人會　331
靑年組合　214
靑年會　197, 269
靑山里大捷　17, 23, 51, 93, 173, 239
촉성회　349, 350, 359, 360, 361, 378
促成會側　353
총관　128

總管區 129
崔敬文 364, 365
崔寬隆 239
崔南榮 242
崔德斌 103
崔德俊 69
崔東旿 149, 194, 329, 332,
　　　　334
崔東旭 343, 344, 363
崔東和 217
崔東義 264, 265
崔萬榮 149, 150, 151, 188, 218
崔明洙 59, 78, 80, 84, 86, 106, 147
崔明弘 220
崔某 217
崔文浩 207
崔炳模 103, 257
崔鳳福 220
崔士霖 331
崔尙燁 140
崔錫淳 188, 232, 358
崔錫用 140
崔成俊 279
崔承一 342
崔信國 277, 279
崔烈 257
崔元俊 294
崔仁德 277, 279
崔日 188
崔一甲 146
崔日五 364, 365
崔一洽 342

崔在京 361
崔晶圭 61
崔貞雲 211
崔濟潤 59
崔宗勉 294
崔俊武 257
崔芝文 362
崔昌善 257
崔天澤 151, 333
崔學文 353
崔灝 353
秋田洋行支店 273
春登河 第10胞 273

ㅌ

湯玉麟 311, 312
太極團 42, 44, 47, 66, 93, 368
太極團總團 43
太逸 297
太平洋會議 48
兌換券 372
토산물세 39
通東病院 237
通常會議 110
統義府 18, 53, 58, 60, 75,
　　　　82, 91, 91, 92, 93,
　　　　147, 170, 180, 231,
　　　　368, 374, 379
통의부 의용군 135, 136
統一會議 352

通化縣　59
通化縣　哈泥河　38
특별사판소　103
特派隊　146

ㅍ

片康烈　70, 73, 368
便衣隊　241
平安北道督辦府　58, 93
砲手團　39
表鶴華　188
피고용세　39

ㅎ

하루살이단　104
하얼빈　73
河龍涉　257
學友會　79
韓僑驅逐問題對策講究會　151, 329, 333, 377
韓僑同鄕會　357
韓國獨立黨　20
韓根　257
韓東民　202
韓山耘　257
韓用善　257
韓允學　257
韓應烈　53
韓人赤軍旅團　268
韓族勞動黨　26, 284, 303, 306, 307, 343, 375, 376
韓族問題聯合講究會　333
韓族會　39, 50, 53, 93, 147, 368
韓鐘烈　72
韓俊熔　257
韓震　293, 296, 297
咸奉希　279
哈螞河新興靑年會　294
海龍民會　331
海龍縣　123, 194
향갑비　39
鄕約契　39
許湧　296
許雄彬　219
許銀　163
許翌　222
革新議會　20, 23, 26, 355, 359, 360, 365, 378
玄柄裕　257
玄西崗　257
現役兵　143
玄益哲　103, 105, 106, 257, 262, 264, 266, 364, 365
玄口天　257
玄正卿　59, 63, 80, 98, 106, 107, 134, 147, 186, 242, 264, 265, 275, 306, 342
玄天默　229
協議會　349, 350, 351, 356, 360, 361,

365, 378
協議會派 282
衡平社 376
戶鷄制 182
胡成倫 217
渾江 38
琿春事件 325
琿春縣 124
洪基龍 287
洪起龍 84, 85, 283
洪箕疇 134
洪基柱 257
洪基鎭 207
洪範圖 40, 52
洪秉箕 274
洪碩浩 233, 358
洪鍾毓 247
洪震 346
火光靑年會 277
華東韓人學生聯合會 337
和龍 124
華商總會 338
華成義塾 151, 194
화요파 262
花甸子病院 237
樺甸縣 54, 151
樺甸縣 官街 91
樺甸縣會議 19, 76, 92, 369
化興中學 194
桓仁縣 53, 58, 59, 122
黃國燦 283

黃君三 139
黃起龍 361, 362, 364, 365
黃基贊 350
黃學秀 353
黃赫 356
懷德縣 五家子 72
會員講習所 197
橫道河子 第4胞 272
興京縣 122, 123, 160
興農實業社 151, 187, 188, 372
興道子 41
興士團 188, 189
興業團 41, 42, 43, 44, 47, 93, 368
興業團 支團 42

한민족의 만주독립운동과 정의부

인쇄일 초판 1쇄 2000년 08월 25일
      2쇄 2015년 03월 20일
발행일 초판 1쇄 2000년 08월 30일
      2쇄 2015년 03월 23일

지은이 채 영 국
발행인 정 찬 용
발행처 **국학자료원**
등록일 1987.12.21, 제17-270호

서울시 강동구 성내동 447-11 현영빌딩 2층
Tel : 442-4623~4 Fax : 6499-3082
www.kookhak.co.kr
E- mail : kookhak2001@hanmail.net
ISBN 978-89-8206-521-7[03910]
가 격 23,000원

*저자와의 협의 하에 인지는 생략합니다.